ABITUR-TRAINING BIOLOGIE

Werner Bils

Biologie 1

Molekular- und Zellbiologie · Genetik
Neuro- und Immunbiologie

STARK

Bildnachweis
Umschlagbild: Peter Kornherr, Dorfen
S. 87: aus STUBBLEFIELD, E., WRAY, W.: Chromosoma (Berl.) 32, 262 (1971)
S. 131: A. VESAL: „De humani corporis fabrica libri septem". Oporinus, Basel, Schweiz 1543
S. 213: Elektronenmikroskopische Aufnahme von Dorothy F. BAINTON. Aus ALBERTS et al.:
„Molekularbiologie der Zelle", VCH 1986.

Der Verlag hat sich bemüht, die Urheber der in diesem Werk abgedruckten Abbildungen ausfindig zu machen. Wo dies nicht gelungen ist, bitten wir diese, sich gegebenenfalls an den Verlag zu wenden.

ISBN 978-3-89449-179-6

© 2008 by Stark Verlagsgesellschaft mbH & Co. KG
D-85318 Freising · Postfach 1852 · Tel. (08161) 1790
1. Auflage 2003

Das Werk und alle seine Bestandteile sind urheberrechtlich geschützt. Jede vollständige oder teilweise Vervielfältigung, Verbreitung und Veröffentlichung bedarf der ausdrücklichen Genehmigung des Verlages.

Inhalt

Vorwort

Zell- und Molekularbiologie ... 1
1 Mikroskopie ... 2
2 Bau der Eukaryoten-Zelle ... 6
2.1 Bau und Funktion der Zellmembran ... 6
2.2 Stofftransport durch die Membran ... 10
2.3 Die Organellen der eukaryotischen Zelle ... 13
3 Die Zelle als Grundeinheit des Lebens ... 33
3.1 Geschlossene Systeme ... 33
3.2 Offene Systeme ... 34
3.3 Energieumwandlung in der Zelle ... 37
4 Moleküle des Lebens ... 44
4.1 Stoffliche Zusammensetzung der Zelle ... 44
4.2 Aufbau und Eigenschaften von Proteinen ... 45
4.3 Proteine als Enzyme ... 52
4.4 Nukleinsäuren ... 64

Vom Gen zum Merkmal ... 87
1 Der genetische Code ... 88
2 Die Proteinbiosynthese ... 91
2.1 Die Transkription ... 91
2.2 Die Translation ... 93
3 Biologische Syntheseketten ... 99
3.1 Zusammenwirken mehrerer Gene in einer Genwirkkette ... 99
3.2 Genwirkketten im Phenylalanin-Stoffwechsel des Menschen ... 100
4 Mutationen ... 104
4.1 Formen und Folgen von Mutationen ... 104
4.2 Mutagene und Mutationsrate ... 107
4.3 Entstehung von Krebs ... 109

Fortsetzung nächste Seite

5	Regulation von Stoffwechselvorgängen durch Kontrolle der Transkription	112
5.1	Genregulation bei Bakterien	112
5.2	Differenzielle Genaktivierung bei Eukaryoten	115
6	Zelldifferenzierung, Bildung von Geweben und Organen	124
6.1	Dauergewebe und Bildungsgewebe	124
6.2	Überblick über verschiedene Zelltypen	125

Informationsverarbeitung im Nervensystem ... 131

1	Bau und Funktion der Nervenzelle	132
1.1	Bau der Nervenzelle	132
1.2	Entstehung des Ruhepotenzials	135
1.3	Entstehung des Aktionspotenzials	140
1.4	Weiterleitung von Aktionspotenzialen	147
1.5	Erregungsleitung an der Synapse	150
2	Codierung und Verarbeitung der Informationen an Nervenzellen	165
2.1	Codierung der Information an Axonen	165
2.2	Verschaltung von Nervenzellen und Verrechnung der Erregung	168
2.3	Verschaltung von Nervenzellen im Rückenmark	177
3	Informationsverarbeitung im Gehirn	190
3.1	Aufbau und Leistungen des menschlichen Gehirns	190
3.2	Verarbeitung visueller Informationen	191
3.3	Sprachsteuerung durch Felder des Großhirns	204

Kommunikation im Immunsystem – Immunreaktionen ... 213

1	Unspezifische Immunreaktionen	214
2	Spezifische Immunreaktionen	214
2.1	Spezifische Erkennung körperfremder Substanzen	215
2.2	Antikörper	215
2.3	Ablauf der spezifischen Immunreaktion	219
2.4	Aktive und passive Immunisierung	225
2.5	Blutgruppen und Bluttransfusionen	227

3	Störungen des Immunsystems	229
3.1	Krebs	229
3.2	AIDS	229
3.3	Autoimmunerkrankungen	230
3.4	Transplantation von Geweben und Organen	230
3.5	Allergien	231

Lösungen 239

Stichwortverzeichnis 301

Autor: Dr. Werner Bils

Hinweis: Die in diesem Buch angegebenen Verweise auf weitere relevante Textstellen sowie das Stichwortverzeichnis beziehen sich gleichzeitig auf den Band **Biologie 2**, Verlags-Nr. 84702.
Die Fundstellen werden daher durch die vor der Seitenzahl in Klammern aufgeführten Ziffern 1 (für Biololgie 1) bzw. 2 (für Biologie 2) gekennzeichnet.

Vorwort

Liebe Schülerin, lieber Schüler,

die Einführung des **neuen Lehrplans** in Baden-Württemberg ab dem Schuljahr 2002/2003 bringt im Fach Biologie wesentliche Neuerungen mit sich. Von Ihnen wird zukünftig verstärkt kreatives, selbstorganisiertes Entdecken, Erkunden und Begreifen **biologischer Grundprinzipien und Zusammenhänge** verlangt. **Offene, schülerzentrierte Unterrichtsformen** erhalten damit ein stärkeres Gewicht. Von den Schülerinnen und Schülern wird mehr **Eigenverantwortung** erwartet. Sie sind daher verstärkt angehalten, sich auf den Unterricht und die Abiturprüfungen selbstständig vorzubereiten. Hierbei helfen Ihnen die zwei Trainingsbücher Biologie 1 und Biologie 2 (Verlags-Nr. 84701 bzw. 84702).

Eine grundlegende Neuerung des Lehrplans besteht in der Unterscheidung von **Pflicht-** und **Wahlbereichen**:
- Im **Pflichtteil** wird wesentliches **biologisches Grundwissen** vermittelt. Die Struktur folgt dem Prinzip „vom Einfachen zum Komplexen", wobei es zentrales Anliegen des Lehrplans ist, die **Vernetzung der Inhalte** anhand der ihnen zugrunde liegenden biologischen Gesetzmäßigkeiten aufzuzeigen.
- Der **Wahlteil** dient dazu, diese Kenntnisse zu festigen und zu erweitern. Grundlage für die schriftliche Abiturprüfung sind die Pflichtthemen. In der mündlichen Abiturprüfung kommen auch die Wahlthemen zur Sprache.

Der vorliegende Band Biologie 1 sowie der Band Biologie 2 folgen der Struktur der neuen Abiturprüfungen. Sie stellen das im Pflichtbereich der Abiturprüfung verlangte Grundwissen sowohl für das zwei- wie auch für das vierstündige Fach vollständig, **anschaulich und leicht verständlich** dar. Dabei wird besonderer Wert auf die Vernetzung der Inhalte und auf die Hervorhebung zentraler biologischer Prinzipien gelegt. Die über die Anforderungen des zweistündigen Faches hinausgehenden Inhalte sind in den erläuternden Textpassagen durch **blaue Balken** gekennzeichnet.

Fortsetzung nächste Seite

Prägnante Zusammenfassungen stellen die zentralen Punkte übersichtlich zusammen. Besondere Bedeutung kommt den **Übungsaufgaben** zu. Sie decken alle Inhalte des erklärenden Teils ab, umfassen also den gesamten Pflichtbereich. Die **themenübergreifende** Ausrichtung vieler Aufgaben zeigt die enge Verzahnung der verschiedenen Fachdisziplinen der Biologie und trägt zum Verständnis übergeordneter Gesetzmäßigkeiten bei. Mithilfe der Aufgaben können Sie nicht nur überprüfen, ob Sie in der Lage sind, die erforderlichen Kenntnisse darzustellen, sondern auch, ob Sie Ihr Wissen anwenden, also einen **Transfer** leisten können. Häufig werden Sie in den Aufgaben und den ausführlichen Lösungen daher auch eine andere Betrachtungsweise, andere Beispiele und andere Formulierungen finden als im erklärenden Text.

Zur Vorbereitung auf die schriftliche Abiturprüfung oder auf Klassenarbeiten empfehle ich Ihnen, entweder mithilfe des erklärenden Textes Ihre Kenntnisse aufzufrischen und sie dann anhand der Aufgaben zu prüfen, oder zunächst die Lösung der Aufgaben zu versuchen und dabei auftauchende Lücken gezielt durch Nachschlagen im erklärenden Text zu schließen.

Für Ihre Prüfungen wünsche ich Ihnen viel Erfolg. Mit den beiden Trainings-Bänden für das Fach Biologie sind Sie hierfür gut gerüstet.

Ihr

Dr. Werner Bils

Zell- und Molekularbiologie

Die erste vollständige Aufklärung der Primärstruktur eines Proteins gelang Frederick SANGER 1953 anhand des Peptidhormons Insulin. Das Foto zeigt ihn im Jahr 1958 vor einem Modell des Insulinmoleküls.

Alle Lebewesen sind aus **Zellen** aufgebaut. Die Zelle ist die kleinste Einheit, in der Lebensprozesse ablaufen können. Im einfachsten Fall besteht daher ein Organismus aus einer einzigen Zelle (Bakterien, einzellige Pilze, wie Hefen u. ä., einzellige Pflanzen und Tiere). Bei höheren Pflanzen und Tieren bilden Verbände aus einer z. T. riesigen Anzahl von Zellen den Körper.

Alle Organismen lassen sich anhand von Baumerkmalen ihrer Zellen in zwei Typen, die **Prokaryoten** und die **Eukaryoten** unterteilen:

	Prokaryoten	**Eukaryoten**
Zelltyp	Prozyte	Euzyte
Kennzeichen	ohne Zellkern	mit Zellkern und mit inneren Membranen (Kompartimentierung)
Vorkommen	Bakterien	Pflanzen, Tiere, Pilze

Tab. 1: Pro- und Eukaryoten.

1 Mikroskopie

Zellen sind in der Regel sehr klein, so besitzen menschliche Zellen eine Größe von nur ca. 5–50 µm[1]. Zur ihrer Betrachtung und Untersuchung sind daher **Mikroskope** erforderlich. Von besonderer Bedeutung sind das Lichtmikroskop (LM) und das Transmissions-Elektronen-Mikroskop (EM). In beiden Geräten können nur Objekte betrachtet werden, die so dünn sind, dass sie Licht- bzw. Elektronenstrahlen durchlassen. In den meisten Fällen ist es daher erforderlich, die Objekte in außerordentlich dünne Scheiben zu schneiden, und in der Regel ist auch eine spezielle Vorbehandlung der Präparate notwendig, um die Kontraste der Zellstrukturen zu verstärken.

Der **Vorteil des EM** gegenüber dem LM liegt v. a. im höheren **Auflösungsvermögen**. Unter Auflösungsvermögen versteht man den kleinsten Abstand, den zwei Strukturen haben dürfen, um nicht als Einheit, sondern als **zwei getrennte Elemente** wahrgenommen werden zu können.

Die Grenzen der Auflösung betragen beim
- LM ca. 0,2 µm ($0{,}2 \cdot 10^{-3}$ mm)
- EM ca. 0,1 nm ($0{,}1 \cdot 10^{-6}$ mm)[2]

Das Auflösungsvermögen des EM ist also ca. **2 000-mal höher** als das des LM, ein elektronenmikroskopisches Bild lässt daher sehr viel mehr Einzelheiten erkennen, das Bildraster enthält sehr viel mehr Bildpunkte.

---

[1] Einheit: 1 µm = 1 „Mikrometer" = $1 \cdot 10^{-3}$ mm.
[2] Einheit: 1 nm = 1 „Nanometer" = $1 \cdot 10^{-3}$ µm = $1 \cdot 10^{-6}$ mm.

Im Elektronen-Mikroskop wird das Objekt nicht wie im Lichtmikroskop von Lichtstrahlen, sondern von **Elektronen** durchstrahlt. Dies erklärt die speziellen **Konstruktionsmerkmale**, das hohe Auflösungsvermögen und einige Beschränkungen der Leistung:

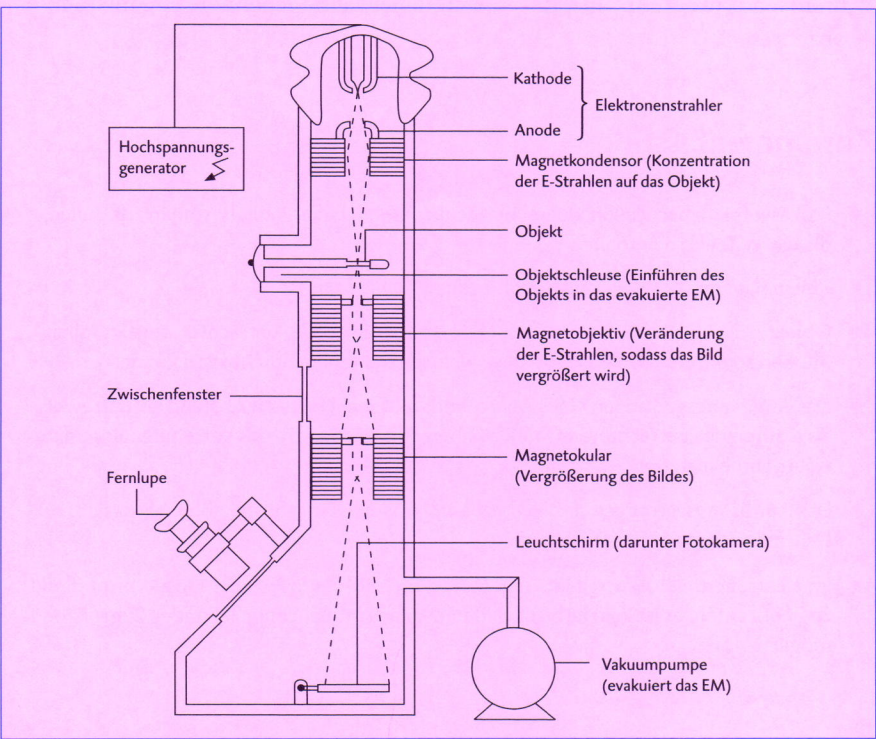

Abb. 1: Schema zum Aufbau eines Transmissions-Elektronenmikroskops.

- Statt Linsen sind **Magnetspulen** erforderlich. Sie erzeugen elektromagnetische Felder und können den Gang des Elektronenstrahls verändern. Damit haben sie eine vergleichbare Wirkung wie die Glaslinsen in den Objektiven und Okularen des LM. Glaslinsen sind im EM nicht möglich, da Glas die Elektronen nicht durchtreten lässt.
- **Leuchtschirme** oder Fotoplatten (Filme) sind erforderlich, da das menschliche Auge nur Licht bestimmter Wellenlängen wahrnehmen kann. Elektronenstrahlen müssen erst durch Leuchtschirme oder für Elektronen empfindliche Filme wahrnehmbar gemacht werden. Vergleichbar ist dies mit der Röntgen-Technik in der Medizin.

- Nur **Schwarzweißaufnahmen** sind möglich. Farbe ist eine Qualität des Lichts. Da die Objekte aber nicht von Licht durchstrahlt werden, kann auch kein Farbeindruck entstehen.
- Im EM muss ein **Vakuum** herrschen, da Gasteilchen die Elektronen abbremsen würden. Im EM lassen sich daher keine lebenden Organismen beobachten.

Zusammenfassung

- Prokaryoten haben Zellen, denen der Zellkern fehlt, Eukaryoten bestehen aus Zellen, die einen Zellkern enthalten.
- Zellen haben in der Regel eine Größe von nur einigen µm.
- Objekte, die im Lichtmikroskop oder Elektronenmikroskop betrachtet werden sollen, müssen so dünn sein, dass Licht- bzw. Elektronenstrahlen durchtreten können.
- Das Auflösungsvermögen eines Mikroskops gibt den kleinsten Abstand an, den zwei Strukturen des betrachteten Objekts haben dürfen, um noch als getrennte Bildpunkte wahrnehmbar zu sein.
- Das Auflösungsvermögen des Elektronenmikroskops ist sehr viel höher als das des Lichtmikroskops.
- Im Elektronenmikroskop ist im Gegensatz zum Lichtmikroskop das Objekt nicht direkt zu beobachten, es ist kein farbiges Bild und keine Untersuchung lebender Organismen möglich.

Aufgaben

1. Erklären Sie den Begriff Auflösungsvermögen, und geben Sie die Grenze des Auflösungsvermögens für das Licht- und das Elektronenmikroskop an.

2. Eine Zelle von 28 µm Länge soll quer im Ultramikrotom (Gerät zur Herstellung von mikroskopischen Schnitten) in Scheiben geschnitten werden. Die Scheiben sollen eine Dicke von 40 nm haben.
Wie viele solcher Scheiben kann man bei der angegebenen Schnittdicke aus der Zelle maximal erreichen?

3. Welche der folgenden Organelle lassen sich nur im Elektronenmikroskop sichtbar machen, nicht im LM?
   a Mikrotubuli: 24 nm   (Durchmesser)
   b Mitochondrien: 10 µm   (Länge)
   c Eiweißmolekül: ca. 10 nm
   d Membran: 7–10 nm   (Stärke)
   e Ribosom: 0,015–0,025 µm
   f DNA-Molekül: 2 nm   (Durchmesser)
   g Chloroplast: 4–8 µm
   h Kernporen: 30–40 nm

4. Trotz seines geringeren Auflösungsvermögens bietet das Lichtmikroskop gegenüber dem Elektronenmikroskop einige Vorteile. Nennen Sie zwei dieser Vorzüge.

2 Bau der Eukaryoten-Zelle

2.1 Bau und Funktion der Zellmembran

Membranen sind die wichtigsten Grundstrukturen aller Zellen. Sie begrenzen die Zellen nach außen hin (Zellgrenzmembran, **Plasmalemma**) und trennen im Zytoplasma gesonderte Räume, so genannte **Kompartimente** ab. Auch Pflanzenzellen sind von einer Membran umgeben. Ihr liegt aber zusätzlich noch eine festigende Cellulose-Hülle, die **Zellwand**, auf. Alle Membranen haben den gleichen Grundaufbau (**Einheitsmembran**, „unit-membrane"). Sie bestehen aus Lipiden, Proteinen und zum geringen Teil aus kurzen Zuckerketten. Im EM erscheinen sie bei sehr starker Vergrößerung dreischichtig – zwei dunkle äußere Bereiche schließen einen helleren Bereich ein. Man spricht daher von einer **dreischichtigen** oder trilaminaren **Membran**.

Bestandteile der Biomembran

Den größten Teil der Membranlipide bilden die **Phospholipide**. Die Moleküle dieser Lipide bestehen aus einem **polaren** Kopfbereich, der hydrophil („wasserfreundlich", von gr. *phílos* = „Freund") und lipophob („fettfeindlich", von gr. *phòbos* = „Furcht") ist sowie einem **unpolaren**, langen Schwanzbereich, der hydrophob und lipophil ist. In wässrigen Lösungen, wie sie in und um Zellen herum vorliegen, wenden sich die wasserabweisenden Enden der Lipid-Moleküle einander zu, während die hydrophilen Bereiche in das umgebende, wässrige Medium hineinragen.

> Die **Biomembran** besteht aus einer Lipid-Doppelschicht, die in ihrem Innern hydrophob und lipophil, an ihren Außenseiten hydrophil und lipophob ist.

Membranproteine lassen sich je nach ihrer Lage unterscheiden:
- **Integrale Proteine** sind tief in der Lipidschicht liegende, bis in deren hydrophoben Bereich eingebettete Proteine oder sehr lang gestreckte Proteine, die sich quer durch die gesamte Lipidschicht erstrecken. Die Enden der Proteine ragen meist über die Lipidschicht hinaus.
- **Periphere Proteine** sind nicht in die Lipidschicht eingebettet, sie liegen der Membran auf den Außenseiten auf.

Biomembranen gleichen dadurch einem „Flickenteppich" aus Proteinen, die in einer flüssigen Grundsubstanz, der Lipid-Doppelschicht, schwimmen. Auf der Außenseite der Zellgrenzmembran können die Proteine, gelegentlich aber auch

Lipide, kurze **Zuckerketten** tragen. Sie ragen wie ein „Antennenwald" in die Umgebung der Zelle. **Glykoproteine** bestehen aus einem Zucker- und einem Protein-, **Glykolipide** aus einem Lipid- und einem Zuckeranteil.

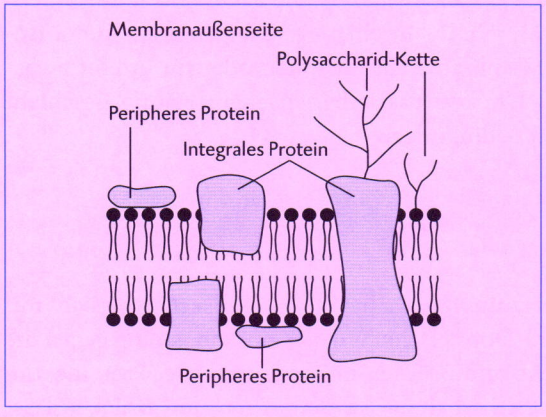

Abb. 2: Bau der Biomembran (stark schematisiert).

Gesamtstruktur der Membran

Die Biomembran ist keine starre Haut so wie etwa eine Plastikfolie. Vielmehr ähnelt sie einem Ölfilm, wie er sich auf einer Wasseroberfläche bildet. In diesem Film verschieben sich die Lipidmoleküle und damit auch die mosaikartig auf- oder eingelagerten Proteine ständig. Dabei wechseln die Moleküle aber nur selten ihre Lage quer zur Membran, weil dabei ihre hydrophilen äußeren Enden den hydrophoben inneren Bereich der Lipidschicht durchwandern müssten.

> Die Biomembran ist ein **flüssiges Mosaik** aus Lipiden und Proteinen, man spricht vom **Flüssig-Mosaik-Modell** (fluid-mosaic-model).

Wichtige Eigenschaften der Zellmembran

Alle Membranen der Zelle haben die **gleiche Grundstruktur**. Spezifische Funktionen können sie durch die Einlagerung besonderer Proteine erhalten. Die **hydrophoben**, einander zugewandten Bereiche der Lipidmoleküle bilden eine Art dünner „Ölschicht", die für große hydrophile (wasserlöslichen) Teilchen oder für Ionen nicht oder nur sehr schwer zu durchdringen ist, den aber lipophile (hydrophobe) Teilchen leicht passieren können.

Ionen sind geladene Teilchen, die von einer Wasserhülle umgeben sind. Dies erschwert den Durchtritt durch den hydrophoben (unpolaren) inneren Bereich der Lipid-Doppelschicht.

Für Wassermoleküle und andere **kleine Teilchen** wie Sauerstoff und Kohlenstoffdioxid-Moleküle ist die Membran durchlässig. Die eingelagerten **integralen Proteine** können die Membran auch für Ionen oder für größere wasserlösliche Moleküle, z. B. für Glucose passierbar machen. Häufig geschieht dies aber nur unter bestimmten Bedingungen.

> Biomembranen haben die Fähigkeit zur **selektiven Permeabilität**, d. h. zur „auswählenden Durchlässigkeit".

Die Zelle gleicht damit einer mittelalterlichen Burg. Sie schirmt sich mit Mauern und Gräben, ihrer Lipid-Doppelschicht der Membran, streng gegen die Außenwelt ab, braucht aber Tore und Brücken in Form integraler Proteine, um das Leben im Inneren aufrecht zu erhalten. An den Toren und Brücken lässt sich kontrollieren, wer die Burg betreten und wer sie verlassen darf.

Membranen enden nie frei, sondern vereinen sich immer zu **geschlossenen** Gebilden, vergleichbar mit der Bildung von Seifenblasen. Daher lassen sich Abschnitte von Membranen in Form geschlossener Bläschen **(Vesikel)** herauslösen, wodurch sich die Membranfläche verringert. Sie kann sich aber auch vergrößern, wenn Vesikel mit ihr verschmelzen (siehe Endozytose, S. (1) 13).

> Die ständige Veränderung der Membran durch Aufnahme und Abgabe von Vesikeln wird als **Membranfluss** bezeichnet.

Praktische Bedeutung hat diese Eigenschaft bei Experimenten und Manipulationen an Zellen. So bleibt z. B. nach dem Einstich in eine Zelle mit einer Injektionsnadel kein Loch, aus dem Zytoplasma ausfließen könnte und unter bestimmten Bedingungen lässt sich beim Kontakt von zwei Zellmembranen erreichen, dass zwei Zellen zu einer verschmelzen (siehe Protoplastenfusion, S. (2) 188).

Membranen trennen immer nicht-plasmatische (proteinarme) Bereiche von plasmatischen (siehe z. B. Tonoplast, S. (1) 20). Wenn zwei plasmatische Bereiche voneinander getrennt werden sollen, ist eine **Doppelmembran** aus zwei Menbranen erforderlich, zwischen denen ein schmaler nicht-plasmatischer Bereich liegt. Solche Doppelmembranen findet man in einigen besonderen Bereichen des Zytoplasmas (siehe Organellen, S. (1) 13 ff.).

Funktionen der Zellmembran

Biomembranen erfüllen einige sehr wichtige Aufgaben und sind daher für den Ablauf der Lebensprozesse von höchster Bedeutung. So **grenzen** sie die Zellen nach außen hin ab. Die Zellgrenzmembran, das so genannte **Plasmalemma** ist sowohl Barriere als auch Vermittler zur Außenwelt (siehe unten „Rezeptormoleküle"). Sie trennen außerdem verschiedene Reaktionsräume, so genannte **Kompartimente** voneinander. Dadurch können in der Zelle gleichzeitig Prozesse ablaufen, die sich sonst gegenseitig hemmen oder aufheben würden. Eine Pflanzenzelle kann z. B. zur gleichen Zeit Nährstoffe auf- und abbauen, z. B. bei der Bildung von Glucose in der Fotosynthese und beim Umsatz von Glucose in der Zellatmung. Jedes von der Membran abgeschnürte Vesikel stellt einen gesonderten Reaktionsraum dar.

Biomembranen **regeln den Stofftransport** zwischen und innerhalb der Zellen. Durch integrale Proteine kann die Zelle bestimmen, für welche Teilchen eine Membran oder ein Membranbereich durchlässig sein soll und/oder unter welchen Bedingungen die Membran für bestimmte Teilchen passierbar sein soll. Dies kann z. B. nur dann möglich sein, wenn sich die Ladungsverhältnisse an der Membran ändern, oder wenn sich bestimmte Signalstoffe angelagert haben. Ein Beispiel hierfür ist der Einstrom von Na^+-Ionen bei Spannungsänderung an der Axonmembran (siehe Aktionspotenzial, S. (1) 142 f.), oder der Na^+-Einstrom in die Nervenzelle bei Kontakt mit einem Transmitter an der Synapse (siehe S. (1) 152 ff.). Auf diese Weise kann die Zelle steuern, wann welche Substanzen in welcher Menge in die Zelle oder in bestimmte Zellräume aufgenommen bzw. aus ihnen abgegeben werden sollen.

Biomembranen dienen dem Aufbau, dem Erhalt und der Veränderung von **elektrischen Potenzialen** (siehe Ruhepotenzial, S. (1) 135 ff.). Außerdem nehmen Sie **Informationen** auf und leiten sie ins Innere der Zelle weiter. Viele Membranproteine dienen als **Rezeptormoleküle**, z. B. für Hormone, oder für Neurotransmitter, oder für Signalstoffe des Immunsystems. Die Zellgrenzmembran ist von größter Bedeutung für die Fähigkeit der Zellen, Umweltveränderungen wahrzunehmen und darauf zu reagieren. So sind die Membranen zur **Erkennung** von körperfremden Zellen oder Substanzen in der Lage. Neben den Membranproteinen dienen hierzu häufig auch die **Zuckerketten** an der Außenseite der Zellgrenzmembran (siehe S. (1) 7). Die roten Blutkörperchen der vier Blutgruppen unterscheiden sich z. B. durch Zuckerreste auf ihren Oberflächen. Biomembranen steuern **Stoffwechselprozesse**. Viele Membranproteine wirken als Enzyme, wie z. B. die Enzyme der Zellatmung in der inneren Membran der Mitochondrien oder die Enzyme der Fotosynthese in Membranen der Chloroplasten (siehe S. (1) 14 ff.).

2.2 Stofftransport durch die Membran

Stofftransport durch Membranen kann als **passiver Transport** durch Diffusion und Osmose ablaufen, wobei keine Stoffwechselenergie benötigt wird, oder als **aktiver Transport** unter Verbrauch von ATP.

Passiver Transport

In der Flüssigkeit, die die Zelle umgibt und im Zytoplasma wandern Teilchen durch **Diffusion**. Sie bewegen sich dabei in alle Richtungen, in der Bilanz aber vom Ort der höheren zum Ort der geringeren Konzentration, also entlang des Konzentrationsgefälles. Verantwortlich für die Wanderung ist die thermische Eigenbewegung (**Wärmebewegung**) der Teilchen. Die Zelle muss für diese Art des Stofftransports keine Stoffwechselenergie aufbringen. Mit einer **Erhöhung der Temperatu**r wird die Geschwindigkeit der Diffusion größer. Die Diffusion läuft außerdem umso schneller ab, je stärker die **Konzentrationsunterschiede** sind. Die Diffusion endet, wenn der Konzentrationsunterschied einer Substanz ausgeglichen ist.

Mit **zunehmender Entfernung** nimmt die Geschwindigkeit der Diffusion stark ab. Auf kurze Distanzen wandern die Teilchen noch mit hoher Geschwindigkeit, bei weiten Strecken werden sie sehr viel langsamer. Für eine doppelt so weite Entfernung braucht ein diffundierendes Teilchen sehr viel länger als die doppelte Zeit. Der **Größe von Zellen** sind daher Grenzen gesetzt, da der Stofftransport durch Diffusion ab einer bestimmten Distanz zu langsam abläuft.

> **Diffusion** ist der grundlegende Transportvorgang von Teilchen in der Zelle. Triebfeder der Diffusion ist das Bestreben der Teilchen, sich gleichmäßig im zur Verfügung stehenden Raum zu verteilen. Die Diffusion läuft ohne Verbrauch an Stoffwechselenergie ab.

Ionen und größere hydrophile Teilchen können durch die Biomembranen diffundieren, wenn spezielle **Transportproteine** vorhanden sind, die Kanäle bilden und daher **Tunnelproteine** genannt werden. In der Regel lassen diese Tunnelproteine nur eine bestimmte Art von Teilchen passieren. In einigen Fällen ist bekannt, dass sich diese Transportproteine öffnen und schließen können. Dadurch kann die Zelle die Diffusion der Teilchen beeinflussen und kontrollieren (siehe Aktionspotenzial, S. (1) 142 f.).

Wasser und einige andere sehr kleine Teilchen können eine Membran ungehindert durchqueren, die meisten übrigen Teilchen dagegen nicht. Dies bezeichnet man als die **Semipermeabilität** von Membranen. Eine Membran stellt daher für bestimmte Teilchen einer Lösung eine **Diffusionsbarriere** dar.

> Die **eingeschränkte Diffusion** wird als **Osmose** bezeichnet. Auch für die Osmose ist **keine** Stoffwechselenergie erforderlich. Sie ist ein rein physikalischer Vorgang.

In der folgenden Abbildung ist die Membran zwischen den Räumen A und B durchlässig für H_2O-Moleküle, aber undurchlässig für darin gelöste Teilchen. Die Konzentration gelöster Teilchen ist im Raum B höher als im Raum A:

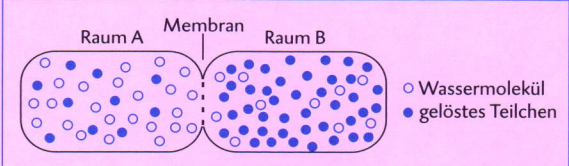

Abb. 3: Erläuterung der Osmose am vereinfachten Schema.

Durch Diffusion wandern H_2O-Teilchen vom Ort der höheren Konzentration durch die Membran in den Raum der niedrigeren Konzentration. Mit der Zeit gleichen sich die Konzentrationsunterschiede in den beiden Räumen immer weiter aus, sodass die Diffusionsgeschwindigkeit kontinuierlich abnimmt.

> Hoch konzentrierte Lösungen haben das Bestreben, Wasser aus Lösungen mit geringerer Konzentration aufzunehmen. Sie erzeugen einen hohen **osmotischen Druck**.

Zellen enthalten in ihrem Plasma und, soweit es sich um pflanzliche Zellen handelt, in ihrer Vakuole (Zellsaftraum) viele gelöste Teilchen. Sie haben daher das Bestreben, Wasser aufzunehmen. Wenn Zellen in eine Umgebung geraten, die eine höhere Konzentration gelöster Teilchen aufweist als ihr Zytoplasma, besteht umgekehrt die Gefahr, dass sie zu viel Wasser durch die Membran nach außen verlieren. Bei Pflanzenzellen nennt man dies **Plasmolyse**.

Aktiver Transport

Zellen sind darauf angewiesen, Substanzen in ihrem Inneren anzureichern und Konzentrationsunterschiede aufrecht zu erhalten, z. B. die von Aminosäuren, Zuckern, Nukleotiden, aber auch von Ionen wie Na^+, K^+ usw. (siehe Ruhepotenzial, S. (1) 135 ff.). Dies ist allerdings nur durch Transportvorgänge **gegen** ein Konzentrationsgefälle möglich und kann daher nicht durch Diffusion oder Osmose geschehen.

Zell- und Molekularbiologie

> **Aktiver Transport** ist von Stoffwechselenergie abhängig, kann also nur unter Verbrauch von ATP ablaufen. Er geschieht an speziellen **Carrier-Proteinen**, die die Membran vollständig durchziehen.

Carrier-Proteine binden die Teilchen auf der einen Seite der Membran und setzen sie auf der anderen wieder frei. Die am aktiven Transport beteiligten Systeme werden häufig als „Pumpen" bezeichnet, weil sie **gegen das Konzentrationsgefälle** arbeiten, also „bergauf" transportieren. Ein Beispiel dafür ist die Na-K-Pumpe in der Membran des Axons von Nervenzellen (siehe S. (1) 138 f.).

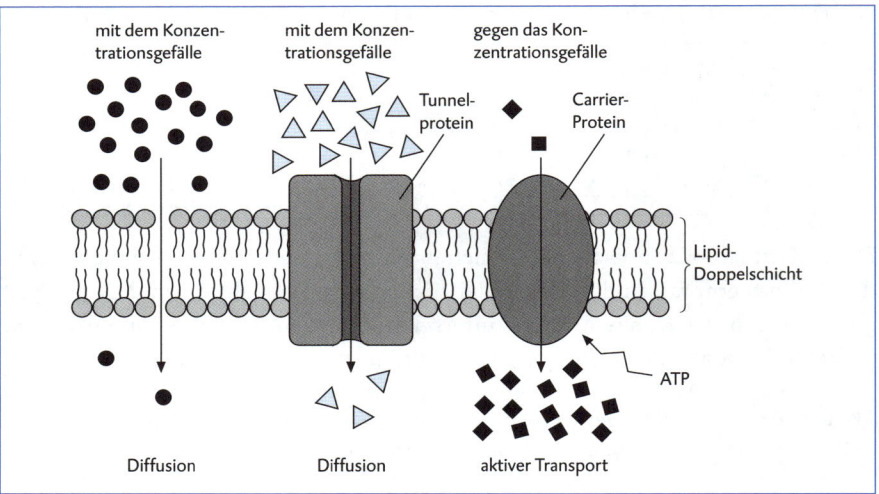

Abb. 4: Transport von Teilchen durch die Membran.

Größere Moleküle wie z. B. Proteine, Vielfachzucker, aber auch Viren, Bakterien, Bruchstücke anderer Zellen u. ä. werden für den Transport durch das Zytoplasma in Bläschen **(Vesikel)** eingeschlossen. Diese Vesikel schnüren sich zu Beginn des Transports von der Zellgrenzmembran oder von innerhalb der Zelle liegenden Membranen ab, verschmelzen, wenn sie ans Ziel gelangt sind, mit anderen Membranbereichen und geben dabei ihren Inhalt wieder ab. Wenn die Membran eines Vesikels eine andere Membran berührt, ordnen sich ihre Lipidmoleküle so um, dass beide Membranen zu einer **kontinuierlichen** Struktur verschmelzen. Möglich ist dies, weil – wie bereits erläutert – alle Membranen eine **ähnliche Grundstruktur** besitzen. Diese Vorgänge erlauben den Transport größerer Partikel durch die Membran, ohne dass dabei „Löcher" in ihr auftreten.

Je nach der **Richtung** des Transports durch die Zellgrenzmembran unterscheidet man zwei Varianten:
- Bei der **Exozytose** wandern Vesikel durch das Zytoplasma in Richtung Zellgrenze und verschmelzen dort mit der Zellgrenzmembran. Auf diese Weise kann die Zelle Inhaltsstoffe, z. B. große Moleküle, die sie in ihrem Stoffwechsel gebildet hat, nach außen abgeben. **Drüsenzellen** können so ihre Sekrete ausscheiden. Die Zellen der Bauchspeicheldrüse geben ein Hormon, das Insulin, auf diese Weise ins Blut ab, und Pflanzenzellen sondern so Cellulose nach außen ab, aus der dann die Zellwand gebildet wird.
- Bei einer **Endozytose** schnürt sich an der Zellgrenzmembran ein Bläschen nach innen ab und wandert ins Zytoplasma hinein. Auf diese Weise können Substanzen von außen in Vesikel „verpackt" ins Zellinnere gelangen. Wenn feste Substanzen aufgenommen werden, spricht man von einer **Phagozytose**, bei flüssigen von einer **Pinozytose**. Mithilfe von Endozytosen gelangt ein Teil der Nährstoffe aus dem Dünndarm in die Zellen der Darmoberfläche. Sie durchqueren die Zellen und werden durch Exozytose wieder abgegeben. Einige Lymphozyten sind durch Phagozytose in der Lage, Erreger oder Fremdstoffe in sich aufzunehmen (siehe S. (1) 213 u. 219).

Durch Endozytosen verringert sich die Fläche der Zellgrenzmembran, Exozytosen vergrößern sie. Wenn sich die beiden Vorgänge die Waage halten, verändert sich die Größe der Zelle nicht.

2.3 Die Organellen der eukaryotischen Zelle

Die meisten Stoffwechselprozesse laufen in oder an den **Organellen** ab, Bereichen des Zytoplasmas mit **spezieller Struktur und Funktion**. Organellen, die von Membranen umgeben sind, bilden Kompartimente, das sind vom übrigen Plasma abgetrennte Reaktionsräume (siehe z. B Energieumwandlung, S. (1) 37 f.).

Organellen mit Doppelmembran
Ein **Zellkern** ist mit wenigen Ausnahmen in jeder Zelle vorhanden. Die roten Blutkörperchen des Menschen allerdings sind in ihrer aktiven Lebensphase kernlos. In der Regel ist er das **größte Organell** der Zelle und daher schon im Lichtmikroskop sichtbar. Große Zellen haben meistens einen großen Zellkern, Zellen mit geringem Ausmaß nur einen kleinen („**Kern-Plasma-Relation**"). Die Kernhülle besteht aus einer Doppelmembran, die von zahlreichen Öff-

nungen, den **Kernporen**, durchbrochen ist und Verbindung mit dem endoplasmatischen Retikulum hat (siehe S. (1) 17). In der Grundsubstanz des Zellkerns, dem „Kernsaft" **(Karyoplasma)**, liegen die **Chromosomen** und der **Nukleolus**. Der Nukleolus ist ein kleiner Körper, der RNA und Proteine enthält. Die Chromosomen bestehen aus DNA und Proteinen (siehe S. (1) 69 ff.). Sie sind im aktiven Zustand **(Arbeitsform)** im Lichtmikroskop nicht sichtbar. Während der Zellteilung verkürzen und verdicken sie sich zur **„Transportform"** und sind in diesem Zustand im Lichtmikroskop erkennbar. Die DNA in den Chromosomen enthält die **Erbinformationen** (genetische Informationen) der Zelle:

- Die Gene **steuern** über Enzyme, die mit ihrer Hilfe gebildet werden, den Stoffwechsel der Zelle,
- sie sorgen außerdem dafür, dass die bei Zellteilungen (Mitose) entstehenden neuen Zellen mit den alten **identisch** sind oder aber **spezifische Unterschiede** ausbilden und
- schließlich bedingen die Gene, dass bei der Fortpflanzung die **Merkmale der Eltern** auf die Nachkommen übertragen werden.

> Die **Funktion** des Zellkerns liegt in der Steuerung der Zellfunktionen, man kann ihn als „Leitzentrale der Zelle" bezeichnen.

Die **Mitochondrien** gehören zur „Grundausstattung" aller eukaryotischen Zellen. Sie stellen große Organellen dar, die im Lichtmikroskop sichtbar sind. Die Oberfläche der inneren der beiden Hüllmembranen ist durch **faltenartige Einstülpungen** (Cristae, Tubuli) in den plasmatischen Raum (Matrix) hinein stark vergrößert.

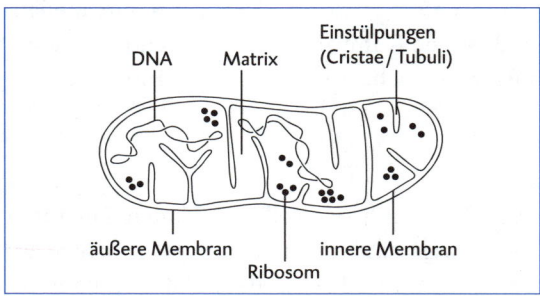

Abb. 5: Schematischer Aufbau eines Mitochondriums.

Diese innere Membran enthält einen Teil der Enzyme, die für den Ablauf der Zellatmung (siehe S. (1) 15) erforderlich sind. In der Matrix liegen weitere Atmungsenzyme, aber auch DNA **(mitochondriale DNA)** und Ribosomen.

> Die Funktion der **Mitochondrien** liegt in der **Energieversorgung**, sie werden daher als „Kraftwerke" der Zelle bezeichnet.

In den Mitochondrien läuft an den Atmungsenzymen in der Matrix und der inneren Membran die **Zellatmung** ab. Dabei wird Glucose durch **Oxidation** zu H_2O und CO_2 abgebaut:

$$C_6H_{12}O_6 + 6\,O_2 \longrightarrow 6\,CO_2 + 6\,H_2O \qquad \Delta G = -2800\ \text{kJ} \cdot \text{mol}^{-1}$$

In der Zellatmung wird die in der Glucose enthaltene Energie in kleinen Schritten freigesetzt. Ein Teil der Energie wird in Form von ATP gebunden, der Rest wird als Wärme frei. Mitochondrien sorgen für die Bereitstellung von ATP, dem **universellen Energiespeicher und -überträger** der Zellen. In Form von ATP kann chemische Energie für Stoffwechselprozesse nutzbar gemacht werden (siehe S. (1) 38 ff.).

Mitochondrien sind in der Lage, sich eigenständig durch Teilung oder Knospung zu vermehren („Selbstteilungskörperchen"). Genutzt werden dazu u. a. die **DNA und die Ribosomen der Matrix** (siehe Endosymbiontentheorie, S. (2) 23 f.).

Plastiden findet man nur in Pflanzenzellen, nicht aber in Zellen von Pilzen und Tieren. Sie sind bei höheren Pflanzen meistens linsenförmig und so groß, dass man sie schon bei geringer Vergrößerung im Lichtmikroskop erkennen kann. Wie die Mitochondrien enthalten auch sie Ribosomen und DNA und einen **eigenen Proteinsyntheseapparat**. Dies erklärt, dass auch die Plastiden in der Lage sind, sich eigenständig durch Teilung zu vermehren.

Je nach Bedarf und Bedingungen können in Pflanzenzellen aus undifferenzierten, kleinen Vorformen, den **Proplastiden**, verschiedene Plastidentypen entstehen. Bei Pflanzen findet man drei Typen von Plastiden:
- Die farblosen **Leukoplasten**,
- gelbliche oder rötliche **Chromoplasten** und
- die grünen **Chloroplasten**.

> **Leukoplasten** dienen als **Nährstoffspeicher**.

Sie sind mit Assimilationsstärke gefüllt, d. h. mit Stärke, die aus der in der Fotosynthese gebildeten Glucose entsteht (siehe S. (1) 16 f.) . Man findet sie v. a. in solchen Teilen von Pflanzen, die Zeiten überdauern müssen, in denen keine Fotosynthese möglich ist, z. B. in der Kartoffelknolle oder im Getreidekorn.

> **Chromoplasten** färben Teile von Pflanzen rot oder gelb, z. B. Karotten und reife Tomaten.

Verantwortlich hierfür sind rote Pigmente, so genannte **Carotinoide**, die in der inneren Membran liegen.

> Ursache für die **grüne** Farbe von Pflanzen sind die **Chloroplasten** ihrer Zellen. In ihnen laufen die **Fotosynthese**-Prozesse ab.

Die Umwandlung von Proplastiden oder bereits differenzierten Plastidentypen zu Chloroplasten wird durch Bestrahlung mit Licht ausgelöst. Gegenüber den übrigen Plastiden zeigen Chloroplasten einige Besonderheiten. Die innere der beiden Hüllmembranen schnürt zahlreiche flache Membransäckchen, die **Thylakoide**, in den Innenraum ab, wodurch eine Vergrößerung der Membranfläche erreicht wird. Diese Thylakoide liegen in einer Grundsubstanz, dem Stroma. An vielen Stellen sind die Thylakoide wie „Geldrollen" gestapelt. Man bezeichnet einen solchen Bereich des Chloroplasten als **Granum** (Mehrzahl Grana):

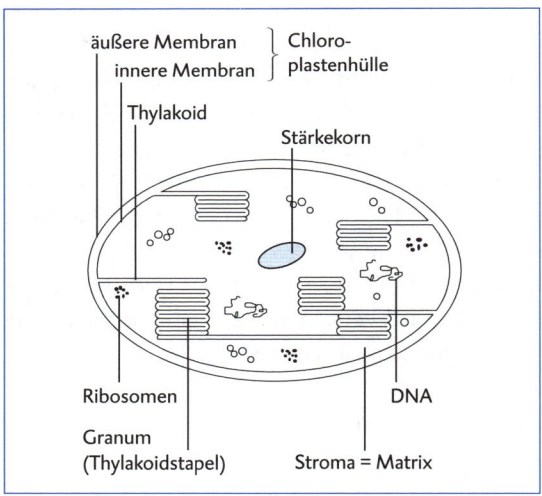

Abb. 6: Schematischer Aufbau eines Chloroplasten.

Die innere Membran (Thylakoidmembran) enthält das lichtabsorbierende Pigment **Chlorophyll**, das für die **Fotosynthese** erforderlich ist. Es sorgt für die Umwandlung von Lichtenergie in chemische Energie, die in Form von Glucose gespeichert wird. Die vereinfachte Bilanzgleichung lautet:

$$6\,CO_2 + 6\,H_2O \longrightarrow C_6H_{12}O_6 + 6\,O_2 \qquad \Delta G = +2800\,kJ \cdot mol^{-1}$$

Die Vorgänge während der Fotosynthese lassen sich folgendermaßen zusammenfassen:
- Mithilfe des **Chlorophylls** und den Enzymen der **Thylakoidmembran** wird in einer ersten, so genannten „**Lichtreaktion**" der universelle Energieüberträger ATP gebildet. Wassermoleküle werden gespalten, und die Wasserstoff-Atome auf eine Trägersubstanz übertragen. Der bei der Spaltung von H_2O entstehende Sauerstoff O_2 entweicht in die Umgebung. Dieser Prozess ist die nahezu einzige natürliche O_2-Quelle der Erde.
- In der nachgeschalteten „**Dunkelreaktion**" wird mithilfe der im Stroma liegenden Enzyme Glucose ($C_6H_{12}O_6$) synthetisiert. Dazu dienen die folgenden Verbindungen: Aus der Umgebung aufgenommenes CO_2, **ATP**, das in der Lichtreaktion gebildet wird, und **Wasserstoff**, der aus der Wasserspaltung der Lichtreaktion stammt und an einen Überträger gebunden wird.

Die Glucosemoleküle können enzymatisch zu **Stärke**, einem Vielfachzucker (Polysaccharid) verbunden werden. Die **Stärkekörnchen** werden im Stroma der Chloroplasten abgelagert und dienen als Energiespeicher.

Organellen mit einfacher Membran

Das **endoplasmatische Retikulum** (ER) ist im Lichtmikroskop nicht sichtbar. Es besteht aus einem Labyrinth von Membranen, die Kanäle und flache Räume (**Zisternen**) bilden und das gesamte Zytoplasma der Zelle durchziehen. Die Form des ER ist nicht konstant, sie ändert sich ständig durch die Aufnahme oder die Abschnürung von Vesikeln. Die Vesikel wandern vor allem zwischen dem ER und der Zellgrenzmembran, bzw. dem **Golgi-Apparat**. Die **Hülle des Zellkerns** steht mit dem ER in Verbindung. Man kann sie auch als Teil des ER betrachten. In den Zellen findet man zwei verschiedene Formen des Endoplasmatischen Retikulums:
- Das **raue ER** ist auf der Außenseite, der dem Zytoplasma zugewandte Seite, mit zahlreichen **Ribosomen** besetzt (siehe S. (1) 21).
- Das **glatte ER** trägt keine Ribosomen.

> Das **endoplasmatische Retikulum** ist das Transportsystem der Zellen.

Es **leitet und verteilt** Substanzen, v. a. Enzyme und andere Proteine in der Zelle, **speichert und wandelt** bestimmte Substanzen in seinen Zisternen **um**, z. B. die Sekrete vieler Drüsenzellen, und **bildet** das Membranmaterial der meisten Zellbestandteile und der Zellhülle.

Die **Dictyosomen** sind im Lichtmikroskop sichtbar. Sie bestehen aus flachen, leicht gewölbten, übereinander gestapelten Räumen, die von einer Membran begrenzt werden:

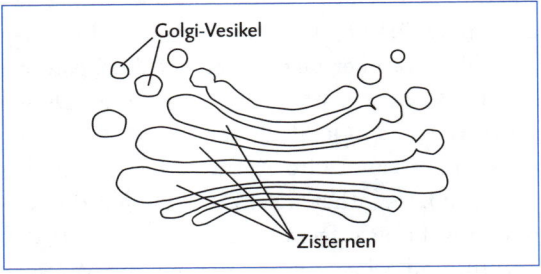

Abb. 7: Schematischer Aufbau eines Dictyosoms.

Dictyosomen haben keine **direkte** Verbindung zu den Membranen des ER, jedoch bilden und vergrößern sie sich durch Vesikel, die vom ER abgeschnürt werden.

> Die Gesamtheit der Dictyosomen wird als **Golgi-Apparat** bezeichnet. Dieser übernimmt die Aufgabe von **Endbearbeitungs-, Lagerungs-, Sortier- und Verpackungsräumen**.

Im Einzelnen laufen im Golgi-Apparat folgende Prozesse ab:
- Er **wandelt** Substanzen **um**, z. B. Proteine durch „Anheftung" von Zuckermolekülen (siehe Glykoproteine, S. (1) 7).
- Er **nimmt** Substanzen **auf**, die in Vesikeln vom ER geliefert werden.

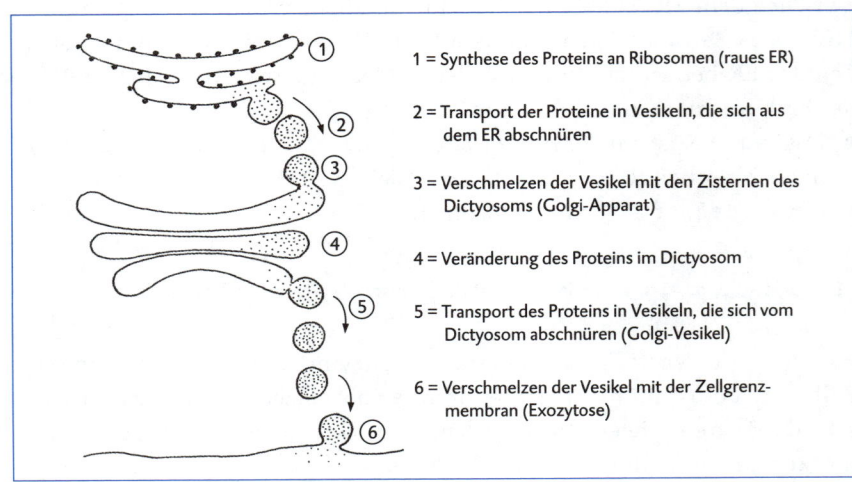

Abb. 8: Bildung und Ausscheidung eines proteinhaltigen Sekrets.

- Vom Golgi-Apparat **schnüren** sich Membranbläschen ab, so genannte Golgi-Vesikel, in denen Substanzen an andere Stellen der Zelle transportiert werden. Sekrete aus Drüsenzellen und Cellulose zur Bildung der Zellwand werden so abgeschieden (siehe Exozytose, S. (1) 13).
- Er **sortiert** Substanzen und kann Lösungen mit erhöhten Konzentrationen herstellen, z. B. die von Lysozym in den Lysosomen (siehe unten).
- Er **bildet** verschiedene **Kohlenhydrate**, bei pflanzlichen Zellen auch Zellwandmaterial.

Die im Lichtmikroskop erkennbaren **Lysosomen** entstehen aus Vesikeln, die sich aus Dictyosomen abschnüren, sind also spezielle Golgi-Vesikel.

> Lysosome enthalten **Verdauungsenzyme**, die für **Abbauvorgänge** innerhalb der Zelle verantwortlich sind.

Die **Funktion** der Lysosomen kann man mit der eines „Magens" oder einer „Recyclinganlage" vergleichen: Sie bauen große Moleküle und Partikel durch **Verdauung** ab, z. B. gealterte Organellen der Zelle oder durch Phagozytose aufgenommene Erreger. Lysozym kann Bakterien abtöten (siehe Immunsystem, S. (1) 214). Die durch die Zersetzungsarbeit des Lysozyms entstandenen Einzelbausteine von Molekülen oder Organellen geben die Lysosomen an das Zytoplasma ab, wo sie wieder verwendet werden können.

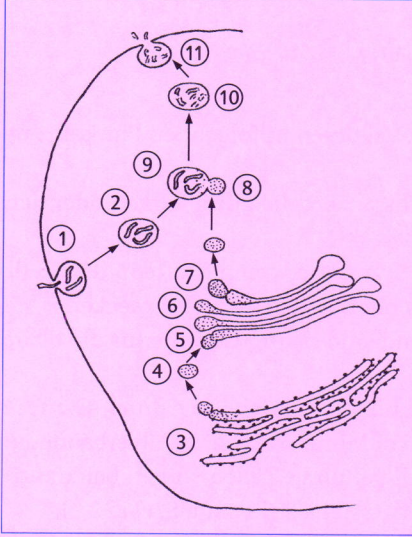

1 = Aufnahme der Partikel durch Endozytose (Phagozytose)
2 = Wanderung der Nahrungsvesikel ins Zellinnere
3 = Synthese von Lysozym (u. a. Enzyme) an den Ribosomen (raues ER)
4 = Transport des Lysozyms (u. a. Enzyme) in Vesikeln zum Golgi-Apparat (Dictyosom)
5 = Verschmelzen der Vesikel mit den Zisternen des Golgi-Apparats
6 = Umbau des Lysozyms (u. a. Enzyme) zur endgültigen Form im Dictyosom
7 = Abschnüren von Golgi-Vesikeln, die Lysozym (u. a. Enzyme) enthalten (= Lysosome)
8 = Verschmelzen von Nahrungsvesikel mit Lysosom
9 = Abbau der Partikel in Nahrungsvesikel durch Lysozym (u. a. Enzyme)
10 = Wanderung des Vesikels zur Zellgrenze
11 = Abgabe der Reste durch Exozytose

Abb. 9: Aufnahme und Abbau großer Partikel.

Als **Vesikel** bezeichnet man kleine, im Lichtmikroskop häufig nicht sichtbare Membranbläschen, die einen **nicht-plasmatischen** Raum einschließen. Das können z. B. Golgi-Vesikel, Lysosome, durch Endozytose von der Zellgrenzmembran abgeschnürte Bläschen oder aus dem ER abgetrennte Vesikel sein.

> Vesikel haben die Aufgabe, Substanzen in der Zelle zu **transportieren** und zu **speichern**.

Vakuolen sind ähnlich wie Vesikel gebaute, aber sehr viel größere und deshalb im Lichtmikroskop sichtbare, membranumschlossene Räume. Sie treten z. B. als Nahrungsvakuolen auf, die sich durch Phagozytose aus Teilen der Zellgrenzmembran gebildet haben (siehe S. (1) 13).
Besonders auffällig ist die große **Zellsaftvakuole** (zentrale Vakuole, Zellsaftraum), die in der Regel bei ausgereiften **Pflanzenzellen** den größten Teil des Zellinnenraums einnimmt. Zuweilen findet man auch mehrere Zellsaftvakuolen in einer Zelle. Sie wird von einer Membran, dem Tonoplast begrenzt und enthält eine wässrige Lösung, den Zellsaft, der aus Ionen und organischen Verbindungen wie Zucker, Säuren und Farbstoffe besteht. Er enthält allerdings nur sehr wenige Proteine, daher zählt die Vakuole zum nicht-plasmatischen Bereich der Zelle. In den meisten Fällen nimmt die Zellsaftvakuole bei erwachsenen Zellen einen so großen Raum ein, dass das Zytoplasma nur eine dünne, unter der Zellwand liegende Schicht bildet, die zwischen Plasmalemma und Tonoplast eingeschlossen ist.

> Vakuolen dienen den Zellen als **Speicherraum** und „**Abfalldeponie**".

Im Einzelnen lassen sich die Aufgaben der Vakuolen in folgenden Punkten zusammenfassen:
- Vakuolen dienen als **Lagerraum** für Substanzen, die giftig wirken oder den Stoffwechsel stören könnten.
- Sie können vor Tierfraß oder Pilzbefall **schützen**, wenn Stoffe in den Zellsaft abgegeben werden, die giftig wirken oder unangenehm schmecken.
- Viele Vakuolen enthalten **Farbstoffe** und sind häufig Ursache für die blaue Färbung von Pflanzenteilen.
- Durch ihre hohe Teilchenkonzentration nimmt eine Vakuole durch Osmose viel Wasser auf, steht dadurch **unter Druck** und stützt die Zellverbände im Pflanzenkörper. Die durch Osmose prall gefüllten Zellen sorgen bei krautigen Pflanzen für die aufrechte Wuchsform (siehe Zellwand, S. (1) 23 f.).

Organellen ohne Membran

Ribosomen sind sehr kleine, aus zwei verschieden großen Untereinheiten zusammengesetzte, im Lichtmikroskop nicht sichtbare, massive Körperchen ohne Hohlraum. Sie bestehen aus Proteinen und RNA (rRNA), die aus dem Nukleolus stammen (siehe S. (1) 14).

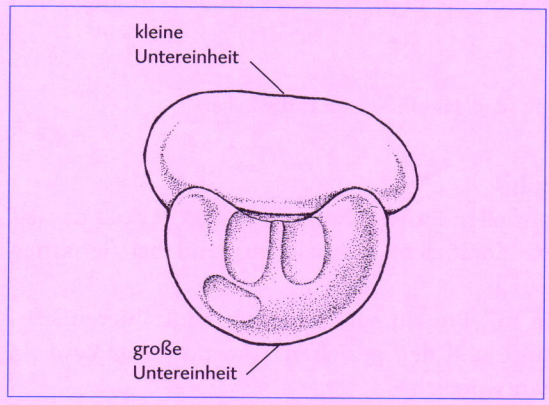

Abb. 10: Schematische Darstellung eines Ribosoms mit kleiner und großer Untereinheit.

Die Ribosomen liegen **frei** im Zytoplasma vor, oder sind an die Membran des **rauen ER gebunden**. Freie Ribosomen können wie eine Perlenschnur aufgereiht sein, diese bezeichnet man als **Polysomen** (siehe S. (1) 96).

> Die Ribosomen sind die **Proteinsynthese-Maschinen** der Zellen.

Im Einzelnen lassen sich die Prozesse, die dabei an den Ribosomen ablaufen, folgendermaßen darstellen:
- An den Ribosomen werden einzelne Aminosäuren zu Polypeptiden und Proteinen **verkettet** (siehe S. (1) 94).
- Proteine, die sich an den Ribosomen des **rauen ER** bilden, gelangen zunächst ins Innere des ER und wandern, verpackt in Vesikeln oder als Bestandteil der Vesikelmembran, zu ihren Bestimmungsorten. Dies geschieht z. B. mit Enzymen wie Lysozym, Sekreten wie Verdauungsenzymen, Hormonen und Membranproteinen der Organellen oder der Zellgrenzmembran.
- Proteine, die sich an **freien** Ribosomen bilden, gelangen v. a. in das Zytoplasma und erfüllen dort verschiedene Aufgaben, wie die Steuerung bestimmter Stoffwechselvorgänge.

Mikrotubuli sind aus speziellen Proteinen aufgebaut, die sich zu dünnen, röhrenförmigen Stäbchen zusammensetzen. Größere Gebilde sind im Lichtmikroskop sichtbar. Spezielle Mikrotubuli bilden die Centriolen, die Fasern der Kernspindel und die **Geißeln und Wimpern**. Geißeln sind peitschenartige Fäden, die der Fortbewegung dienen, z. B. bei Spermien. Als Wimpern (Cilien) bezeichnet man sehr kurze Geißeln, die in großer Zahl auf der Hüllmembran bestimmter Zellen stehen.

> Mikrotubuli bilden „**Transportwege**" und das **Innenskelett** der Zellen.

Die **Funktionen** der Mikrotubuli:
- Sie bilden zusammen mit speziellen Protein-Fäden ein **Stützgerüst**, das das Zytoplasma als dichtes Netz durchzieht (Zytoskelett) und bei tierischen Zellen die Form der Zelle festlegt.
- Mikrotubuli sind zusammen mit Proteinfäden, die sich kontrahieren können, für **Bewegungsvorgänge** und den gezielten Transport von Vesikeln und anderen Organellen verantwortlich.
- Als **Spindelfasern** (Kernspindel) bewirken sie, dass sich in der Mitose Chromatiden voneinander trennen und an die Zellpole wandern. In der 1. Reifeteilung der Meiose sorgen sie für die Trennung homologer Chromosomen.
- Als **Centriolen** (Kinetochoren) sind Mikrotubuli bei allen tierischen und wenigen pflanzlichen Zellen an der Bildung der Kernspindel beteiligt.
- Mikrotubuli sorgen durch ihre besondere Konstruktion für den Schlag von **Geißeln** und **Wimpern**. Solche Strukturen finden sich z. B. auf den Oberflächenzellen der Bronchien, die Schleim und Fremdkörper aus dem Körper befördern, oder bei Spermien, wo sie zur Fortbewegung dienen.

Die **Zellwand** kommt nur bei **Pflanzenzellen** vor und ist ein charakteristisches Merkmal dieser Zellen. Sie ist im Lichtmikroskop meist leicht zu erkennen und besteht v. a. aus Cellulose. Dieser Vielfachzucker (Polysaccharid) besteht aus zahlreichen Glucose-Molekülen, die durch eine andere Bindung als die bei der Verknüpfung von Glucose zu Stärke verkettet sind. Die Cellulose-Fasern liegen ähnlich wie die Schichten einer Sperrholzplatte übereinander, wobei sich die Richtung der Fasern überkreuzen.

> Die **Zellwand** dient den pflanzlichen Zellen als **Stütz- und Schutzhülle**.

Die Zellwand verhindert außerdem die übermäßige Wasseraufnahme. Pflanzenzellen nehmen durch Osmose (siehe S. (1) 11) Wasser in ihre Vakuole auf und entwickeln dadurch einen Binnendruck (Turgor). Die Zellwand wirkt dem Turgor entgegen, begrenzt damit die Wasseraufnahme und gibt den Pflanzenzellen durch die „pralle Füllung" die nötige Festigkeit. Vergleichbar ist das mit der Lederhülle eines Fußballs, die den Druck begrenzt und dem Ball in aufgepumptem Zustand Stabilität und Form verleiht.

Die folgenden zwei Abbildungen zeigen die **wichtigsten Organellen** einer **tierischen** bzw. einer **pflanzlichen** Zelle in ihrer Lage und Ausdehnung:

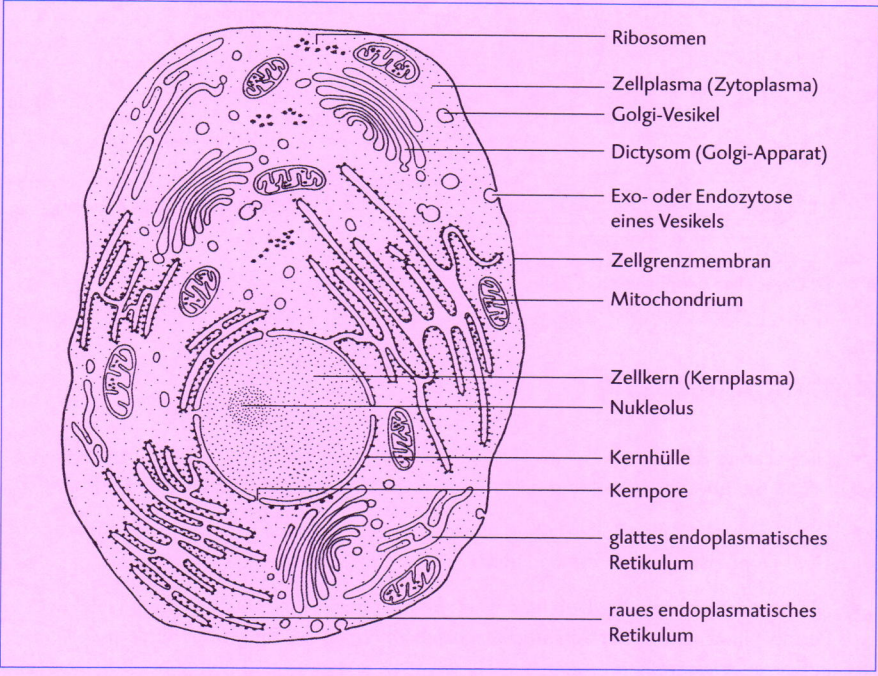

Abb. 11: Organellen der tierischen Zelle.

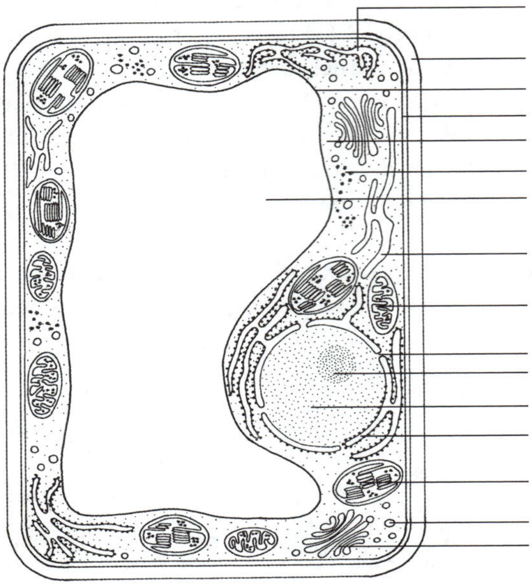

Zell- und Molekularbiologie

Abb. 12: Organellen der pflanzlichen Zelle.

Labels (von oben nach unten):
- raues endoplasmatisches Retikulum
- Zellwand (aus Cellulose)
- Tonoplast
- Plasmalemma
- Zellplasma (Zytoplasma)
- Ribosomen
- Zellsaftraum (zentrale Vakuole)
- glattes endoplasmatisches Retikulum
- Mitochondrium
- Kernpore
- Nukleolus
- Zellkern (Kernplasma)
- Kernhülle
- Chloroplast
- Golgi-Vesikel
- Dictyosom (Golgi-Apparat)

Zusammenfassung

- Die gesamte Zelle wird von einer Membran begrenzt. Innerhalb ihres Zytoplasmas bilden membranumhüllte Kompartimente voneinander getrennte Reaktionsräume.

- Die Membranen aller Zellen haben den gleichen Grundaufbau. Sie bestehen aus einer Lipid-Doppelschicht, auf der und in der Proteinmoleküle liegen.

- Membranen können ihre Durchlässigkeit für bestimmte Teilchen verändern (selektive Permeabilität) und damit den Stoffaustausch innerhalb der Zelle und mit dem Zellaußenraum kontrollieren.

- Der Stofftransport durch die Membran kann passiv, d. h. durch Diffusion und Osmose, oder aktiv, d. h. unter Verbrauch von Stoffwechselenergie erfolgen.

- An Biomembranen kann ein elektrisches Potenzial aufrecht erhalten werden, und sie können Moleküle enthalten, die als Rezeptoren dienen. Die Membranproteine können als Enzyme wirken und daher bestimmte Reaktionen katalysieren.

- Der Transport von Substanzen in der Zelle erfolgt in der Regel durch Diffusion im Zytoplasma oder innerhalb Membran umschlossener Räume und durch den Transport von Vesikeln.
- Durch Abschnüren von Vesikeln aus der Zellgrenzmembran können Substanzen aus der Umgebung ins Zytoplasma aufgenommen werden; durch Verschmelzen von Vesikeln mit der Hüllmembran der Zelle können Substanzen aus der Zelle ausgeschleust werden.
- Der Zellkern enthält in seinen Chromosomen die genetische Information der Zelle. Sie steuert die Stoffwechselprozesse und sorgt dafür, dass bei der Fortpflanzung Organismen entstehen, die der Elterngeneration ähneln.
- In den Mitochondrien verläuft die Zellatmung. In ihren Reaktionen wird Glucose zu Kohlenstoffdioxid und Wasser abgebaut und die dabei freigesetzte Energie zum Teil in Form von ATP festgelegt. ATP kann Energie speichern und für energieverbrauchende Prozesse in der Zelle bereitstellen.
- Chloroplasten sind die Orte der Fotosynthese. Ihr Plasma enthält zahlreiche Membranstapel, die eine große Oberfläche bilden und an denen viele wichtige Prozesse der Fotosynthese ablaufen.
- Die Fotosynthese lässt sich in zwei Abschnitte einteilen: In der Lichtreaktion wird Lichtenergie mithilfe des Chlorophyll in Form von ATP festgelegt, Wasserstoff wird auf ein Trägermolekül übertragen. In der Dunkelreaktion wird mithilfe von ATP, mit dem in der Lichtreaktion gewonnenen Wasserstoff und mit CO_2 aus der Luft Glucose aufgebaut.
- Das Membransystem des endoplasmatischen Retikulums durchzieht die gesamte Zelle. Es dient vor allem als Transportsystem.
- Die Dictyosomen der Zelle bilden ihren Golgi-Apparat. In seinen Zisternen kann die Zelle Substanzen speichern und chemisch verändern.
- Lysosomen enthalten Enzyme, die in der Lage sind, in die Zelle aufgenommene Substanzen, aber auch zelleigene Bestandteile abzubauen.
- Vesikel sind Membran umschlossene Räume der Zelle, in denen Substanzen gespeichert und transportiert werden.
- Vakuolen sind große Vesikel. Von besonderer Bedeutung ist die große zentrale Vakuole erwachsener Pflanzenzellen, die den Zellsaftraum bildet.
- Der Zellsaft in der zentralen Vakuole der Pflanzenzellen kann Abfallstoffe, Farbstoffe, Giftstoffe und ähnliche Substanzen, die als Fraßschutz dienen, enthalten.
Seine hohe Konzentration an gelösten Stoffen führt zu einer starken Wasseraufnahme und erzeugt in den Pflanzenzellen einen Binnendruck (Turgor).

Zell- und Molekularbiologie

- Ribosomen sind die Orte, an denen Aminosäuren zu Polypeptiden und Proteinen verkettet werden. Sie liegen entweder an der Membran des endoplasmatischen Retikulums oder frei im Zytoplasma.
- Mikrotubuli bestehen aus Proteinfäden, die tierischen Zellen eine Form geben, Transportwege in der Zelle festlegen und wesentliche Bestandteile von Geißeln und Wimpern bilden.
- Die Zellwand ist ein charakteristisches Merkmal von Pflanzenzellen. Sie besteht aus Cellulose, einem Vielfachzucker, und wirkt dem osmotischen Binnendruck der Zelle entgegen. Dadurch erhalten krautige Pflanzen ihre Festigkeit.

Aufgaben

5. Zeichnen Sie schematisch einen kleinen Ausschnitt der Einheitsmembran, wie man sie sich nach neueren Forschungen vorzustellen hat. Beschriften Sie die Zeichnung.

6. Wie ist zu erklären, dass sich die Proteine in der Membran fast nur in Längsrichtung der Membran verschieben, dass dagegen aber Querbewegungen von einer Membranseite zur anderen kaum vorkommen?

7. Lipide, die man im Experiment aus der Membran von roten Blutkörperchen gelöst hat, bilden auf einer Wasseroberfläche eine Schicht aus aneinander gereihten Molekülen. Diese Schicht ist doppelt so groß wie die Oberfläche der roten Blutkörperchen. Wie ist das zu erklären?

8. Vergleichen Sie die Vorgänge an der Membran, die mit den Begriffen „Membranfluss" bzw. „Flüssig-Mosaik-Modell" beschrieben werden.

9. Wie lässt sich in einem elektronenmikroskopischen Bild entscheiden, ob zwei dunkle, parallel und eng beieinander liegende Linien, die einen hellen Raum begrenzen, als Doppelmembran oder als dreischichtige Einheitsmembran zu deuten sind?

10. Warum darf man das Plasmalemma sowohl als „Barriere", als auch als „Vermittler" zur Umgebung der Zelle bezeichnen?

11. Die Antibiotika *Nystatin* und *Filipin* erzeugen winzige Löcher in der Lipid-Doppelschicht der Membran. Welche Folgen hat das für die Zellen?

12. Ordnen Sie die aufgeführten Funktionen und Vorgänge den entsprechenden Baumerkmalen und Eigenschaften der Membran zu (Doppelnennungen sind möglich).

Vorgänge und Funktionen:
A Abschnürung von Vesikeln
B Unterscheidung körpereigener von körperfremden Zellen, z. B. Erkennung von Parasiten
C Undurchlässigkeit für große hydrophile Teilchen
D selektive Permeabilität
E Transportvorgänge gegen das Konzentrationsgefälle
F Aufnahme von Informationen aus der Umgebung der Zelle
G Steuerung von Stoffwechselprozessen

Baumerkmale und Eigenschaften:
1 Lipide bilden im Inneren der Membran eine Doppelschicht.
2 Proteine liegen der Membran auf oder durchziehen sie quer.
3 Zuckerreste sind an Proteine und in geringem Maße auch an Lipiden gebunden und ragen in den Zellaußenraum vor.
4 Membranen sind immer geschlossen, freie Enden sind nicht möglich.

13. Welche der genannten Vorgänge und Strukturen beschreiben passive Transportvorgänge oder sind an ihnen beteiligt?
    a Exozytose
    b Endozytose
    c Diffusion
    d Osmose
    e Ionenpumpen in der Membran
    f Carrierproteine in der Membran
    g Tunnelproteine in der Membran

14. Zellen können in der Regel nur bestimmte Ausmaße besitzen.
    Welche Art des Stofftransports in der Zelle ist in erster Linie für die Begrenzung der Zellgröße verantwortlich? Begründen Sie Ihre Antwort.

15. Liposomen sind kleine, künstlich hergestellte Bläschen aus einer Lipid-Doppelschicht, die eine wässrige Lösung einschließen.
    Stellen Sie Vermutungen darüber an, wie sich Liposomen einsetzen lassen, um Medikamente, die die Zellmembran nicht durchdringen können, dennoch in das Innere von Zellen zu bringen.

16. Teile von Pflanzenzellen lassen sich mit Neutralrot anfärben. Neutralrot ist ein großes Molekül. Als Molekül ist es unpolar (lipophil) gebaut und hat eine gelbe Farbe, als Kation ist es polar (hydrophil) gebaut und hat eine kirschrote Farbe. In saurer Lösung lagert das Neutralrot-Molekül Protonen an und wandelt sich dadurch zum Kation um.

In zwei Experimenten werden Zellen der Zwiebelschuppenhaut mit unterschiedlichen Neutralrot-Lösungen behandelt.
- **Experiment I:** saure Neutralrot-Lösung (Kation, rot).
- **Experiment II:** pH-neutrale Neutralrot-Lösung (Molekül, gelb).

Im Experiment I färbt sich nur die Zellwand rot, im Experiment II färbt sich der Zellsaft in der zentralen Vakuole dauerhaft rot, wobei die Intensität der Färbung zunimmt. Der Zellsaft besitzt einen pH-Wert von ca. 5,8. Erklären Sie die Versuchsergebnisse.

17. (themenübergreifende Aufgabe)
Bestimmte Lymphozyten tragen an der Außenseite ihrer Zellgrenzmembran Proteinmoleküle, die Antigene binden können. Gibt man zu solchen Lymphozyten Antigene hinzu, die mit einem Leuchtstoff (Fluoreszenzfarbstoff) markiert sind, lässt sich das Muster der spezifischen Antigen bindenden Membranproteine erkennen.
Im Experiment fand man zu verschiedenen Beobachtungszeitpunkten unterschiedliche Verteilungsmuster der fluoreszierenden Farbstoffe.
Erläutern Sie diese Beobachtung.

18. Die Ernährung einiger Zellen kann durch Aufnahme fester Stoffe geschehen. Beschreiben Sie diesen Vorgang.

19. Welche Organellen der Zelle sind umgeben von
    a einer Doppelmembran,
    b einer einfache Hüllmembran oder
    c keiner Membran?

20. Ordnen Sie den unten genannten Vorgängen die richtigen Organellen zu (Doppelnennungen möglich):
    a Zellatmung
    b Speicherung von Stärke
    c Steuerung des Stoffwechsels der Zelle
    d Weitergabe der Information über die Merkmale der Zelle und des gesamten Organismus
    e Festlegung der Lichtenergie in chemischen Bindungen
    f Bildung von ATP
    g Abbau gealterter Organellen
    h Gelbe oder rote Färbung von Pflanzenteilen
    i Transport und Verteilung von Proteinen
    k Umwandlung von Proteinen, z. B. Verknüpfung mit Zuckerresten

l   Bildung von Glucose
m   Sortierung und Konzentrierung von Stoffen, Verpackung in Vesikeln
n   Lieferung von Membranen für den Golgi-Apparat
o   Speicherung und Transport verschiedener Substanzen
p   Abbau großer Moleküle und Partikel
q   Dauerhafte Lagerung von Abfall-Substanzen
r   Verkettung von Aminosäuren zu Polypeptiden (Proteinen)
s   Formgebung und Stützung der Pflanzenzelle
t   Gerichteter Transport von Vesikeln, Chromosomen und anderen Zellbestandteilen
u   Erzeugung eines inneren Drucks, der gegen die Zellwand wirkt und zur Versteifung des gesamten Pflanzengewebes führt

21. Welche der folgenden Organellen sind nur in Pflanzenzellen zu finden?
    a   Zellwand
    b   Chromosomen
    c   Zellgrenzmembran
    d   Dictyosom
    e   Rauhes ER
    f   Glattes ER
    g   Zellsaftvakuole (Zellsaftraum, zentrale Vakuole)
    h   Chloroplasten
    i   Leukoplasten
    k   Zytoplasma
    l   Kernspindel (Spindelfasern)
    m   Mitochondrien
    n   Golgi-Vesikel
    o   Zellkern
    p   Chromoplasten

22. Welche der folgenden Begriffspaare passen nicht zusammen?
    a   Lysosom – Verdauung im Zellinneren
    b   Ribosom – Endozytose
    c   Golgi-Apparat – Verpackung von Zellprodukten
    d   Mitochondrium – Aufbau von Glucose
    e   Zellwand – selektive Permeabilität
    f   Raues ER – Herstellung von Proteinen.

23. Die folgende Zeichnung wurde nach einer elektronenmikroskopischen Aufnahme bei 4 000-facher Vergrößerung angefertigt. Zu sehen sind Bereiche zweier Leberzellen. Nennen Sie die Fachbezeichnungen für die mit Buchstaben gekennzeichneten Strukturen.

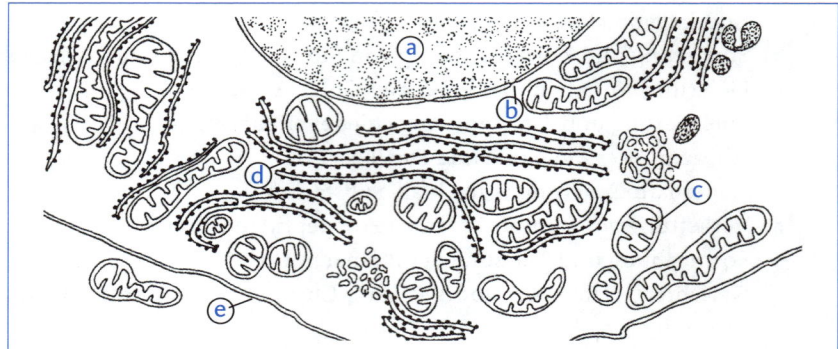

Abb. 13: 4000-fach vergrößerte Leberzelle.

24. a Nennen Sie drei Bereiche der Pflanzenzelle, die von einer Doppelmembran umgeben sind.
    b Erläutern Sie, warum in den genannten Fällen eine einfache Membran nicht möglich wäre.

25. (themenübergreifende Aufgabe)
    Welche der im Folgenden aufgeführten Zellen und Zellbereiche enthalten besonders viele Mitochondrien? Begründen Sie Ihre Antwort.
    a Muskelzellen
    b Hautzellen
    c Leberzellen
    d Bindegewebszellen
    e Endknöpfchen von Nervenzellen
    f Knorpelzellen

26. Nach einer gut belegten Theorie entstanden die Mitochondrien in der Stammesgeschichte aus bestimmten prokaryotischen Zellen, die außerhalb der heutigen Eukaryoten lebten. Welche Bestandteile und Vorgänge in der Matrix (Plasma) von Mitochondrien sprechen dafür, dass diese Zellorganellen früher einmal selbstständige Zellen waren?

27. a In welchen Merkmalen gleichen sich Mitochondrien und Chloroplasten?
    b Vergleichen Sie die Rolle der Glucose im Stoffwechsel beider Organellen.

28. Wie lauten die Summenformeln der
    a Fotosynthese?
    b Zellatmung?

29. Teile von Kartoffelknollen, die nicht von Erde bedeckt sind, färben sich grün, während Bereiche derselben Knolle, die im Boden liegen, weiß bleiben. Wie ist das zu erklären?

30. Welche Teile der Zelle werden aus Membranen des endoplasmatischen Retikulums gebildet?

31. Welche Vorteile kann es bringen, wenn die Zelle Enzyme in Vesikel einschließt, statt sie frei in das Zytoplasma abzugeben?

32. Der Nasenschleim enthält Lysozym.
    a Schildern Sie die Vorgänge, durch die das Lysozym aus den Schleimhautzellen der Nase nach außen abgegeben wird.
    b Welchen Zweck könnte Lysozym im Nasenschleim erfüllen?

33. Welchen der unten aufgeführten Zelltypen würden Sie wählen, wenn Sie Lysosomen untersuchen wollten? Begründen Sie Ihre Antwort.
    a Muskelzellen
    b Nervenzellen
    c Phagozytierende Leukozyten (weiße Blutkörperchen, Lymphozyten)
    d Zellen aus dem Gewebe eines Laubblattes
    e Eizellen

34. Ein solar betriebenes Fahrzeug benötigt, wenn es ständig einsatzbereit sein soll, Solarzellen, die Sonnenlicht in Elektrizität umwandeln, und eine Batterie. Welche Strukturen und Substanzen der Pflanzenzelle entsprechen der Solarzelle und welche der Batterie? Begründen Sie Ihre Antwort.

35. Proteinhaltige Produkte von Drüsenzellen werden im Zytoplasma in Vesikeln transportiert und danach aus der Zelle ausgeschieden. Auf welchem der unten aufgeführten Wege verläuft der Transport der Produkte?
    a ER → Vesikel → Golgi-Apparat → Golgi-Vesikel → Zellgrenzmembran → Exozytose
    b Golgi-Apparat → Golgi-Vesikel → ER → Vesikel → Zellgrenzmembran → Exozytose
    c ER → Golgi-Vesikel → Zellgrenzmembran → Vesikel → Golgi-Apparat → Exozytose
    d ER → Exozytose → Golgi-Vesikel → Golgi-Apparat → Vesikel → Zellgrenzmembran

36. Im Folgenden sind mehrere zusammenhängende Prozesse der Zelle stichwortartig dargestellt. Ordnen Sie diese Vorgänge mithilfe der Buchstaben so an, dass eine Grafik entsteht, die den Gesamtvorgang deutlich macht.
- a Bildung eines Nahrungsvesikels
- b Phagozytose
- c Abbau der Nahrungspartikel
- d Verschmelzung eines Nahrungsvesikels mit einem Lysosom
- e Ausscheidung der Reste durch Exozytose
- f Synthese von Lysozym und anderer abbauender Enzyme an Ribosomen
- g Abschnürung von Lysosomen vom Golgi-Apparat (Dictyosom)
- h Transport und Aufbereitung des Lysozyms und anderer abbauender Enzyme im endoplasmatischen Retikulum
- i Abschnüren von Vesikeln aus dem ER, die Lysozym und andere Enzyme enthalten
- k Verschmelzung der Vesikel mit Membranen des Golgi-Apparats
- l Umwandlung des Lysozyms und der übrigen Enzyme in ihre endgültige, funktionsfähige Form

37. (themenübergreifende Aufgabe)
Spezielle Membranen können dazu dienen, die Energie des Lichts aufzufangen und für die Zelle nutzbar zu machen.
- a Nennen Sie zwei Beispiele für solche Membranen.
- b Welche Bauteile dieser Membranen sind dafür verantwortlich, dass Licht aufgefangen werden kann?
- c Beschreiben Sie an zwei Beispielen ein Bauprinzip der Zelle oder eines Zellorganells, das dafür sorgt, dass möglichst viel Licht aufgefangen und seine Energie nutzbar gemacht wird.

3 Die Zelle als Grundeinheit des Lebens

Zellen stehen im ständigen Energie- und Stoffaustausch mit ihrer Umgebung. Während der Fotosynthese nehmen die Zellen eines Laubblattes u. a. Wasser und Mineralsalze aus dem Boden, CO_2 aus der Luft und Energie aus dem Licht auf. Sie geben u. a. O_2 an die Luft und $C_6H_{12}O_6$ (Glucose) an andere Zellen ab. Die Zu- und Abfuhr von Material und Energie macht die Zelle zu einem **offenen System**. Dadurch ergeben sich bestimmte Fähigkeiten, aber auch Einschränkungen, die durch den Vergleich mit einem geschlossenen System leichter verständlich werden.

3.1 Geschlossene Systeme

In geschlossenen Systemen finden weder Zufuhr noch Abfluss von Stoffen statt. Es stellt sich ein **chemisches Gleichgewicht**, d. h. ein Zustand, bei dem die Konzentrationen der im System enthaltenen Stoffe gleich bleiben. Ursache hierfür ist, dass Hin- und Rückreaktionen anfänglich unterschiedlich, nach einiger Zeit aber in gleicher Geschwindigkeit ablaufen, sodass sich die Konzentrationen der im System enthaltenen Stoffe nicht mehr ändern:

$$A \rightleftharpoons B \rightleftharpoons C$$

So bleiben die beispielhaften Verbindungen A, B und C im geschlossenen System ständig im selben Mengenverhältnis, z. B. A zu 10 %, B zu 30 % und C zu 60 %. Als Beispiel für eine Reaktion in einem geschlossenen System kann man eine **Esterbildung** betrachten: Wenn in einem solchen System Säure und Alkohol enthalten sind, reagieren diese beiden Verbindungen miteinander zu einem **Ester** und Wasser:

$$\text{Säure} + \text{Alkohol} \longrightarrow \text{Ester} + \text{Wasser}$$

Zu einem bestimmten Anteil läuft aber immer auch die **Rückreaktion** ab:

$$\text{Ester} + \text{Wasser} \longrightarrow \text{Säure} + \text{Alkohol}$$

Dadurch können Säure und Alkohol **nie vollständig** umgewandelt werden.

> In einem **geschlossenen System** ist eine vollständige Umwandlung der enthaltenen Stoffe **nicht** möglich. Auch kann ein solches System **keine Energie** für die Verrichtung von Arbeit liefern.

3.2 Offene Systeme

In einem offenen System kann sich kein chemisches Gleichgewicht einstellen, da Stoffe ständig zu- und abfließen. Man spricht von einem **Fließgleichgewicht** oder „steady state":

$$A \longrightarrow \boxed{A \longrightarrow B \longrightarrow C} \longrightarrow C$$

Die Lage des Fließgleichgewichtes wird durch die Stärke der Zu- und/oder Abflüsse bestimmt.

> In einem **offenen System** ist eine vollständige Umwandlung der enthaltenen Stoffe **möglich**. Auch kann ein solches System **Energie** für die Verrichtung von Arbeit **liefern**.

Betrachtet man das obige Schema eines offenen Systems und untersucht den **Abfluss** des Reaktionsproduktes C, so erkennt man, dass dieser Abfluss die Konzentration von C im System vermindert und das Gleichgewicht verschiebt. Die Hinreaktion

$$B \longrightarrow C$$

läuft verstärkt ab, dadurch vermindert sich auch die Konzentration von B. Infolgedessen wird A vermehrt zu B umgewandelt, sodass auch die Konzentration von A sinkt. Zieht man wieder die Esterbildung, diesmal im offenen System heran

$$\text{Säure} + \text{Alkohol} \rightleftharpoons \text{Ester} + \text{Wasser}$$

so bedeutet dies für das konkrete Beispiel: Wenn dem System ständig Wasser entzogen wird, kann sich kein chemisches Gleichgewicht einstellen. Die Reaktion läuft ständig weiter in Richtung der Esterbildung ab, bis die Ausgangsstoffe Säure und Alkohol vollständig verbraucht sind.

Jede **lebende Zelle** stellt ein offenes System dar. Ihre **Fließgleichgewichte** werden konstant in einem etwa „gleichen Abstand" zur Lage der chemischen Gleichgewichte gehalten oder kontrolliert verschoben, z. B. um die von der Zelle benötigten Verbindungen produzieren und abgeben zu können, oder um zu wachsen. Die Zelle kann die Lage der Gleichgewichte wechselnden Bedingungen, z. B. in ihrer Umgebung, anpassen, sie hat die Fähigkeit zur **Autoregulation**.
Die Aufrechterhaltung der Fließgleichgewichte ist nur durch **ständige Energiezufuhr** möglich, z. B. durch Energie aus dem Sonnenlicht oder durch Auf-

nahme von energiereichen Verbindungen, den Nährstoffen. Die Fließgleichgewichte ermöglichen die Entnahme von Energie, die dann zu Verrichtung von Arbeit, z. B. zur Muskelkontraktion genutzt werden kann.

Beispiele
Die Prozesse der Zellatmung (siehe S. (1) 15) stehen in einem Fließgleichgewicht. Ein „echtes" chemisches Gleichgewicht kann sich nicht einstellen, da die Zelle als offenes System O_2 und $C_6H_{12}O_6$ aufnimmt und in der Lage ist, das Abfallprodukt CO_2 an die Umgebung abzugeben.
Wenn der Abbau von Alkohol in der Leber in einem geschlossenen System ablaufen würde, stünden Alkohol und seine Abbauprodukte im chemischen Gleichgewicht, nachdem die Abbaureaktion eine Zeit lang gelaufen wäre. Da sich Hin- und Rückreaktionen die Waage halten, könnte der Alkohol nicht vollständig abgebaut werden. Im offenen System der Leberzellen fließen die Abbauprodukte aber ständig ab, die Verminderung ihrer Konzentration beeinflusst die Lage aller chemischen Gleichgewichte, sodass der Alkohol vollständig abgebaut werden kann und damit eine wirkungsvolle Entgiftung des Körpers möglich ist.

Kriterien für das Leben
Anhand der Charakterisierung lebender Zellen als offene Systeme können die allgemeinen Merkmale des Lebens erklärt werden. Sie lassen sich in folgenden Punkten zusammenfassen:
- Zufuhr und Abfluss von Material führt zu gerichtet verlaufenden chemischen Reaktionen in der Zelle. Den Ab-, Auf- und Umbau von Stoffen in lebenden Zellen bezeichnet mal als „Stoffwechsel".
- Die Zufuhr von Stoffen wie z. B. Geruchstoffen, oder von Energie, etwa in Form von Licht oder Druck, ändert die Bedingungen für das „offene System Zelle" und setzt Reaktionen in Gang, z. B. den Einstrom von Na^+-Ionen (siehe Lichtsinneszelle, S. (1) 192 ff.). Ein Reiz führt zu einer Reaktion, man spricht von der „Reizbarkeit" lebender Organismen.
- Durch die gezielte Verlagerung des Fließgleichgewichts weg vom chemischen Gleichgewicht kann es zur Anreicherung von Verbindungen in der Zelle kommen. Das ermöglicht „Wachstum".
- Zellen können die Lage ihrer Fließgleichgewichte gerichtet und kontrolliert verändern. Diese Fähigkeit zur Autoregulation ermöglicht auch die Autoreproduktion, also die Fähigkeit, sich selbst neu herzustellen und dadurch fortzupflanzen (siehe Replikation, S. (1) 67 ff.). „Fortpflanzung" ist ein weiteres Kriterium des Lebens.

> Leben ist **kein Zustand**, sondern ein **Vorgang**. Leben ist nicht, es geschieht.

Ordnung und Unordnung in offenen Systemen

Die **Entropie** ist ein Maß für die Unordnung in einem System. Je zufälliger die Bestandteile eines Systems verteilt sind, desto größer ist seine Entropie, d. h. desto größer ist seine Unordnung.

> In allen natürlichen Vorgängen besteht immer die Tendenz zu zufälligen Verteilungen, also einer **Vergrößerung der Entropie**.

Um die Entropie eines Systems zu verringern, also die Ordnung zu vergrößern, ist es erforderlich Energie zuzuführen.
Eine Zelle baut **geordnete Strukturen** aus weniger geordnetem Ausgangsmaterial auf. So bildet sie z. B. in der Proteinbiosynthese Proteine durch Verkettung einzelner Aminosäuren, oder Glucose aus CO_2 und H_2O in der Fotosynthese. Dadurch erhöht sie ihre innere Ordnung, die Entropie wird geringer. Sie benötigt dazu Energie, die z. B. aus dem Sonnenlicht oder aus Nährstoffen bereit gestellt wird. Die Zelle kann aber auch bereits geordnete Strukturen aus der Umgebung aufnehmen und in weniger geordnete umwandeln, so wandelt sie in der Zellatmung $C_6H_{12}O_6$ zu CO_2 und H_2O um. Dabei setzt sie Energie frei, wodurch sich die Entropie ihrer **Umgebung** vergrößert. An anderer Stelle kann diese Energie dann wieder für eine Vergrößerung der Ordnung verwendet werden, z. B. für die Synthese großer Moleküle aus kleinen. In der Bilanz hält ein lebendes System ständig einen Zustand aufrecht, in dem seine Entropie geringer ist als in der Umgebung. Es ist geordneter als seine Umgebung. Beim Tod des Lebewesens vergrößert sich die Entropie, da die zum Erhalt der Ordnung erforderliche Energie nicht mehr zugeführt wird.

> Zellen bzw. Organismen sind **biologische Systeme hoher Ordnung** in einer ungeordneten Umgebung.

3.3 Energieumwandlung in der Zelle

Endergonische und exergonische Prozesse
Da die hohe innere Ordnung lebender Zellen nur aufrecht erhalten werden kann, wenn ständig Energie zugeführt wird, müssen grundsätzlich verschiedene Prozesse in der Zelle ablaufen.
- **Exergonische Reaktionen** sind Prozesse, die Energie liefern. In der Regel bestehen sie aus Stoffwechselschritten, durch die große Moleküle zu kleineren abgebaut werden. Sie erhöhen die Entropie in der Zelle, z. B. während der Zellatmung (siehe S. (1) 15).
- Prozesse, die zu ihrem Ablauf Energie benötigen, nennt man **endergonische Prozesse**. In der Regel bestehen sie aus Stoffwechselschritten, durch die große Moleküle aus kleineren aufgebaut werden. Sie erhöhen die Ordnung in der Zelle, verringern also die Entropie. Solche Reaktionen laufen z. B. in der Fotosynthese, der Proteinbiosynthese oder bei der Bildung von Stärke oder Cellulose aus Glucosebausteinen ab.

Die **exergonischen** Prozesse des Stoffwechsels liefern Energie, die für die folgenden Arbeitsleistungen genutzt werden kann: **Chemische Arbeit** ist für den Ablauf endergonischer Prozesse vonnöten. Die Kontraktion von Muskelzellen, das Schlagen von Geißeln oder der Transport von Chromosomen in der Mitose sind Formen **mechanischer Arbeit**. **Transportarbeit** muss z. B. bei der Aufnahme und Abgabe von Substanzen oder zur Aufrechterhaltung ungleicher Konzentrationen in verschiedenen Zellkompartimenten geleistet werden.

> Eine lebende Zelle muss **ständig** Energie umsetzen und Arbeit leisten.

Die Freie Energie
Die Energie, die eine chemische Reaktion zur Verrichtung von Arbeit liefern kann, wird als ihre **Freie Energie (ΔG)** bezeichnet.
- Da **exergonische** Reaktionen Energie liefern, nimmt der Energieinhalt des Systems dabei ab, der ΔG-Wert trägt ein **negatives** Vorzeichen.
- Da **endergonische** Reaktionen Energie benötigen, nimmt der Energieinhalt des Systems im Laufe der Reaktion zu. Solche Reaktionen laufen nur unter Verrichtung von Arbeit ab, der ΔG-Wert trägt ein **positives** Vorzeichen.

Beispiel

Der Abbau von Glucose ist ein exergonischer Prozess. Für ein Mol Glucose, das sind 180 g, das die Zelle in der Zellatmung abbaut, werden ca. 2 800 kJ an Energie frei. ($\Delta G = -2\,800\,\text{kJ} \cdot \text{mol}^{-1}$) Dieser Energiebetrag steht für die Verrichtung von Arbeit an anderer Stelle zur Verfügung.

Die Quelle der Freien Energie ist bei **Pflanzenzellen** das (Sonnen-)Licht. Die Lichtenergie wird in der **Fotosynthese** in Form von Glucose chemisch gebunden. Bei **tierischen** Zellen dient die in den aufgenommenen **Nährstoffen** enthaltene Energie der Aufrechterhaltung der Lebensvorgänge. Die Energie aller Nährstoffe stammt letztlich aber auch aus dem Sonnenlicht.

Kopplung exergonischer und endergonischer Reaktionen

Die Zelle ist ein System mit höherer Ordnung als ihre Umgebung. Die Zunahme der Ordnung wird durch endergonische Prozesse erreicht. Daher benötigt die Zelle Energie. Diese Energie wird von exergonischen Prozessen geliefert, **endo- und exergonische Prozesse** müssen daher **gekoppelt** sein. Allerdings laufen sie in der Zelle nicht an denselben Orten ab, da sie sich sonst gegenseitig beeinträchtigen könnten. „Überträgerverbindungen" sind erforderlich, die Energie aus exergonischen Prozessen aufnehmen und an endergonische Reaktionen abgeben können. Damit sind die beiden Reaktionen **energetisch** aneinander **gekoppelt**.

> Der wichtigste Energieüberträger der Zelle ist **Adenosintriphosphat (ATP)**. ATP besteht aus der stickstoffhaltigen Purinbase **Adenin**, dem C_5-Zucker **Ribose** und **drei Phosphatgruppen**.

Adenin und Ribose bilden zusammen eine Einheit, die als **Adenosin** bezeichnet wird. Die Bindungen zwischen den Phosphatgruppen „Ⓟ" sind **energiereich** und werden durch das Symbol „~" kenntlich gemacht. Eine andere Schreibweise für ATP lautet daher A–Ⓟ~Ⓟ~Ⓟ. Bei Abspaltung der dritten Phosphatgruppe werden $30\,\text{kJ} \cdot \text{mol}^{-1}$ frei, es entsteht A**D**P (Adenosin**di**phosphat):

ATP ⟶ ADP + Ⓟ $\qquad \Delta G = -30\,\text{kJ} \cdot \text{mol}^{-1}$

Bei der Bindung einer freien Phosphatgruppe an ADP erhöht sich der Energieinhalt der Verbindung um diesen Betrag:

ADP + Ⓟ ⟶ ATP $\qquad \Delta G = 30\,\text{kJ} \cdot \text{mol}^{-1}$

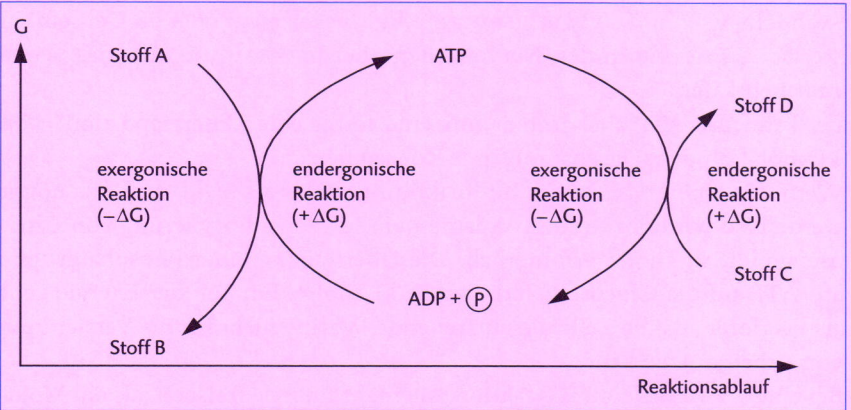

Abb. 14: Energieübertragung durch ATP.

Um eine endergonische Reaktion zu ermöglichen, müssen die Ausgangsstoffe **energiereicher** gemacht werden, ihre freie Energie muss erhöht werden. Das geschieht durch die Übertragung einer Phosphatgruppe des ATP auf eine der Ausgangssubstanzen der chemischen Reaktion. Diesen Vorgang bezeichnet man als **Phosphorylierung**.

Beispiel

Die Phosphorylierung von Glucose

Glucose + ATP ⟶ Glucose-Ⓟ + ADP $\Delta G = 13\ kJ \cdot mol^{-1}$

führt zur Bildung des um $13\ kJ \cdot mol^{-1}$ energiereicheren **Glucosephosphats**. Diese Verbindung ist reaktionsbereiter als die Glucose selbst.

Charakteristika der Energieübertragung durch ATP

ATP kann Energie aus fast allen exergonischen Reaktionen aufnehmen und sie an fast alle endergonische liefern. Damit ist diese Verbindung die „energetische Tauscheinheit" der Zelle. ATP ist in der Lage, fast alle endergonischen Prozesse in Gang zu setzen.

> **ATP** ist der **universelle Energieüberträger** der Zelle. Er kann Energie aus exergonischen Reaktionen übernehmen und sie für endergonische Reaktionen zur Verfügung stellen.

Mithilfe von ATP lässt sich Energie **speichern** und sehr **schnell verfügbar** machen. ATP kann Prozesse antreiben, die die chemische Energie der energiereichen Bindungen zwischen seinen Phosphatgruppe in andere Energieformen umwandeln, z. B. in **Bewegungsenergie** in Muskelzellen oder an Geißeln, in **elektrische Energie** in den Nervenzellen oder in **Strahlungsenergie**, etwa beim Leuchtkäfer.

Dabei kann das ATP aber immer nur eine festgelegte „Energieportion" von $30\,kJ \cdot mol^{-1}$ binden. Dies hat folgende Konsequenzen:

- Wenn für eine **endergonische** Reaktion weniger als $30\,kJ \cdot mol^{-1}$ benötigt werden, so wird der Rest als Wärme frei. Zur Phosphorylierung von Glucose sind $13\,kJ \cdot mol^{-1}$ erforderlich. Die Übertragung einer Phosphatgruppe aus ATP auf die Glucose liefert aber $30\,kJ \cdot mol^{-1}$. Ein Teil der Energie geht also verloren, da die Zelle die entstehende Wärme nicht für die Verrichtung von Arbeit nutzen kann.
- Bei einer **exergonischen** Reaktion, die mehr Energie freisetzt, als ein Molekül ADP durch die Bindung eines Phosphatrestes aufnehmen kann, wird der Überschuss ebenfalls als Wärme frei und geht damit für die Zelle als direkt nutzbare Energie verloren.
- Bei Prozessen, die viel Energie benötigen, kann die Energieanreicherung nur in mehreren Schritten erfolgen, da an einem Reaktionsschritt nur jeweils ein ATP- bzw. ADP-Molekül beteiligt sind.

Folgende drei Experimente dienen zum **Nachweis der ATP-Abhängigkeit**:
- Die Energieabhängigkeit der **Leuchtreaktionen** bei Leuchtkäfern, einigen Krebsen und Tiefseefischen, in denen chemische Energie in Strahlungsenergie umgewandelt wird, lässt sich folgendermaßen nachweisen: Ein Gemisch aus nicht leuchtendem **Luciferin** und dem Enzym **Luciferase** (siehe S. (1) 52 ff.) leuchtet erst auf, wenn ATP hinzugefügt wird. Luciferin wird dabei oxidiert. Die Intensität des Lichts ist von der Konzentration der zugegebenen ATP-Lösung abhängig.
- **Glucose-Moleküle** werden in einem endergonischen Prozess zu **Stärke** verkettet. Der Prozess läuft nur ab, wenn die Reaktionsbereitschaft von Glucose erhöht wird. Im Experiment lässt sich daher Stärke nur nachweisen, wenn nicht Glucose, sondern **Glucosephosphat** im Versuchsansatz enthalten ist. Der Nachweis der Stärke geschieht durch Blaufärbung bei Zugabe von Iod-Kaliumiodid-Lösung (Lugol'sche Lösung).
- Leicht vorgespanntes Muskelgewebe **kontrahiert** sich, wenn eine ATP-Lösung aufgetropft wird. Die Stärke der Kontraktion ist abhängig von der Konzentration der zugegebenen ATP-Lösung.

Zusammenfassung

- Eine Zelle stellt ein offenes System dar. In ihr herrschen Fließgleichgewichte.
- Da eine Zelle ein offenes System ist, kann sie die in ihr enthaltenen Stoffe vollständig umsetzen und Energie für die Verrichtung von Arbeit liefern.
- Die Fließgleichgewichte in einer Zelle können nur durch ständige Energiezufuhr aufrecht erhalten werden.
- Die Eigenschaften offener Systeme erklären die Fähigkeit der Zelle zu Stoffwechsel, Reizbarkeit, Wachstum und Fortpflanzung.
- Die innere Ordnung einer Zelle ist höher als die ihrer Umgebung, die Entropie einer Zelle ist geringer als die des Zellaußenraums.
- Um die Entropie innerhalb der Zelle geringer zu halten als die der Umgebung, muss Energie aufgewendet werden.
- Die freie Energie ist ein Maß für die Energiemenge, die eine exergonische Reaktion freisetzen und eine endergonische Reaktion aufnehmen kann.
- ATP dient der Zelle als Energieüberträger und -speicher.
- Exergonische und endergonische Prozesse können in der Zelle durch ATP aneinander gekoppelt werden.
- An einer Reaktion kann jeweils nur ein ATP-Molekül beteiligt sein und dies kann nur eine bestimmte Energiemenge aufnehmen. Daher geht die in einer exergonischen Reaktionen frei werdende und nicht in Form von ATP festlegbare Energie als Wärme verloren. Große Energiemengen können nur in mehreren aufeinander folgenden Reaktionsschritten übertragen werden.
- Die Phosphorylierung macht Verbindungen reaktionsbereiter; in der Regel geschieht sie durch die Übertragung eines von ATP abgespaltenen Phosphatrestes.

Aufgaben

38. Nennen Sie Eigenschaften der Zelle, die sich aus ihrem Charakter als offenes System ergeben.

39. Erläutern Sie am Beispiel der Zellatmung menschlicher Zellen, dass es in einem offenen System möglich ist, Substanzen vollständig umzuwandeln.

40. Die Tatsache, dass Muskelarbeit möglich ist, lässt den Schluss zu, dass die Zelle ein offenes System darstellt. Erklären Sie diese Aussage.

41. Woher kann die Energie stammen, die erforderlich ist, um das Fließgleichgewicht einer Zelle konstant zu halten oder kontrolliert zu verändern?

42. Skizzieren Sie in Stichworten, wie sich Kriterien des Lebens aus dem Charakter der Zelle als offenes System ableiten lassen.

43. Welche der folgenden Aussagen sind richtig?
    a Ein hohes Maß an Entropie drückt einen hohen Grad an Unordnung aus.
    b In der Natur besteht allgemein die Tendenz zu Vergrößerung der Entropie.
    c Um die Entropie zu verringern, muss Energie aufgewendet werden.
    d Zellen haben eine höhere Entropie als ihre Umgebung.
    e Bei der Bildung von Glucose aus Kohlenstoffdioxid und Wasser nimmt die Entropie zu.
    f Der Abbau von Glucose in der Zellatmung führt zu einer Zunahme der Entropie in der Zelle, daher ist die Freisetzung von Energie möglich.
    g Die Zelle hält einen Zustand aufrecht, in dem ihre Entropie geringer ist als die ihrer Umgebung.
    h Da nach dem Tod einer Zelle keine Energie mehr zugeführt wird, nimmt ihre Entropie schnell ab.

44. Welche der folgenden Aussagen sind richtig?
    a Endergonische Reaktionen erhöhen während ihres Ablaufs ihre freie Energie.
    b Die Reaktionen, durch die während der Zellatmung Glucose abgebaut wird, vermehren ihre freie Energie.
    c Die Quelle der freien Energie ist bei tierischen Zellen die in den aufgenommenen Nährstoffen enthaltene Energie.
    d Während der Zellatmung wird die gesamte in den beteiligten Verbindungen enthaltene Energie freigesetzt und für die Zelle nutzbar gemacht.
    e Die Änderung der freien Energie, die mit dem Ablauf exergonischer Prozesse verbunden ist, wird mit einem negativen ΔG-Wert angegeben.

45. a Beschreiben Sie eine häufige Form, in der endergonische Prozesse in der Zelle die für ihren Ablauf erforderliche Energie erhalten.
    b Nennen Sie ein Beispiel für einen in der Zelle ablaufenden endergonischen Prozess.

46. Nennen Sie in Stichworten Vorgänge in der Zelle, für die die in exergonischen Prozessen gewonnene Energie verwendet werden kann.

47. Welche der folgenden Strukturen sind unmittelbar am Energiestoffwechsel einer menschlichen Zelle beteiligt?
    a Cellulose
    b Glucose
    c DNA
    d RNA
    e ATP
    f ADP
    g Sauerstoff
    h Kohlenstoffdioxid
    i Membranproteine der Mitochondrien
    k Membranproteine des Golgi-Apparats

48. Welche „Nachteile" sind mit der Energieübertragung durch das ATP/ADP-System verbunden?

49. Welche Vorteile ergeben sich daraus, dass exergonische und endergonische Reaktionen in der Zelle nicht direkt sondern durch einen Energieüberträger miteinander gekoppelt sind?

50. (themenübergreifende Aufgabe)
    Nennen Sie zwei Verbindungen der Zelle, in denen Phosphor ein wichtiger Bestandteil ist.

51. Beschreiben Sie ein Experiment, mit dem sich die ATP-Abhängigkeit von Reaktionen nachweisen lässt.

52. Bei einer Mars-Mission der NASA® sollte u. a. die Frage geklärt werden, ob auf dem Mars Leben in der gleichen Form wie auf der Erde existiert. Die Experten prüften das auf der Marsoberfläche mit einem Gemisch aus Luciferin und Luciferase. Erläutern Sie, warum man mit diesem Gemisch Hinweise auf Lebensformen erhalten kann, die denen auf der Erde ähneln.

4 Moleküle des Lebens

4.1 Stoffliche Zusammensetzung der Zelle

Die wichtigsten **chemischen Elemente**, aus denen die Verbindungen einer Zelle bestehen, sind Kohlenstoff (C), Wasserstoff (H), Sauerstoff (O) und Stickstoff (N). Daneben kommen noch viele weitere Elemente vor, allerdings nur in geringen Mengen. Von Bedeutung sind vor allem die Ionen von Schwefel (S), Phosphor (P), Kalium (K), Natrium (Na), Calcium (Ca), Magnesium (Mg) und Chlor (Cl). Als **anorganische Verbindungen** findet man Wasser, das den größten Teil der Zellsubstanz ausmacht, und die Ionen verschiedener Salze. Die Prozesse des Stoffwechsels können nur in wässriger Lösung ablaufen. An **organischen** Verbindungen enthalten Zellen v. a.:

Verbindungen	Funktionen
Kohlenhydrate	Energiespeicher, z. B. Stärke
	Baustoff, z. B. Cellulose
Fette	Energiespeicher
	Baustoff, z. B. Membranlipide
Eiweiße (Proteine)	Baustoffe
	Botenstoffe, z. B. Hormone
	Enzyme
	Rezeptoren
	Transportmoleküle
Nukleinsäuren	Speicher und Überträger genetischer Informationen (DNA, RNA)
Farbstoffe (Pigmente)	unterschiedliche Funktionen:
	Chlorophyll: Umwandlung von Lichtenergie in chemische Energie
	Hämoglobin: Bindung und Transport von O_2
	Sehfarbstoff in den Lichtsinneszellen: Umwandlung von Lichtenergie in elektrische Energie

Tab. 2: Wichtige in lebenden Zellen enthaltene organische Verbindungen.

Pflanzenzellen haben in der Regel einen relativ höheren Gehalt an Kohlenhydraten als tierische Zellen. Der Anteil an Eiweiß und Fetten ist bei tierischen Zellen meist höher als bei pflanzlichen.

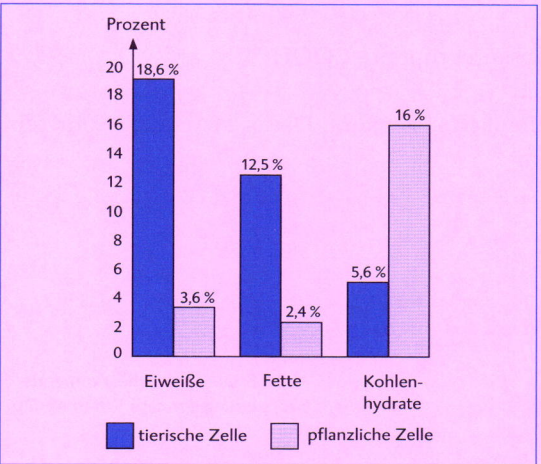

Abb. 15: Stoffliche Zusammensetzung von Zellen (Durchschnittswerte).

Die organischen Verbindungen und im Wasser gelöste Ionen bilden das **Zytoplasma** der Zelle, einschließlich des Plasmas der Organellen. Im Plasma läuft die Gesamtheit aller chemischen Reaktionen des **Stoffwechsels** ab:

> Diejenigen Reaktionen, die den Energiehaushalt der Zelle betreffen, fasst man als **Energiestoffwechsel** (Betriebsstoffwechsel) zusammen. Alle chemischen Prozesse, die körpereigene Substanzen auf- oder umbauen, bilden den **Baustoffwechsel**.

Eine scharfe Trennung zwischen den Begriffen ist häufig nicht möglich.

4.2 Aufbau und Eigenschaften von Proteinen

Proteine (Eiweiße) sind Makromoleküle, die aus Ketten von **Aminosäuren** bestehen. Lediglich 20 verschiedene Aminosäuren stehen dem Körper für den Aufbau sämtlicher Proteine zur Verfügung. Acht davon kann der menschliche Organismus nicht selber herstellen. Er muss sie mit Nahrung zu sich nehmen, weshalb man sie als **essenzielle Aminosäuren** bezeichnet. An Proteine können zusätzlich weitere Moleküle gebunden sein. Bei **Glykoproteinen** sind dies Kohlenhydrateste, **Lipoproteine** enthalten Lipide (siehe S. (1) 7).

Strukturelle Merkmale von Aminosäuren

Die Mehrzahl aller natürlich vorkommenden Aminosäuren stimmen in einem Bereich ihrer Struktur überein. Dieser Bereich besteht aus einem Kohlenstoffatom, an das **vier verschiedene Atome** bzw. Atomgruppen gebunden sind. Dies sind:

- ein Wasserstoffatom,
- eine Carboxylgruppe (Carbonsäuregruppe) –COOH,
- eine Aminogruppe –NH$_2$ und
- ein variabler Rest, auch „Seitenkette" genannt. Dieser kann auch „nur" ein zweites Wasserstoffatom sein.

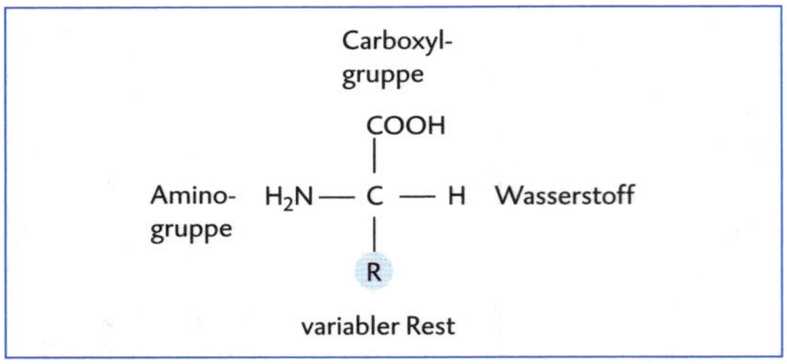

Abb. 16: Die strukturbestimmende Gruppierung der natürlichen Aminosäuren.

Die 20 verschiedenen Reste der natürlichen Aminosäuren lassen sich nach ihren **funktionellen Gruppen**, also denjenigen Atomgruppen, die die Reaktionsmöglichkeit wesentlich bestimmen, in **vier Gruppen** einteilen:

1 Aminosäuren mit **unpolarem Rest**. Die unpolaren Gruppen zeichnen sich durch Bindungen mit annähernd gleichmäßiger Ladungsverteilung aus. Sie sind lipophil. Als Beispiele seien Glycin und Alanin gezeigt:

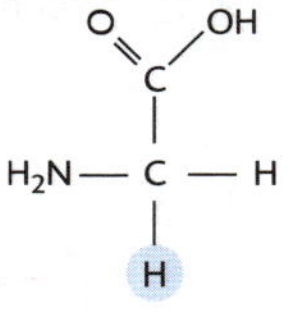

Glycin (Gly) 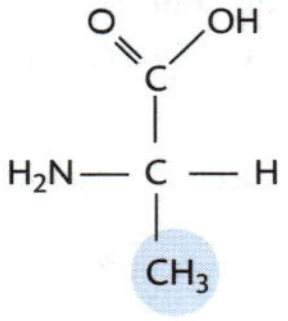   Alanin (Ala)

2 Aminosäuren mit **polarem Rest**. Die polaren Gruppen zeichnen sich durch Bindungen mit ungleicher Ladungsverteilung aus, sie sind hydrophil. Als Beispiele seien Serin und Asparagin gezeigt:

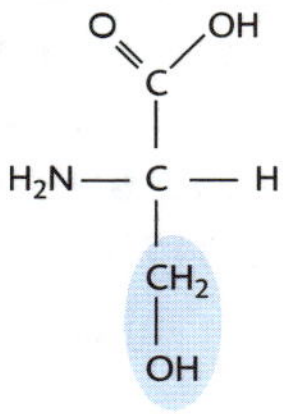

Serin (Ser) 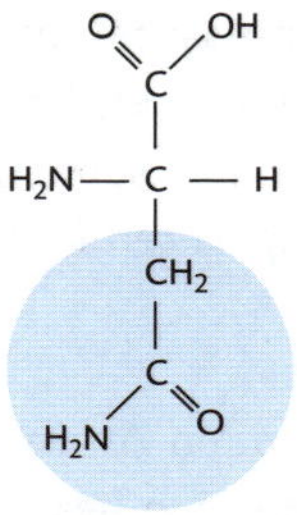   Asparagin (Asn)

3 **Saure Aminosäuren**, deren Reste leicht Protonen abgeben. In der Regel sind diese Aminosäuren negativ geladen, liegen also als **Anionen** vor:

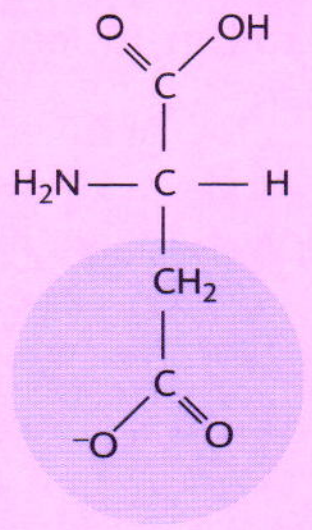

Asparaginsäure (Asp)
(Anion)

4 **Basische** Aminosäuren. Ihre Reste nehmen leicht Protonen auf, normalerweise sind sie positiv geladen, liegen also als **Kationen** vor:

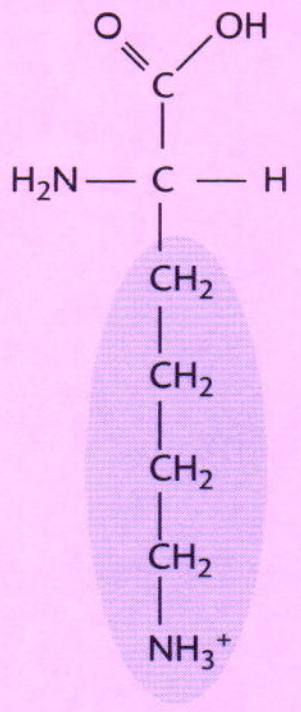

Lysin (Lys)
(Kation)

Der besseren Übersicht halber werden alle Aminosäuren mit drei Buchstaben abgekürzt, z. B. **Gly** für Glycin, **Phe** für Phenylalanin, **Gln** für Glutamin oder **Trp** für Tryptophan.

Eigenschaften der Peptidbindung

Aminosäuren verketten sich miteinander in immer gleicher chemischer Art und Weise. Die Carboxylgruppe ($-COOH$) der einen Aminosäure verbindet sich mit der Aminogruppe ($-NH_2$) einer anderen Aminosäure, dabei wird Wasser freigesetzt, es handelt also um eine **Kondensationsreaktion**.

> Die Reaktion zwischen der **Carboxylgruppe** der einen und der **Aminogruppe** einer anderen Aminosäure führt zur Bildung einer so genannten **Peptidbindung**.

Peptidbindungen lassen sich unter Aufnahme von H_2O in einer **Hydrolysereaktion** auch wieder lösen. In einem **Protein** bildet sich durch die Peptidbindungen eine Achse aus sich wiederholenden gleichen Atomgruppen, von der die verschiedenen Reste der Aminosäuren seitlich abstehen.

> **Proteine** bestehen aus Ketten von Aminosäuren, die in immer gleicher Weise über **Peptidbindungen** miteinander verbunden sind.

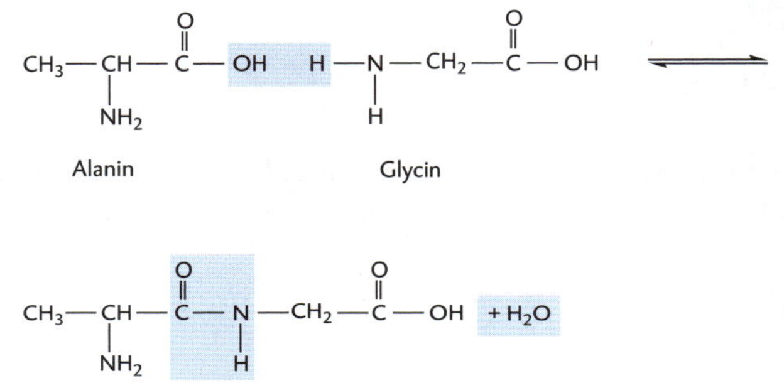

Abb. 17: Die Bildung der Peptidbindung.

Je nach Zahl der miteinander verbundenen Aminosäuren entsteht ein:
- Dipeptid aus **2** Aminosäuren,
- Tripeptid aus **3** Aminosäuren,
- Oligopeptid aus bis zu **10** Aminosäuren,
- Polypeptid aus **bis zu 100** Aminosäuren, oder ein
- Protein aus **mehr als 100** Aminosäuren.

Struktur von Proteinen

Die 20 zur Verfügung stehenden Aminosäuren können sich in **beliebiger Reihenfolge** miteinander verknüpfen. Wenn die Abfolge (**Sequenz**) der Aminosäuren nur dem Zufall unterläge, ergäbe sich eine unvorstellbar große Anzahl möglicher Proteine.

Beispiel

Das Enzym Lysozym (siehe Lysosom S. (1) 19) besteht aus 129 Aminosäuren. Bei zufälliger Reihenfolge der 20 Aminosäuren wären 20^{129} verschiedene Proteine möglich. Die Anzahl der Atome im Universum wird im Vergleich dazu auf „nur" 10^{71} geschätzt.

Die genetische Information jeder Zelle bestimmt in Form der **Basenabfolge der DNA** (siehe S. (1) 65 f.), in welcher Reihenfolge die Aminosäuren der Proteine angeordnet werden müssen.

> Die **genetisch festgelegte Abfolge** (Sequenz) der Aminosäuren eines Proteins wird als seine **Primärstruktur** bezeichnet.

Wechselwirkungen zwischen den Resten der Aminosäuren führen dazu, dass sich die Aminosäurekette spiralisiert, faltet, „knäuelt" oder aber auch gestreckt vorliegt. So zieht z. B. ein Rest, der negativ geladen ist, einen in seiner Nähe liegenden, positiv geladenen Rest an, sodass sich die beiden Bereiche der Kette annähern, sich zueinander neigen und eine Krümmung der Kette erzeugen. Durch die Primärstruktur ist daher auch die **räumliche** Anordnung der Aminosäurekette festgelegt. Die verschiedenen räumlichen Formen, die ein solcher Proteinfaden einnehmen kann, lassen sich weiter nach der Sekundär- Tertiär- und Quartärstruktur kategorisieren.

Auf der Ebene der **Sekundärstruktur** kann ein Proteinmolekül in Form einer **Spirale** (Helix) vorliegen, oder als **Faltblatt** ausgebildet sein. Dabei sind die parallel liegenden Aminosäureketten oder Abschnitte der Ketten „Zick-Zack" gefaltet:

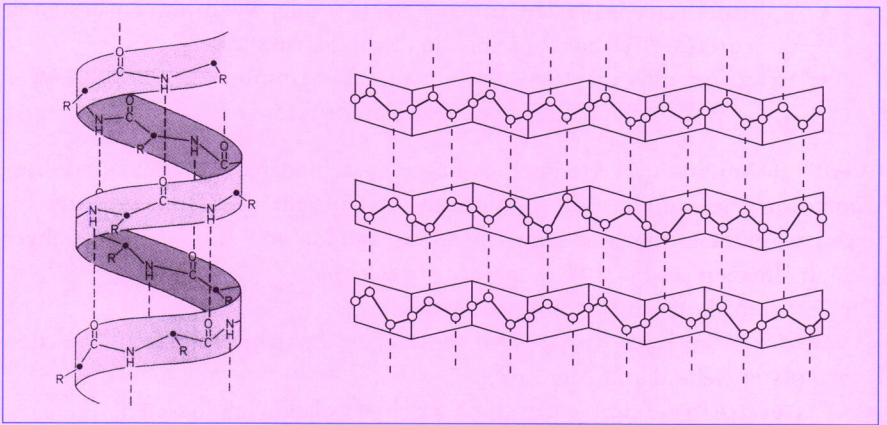

Abb. 18: Helix- und Faltblattstruktur. Die Wasserstoffbrückenbindungen zwischen den Atomen einer Proteinkette (links), bzw. zwischen verschiedenen Ketten (rechts) sind gestrichelt dargestellt.

Die Helix- und die Faltblattstruktur werden durch **Wasserstoffbrückenbindungen** stabilisiert. Diese bilden sich durch die elektrostatischen Anziehungskräfte zwischen einem Wasserstoff-Atom, das stark **positiv polarisiert** ist, etwa durch die Bindung an ein Atom, das stark elektronegativ ist, wie z. B. N oder O, und einem benachbarten Atom, das stark **negativ polarisiert** ist:

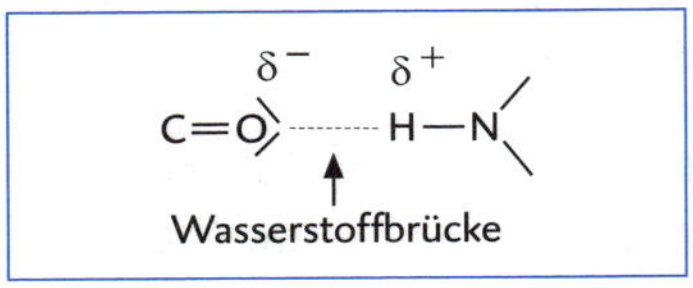

$$C=O^{\delta-} \cdots\cdots H-N^{\delta+}$$
Wasserstoffbrücke

Abb. 19: Ausbildung einer Wasserstoffbrückenbindung.

Wasserstoffbrückenbindungen sind nur **schwach bindende** Wechselwirkungen, sie lassen sich meist schon durch Erwärmung lösen.

Die Sekundärstruktur eines Proteins muss **nicht vollständig** in Helix- oder Faltblattstruktur ausgebildet sein. Sie kann aus einer Abfolge fester „Stäbe" (Helices) und „Platten" (Faltblätter) bestehen, dazwischen können gestreckte Bereiche, also Abschnitte in reiner Primärstruktur vorliegen.

Beispiele
- **Keratin**, das Strukturprotein der **Haare** ist überwiegend als Helix geformt.
- **Spinnfäden** von Seidenraupen („Seide") oder Webspinnen bestehen zum größten Teil aus Proteinen in Faltblattstruktur.
- **Lysozym**, ein einkettiges Protein aus 129 Aminosäuren, liegt zu 40 % in der Helix und zu 12 % in der Faltblattstruktur vor.

Wenn die Aminosäurekette noch weiter in verschiedenartigen Schleifen dreidimensional gewunden oder „geknäuelt" ist, spricht man von der **Tertiärstruktur** eines Proteins. Häufig entstehen Gebilde von annähernd kugeliger Gestalt, die man als **globuläre Proteine** bezeichnet.

Die Tertiärstruktur wird stabilisiert durch
- **van-der-Waal'sche Kräfte**, also schwachen Anziehungskräften zwischen unpolaren Seitenketten der Reste.
- **Wasserstoffbrückenbindungen** zwischen polaren Seitenketten,
- **Ionenbindungen** zwischen verschieden geladenen Gruppen der Reste, z. B. NH_3^+ und COO^-,
- **Disulfid-Brücken**, also kovalenten Atombindungen zwischen zwei Schwefel-Atomen.

> Die **Tertiärstruktur** eines Polypeptids bildet sich durch die **räumliche Anordnung** eines in Sekundärstruktur vorliegenden Proteinfadens.

Die **Quartärstruktur** schließlich entsteht, wenn sich zwei oder mehr Aminosäureketten zu einem funktionsfähigen Proteinmolekül zusammenlagern.

> Die **Quartärstruktur** beschreibt die **charakteristische Anordung** der Peptidketten in komplexen Proteineinheiten.

Beispiele
- Der Eiweißanteil des roten Blutfarbstoffs **Hämoglobin** besteht aus **vier** Aminosäureketten.
- **Kollagen**, ein Faserprotein, das das Grundgerüst des Bindegewebes, aber auch der Sehnen und Bänder bildet, besteht aus miteinander verwobenen Proteinketten in Helix-Struktur.

Vielfalt der Funktionen von Proteinen
Die Abfolge der Aminosäuren und die spezifische räumliche Form der Sekundär-, Tertiär- und Quartärstruktur eines Proteins stehen im Zusammenhang mit der **Funktion**, die es in der Zelle übernimmt.

Proteintypen	Funktionen und Beispiele
Enzyme	**Katalyse** von Reaktionen und Steuerung des Stoffwechsels, z. B. DNA-Polymerase
Gerüstelemente	**Festigung**, z. B. Keratin in Haaren, Nägeln, Hufen; Kollagen im Bindegewebe
Transportmoleküle	**O_2-Transport**, z. B. Hämoglobin **Transport** an Membranen, z. B. Carrierproteine, Tunnelproteine
Hormone	**Beeinflussung des Stoffwechsels**, z. B. Insulin
Rezeptormoleküle	**Informationsweiterleitung**, z. B. Acetylcholinrezeptoren; Antigenrezeptoren; Hormonrezeptoren
kontraktile Moleküle	**Bewegung**, z. B. in Muskelzellen und in Geißeln
Abwehrproteine	**Immunreaktionen**, z. B. Antikörper

Tab. 3: Typen, Aufgaben und Beispiele von Proteinen.

Die Sekundär- und Tertiärstruktur sind für die **Funktion** von Proteinen von großer Bedeutung. Da sie aber durch die Primärstruktur festgelegt werden, kann schon der **Austausch** einer einzigen Aminosäure die Wirkung eines Proteins beeinträchtigen oder unmöglich machen (siehe Sichelzellenanämie, S. (1) 105).

Denaturierung

Proteine können Ihre Tertiärstruktur verlieren, wodurch sie denaturiert werden (siehe Enzymgifte, S. (1) 59). Das kann geschehen durch:
- **starke Erwärmung**, dabei lösen sich schwache Bindungen (z. B. Wasserstoffbrücken),
- **Säuren und Basen**, wodurch es zu Veränderung der Ladungsverhältnisse in den Resten durch Anlagerung oder Abgabe von H^+-Ionen kommt,
- **Schwermetalle**, die Veränderung der kovalenten Bindungen bewirken können. Sie reagieren mit den Schwefelatomen und lösen die Disulfidbrücken.

4.3 Proteine als Enzyme

Die meisten chemischen Reaktionen in der Zelle laufen nur ab, wenn Energie zugeführt wird. Das gilt auch für exergonische Reaktionen, die in der Regel erst in Gang kommen, wenn eine gewisse Energiemenge, die **Aktivierungsenergie**, zugeführt wird. Aus dem Alltag ist dies z. B. bei der Verbrennung von Holz oder Papier an der Luft bekannt. Um diese Reaktion in Gang zu setzen, muss zunächst Aktivierungsenergie in Form eines brennenden Streichholzes zugegeben werden.

Enzyme als Biokatalysatoren

Lebende Zellen können sich die hohen Energiebeträge, die zum „Anschub" der meisten Reaktionen erforderlich wären, nicht erlauben. Die hohe Temperatur, die damit verbunden wäre, würde ihre Bestandteile zerstören, z. B. die Proteine denaturieren. Die Lösung dieses Problems liegt in den **Enzymen**.

> **Enzyme** sind an fast allen chemischen Reaktionen der Zelle beteiligt. Sie wirken als **Biokatalysatoren**.

Enzyme setzen die **Aktivierungsenergie** chemischer Reaktionen soweit herab, dass in menschlichen Zellen die Prozesse des Stoffwechsels bei 36–37 °C ablaufen können.

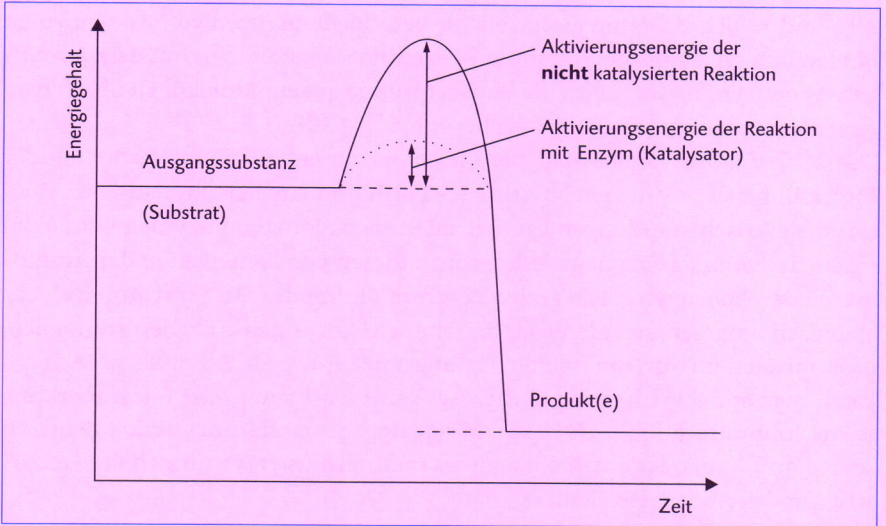

Abb. 20: Energiediagramm für eine nicht katalysierte und eine durch ein Enzym katalysierte, exergonische Reaktion.

Der allgemeinen Definition des Katalysators entsprechend, gehen Enzyme **unverändert** aus der Reaktion hervor, die sie katalysieren. In sehr **geringen Mengen** können sie eine hohe Zahl von Molekülen zur Reaktion bringen und immer wieder verwendet werden, da sie durch die Katalysereaktion **nicht verbraucht** oder verändert werden.

> Enzyme setzen die **Aktivierungsenergie** herab. Sie wirken auslösend oder beschleunigend auf chemische Reaktionen.

Bau von Enzymen

Fast alle Enzyme gehören zu den Proteinen. Entscheidend für ihre Wirkung als Katalysatoren ist ein kleiner Bereich des Moleküls, das so genannte **aktive** oder katalytische **Zentrum**.

Man unterscheidet verschiedene **Enzym-Typen**. Ein **einfaches Enzym** ist ein hochmolekulares Protein aus einer einzigen, langen Aminosäurekette. Ein **zusammengesetztes Enzym** dagegen besteht aus einem hochmolekularen **Apoenzym** (Proteinanteil) und einem **Coenzym**, einer niedermolekularen, nicht-eiweißartigen Verbindung. Coenzyme können z. B. einzelne Atome wie Mg oder Fe oder einige Vitamine, aber auch ATP, ADP oder ähnliche Moleküle sein. Coenzyme können fest mit dem Apoenzym verbunden oder ablösbar sein.

ATP und ADP z. B. können sich an viele verschiedene Arten von Apoenzymen binden und wieder lösen. Auf diese Weise sind sie zusammen mit dem jeweiligen Apoenzym in der Lage, eine Phospatgruppe auf ein Molekül zu übertragen oder abzuspalten (siehe Phosphorylierung, S. (1) 39).

Das **aktive Zentrum** besteht bei vielen Enzymen aus einer Vertiefung der Molekületoberfläche, die eine bestimmte Form und ein charakteristisches Muster an elektrischen Ladungen hat. Bei zusammengesetzten Enzymen wird es zu einem Teil vom Coenzym gebildet, zum anderen von Seitenketten der Aminosäuren des Apoenzyms. Das aktive Zentrum nimmt das **Substratmolekül**, das chemisch umgesetzt werden soll, für eine sehr kurze Zeit auf. Dies ist möglich, da es mit seiner Form und seinem Ladungsmuster wie ein Schlüssel ins Schloss passt, man spricht daher vom **Schlüssel-Schloss-Prinzip** der Enzymwirkung (siehe Immunreaktion, S. (1) 216). In der Regel verändert das aktive Zentrum seine Form und/oder erhält ein anderes Ladungsmuster, wenn sich die Tertiärstruktur des Apoenzyms ändert.

Ablauf enzymatisch katalysierter Reaktionen

Der Ablauf enzymatisch katalysierter Reaktionen lässt sich in **drei wichtige Phasen** unterteilen:
1. Enzym und Substratmolekül bilden für eine kurze Zeit einen **Enzym-Substrat-Komplex**.
2. Katalysiert durch das Enzym läuft eine chemische Reaktion ab.
3. Die **Reaktionsprodukte** lösen sich vom Enzym. Das Enzymmolekül liegt unverändert vor.

> Vorraussetzung für eine enzymatische Katalyse ist die Bildung eines **Enzym-Substrat-Komplexes**. Nach dem **Schlüssel-Schloss-Prinzip** bindet das Substrat an das **aktive Zentrum** eines passenden Enzyms und wird dort umgesetzt.

Das Enzym steht nach der Reaktion des Substratmoleküls sofort wieder für weitere Reaktionen zur Verfügung. Dadurch kann mit einer **geringen Menge** an Enzym eine **große Menge** von Substratmolekülen umgesetzt werden.

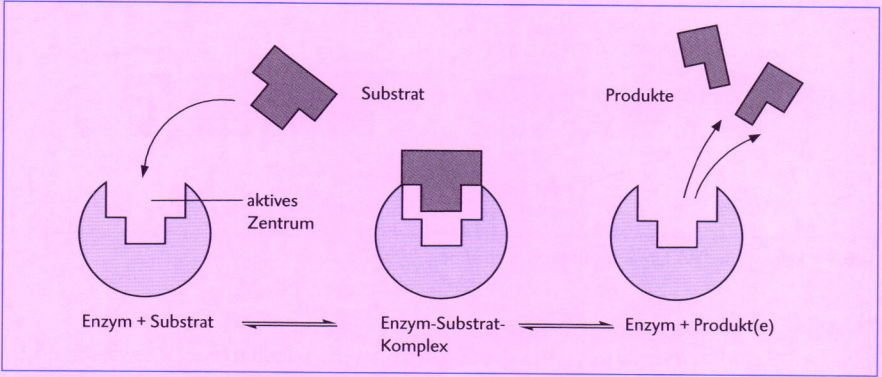

Abb. 21: Die Wirkung von Enzymen am Beispiel der Spaltung eines Substratmoleküls.

Substrat- und Wirkungsspezifität

Ein Enzym kann nur mit einer ganz bestimmten Art von Substratmolekül einen Enzym-Substrat-Komplex nach dem Schlüssel-Schloss-Prinzip bilden. Es kann nur solche Moleküle an sich binden, die nach Form und Ladung **in sein aktives Zentrum passen**. Zuweilen ist die **Substratspezifität** aber nicht strikt, sodass sich auch einander ähnliche, aber nicht identische Substratmoleküle an das aktive Zentrum anlagern können.

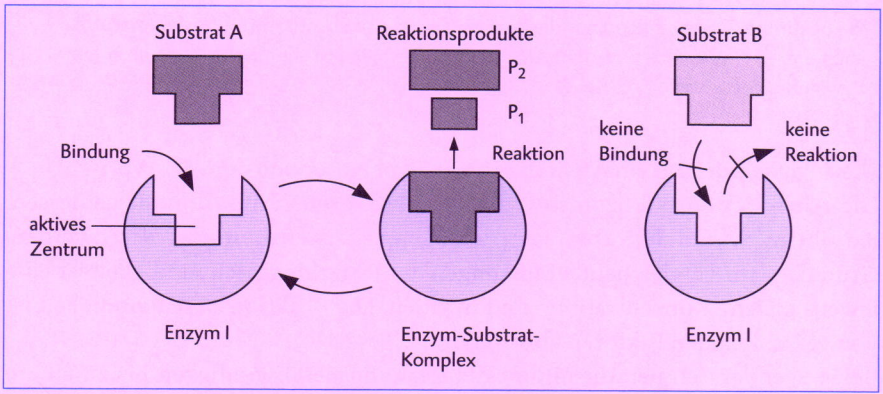

Abb. 22: Substratspezifität von Enzymen.

Ein Enzym kann nur **eine ganz bestimmte Reaktion** katalysieren, z. B. nur die Spaltung des Substratmoleküls an einer genau festgelegten Stelle, oder nur das Anfügen einer bestimmten Atomgruppe an einer festgelegten Stelle des Substratmoleküls. Die **Wirkungsspezifität** ist immer sehr streng und gilt für jedes Enzym ohne Ausnahme.

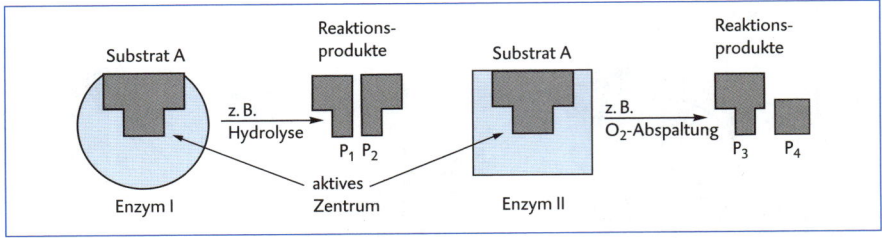

Abb. 23: Schema der Wirkungsspezifität von Enzymen.

Beispiel

Die **Saccharase** katalysiert die Spaltung von Saccharose (Rohrzucker) in Glucose (Traubenzucker) und Fructose (Fruchtzucker):

$$\text{Saccharose} + H_2O \xrightarrow{\text{Saccharase}} \text{Glucose} + \text{Fructose}$$

Saccharase kann **nur** die Spaltung von **Saccharose** nicht aber die von Maltose (Malzzucker) oder Lactose (Milchzucker) katalysieren. Sie kann **keine anderen Veränderungen** am Saccharose-Molekül vornehmen, als die Spaltung in Glucose und Fructose. Die Spaltung ist nur an **einer festgelegten Bindung** zwischen Glucose und Fructose möglich.

> Ein bestimmtes Enzym kann nur die Reaktion eines ganz bestimmten Ausgangsstoffes katalysieren **(Substratspezifität)** und nur eine festgelegte chemische Veränderung bewirken **(Wirkungsspezifität)**.

Abhängigkeit der Enzymaktivität von der Temperatur und dem pH-Wert

Die **Aktivität** eines Enzyms wird als **Reaktionsgeschwindigkeit** gemessen. Sie gibt an, **wie viele Substratmoleküle pro Zeiteinheit** umgesetzt werden. Grundlage für vergleichende Messungen der Reaktionsgeschwindigkeit ist eine jeweils gleiche Konzentration von Enzymen. Die Reaktionsgeschwindigkeit ist von verschiedenen Faktoren abhängig.

Bei steigender Temperatur nimmt die Reaktionsgeschwindigkeit bis zu einem bestimmten Temperaturbereich, dem **Temperatur-Optimum** zu. Am Temperatur-Optimum ist die größtmögliche Zahl von Enzym-Substratkomplexen erreicht, die pro Zeiteinheit gebildet werden. Oberhalb des Temperatur-Optimums nimmt die Reaktionsgeschwindigkeit wieder ab. Ursache hierfür ist die beginnende **Denaturierung** der Enzyme durch Lösung von Bindungen, die das Protein stabilisieren, was eine Veränderungen der Tertiärstruktur zur Folge hat (siehe S. (1) 52).

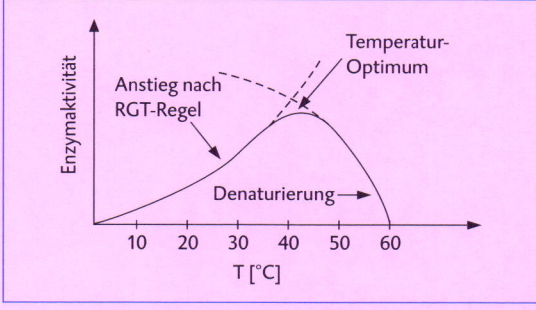

Abb. 24: Temperaturabhängigkeit der Enzymaktivität.

Beispiele
- Die Enzyme in menschlichen Zellen haben ihr Temperatur-Optimum im Bereich der Körpertemperatur, also bei ca. 36 °C. Oberhalb der maximal auftretenden Körpertemperaturen beginnen sie zu denaturieren.
- Organismen, die in extrem warmer Umgebung leben, z. B. Bakterien in heißen Quellen, besitzen Enzyme, die auch bei sehr hohen Temperaturen von bis zu 90 °C nicht denaturieren. Ursache der Hitzeresistenz ist die besondere Stabilität der Tertiärstruktur der Enzyme durch eine Vielzahl an Disulfidbrücken (siehe S. (1) 50).

Die Temperatur-Abhängigkeit enzymatisch katalysierter Reaktionen wird außerdem durch die **RGT-Regel** (Reaktions-Geschwindigkeits-Temperatur-Regel) bestimmt. Pro Temperaturerhöhung **um 10 °C** erhöht sich danach die Reaktionsgeschwindigkeit um das **Zwei- bis Dreifache**. Diese Regel steht in Zusammenhang mit der Wärmebewegung der Teilchen, die dafür sorgt, dass Substratmoleküle bei steigender Temperatur häufiger mit dem aktiven Zentrum von passenden Enzymen zusammentreffen, sodass häufiger Enzym-Substrat-Komplexe entstehen.

Jedes Enzym hat seine maximale Aktivität (höchste Reaktionsgeschwindigkeit) bei einem bestimmten pH-Wert, seinem **pH-Optimum**. Bei den meisten Enzymen liegt das pH-Optimum zwischen 6 und 8. Eine Ausnahme macht z. B. das **Pepsin**, eine Protease, also ein proteinabbauendes Enzym des menschlichen Magens, mit einem pH-Optimum von 2.

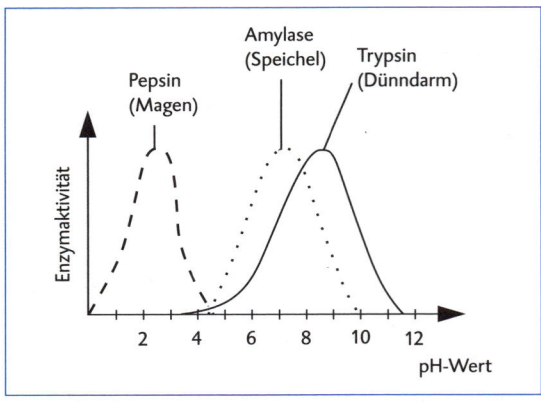

Abb. 25: Abhängigkeit der Enzymwirkung vom pH-Wert am Beispiel von Verdauungsenzymen.

Je nach pH-Wert der Umgebung können Teile des Enzyms Protonen abgeben oder aufnehmen. Wenn sich der pH-Wert verändert, erhalten daher manche Bereiche des Enzyms eine andere Ladung. Die Änderung der Ladungsverhältnisse hat Einfluss auf die schwachen Bindungen zwischen den Bereichen der Aminosäurekette, z. B. auf die H-Brücken. Infolgedessen kann sich die Tertiärstruktur des Enzyms ändern, es kommt zur Denaturierung. Die Änderung der Form und der Ladungsverhältnisse hat v. a. dann deutliche Auswirkungen auf die Funktionsfähigkeit des Enzyms, wenn das aktive Zentrum betroffen ist.

Temperatur und **pH-Wert** haben Einfluss auf die **Geschwindigkeit** enzymatisch katalysierter Reaktionen, d. h. auf pro Zeiteinheit umgesetzten Substratmoleküle.

Hemmung der Enzymwirkung

In manchen Fällen ist es möglich, dass eine Verbindung, die dem eigentlichen Substratmolekül ähnelt, aber vom Enzym nicht umgesetzt werden kann, mit diesem um die Bindung an das aktive Zentrum konkurriert. Dadurch sinkt die Reaktionsgeschwindigkeit je nach Konzentration des Hemmstoffs unterschiedlich stark ab, da ein Teil der Enzymmoleküle durch die Bindung mit dem Hemmstoff blockiert ist. Wird der Hemmmstoff entfernt, so wird die **kompetitive Hemmung** (Verdrängungshemmung) aufgehoben, sie ist **reversibel**.

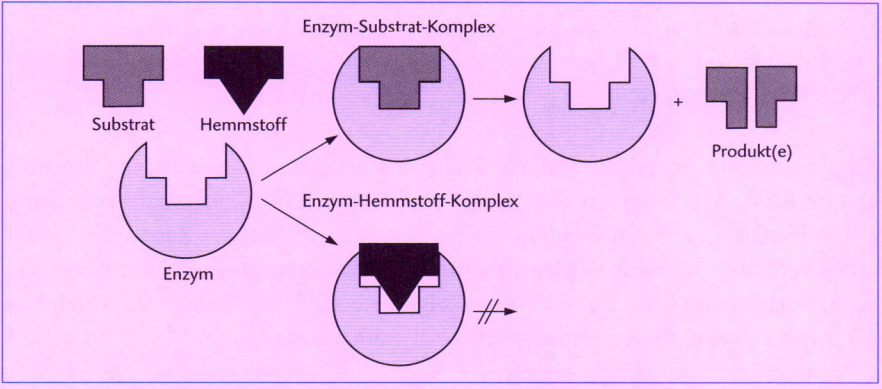

Abb. 26: Kompetitive Hemmung eines Enzyms.

Beispiel
Gicht ist eine sehr schmerzhafte Krankheit der Gelenke. Sie tritt auf, wenn sich Harnsäurekristalle in den Gelenken ablagern. Das kann geschehen, wenn die Harnsäurekonzentration im Blut zu stark ansteigt. Harnsäure entsteht durch enzymatisch katalysierte Reaktionen aus Vorstufen.

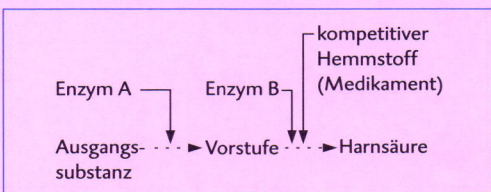

Abb. 27: Behandlung von Gicht mit einem Medikament, das ein Enzym kompetitiv hemmt.

Ein Medikament gegen die Gicht kann eines der Enzyme, das an der Umwandlung der Vorstufen zu Harnsäure beteiligt ist, kompetitiv hemmen. Die Aktivität des Enzyms wird durch den Hemmstoff verringert, es entsteht weniger Harnsäure. Ihr Gehalt im Blut sinkt, in der Folge wird weniger Harnsäure in den Gelenken abgelagert.

Schwermetalle wie Blei, Cadmium, Quecksilber u. a. wirken als Enzymgifte. Sie können die Tertiärstruktur irreversibel verändern und ein Enzym dauerhaft unwirksam machen, z. B. durch Aufbrechen von Disulfidbrücken. Man spricht von nicht-kompetitiver Hemmung.

> Die Aktivität eines Enzyms lässt sich durch **Hemmstoffe** verändern. **Reversible** Hemmungen sind zeitlich begrenzt, **irreversible** Hemmungen führen zu dauerhaften Veränderungen der Enzyme.

Einige Enzyme haben an anderer Stelle, als an ihrem aktiven Zentrum eine zweite Bindungsstelle, ein so genanntes **allosterisches Zentrum**. Hier kann ein Wirkstoff gebunden werden, der die Struktur des aktiven Zentrums **reversibel** verändert. Je nach Wirkstoff kann die Veränderung eine Hemmung oder eine Aktivierung des Enzyms zur Folge haben. Durch eine **allosterische Hemmung** wird die Reaktionsgeschwindigkeit gesenkt:

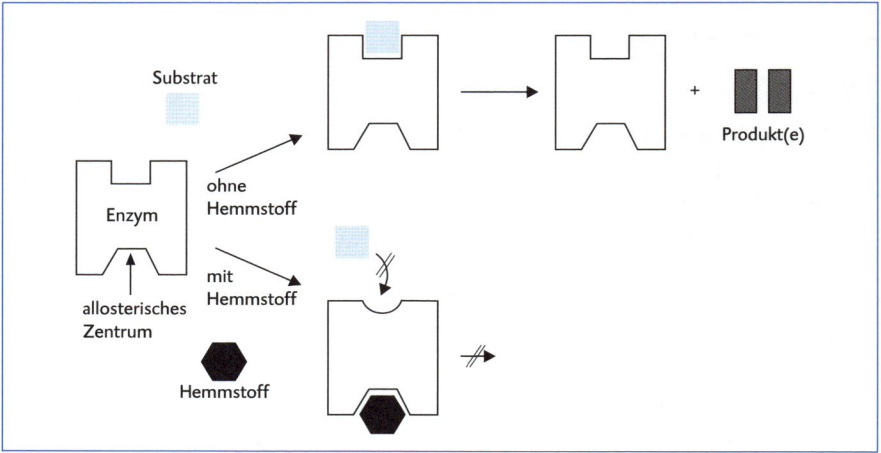

Abb. 28: Allosterische Hemmung eines Enzyms.

In einigen Stoffwechselketten kann ein Endprodukt oder ein spät in der Kette entstehendes Produkt ein Enzym, das eine Reaktion zu Beginn der Kette auslöst, allosterisch hemmen. Man spricht bei dieser Art von negativer Rückkopplung von einer **Endprodukt-** oder „feed-back"-**Hemmung**:

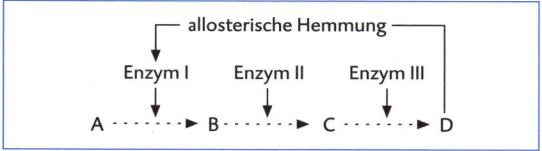

Abb. 29: Endprodukthemmung.

Wenn sich in obigem Schema das Produkt D anhäuft, verlangsamt sich seine Synthese, da gleichzeitig mehr Moleküle des Enzyms I allosterisch gehemmt werden. So lässt sich die Menge der gebildeten Endprodukte regeln.

Abhängigkeit enzymatischer Reaktionen von der Substratkonzentration

Nur bei **geringen** Substratkonzentrationen steigt die Reaktionsgeschwindigkeit etwa **proportional** zur Erhöhung der Substratkonzentration an. Je weiter die Substratkonzentration steigt, umso weniger nimmt die Reaktionsgeschwindigkeit zu. Zum Verständnis dieser Beobachtung muss man folgende Überlegungen anstellen:

- Bei **geringer** Substratkonzentration sind nur wenige Enzymmoleküle von Substratmolekülen besetzt, es sind nur wenige Enzym-Substratkomplexe gebildet. Kommen weitere Substratmoleküle hinzu, so treffen diese schnell auf freie, unbesetzte Enzymmoleküle.
- Bei **hoher** Substratkonzentration ist an fast alle Enzymmoleküle ein Substratmolekül gebunden. Wenn nun noch mehr Substrat angeboten wird, so treffen diese Moleküle nur noch selten auf ein freies Enzym. Die **Sättigungskonzentration** ist erreicht, wenn an alle Enzyme ein Substratmolekül gebunden haben, diese also alle als Enzym-Substratkomplexe vorliegen.

Michaelis-Konstante

Trägt man die Reaktionsgeschwindigkeit einer enzymatisch katalysierten Reaktion gegen die Substratkonzentration auf, so erhält man den typischen Verlauf einer sich **asymptotisch** an einen Sättigungswert annähernden Kurve:

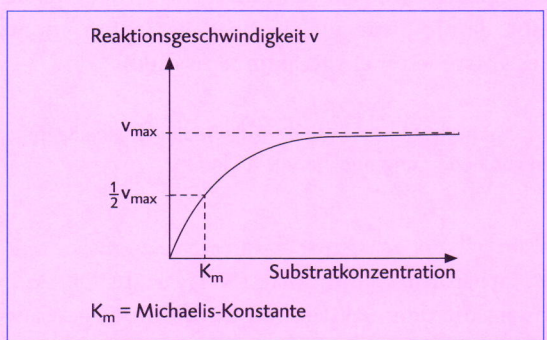

Abb. 30: Enzymaktivität in Abhängigkeit von der Substratkonzentration (Michaelis-Konstante).

Der genaue Wert der Sättigungskonzentration ist schwer zu ermitteln. Daher wurde die **Michaelis-Konstante K_m** eingeführt. Sie gibt diejenige Substratkonzentration an, bei der gerade die Hälfte der maximal möglichen Geschwindigkeit erreicht ist.

> Die **Michaelis-Konstante K_m** gibt diejenige Substratkonzentration an, bei der genau **die Hälfte** der Enzymmoleküle als Enzym-Substrat-Komplex vorliegt.

Jedes Enzym besitzt eine charakteristische Michaelis-Konstante. Ein Enzym mit einer **kleinen** Michaelis-Konstante erreicht schon bei geringer Substratkonzentration die halbmaximale Reaktionsgeschwindigkeit, es hat eine **hohe Aktivität**, führt also zu schnell ansteigender Reaktionsgeschwindigkeit, wenn die Substratkonzentration erhöht wird.

Steuerung des Stoffwechsels durch Enzyme

Eine Zelle ist in der Lage, ihren Stoffwechsel zu steuern, indem sie die Bedingungen für ihre enzymatisch katalysierten Reaktionen gezielt verändert. Sie reagiert damit auf Angebot und Nachfrage, auf den je nach Situation unterschiedlichen Überschuss oder Mangel an chemischen Substanzen. Solche Maßnahmen können sein:

- Veränderung des **Angebots** an Substrat und Energie.
- Veränderung der **Nachfrage** nach dem Endprodukt einer Reaktionskette, etwa durch Abbau oder Abgabe aus der Zelle.
- Veränderung der Konzentration des entsprechenden **allosterischen** Hemm- oder Aktivierungsstoffes (nur bei allosterischen Enzymen).

Außerdem kann die Zelle über die Steuerung Ihrer **Genaktivität**, also über die Veränderung der Proteinbiosynthese des entprechenden Enzyms, die Menge des Enzyms erhöhen (siehe Genregulation, S. (1) 112 ff.). Die Geschwindigkeit jeder einzelnen Reaktion bleibt damit zwar gleich, aber es laufen mehr Reaktionen pro Zeiteinheit ab, es entstehen mehr Reaktionsprodukte.

> Zellen sind in der Lage, ihren **Stoffwechsel** zu steuern, indem sie die Bedingungen, die für enzymatisch katalysierte Reaktionen von Bedeutung sind, gezielt verändert.

Experimente zum Nachweis charakteristischer Eigenschaften der Enzyme

1 Das Enzym **Urease** zersetzt Harnstoff in Ammoniak (NH_3) und CO_2. Aus CO_2 und NH_3 entstehen Ionen, die den elektrischen Strom im Gegensatz zu Harnstoff leiten. Die Leitfähigkeit lässt sich daher als Maß für die Aktivität von Urease verwenden. Zur Feststellung der Leitfähigkeit wird mithilfe einer Spannungsquelle und Elektroden, die in die Lösung tauchen, eine Spannung angelegt und die Leitfähigkeit mit einem Amperemeter gemessen.

Bedingungen	Ergebnis	Nachweis
ansteigende Temperatur	Optimums-Kurve (zunächst Zunahme, später Abnahme der Leitfähigkeit)	Temperaturabhängigkeit der Enzymreaktion; Anstieg der Enzymaktivität bis zum Optimum; Abfall mit zunehmender Denaturierung der Urease
Substrat: Thioharnstoff statt Harnstoff	keine Leitfähigkeit	Substratspezifität der Urease
Zugabe von Schwermetallionen	keine Leitfähigkeit	Vergiftung und Inaktivierung der Urease

Tab. 4: Versuche unter verschiedenen Bedingungen mit Harnstofflösung in jeweils gleicher Konzentration und bei Zugabe gleicher Mengen an Urease.

2 **Katalase** baut in Zellen das im Stoffwechsel entstehende Zellgift Wasserstoffperoxid (H_2O_2) zu O_2 und H_2O ab. Die Sauerstoffbildung zeigt sich anhand von Gasbläschen und kann mit einem Glimmspan nachgewiesen werden.

Bedingungen	Ergebnis	Nachweis
unterschiedliche Temperatur	unterschiedlich starke O_2-Bildung	Temperaturabhängigkeit der Enzymreaktion; Anstieg der Enzym-Aktivität bis zum Optimum; Abfall mit zunehmender Denaturierung der Katalase
unterschiedlicher pH-Wert	unterschiedlich starke O_2-Bildung	Abhängigkeit vom pH-Wert; Optimumkurve
nach Ende der O_2-Bildung Zugabe von a) frischer Kartoffel bzw. Leber b) H_2O_2	a) keine weitere O_2-Bildung b) erneute Bildung von O_2	Enzyme gehen unverändert aus der Reaktion hervor, die sie katalysieren, sie werden nicht verbraucht (allgemeine Eigenschaft von Katalysatoren)
Zugabe von Schwermetallionen	keine O_2-Bildung	Vergiftung und Inaktivierung der Katalase

Tab. 5: Versuchsansätze von H_2O_2 mit kleinen Stücken Kartoffeln oder Leber. In den Zellen der Kartoffel bzw. der Leber ist Katalase enthalten.

3 Zum Nachweis des Abbaus von Stärke durch die **Amylase** des Speichels gibt man eine bestimmten Menge Speichel zu einer Stärkelösung bekannter Konzentration. Die Stärkelösung wird mit Lugol'scher Lösung blau angefärbt. Durch die Entfärbung der Stärkelösung lässt sich die Enzymaktivität nachweisen.

Bedingungen	Ergebnis	Nachweis
unterschiedliche Temperatur	unterschiedlich schnelle Entfärbung	Temperaturabhängigkeit der Enzymreaktion; Anstieg der Enzym-Aktivität bis zum Optimum; Abfall mit zunehmender Denaturierung der Amylase
unterschiedlicher pH-Wert	unterschiedlich schnelle Entfärbung	Abhängigkeit vom pH-Wert; Optimumkurve
Zugabe von Schwermetallionen	keine Entfärbung	Vergiftung, Inaktivierung der Amylase

Tab. 6: Versuchsansätze aus Speichelproben und Stärkelösungen.

4.4 Nukleinsäuren

In den Zellen aller Organismen findet man zwei Arten von Nukleinsäuren, die **Desoxyribonukleinsäure** (DNA), die die genetische Information einer Zelle trägt, und die **Ribonukleinsäure** (RNA), die in verschiedenen Formen an der Realisierung der genetischen Information, vor allem an der Proteinbiosynthese beteiligt ist. Einige Viren speichern ihre genetische Information nicht in DNA-, sondern in RNA-Molekülen, z. B. das AIDS-Virus (siehe Retroviren, S. (2) 140).

Chemie und Struktur der Nukleinsäuren

Alle Nukleinsäuren bestehen aus langen Ketten aus einander ähnlichen Bausteinen, den **Nukleotiden**. Man bezeichnet die Nukleinsäuren daher auch als **Polynukleotide**. Jedes Nukleotid enthält

- einen **Fünfer-Zucker** (Pentose). Bei DNA-Nukleotiden ist dies die **Desoxyribose**, bei RNA-Nukleotiden ist es die **Ribose**.
- an das fünfte C-Atom (C_5-Atom) des Zuckers gebundene **Phosphorsäure**.
- eine von vier verschiedenen organischen Basen, **Cytosin** (C), **Guanin** (G), **Adenin** (A) oder **Thymin** (T). In RNA-Nukleotiden wird statt Thymin die Base **Uracil** (U) eingebaut.

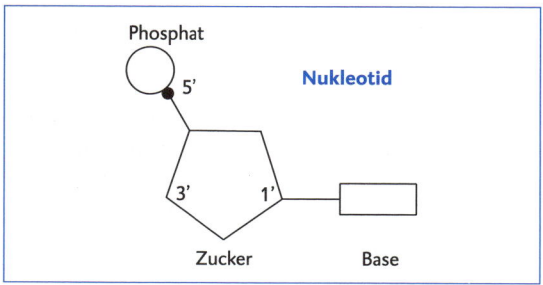

Abb. 31: Struktur eines Nukleotids.

Adenin-Nukleotide sind in der Zelle nicht nur an der Speicherung der genetischen Information in den Nukleinsäuren beteiligt, sondern in Form von **ATP** (Adenosintriphosphat) auch an der Festlegung und Übertragung von Energie (siehe S. (1) 38).

Struktur der Polynukleotide

Ein **Polynukleotidstrang** bildet sich durch die kovalente Verknüpfung jeweils eines Nukleotids mit dem Phosphatrest eines weiteren Nukleotids. So entsteht ein fadenförmiges Riesenmolekül aus einer sich wiederholenden Folge von Zuckern und Phosphatresten, von dem die Basen seitlich „abstehen".

> Da seine beiden Enden unterschiedlich sind, besitzt ein Polynukleotidstrang eine **Polarität**.

Ein **Polynukleotidstrang** besitzt an einem Ende einen Phosphatrest, der am C_5-Atom des Zuckers gebunden ist. Dieses Ende wird daher als **5'-Ende** bezeichnet. Am anderen Ende des Strangs befindet sich ein Zuckermolekül, dessen C_3-Atom für die Bindung eines weiteren Nukleotids eingesetzt werden kann, weshalb man es das **3'-Ende** nennt. Eine Verlängerung des Moleküls durch Anlagerung weiterer Nukleotide ist nur an seinem 3'-Ende möglich.

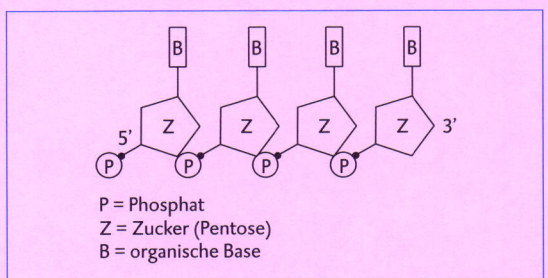

P = Phosphat
Z = Zucker (Pentose)
B = organische Base

Abb. 32: Strukturausschnitt eines Polynukleotids.

Die in den Polynukleotidmolekülen enthaltenen **genetischen Informationen** sind in der Abfolge (Sequenz) der vier verschiedenen Basen C, G, A, T (DNA) bzw. C, G, A, U (RNA) gespeichert. Nukleinsäuren mit verschiedenen genetischen Informationen unterscheiden sich daher nur in ihrer **Basensequenz**.

> Am Bau eines Polynukleotidstrangs sind Fünferzucker (Pentosen), Phosphorsäurereste und die vier Basen **Cytosin, Guanin, Adenin und Thymin** beteiligt. Die genetische Information liegt in der **Abfolge der Basen**.

Wie bei den Wörtern der Buchstabenschrift ist die **Leserichtung** der Basenfolge für den Inhalt von entscheidender Bedeutung. Eine Basenfolge, die vom 3'-Ende zum 5'-Ende gelesen wird, ergibt eine andere Information, als in 5'-3'-Richtung.

Baumerkmale von DNA-Molekülen

DNA besteht aus **zwei** in gegenläufiger Richtung verlaufenden, spiralig umeinander gewundenen Polynukleotidsträngen, die die **DNA-Doppelhelix** bilden. Dem 3'-Ende des einen Strangs liegt das 5'-Ende des anderen gegenüber, man spricht von der **Antiparallelität** der Einzelstränge. Die Basen beider Stränge stehen sich genau gegenüber und werden über Wasserstoffbrücken miteinander verbunden. Wegen der unterschiedlichen Zahl möglicher Wasserstoffbrücken können sich dabei nur **Adenin mit Thymin**, bzw. **Guanin mit Cytosin** „paaren". Man spricht von **komplementären Basen**. Durch die komplementäre Basenpaarung entsteht ein Doppelstrang, ein leiterartiges Gebilde, dessen „Sprossen" aus je zwei gepaarten Basen bestehen, und dessen „Holme" aus Ketten sich abwechselnder Zucker- und Phosphatreste gebildet werden, die über Atombindungen verknüpft sind.

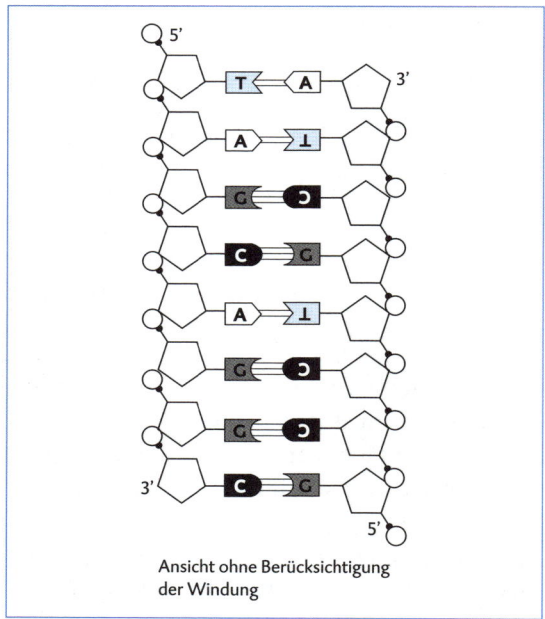

Ansicht ohne Berücksichtigung der Windung

Abb. 33: Ausschnitt aus einem Polynukleotid-Doppelstrang der DNA. Die Windugen sind nicht dargestellt.

Durch die spezifische Basenpaarung ist die **Sequenz der Basen** des einen Polynukleotidstranges **komplementär**, aber nicht identisch mit der des zweiten Stranges.

> **DNA** besteht aus **zwei** in entgegengesetzter Richtung verlaufenden **Polynukleotidsträngen**, die umeinander gewunden sind, und deren Basenfolge **komplementär** ist.

Immer nur ein Einzelstrang trägt die Basenfolge, die ein **Gen** ausmacht. Der zu einem Gen komplementäre Bereich auf dem jeweils anderen Einzelstrang trägt keine Information.

Da zur Festlegung der Informationen nur **vier verschiedene Zeichen**, die vier Basen C, G, A und T, zur Verfügung stehen, sind DNA-Abschnitte, die Gene darstellen, häufig sehr lang. Im Vergleich dazu sind z. B. in unserer Buchstabenschrift mit ihren 26 Zeichen kurze Informationseinheiten, die Wörter, möglich. DNA-Moleküle werden zusätzlich noch dadurch verlängert, dass nur **ein kleiner Teil** der Basensequenzen sinnvolle Information enthält. Weite Strecken bestehen aus Basenfolgen, die vermutlich keinen Sinn ergeben. Ihre Funktion ist derzeit nur unzureichend geklärt.

Baumerkmale von RNA-Molekülen

In der Zelle sind mehrere Arten von RNA-Molekülen mit unterschiedlichen Funktionen zu finden (siehe S. (1) 91 ff.). Allen gemeinsam aber ist dasselbe Aufbauprinzip. Im Gegensatz zur DNA bestehen RNA-Moleküle aus nur **einem** Polynukleotidstrang, allerdings kann sich ein RNA-Einzelstrang stellenweise paaren (siehe tRNA, S. (1) 93). Statt Desoxyribose enthält die RNA **Ribose** als Fünfer-Zucker, statt Thymin die Base **Uracil**.

Weitergabe genetischer Information – Replikation der DNA

Genetische Informationen können weitergegeben werden. Dies geschieht bei der Bildung neuer Zellen durch die **Mitose** und, wenn durch sexuelle Fortpflanzung Nachkommen entstehen, durch die **Meiose**, also bei der Bildung von Eizellen und Spermien bzw. Pollenzellen. In einem Kopiervorgang (Replikation) **verdoppelt** die Zelle ihre DNA, bevor Mitose oder Meiose beginnen.

Vorgänge bei der Replikation

Die Replikation der DNA läuft in folgenden Schritten ab:
1 Der DNA-Doppelstrang **entspiralisiert und öffnet** sich „wie ein Reißverschluss". Dazu werden die Wasserstoffbrückenbindungen zwischen den komplementären Basen durch ein Enzym gelöst, ATP wird verbraucht.
2 An die nach der Öffnung frei zugänglichen Basen lagern sich **freie Nukleotide** an. Dabei paaren sich die komplementären Basen A mit T und G mit C, sie binden sich über neue Wasserstoffbrücken aneinander.
3 Die angelagerten Nukleotide werden über kovalente Atombindungen zu einem **neuen Polynukleotidstrang** verbunden.
  Dazu sind das Enzym DNA-Polymerase und ATP erforderlich (siehe Gentechnik, PCR, S. (2) 149 ff.).

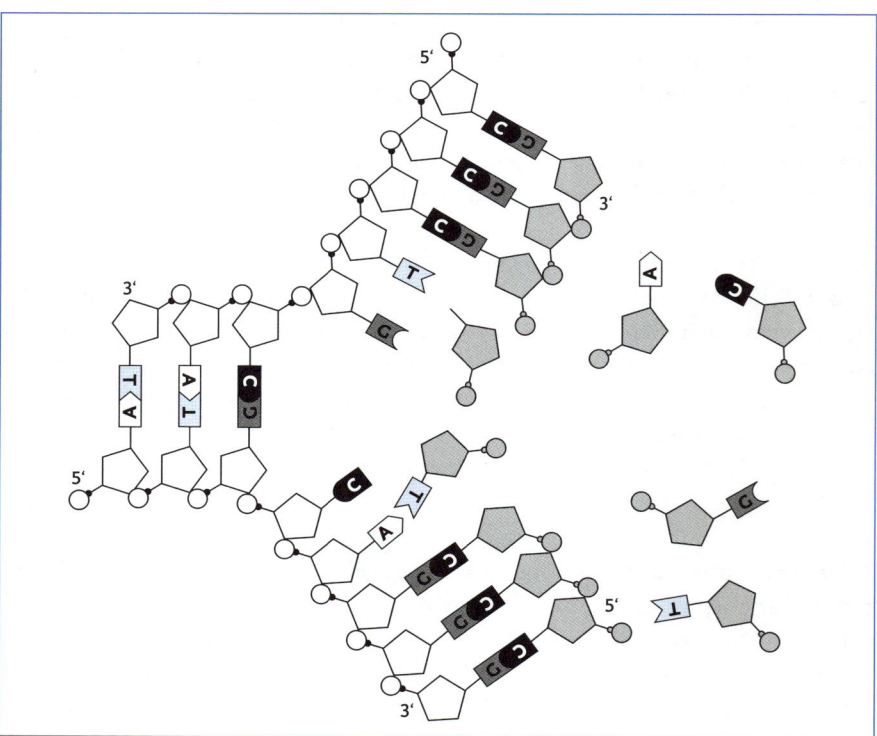

Abb. 34: Stark vereinfachte Darstellung der Replikation.

Ergebnis dieses Verdoppelungsvorgangs sind **zwei** DNA-Moleküle, die in ihrer genetischen Information sowohl untereinander als auch mit den Informationen des ursprünglichen DNA-Moleküls **identisch** sind. Je eine Hälfte des Ausgangs-DNA-Moleküls bildet einen Einzelstrang eines neuen DNA-Moleküls. Die Hälften des ehemaligen DNA-Strangs bleiben also erhalten, man spricht von der **semikonservativen Replikation** der DNA.

> Die **Replikation** ist der Kopiervorgang, durch den DNA-Moleküle **identisch** vermehrt werden. Sie ist ein **semikonservativer** Vorgang, da die neu enstehenden Moleküle je zur Hälfte aus der zugrunde liegenden Ausgangsverbindung bestehen.

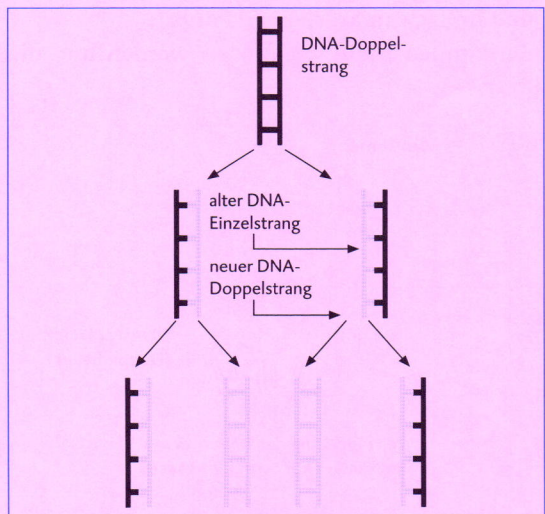

Abb. 35: Ursprüngliche und neu gebildete Polynukleotidstränge nach zwei aufeinander folgenden Replikationsschritten.

Chromosomen

Die **Chromosomen** eukaryotischer Zellen (siehe S. (1) 2) sind die „**Verpackungsform**" der genetischen Informationen. Sie bestehen aus DNA und Proteinen, wobei die Proteine dazu dienen, die DNA zu stützen und zu schützen.
In der Zeit zwischen zwei Mitosen liegen die Chromosomen in der „**Arbeitsform**" vor. Merkmale dieser Strukturen sind:
- Die DNA ist **langgestreckt** und nur wenig spiralisiert.
- Ein DNA-Molekül verteilt sich auf so großen Raum, dass ein Chromosom nur im Elektronenmikroskop sichtbar ist (s. Auflösungsvermögen S. (1) 2)
- Die genetische Information, die in der Basensequenz gespeichert ist, wird **zugänglich**, d. h. sie kann vom Lese- und Syntheseapparat der Zelle abgelesen und genutzt werden (siehe Proteinbiosynthese, S. (1) 91 ff.). Außerdem ist die Replikation der DNA möglich.

Während der Mitose und der Meiose liegen die Chromosomen in „**Transportform**" vor. Merkmale dieser Form sind:
- Jedes Chromosom besteht aus zwei DNA-Doppelsträngen, da in der Zeit vor der Mitose eine Replikation, die Verdoppelung des DNA-Moleküls, stattgefunden hat. Wenn diese beiden DNA-Moleküle im Lichtmikroskop sichtbar werden, bezeichnet man sie als **Chromatiden**.
- Der aus einer DNA-Doppelhelix bestehende Faden ist mehrfach spiralig aufgewickelt. Dadurch **verkürzen und verdicken** sich die Chromosomen. Sie lassen sich anfärben und sind im Lichtmikroskop erkennbar.
- Die genetischen Informationen können **nicht abgelesen** werden und die DNA lässt sich **nicht replizieren**.

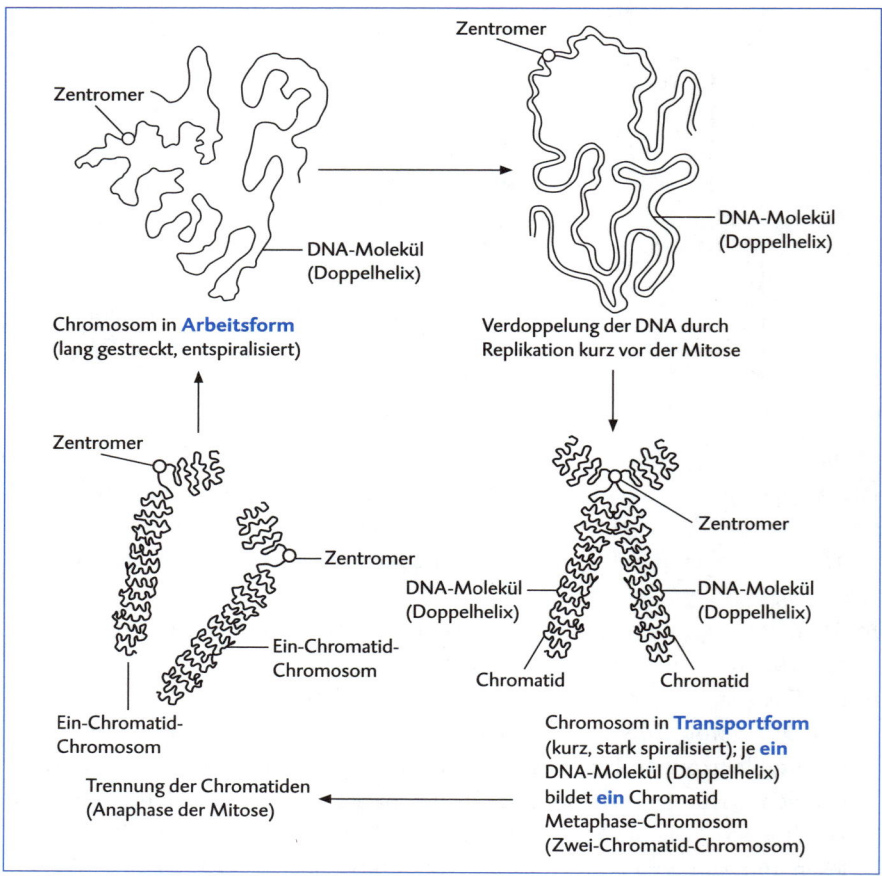

Abb. 36: Arbeits- und Transportform der Chromosomen. Eine Linie stellt einen DNA-Doppelstrang (Doppelhelix) dar.

Die Transportform ist erforderlich, um die langen DNA-Molküle in der Mitose **bewegen** und auf die Tochterzellen **verteilen** zu können. In der Transportform ist das DNA-Molekül **sehr kompakt** in Spiralen gewickelt, sodass die Moleküle, die zum Ablesen der genetischen Information erforderlich sind, nicht an die Basen der DNA herankommen können (siehe Transkription, S. (1) 91).

Die dichte Packung des DNA-Moleküls macht die Replikation unmöglich. Sie erlaubt es nicht, dass der DNA-Doppelstrang sich öffnet.

> Nur in der **Arbeitsform** der Chromosomen kann die DNA ihre genetischen Informationen für den Syntheseapparat nutzbar machen und sich durch Replikation verdoppeln.

Chromatiden

In der **Metaphase** der Mitose werden die zwei „Äste" der Chromosomen, die **Chromatiden**, sichtbar. In dieser Phase sind sie an einer Stelle, dem Zentromer (Kinetochor), noch miteinander verbunden. Die beiden Chromatiden werden in dem Abschnitt der Mitose, in dem die Chromosomen noch in der Arbeitsform vorlagen, durch Replikation gebildet (siehe Abb. S. (1) 87).

Ergebnis der Mitose

Die beiden Chromatiden jedes Chromosoms trennen sich in der Mitose und je eines gelangt in eine Tochterzelle. Da die Chromatiden durch Replikation entstanden sind, erhält jede der beiden Tochterzellen Chromosomen, die ehemaligen Chromatiden, mit **identischer genetischer Information** (siehe Reproduktionsbiologie, S. (2) 170, 174).

> Die **Mitose** sorgt dafür, dass die genetischen Informationen aller Zellen eines Organismus **identisch** sind.

Ablauf und Ergebnis der Meiose

Vor der **Meiose** wird – ähnlich wie bei der Mitose – jedes Chromosom durch Replikation verdoppelt. Die Meiose verläuft in **zwei Schritten**:
1 Durch die **erste Reifeteilung** entstehen zunächst zwei Zellen.
2 In der **zweiten Reifeteilung** bilden sich daraus vier Zellen, bei Tieren entweder vier gleich große Spermazellen oder eine große Eizelle und drei kleine Hilfszellen. Bei höheren Pflanzen entstehen statt Spermien Pollenzellen.

In der Anaphase der **ersten Reifeteilung** trennen sich nicht, wie bei der Mitose, die Chromatiden, sondern die **homologen Chromosomen**. Jedes Chromosom ist in dieser Phase bereits verdoppelt, besteht also aus zwei Chromatiden. Die beiden Chromatiden aber bleiben in der ersten Reifeteilung miteinander verbunden.

Die Basensequenz homologer Chromosomen ist zwar ähnlich, kann aber kleine und bedeutsame Unterschiede aufweisen. Beispielsweise kann das Gen für den Rhesusfaktor (siehe Immunbiologie, S. (1) 227) als Allel Rh^+ oder als Allel Rh^- vorliegen. Im AB0-Blutgruppensystem des Menschen sind sogar drei Ausprägungen möglich, das Allel für die Blutgruppe A, das Allel für B und das Allel für 0.

Je eines der zwei homologen Chromosomen wandert in eine Tochterzelle. Welches der jeweils zwei homologen Chromosomen in welche der beiden neuen Zellen gelangt, ist dem Zufall überlassen. Da homologe Chromosomen auf die Tochterzellen verteilt werden, nicht Chromatiden, da die Verteilung zufällig erfolgt und da die genetische Information homologer Chromosomen aufgrund verschiedener Allele (siehe S. (1) 104 und (2) 49) nicht identisch sein müssen, kann es zu unterschiedlichen Kombinationen von genetischen Informationen in den Tochterzellen kommen.

> Sich entsprechende Gene homologer Chromosomen werden als **Allele** bezeichnet. Sie können unterschiedliche genetische Informationen tragen.

Wegen der hohen Zahl von Genen kommt es in der Meiose so gut wie immer zu einer **Rekombination** (Neukombination) von Allelen. Die Zellen, die durch die erste Reifeteilung der Meiose entstehen, enthalten mit hoher Wahrscheinlichkeit eine andere genetische Information als die ursprüngliche Zelle und sie sind auch untereinander genetisch verschieden (siehe Evolution, S. (2) 55 ff.).

Die Verteilung von **homologen Chromosomen** führt dazu, dass der Chromosomensatz zunächst **halbiert** wird, z. B. beim Menschen von $2 \cdot 23$ Chromosomen auf $1 \cdot 23$. Aus einer **diploiden** Zelle entstehen durch die erste Reifeteilung zwei **haploide**.

Die **zweite Reifeteilung** der Meiose läuft wie eine Mitose ab. Hier werden die Chromatiden eines jeden Chromosoms voneinander getrennt und auf die entstehenden Keimzellen verteilt. Die genetische Information und die Chromosomenzahl ändern sich dabei nicht.

> Durch **Meiosen** bilden sich Zellen, deren genetische Information mit sehr hoher Wahrscheinlichkeit unterschiedlich ist. Durch **Mitosen** entstehen Zellen mit identischer genetischer Information.

Homologe Chromosomen des Menschen

Die Gesamtzahl der Chromosomen einer Körperzelle des Menschen beträgt 46. Die Zahl kommt durch einen **diploiden** Chromosomensatz zustande. Dieser besteht aus zwei einfachen (haploiden) Sätzen mit je 23 Chromosomen. Ein Chromsomensatz stammt aus der Eizelle der Mutter, der andere aus dem Spermium des Vaters. Man spricht daher auch von mütterlichen und väterlichen Chromosomen.

In jeder Körperzelle hat jedes Chromosom einen „Partner", der die gleichen Gene enthält, sein **homologes Chromosom**. Eine Ausnahme bildet beim Mann das 23. Chromosomenpaar, die **Geschlechtschromosomen**. In den Zellen des Mannes besteht das 23. Chrosomenpaar aus einem **X-Chromosom** und einem anders geformten, sehr kleinen und fast genleeren Chromosom, dem **Y-Chromosom**. Das X-Chromosom hat hier keinen gleichartigen Partner. Weibliche Zellen dagegen haben zwei X-Chromosomen.

Einfacher Versuch zur Isolierung von Nukleinsäuren aus Zellen

Nukleinsäuren lassen sich auf einfache Weise aus Zellen isolieren und darstellen. Sie erscheinen als zähflüssige, helle Substanz.
Folgende Arbeitsschritte sind dazu nötig:
1 **Zerstörung** der Zellen im Mörser.
2 **Abtrennung** von Zellbruchstücken in einem groben Filter.
3 **Abtrennung** der Proteine von der DNA durch starke Detergenzien, z. B. Haushaltsspülmittel, Natriumdodecylsulfat, Natriumcitratdihydrat, evtl. auch Zugabe von Proteasen, die in Waschmitteln oder bestimmten Fruchtsäften enthalten sind.
4 **Ausfällung** der Nukleinsäuren mit eisgekühltem Ethanol.

Dass die ausgefällten Substanzen tatsächlich Nukleinsäuren sind, lässt sich durch **Anfärben** nachweisen, etwa mit Toluidinblau. DNA kann durch die Zugabe von **DNase** nachgewiesen werden. Dieses Enzym zerlegt die langen DNA-Moleküle in kleinere Bruchstücke. Wegen der Substratspezifität des Enzyms werden andere Typen von Nukleinsäuren nicht abgebaut. Die kürzeren DNA-Stücke führen zu einer **Verringerung der Viskosität** der ausgefällten DNA, d. h. zu einer zunehmenden Dünnflüssigkeit der Lösung.

Zusammenfassung

- Die Trockensubstanz von Zellen besteht v. a. aus Kohlenhydraten, Fetten, Eiweißen und Nukleinsäuren. Den größten Teil der Zellsubstanz bildet Wasser mit darin gelösten Ionen.
- Die in der Zelle ablaufenden Prozesse lassen sich in den Energie- und Baustoffwechsel einteilen.
- Proteine sind Ketten von Aminosäuren, die unterschiedliche räumliche Strukturen bilden können. Für den Aufbau der Proteine der Organismen werden 20 verschiedene Aminosäuren verwendet.
- Die Zahl möglicher Proteine ist außerordentlich hoch.
- Proteine erfüllen eine Vielzahl wichtiger Aufgaben in den Zellen und im Organismus.
- Enzyme sind Eiweiße. Sie dienen als Katalysatoren fast aller chemischer Reaktionen des Stoffwechsels.
- Enzyme sind substrat- und wirkungsspezifisch. Ihre Funktion ist u. a. von der Temperatur und dem pH-Wert abhängig.
- Enzymatisch katalysierte Reaktionen lassen sich durch kompetitive oder allosterische Hemmung steuern. Schwermetalle können die Enzymwirkung irreversibel hemmen.
- Die Michaelis-Konstante gibt die Substratkonzentration an, bei der eine enzymatisch katalysierte Reaktion die halbmaximale Geschwindigkeit erreicht.
- Nukleinsäuren speichern und übertragen die genetischen Informationen einer Zelle. Sie bestehen aus einer oder zwei Ketten von Nukleotiden.
- Ein Nukleotid ist aus einer Pentose, einem Phosphorsäurerest und einer von vier verschiedenen organischen Basen aufgebaut.
- Ein DNA-Molekül setzt sich aus zwei komplementären, gegenläufig orientierten und umeinander gewundenen Polynukleotidsträngen zusammen, die untereinander über Wasserstoffbrücken verbunden sind.
- Die genetische Information ist in der Basenfolge gespeichert.
- RNA-Moleküle sind einsträngig, sie enthalten eine andere Pentose und eine andere Base als die DNA.
- Bei der Replikation wird die DNA identisch verdoppelt. Dabei entsteht an jedem der beiden Polynukleotidstränge eines DNA-Moleküls ein neuer Strang.
- Chromosomen sind in der Arbeitsform langgestreckt und dünn. Ihre genetischen Informationen lassen sich vom Syntheseapparat der Zelle ablesen.

- In der Transportform sind die Chromosomen kurz und verdickt. Ihre genetischen Informationen sind für die Zelle nicht lesbar.
- In der Mitose wird die genetische Information identisch an die neu entstehende Zelle weitergegeben.
- In der Meiose halbiert sich der Chromosomensatz. Durch die zufällige Verteilung der homologen Chromosomen werden die genetischen Informationen neu kombiniert.

Aufgaben

53. Nennen Sie
   a die vier häufigsten Elemente, die in den Substanzen, aus denen Zellen bestehen, enthalten sind.
   b drei weitere für die Zelle bedeutsamen chemische Elemente.

54. Welche der unten aufgeführten Substanzen hat/haben einen höheren Anteil an der Trockensubstanz (Material der Zelle ohne Wasser) einer typischen Pflanzenzelle als an der einer tierischen Zelle?
   a Kohlenhydrate
   b Fette
   c Proteine
   d Nukleinsäuren
   f Farbstoffe

55. Nennen Sie je zwei Beispiele für die Funktion, die Fette und Kohlenhydrate in der Zelle und/oder im Organismus haben können.

56. Vervollständigen Sie folgende Sätze:
   a Proteine bestehen aus Ketten von …
   b Proteinähnliche Verbindungen mit weniger als 100 Einzelbausteinen bezeichnet man als …
   c Die Zahl der verschiedenen Einzelbausteine, die für den Bau von Proteinen fast aller lebenden Organismen zur Verfügung stehen, beträgt …
   d Die Einzelbausteine der Proteine, die der menschliche Organismus nicht selber herstellen kann, nennt man …
   e Bei der Verkettung der Einzelbausteine von Proteinen bindet sich jeweils …
   f Die Bindung zwischen den Einzelbausteinen von Proteinen löst sich unter …

57. Verbinden Sie die im Folgenden dargestellten Aminosäuren so miteinander, dass ein Tripeptid daraus entsteht.

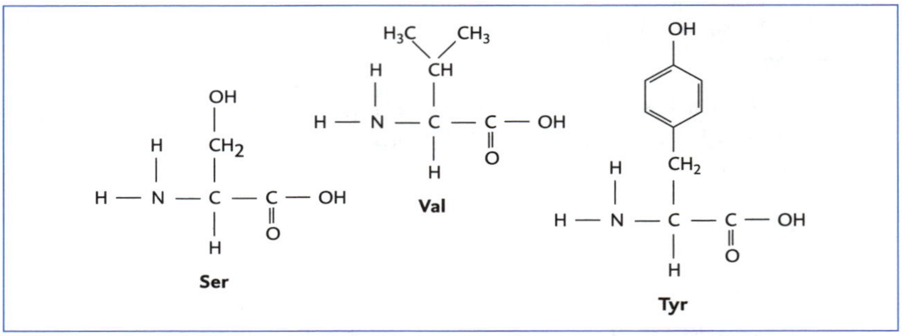

Abb. 37: Die Strukturen der Aminosäuren Serin, Tyrosin und Valin.

58. a Welche der im Folgenden dargestellten Verbindungen sind:
    - Aminosäuren mit unpolarem Rest
    - Aminosäuren mit polarem Rest
    - saure Aminosäuren
    - basische Aminosäuren?
    b Bezeichnen Sie die in der Strukturformel des Serins mit Ziffern gekennzeichneten Gruppen.

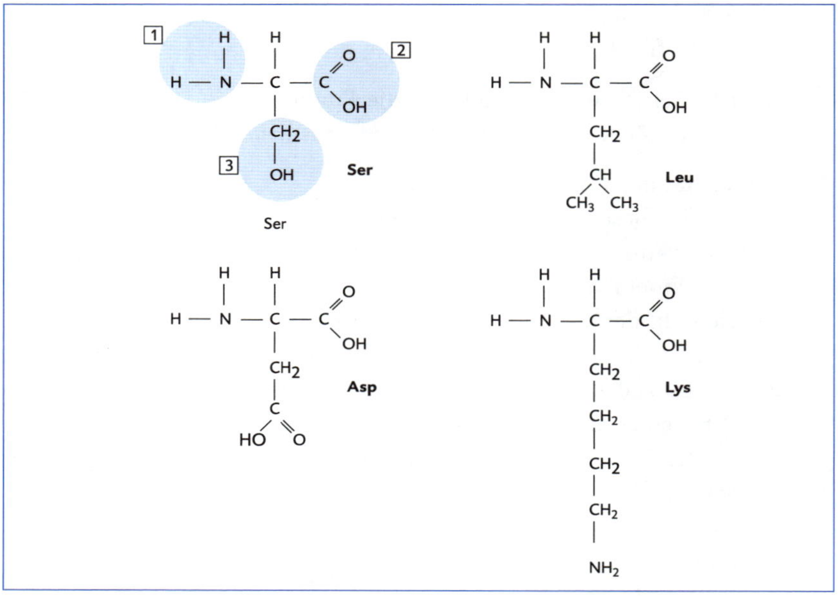

Abb. 38: Die Strukturen der Aminosäuren Serin, Leucin, Asparaginsäure und Lysin.

59. a Wie viele verschiedene Primärstukturen eines Proteins mit 100 Aminosäuren sind denkbar?
    b Beschreiben Sie, wie in der Natur die Verschiedenartigkeit eines solchen Proteins weiter erhöht werden kann.

60. Welche der folgenden Aussagen sind richtig?
    a Ein Protein in Tertiärstruktur kann aus einer Aminosäurekette bestehen, die teilweise als Helix (Sekundärstruktur) vorliegt.
    b Die Primärstruktur eines Proteins nimmt Einfluss auf die mögliche Sekundär- und/oder Tertiärstruktur.
    c Die Festlegung der Tertiärstruktur geschieht u. a. durch Wechselwirkungen zwischen den Resten der Aminosäuren.
    d Bei der Denaturierung von Eiweiß ändert sich die Primärstruktur.
    e Bei der Denaturierung von Eiweiß wird die Tertiärstruktur durch Disulfidbrücken stabilisiert.
    f In der Primärstruktur eines Proteins sind die Aminosäuren untereinander durch Disulfidbrücken verbunden.
    g Disulfidbrücken stabilisieren die Tertiärstruktur eines Proteins.

61. Wo in Proteinen werden Aminosäuren verbunden durch
    a starke chemische Bindungen,
    b schwache chemische Bindungen?

62. Nennen Sie fünf allgemeine Funktionen von Proteinen in der Zelle oder im Organismus und geben Sie jeweils ein Beispiel an.

63. Unter welchen Bedingungen können Proteine denaturieren?

64. Welche Eigenschaften machen Enzyme zu Katalysatoren?

65. Maltose ist ein Zweifachzucker, der aus zwei Molekülen Glucose besteht. Das Enzym Maltase kann Maltose in Glucose-Moleküle spalten. Erläutern Sie an diesem Beispiel die Substrat- und Wirkungsspezifität von Enzymen.

66. Die Geschwindigkeit von Reaktionen, die enzymatisch katalysiert werden, nimmt mit der Erhöhung der Temperatur nur bis zu einem bestimmten Temperaturbereich zu, darüber sinkt sie.
    Erklären Sie, wie es trotz Erhöhung der Temperatur zum Sinken der Reaktionsgeschwindigkeit kommen kann.

67. Welche Aussagen sind richtig?
    Das aktive Zentrum eines Enzyms:
    a ist an der Wirkungsspezifität beteiligt.
    b ist nicht für die Substratspezifität verantwortlich.
    c besteht bei vielen Enzymen aus einer Vertiefung, deren Form und Ladung zu bestimmten Bereichen des Substratmoleküls passt.
    d wird bei der Denaturierung des Enzyms nie verändert.
    e wird auch bei zusammengesetzten Enzymen allein aus dem Proteinanteil gebildet.
    f ist dafür verantwortlich, dass sich ein Enzym-Substrat-Komplex bilden kann.
    g hat vor dem Ablauf einer enzymatisch katalysierten Reaktion eine andere Form als danach.
    h steht mit dem Substratmolekül in einer Beziehung, die das Schlüssel-Schloss-Prinzip beschreibt.

68. Erläutern Sie in allgemeiner Form die molekularen Ursachen für die pH-Abhängigkeit der Enzymwirkung.

69. Viele Waschmittel enthalten Proteasen (proteinabbauende Enzyme). Sie stammen nicht aus den Zellen von Säugern, sondern von anderen Organismen.
    a Warum sind Säuger-Enzyme ungeeignet?
    b Aus welchen Organismen könnten solche Proteasen gewonnen werden?

70. Tabletten, mit denen ein Mangel an Trypsin und Chymotrypsin ausgeglichen werden soll, sind von einer säurefesten Kapsel umgeben, die sich aber im alkalischen Milieu auflöst. Trypsin und Chymotrypsin sind Verdauungsenzyme, die im Zwölffingerdarm und Dünndarm wirken. Das Milieu im Zwölffingerdarm und Dünndarm ist alkalisch, das im Magen ist stark sauer.
    Warum sind die Tabletten mit einer säurefesten Kapsel umgeben?

71. Welche der folgenden Aussagen treffen für die kompetitive Hemmung von Enzymen zu, welche gelten für die allosterische Hemmung?
    a Die Hemmung ist reversibel.
    b Die Reaktionsgeschwindigkeit (Aktivität des Enzyms) ist abhängig von der Konzentration des Hemmstoffes.
    c Der Hemmstoff kann das Endprodukt einer Synthesekette sein (Endprodukthemmung).

d In bestimmten Fällen kann auf ähnliche Weise wie die Hemmung auch eine Aktivierung des Enzyms, also eine Erhöhung der Reaktionsgeschwindigkeit erfolgen.
e Der Hemmstoff verändert die Tertiärstruktur des Enzyms.
f Der Hemmstoff lagert sich im aktiven Zentrum an.
g Der Hemmstoff lagert sich an anderer Stelle als dem aktiven Zentrum an.
h Die Hemmung kann nur auftreten, wenn das Enzym außerhalb des aktiven Zentrums einen Bereich mit einer rezeptorähnlichen Struktur besitzt.
i Der Hemmstoff ähnelt dem Substrat.

72. Im folgenden Schema ist die Steuerung der Isoleucin-Synthese durch Enzyme stark vereinfacht dargestellt.
Nennen Sie mit Fachbegriffen
a die Art der Steuerung der Enzymwirkung,
b den Enzymtyp des Enzyms 1.

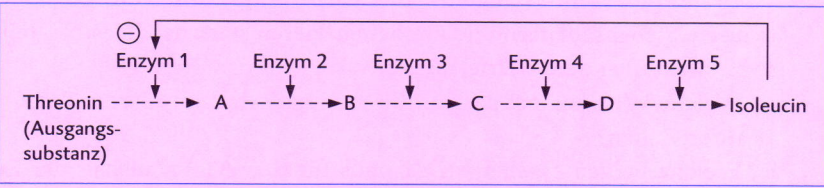

Abb. 39: Schema zur Steuerung der Isoleucin-Synthese.

73. Einige krankheitserregende Bakterien benötigen eine bestimmte Substanz, Para-Amino-Benzoesäure, um daraus in einem enzymatisch katalysierten Prozess eine für sie lebensnotwendige Verbindung herzustellen. Sulfonamide ähneln der p-Amino-Benzoesäure.
Erläutern Sie, warum sich Sulfonamide zur Bekämpfung dieser Bakterien einsetzen lassen.

74. Erläutern sie die biochemischen Grundlagen, die es vernünftig erscheinen lassen, bleifreies Benzin als Treibstoff für Autos zu verwenden.

75. Im folgenden Schema ist ein verzweigter Stoffwechselweg dargestellt, dessen Reaktionen enzymatisch katalysiert werden. Ebenfalls angegeben ist der Einfluss der Reaktionsprodukte auf den Ablauf der Reaktionen.
Welche Reaktion(en) herrscht/herrschen vor, wenn sowohl E als auch G in hoher Konzentration vorliegen? Begründen Sie Ihre Antwort.

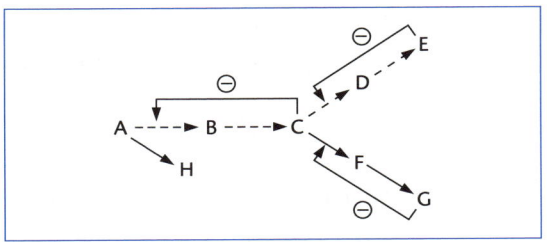

Abb. 40: Veränderung von Stoffwechselwegen durch Enzymhemmung.

76. Welche Möglichkeiten hat eine Zelle, Einfluß darauf zu nehmen, wie schnell und in welcher Menge die Produkte einer enzymatisch katalysieren Reaktion gebildet werden sollen? Beantworten Sie die Frage in Stichworten.

77. Die Steigerung der Reaktionsgeschwindigkeit verläuft bei enzymatisch katalysierten Reaktionen nicht proportional zur Erhöhung der Substratkonzentration. Erklären Sie dieses Phänomen.

78. (themenübergreifende Aufgabe)
Während des Winterschlafs ist die Körpertemperatur von Igeln, Fledermäusen, Siebenschläfern und ähnlichen Tieren stark herabgesetzt, teilweise bis dicht über dem Gefrierpunkt.
a Welche Wirkung hat das auf die enzymatisch katalysierten Prozesse in ihren Zellen?
b Welche Folgen ergeben sich daraus für den ATP-Haushalt der Zellen und den Bedarf an Nährstoffen?

79. Welche der folgenden Maßnahmen kann/können dazu führen, dass mehr Reaktionsprodukte entstehen, wenn eine Enzymlösung mit Substrat gesättigt ist?
a Zugabe von Enzymen
b Zugabe von Substrat
c Erhöhung der Temperatur auf 90 °C
d Zugabe eines kompetitiven Hemmstoffs

80. Welche der folgenden Aussagen sind richtig:
a Die Michaelis-Konstante gibt die Enzymkonzentration an, bei der die Hälfte der maximalen Reaktionsgeschwindigkeit erreicht ist.
b Jedes Enzym hat seine eigene, festgelegte Michaelis-Konstante.
c Ein Enzym mit großer Michaelis-Konstante erzeugt in der Grafik eine flacher ansteigende Kurve der Reaktionsgeschwindigkeit als ein Enzym mit kleiner Michaelis-Konstante.

d Ein Enzym mit kleiner Michaelis-Konstante hat eine hohe Aktivität.
e Die Michaelis-Konstante gibt an, wie stabil die Tertiärstruktur eines Enzyms bei hohen Temperaturen bleibt.

81. In den beiden folgenden Grafiken ist die Aktivität zweier verschiedener Enzyme bei unterschiedlicher Substratkonzentration dargestellt.
   a Welches der beiden Enzyme hat eine höhere Aktivität und woran ist das im Schaubild zu erkennen?
   b Wie würden sich die Kurven beider Schaubilder ändern, wenn man die Enzymkonzentration erhöhen würde? Wo würde der K_m-Wert liegen? Begründen Sie Ihre Anwort.

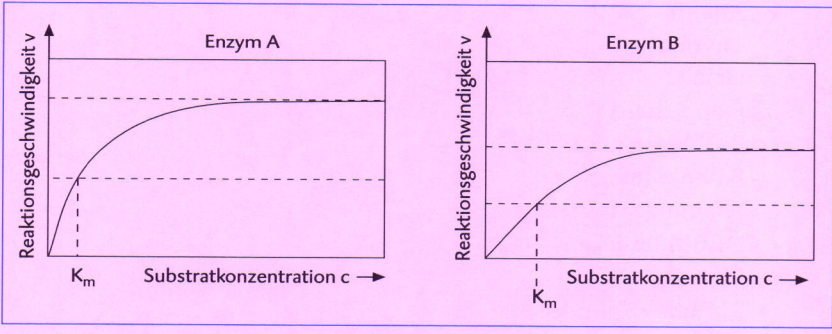

Abb. 41: Aktivität zweier Enzyme bei unterschiedlicher Substratkonzentration.

82. Hexokinase ist ein Enzym, das Phosphatgruppen auf Hexosen wie Glucose und Fructose überträgt. Die Michaelis-Konstanten für die Hexokinase-Reaktionen betragen mit Glucose $K_m = 0{,}15 \cdot 10^{-2}$ mol·l^{-1} und mit Fructose $K_m = 1{,}5 \cdot 10^{-2}$ mol·l^{-1}
   a Beschreiben Sie allgemein, was der K_m-Wert angibt.
   b Welche Aussagen lassen sich aufgrund der K_m-Werte über die Unterschiede zwischen den beiden Reaktionen machen?
   c Machen Sie Aussagen über die Substratspezifität von Hexokinase.

83. Beschreiben Sie einen Versuch, mit dem man die Substratspezifität eines Enzyms nachweisen kann.

84. Entwerfen Sie einen Versuch, der feststellt, welchen Einfluss verschiedene Temperaturen auf die Enzymwirkung haben.

85. Welche der folgenden Begriffe werden verwendet für die Beschreibung des Baus von RNA, DNA bzw. Proteinen?

   a Aminosäuren
   b Wasserstoffbrücken
   c Peptidbindung
   d Ribose
   e Desoxyribose
   f Antiparallelität
   g komplementäre Basen
   h Cytosin
   i Guanin
   k Adenin
   l Thymin
   m Uracil
   n Doppelhelix
   o Faltblattstruktur
   p Basensequenz
   q Polynukleotidstrang
   r Disulfidbrücken
   s Phosphorsäure
   t 3'-Ende/5'-Ende
   u Doppelhelix

86. Vergleichen Sie tabellarisch den Bau von RNA- und DNA-Molekülen.

87. Innerhalb der DNA stehen die Basen Adenin und Thymin bei allen Organismen im Mengenverhältnis 1:1. Auch die Basen Guanin und Cytosin sind in der DNA aller Organismen in gleicher Menge vorhanden. Dagegen ist das Mengenverhältnis von A und G bzw. das von T und C für die DNA jeder Organismenart spezifisch.
   Wie ist das zu erklären?

88. Welche der folgenden Ergebnisse erhält man vermutlich, wenn man die Menge der Basen miteinander vergleicht, die in der DNA einer bestimmten Organismenart vorhanden sind? Begründen Sie Ihre Antwort.

   a A = T
   b G = T
   c A + G = C + T
   d A + T = G + C
   e C = A

89. Welche molekularen Strukturen bilden ein Gen?

90. Beschreiben Sie den Vorgang der Replikation in Stichworten.

91. Erklären Sie, warum man die Replikation als semikonservativ bezeichnet.

92. In einem Versuch wird die DNA in lebenden Zellen radioaktiv markiert. Danach laufen mehrere Mitosen ab. Für den Aufbau der neuen Zellen stehen nur Nukleotide zur Verfügung, die nicht radioaktiv markiert sind.
Nach der wievielten Mitose treten das erste Mal DNA-Moleküle ohne radioaktive Markierung auf?

93. In den Experimenten, die zur Aufklärung der Replikation führten, setzte man radioaktiv markierte Thymin-Nukleotide ein.
Warum verwendete man Thymin und nicht die anderen Basen (Adenin, Cytosin, Guanin)?

94. Kreuzen Sie die zutreffende(n) Aussage(n) an.
Die genetische Information des Körpers einer bestimmten Person
   a ist trotz der Verschiedenheit der Zellen in allen Zellen dieses Menschen gleich.
   b muss wegen der Verschiedenheit der Zellen unterschiedlich sein.
   c ist nur in den Gehirnzellen und den Keimzellen gespeichert.
   d ist nur während der Zellteilung (Mitose) ablesbar.
   e ist nur in der Zeit zwischen den Zellteilungen ablesbar.
   f wird durch das Blut zu allen Zellen des Körpers transportiert.
   g ist in Chromosomen gespeichert.
   h wird durch die Mitose identisch an neu entstehende Zellen weitergegeben.

95. Welche der folgenden Aussagen sind richtig?
Homologe Chromosomen einer Zelle
   a sind in Form und Größe gleich.
   b enthalten immer identische genetische Information.
   c können unterschiedliche genetische Information enthalten.
   d enthalten immer die gleichen Gene.
   e enthalten immer die gleichen Allele.
   f trennen sich in der Mitose voneinander.
   g trennen sich in der Meiose voneinander.
   h kommen nur in haploiden Zellen vor.

96. Welche der folgenden Aussagen beschreiben Merkmale der Transportform der Chromosomen und welche der Arbeitsform der Chromosomen?
   a Die DNA ist lang gestreckt und wenig spiralisiert.
   b Das Chromosom besteht aus zwei DNA-Molekülen.
   c Das Chromosom besteht aus einem DNA-Molekül.
   d Das Chromosom ist im Lichtmikroskop sichtbar.
   e Das Chromosom ist im Lichtmikroskop nicht sichtbar.
   f Die genetische Information der DNA kann vom Lese- und Syntheseapparat der Zelle genutzt werden (ist ablesbar).
   g Die genetische Information der DNA ist für die Zelle nicht nutzbar (ist nicht ablesbar).
   h Replikation ist möglich.
   i Replikation ist nicht möglich.
   k Das Chromosom ist kurz und dick.

97. Geben Sie die Gesamtzahl der DNA-Moleküle (DNA-Doppelstränge) aller Chromosomen des Menschen für die unten angegebenen Fälle an. Begründen Sie ihre Antworten in Stichworten.
   a Körperzelle während der Mitose
   b Körperzelle in der Zeit zwischen den Mitosen
   c Zelle zu Beginn der ersten Reifeteilung der Meiose
   d Zelle zu Beginn der zweiten Reifeteilung der Meiose
   e Zelle nach Ende der zweiten Reifeteilung der Meiose
   f Zelle nach der ersten Furchung der befruchteten Eizelle (Zwei-Zell-Stadium des Embryos)
   g Leberzelle in der Zeit zwischen den Mitosen (Leberzellen bilden eine Ausnahme. Sie haben einen oktoploiden Chromosomensatz.)

98. In Wachstumszonen einer Pflanze, z. B. an der Spitze der Wurzel, findet man besonders häufig Zellen, deren Chromosomen in Transportform vorliegen. Erklären Sie dieses Phänomen.

99. Beschreiben Sie die Vorgänge, die erforderlich sind, um die DNA eines Gewebes zu isolieren.

100. (themenübergreifende Aufgabe)
   Normale Zellen sind sehr klein. Ihr Ausmaß wird u. a. durch die Größe des Zellkerns bestimmt. Die DNA im Zellkern kann nur Vorgänge in einer beschränkten Menge von Zytoplasma steuern.
   Nennen Sie zwei Beispiele, wie es trotz dieser Einschränkung zu großen Zellen kommen kann.

101. (themenübergreifende Aufgabe)
Welche der folgenden Substanzen, Zellbereiche und Zellprodukte bestehen ganz oder überwiegend aus Proteinen?
a Haare
b Hufe
c Zellwand der Pflanzenzelle
d DNA
e RNA
f Stärke
g Milchzucker (Lactose)
h Insulin
i Acetylcholin-Rezeptoren
k Kernspindel (Spindelfasern)
l Zellsaft (in der zentralen Vakuole von Pflanzenzellen)
m Na^+-Poren der Axon-Membran
n Geißeln und Wimpern
o Haemoglobin (roter Blutfarbstoff)
p Antikörper

102. (themenübergreifende Aufgabe)
Nennen Sie drei Substanzen der Zelle, die Adenin enthalten, und beschreiben Sie möglichst kurz ihre Funktion in der Zelle.

103. (themenübergreifende Aufgabe)
Nennen Sie zwei Beispiele für Vorgänge, die im Körper des Menschen nach dem Schlüssel-Schloss-Prinzip ablaufen.

Vom Gen zum Merkmal

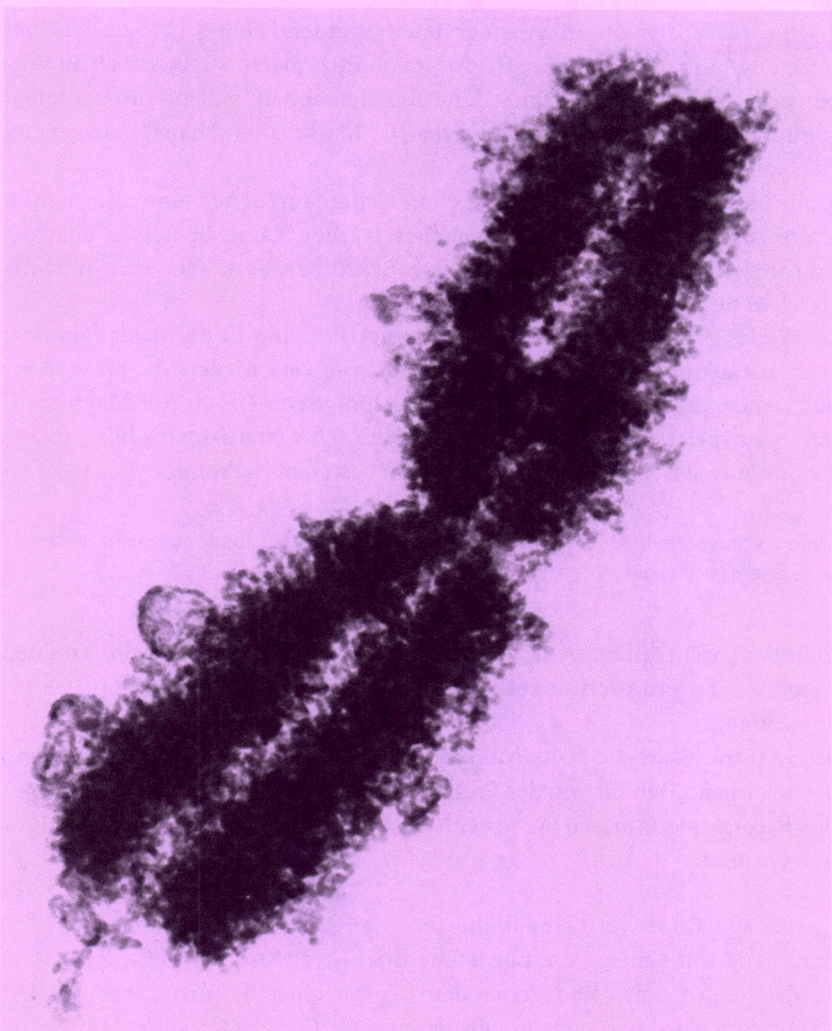

Elektronenmikroskopische Aufnahme eines Metaphase-Chromosoms des Hamsters. Aus dem Chromosom treten Fasern hervor, die aus von Proteinen umgebenen DNA-Fäden bestehen und einen Durchmesser von etwa 25 nm haben.

1 Der genetische Code

In den **Genen** trägt die DNA die Erbinformationen eines Lebewesens. Der überwiegende Teil der Gene enthält Informationen für **Proteine**, die meisten davon sind **Enzyme**. Alle Merkmale der Organismen entstehen durch Stoffwechselprozesse, die von Enzymen gesteuert werden (siehe S. (1) 52 ff.). Daher kann die DNA durch **gesteuerte Bildung** von Enzymen festlegen, welche Vorgänge wann und wie stark in der Zelle ablaufen sollen, welche momentanen Zustände verändert und welche dauerhaften Merkmale („Phäne") ausgeprägt werden sollen.

Als Code bezeichnet man ein System von Zeichen, mit denen eine Information verschlüsselt, übertragen oder gespeichert werden kann. So lassen sich die Wörter unserer Sprache in einer Folge von **Buchstaben**, aber auch mithilfe der Zeichen des **Morse-Alphabets** codieren.

In den Zellen ist die Aminosäuresequenz der Proteine in der Basenfolge der Polynukleotidstränge der DNA codiert. Da nur vier verschiedene Basen zur Verfügung stehen, um die Information über die Abfolge von 20 verschiedenen Aminosäuren zu speichern, muss die Signaleinheit **(Informationseinheit)** für eine Aminosäure aus einer **Gruppe von Basen** bestehen (s. Proteine, S. (1) 48 f.).

> Die Informationseinheit der DNA für **eine Aminosäure** besteht aus einer Folge von **drei Basen**, einem so genannten **Basentriplett**.

So steht das Basentriplett „AAA" für Phenylalanin, „AAC" für Leucin. Von den rein rechnerisch **möglichen 64** (4^3) Basentripletts codieren aber nur 61 für Aminosäuren:

- So genannte **Start-Codons** codieren für eine bestimmte Aminosäure und gleichzeitig für den Beginn der Proteinsynthese.
- Drei Basentripletts bilden **Stopp-Codons**, d. h. Signale für das Ende der Proteinsynthese.

Der genetische Code weist eine Reihe von Eigenschaften auf, die in engem Zusammenhang mit seiner Funktion stehen. So ist er **kommafrei**, d. h. es gibt keine Zeichen, die das Ende oder den Beginn eines Tripletts anzeigen, die Basensequenz wird durchgehend abgelesen. Der Code zeigt außerdem **keine Überlappungen**, d. h. eine Base gehört nie zwei Tripletts an. Es sind mehr Basentripletts ($4^3 = 64$) vorhanden als Aminosäuren (20), man sagt, der genetische Code sei **degeneriert** (redundant). Daher werden viele Aminosäuren von mehr als einem Basentriplett codiert, so z. B. die Aminosäure Phenylalanin von „AAA" und „AAG". Vergleichbar ist dies mit der Schrift, in der ein Laut durch verschiedene Buchstaben(-Kombinationen) codiert werden kann, wie in Del**f**in und Del**ph**in, oder in **F**otosynthese und **Ph**otosynthese. Dies bedeutet auch, dass nicht jeder Austausch einer Base in der DNA zum Einbau einer anderen Aminosäure im Protein führt (siehe Mutation, S. (1) 105). Ein weiteres Merkmal des genetischen Codes ist seine **Universalität**. Fast alle Organismen besitzen den gleichen genetischen Code, in fast allen Organismen werden die gleichen Tripletts für die gleichen Aminosäuren benutzt. In der Gentechnik macht man sich dies zunutze. Die Universalität des genetischen Codes spricht dafür, dass alle lebenden Organismen aus einer einzigen, gemeinsamen Ausgangsform entstanden sind (siehe Evolution, S. (2) 24).

Der genetische Code wird häufig als **Code-Sonne** für die mRNA angegeben. Die erste Base eines mRNA-Basentripletts steht im Inneren der „Sonne", die letzte im äußeren Kreis:

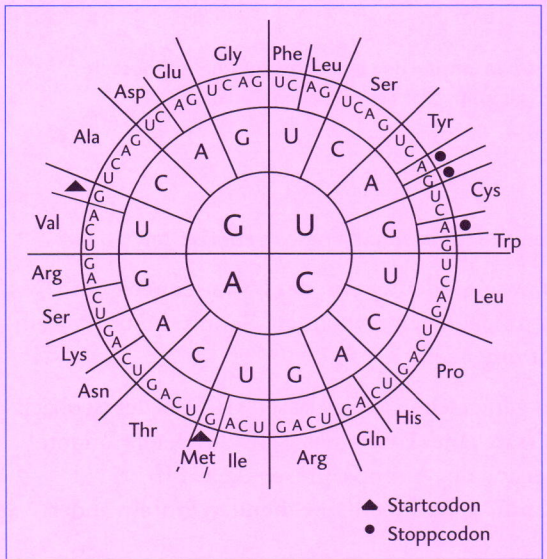

Abb. 42: Die Code-Sonne, angegeben für die mRNA.

Zusammenfassung

- Die DNA enthält v. a. die genetische Information für Proteine, zum größten Teil sind das Enzyme.

- Je nach Zeitpunkt und Häufigkeit des Ablesens der genetischen Information auf der DNA lässt sich die Menge der in der Zelle vorhandenen Enzyme verändern. Die gezielte Veränderung der Enzymmenge ermöglicht eine Steuerung des Stoffwechsels der Zelle.

- Das Zeichen für eine Aminosäure besteht aus einer bestimmten Abfolge von drei Basen. Die Aminosäuresequenz von Proteinen ist in der Abfolge von Basentripletts der DNA verschlüsselt.

- Für die gleiche Aminosäure codieren mehr als eine Art von Triplett (Degeneration des genetischen Codes).

- Der Proteinsyntheseapparat liest die Basenfolge der DNA ohne Pausenzeichen und ohne Überlappung.

- Bei allen heute lebenden Organismen entprechen einer bestimmten Aminosäure immer die gleichen Tripletts (Universalitität des genetischen Codes).

Aufgaben

104. Nennen Sie in Stichworten die Eigenschaften des genetischen Codes.

105. Woran liegt es, dass man zwar eindeutig von der Basensequenz der DNA auf die Aminosäuresequenz des entsprechenden Genprodukts (Protein) schließen kann, aber nicht umgekehrt?

106. Welche Eigenschaften des genetischen Codes lassen sich aus der Beobachtung schließen, dass bei Ersatz einer Base eines Gens durch eine andere
    a manchmal keine Änderung der Aminosäuresequenz auftritt?
    b sich höchstens eine Aminosäure im entsprechenden Protein ändert?

2 Die Proteinbiosynthese

Entsprechend der Basensequenz der DNA bildet die Zelle im Zuge der **Proteinbiosynthese** Ketten von Aminosäuren, aus denen dann funktionsfähige Proteine entstehen (siehe ER und Dictyosom, S. (1) 18). Die Biosynthese der Proteine läuft in zwei Schritten ab:
- Im ersten Schritt, der **Transkription**, wird die Basensequenz eines DNA-Abschnitts in die Basensequenz einer RNA (mRNA) umgeschrieben.
- Im zweiten Schritt, der **Translation**, erfolgt die Übersetzung der Basensequenz der mRNA in die Aminosäuresequenz des Proteins.

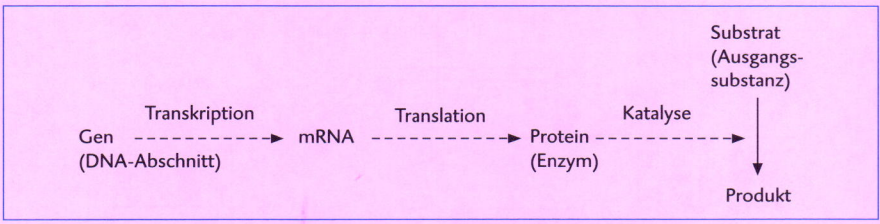

Abb. 43: Vorgänge bei der Umsetzung genetischer Informationen vom Gen zum Produkt.

2.1 Die Transkription

Bei eukaryotischen Zellen ist die genetische Information im **Zellkern** gespeichert (siehe Chromosomen, S. (1) 69). Die Orte der Proteinbiosynthese, die Ribosomen (siehe Zytologie, S. (1) 21) liegen aber im Zytoplasma. Daher muss die genetische Information zunächst **aus dem Zellkern** zu den Ribosomen gelangen. Dies geschieht im Laufe der Transkription.

Ablauf der Transkription
Zu Beginn der Transkription öffnet sich der DNA-Doppelstrang unter Verbrauch von Stoffwechselenergie an einer Stelle und freie RNA-Nukleotide lagern sich an die komplementären Basen eines der beiden DNA-Einzelstränge an. Dieser wird **codogener** Strang oder Matrize genannt, da nur dieser eine der beiden DNA-Einzelstränge die Information des Gens trägt. Die angelagertern RNA-Nukleotide verbinden sich unter Verbrauch von Stoffwechselenergie zu einem RNA-Strang, der als Boten- oder **messenger-RNA** (mRNA) bezeichnet wird. Die mRNA löst sich nach Fertigstellung vom Matrizenstrang der DNA und verlässt den Zellkern durch die Kernporen (siehe S. (1) 13).
Die Verbindung der RNA-Nukleotide wird durch ein Enzym, die RNA-Polymerase katalysiert.

> In der **Transkription** stellt die Zelle Kopien ihrer Gene her und transportiert sie durch die Kernporen zu den Ribosomen.

Die Wanderung der RNA durch die engen Poren wird dadurch erleichtert, dass sie nur einsträngig ist und daher dünner als DNA-Moleküle.

Nach Ende der Transkription ist die genetische Information eines Gens also auf einen RNA-Strang „umgeschrieben". Die Basenfolge der entstandenen mRNA ist **komplementär** zu der des entsprechenden Abschnitts des **codogenen** Strangs der DNA, nicht aber identisch mit diesem.

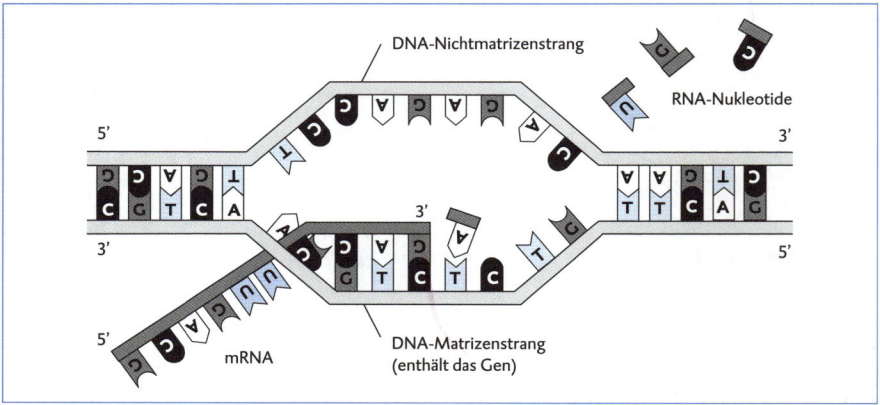

Abb. 44: Schematischer Ablauf der Transkription.

Charakteristika und Folgen der Transkription

Durch die Transkription können zahlreiche Kopien eines Gens entstehen, sodass an vielen Stellen im Zytoplasma, an den Ribosomen, die Synthese desselben Proteins gleichzeitig ablaufen kann. So kann eine große Menge eines Proteins in kurzer Zeit synthetisiert werden. Die Transkription erlaubt es der Zelle außerdem zu entscheiden, welcher Teil der genetischen Informationen zu einem bestimmten Zeitpunkt realisiert werden soll, welches der vielen möglichen Proteine gebildet werden soll (siehe Transkriptionskontrolle, Genexpression, S. (1) 112 ff.). Ohne vorherige Transkription müsste die **Proteinsynthese** im Zellkern ablaufen, so kann sie im Zytoplasma, in der Nähe der Orte stattfinden, an denen die gebildeten Proteine benötigt werden. Gleichzeitig verbleiben die genetischen Informationen als DNA-„Original" **gut geschützt** im Zellkern. Jeder Transport der DNA aus dem Kern in das Zytoplasma wäre mit einer erhöhten Gefahr der Veränderung der genetischen Informationen verbunden.

Verschiedene Kopiervorgänge an der DNA

An der DNA können zwei unterschiedliche Kopiervorgänge ablaufen, die jeweils verschiedenen Zwecken dienen:

- Die **Transkription** bildet einen komplementären RNA-Strang, z. B. **mRNA** oder **tRNA** an einem bestimmten Bereich eines DNA-Einzelstrangs, einem **Gen**, um die genetischen Informationen zu realisieren. Von besonderer Bedeutung ist die Synthese von **Enzymen**, die den Stoffwechsel steuern und die Lebensprozesse aufrecht erhalten.
- Im Zuge der **Replikation** wird anhand des vorliegenden DNA-Moleküls ein komplett neuer **DNA-Doppelstrang** synthetisiert, um die genetischen Informationen in der **Mitose** an neu entstehende Zellen bzw. in der **Meiose** an Nachkommen weitergeben zu können (siehe (1) 67 ff.).

2.2 Die Translation

Während der **Translation** wird die Abfolge der Basentripletts der mRNA in eine **Abfolge von Aminosäuren** übersetzt. Erforderlich dafür sind, neben der mRNA, verschiedene Enzyme, die transfer-RNA, die Aminosäuren, Ribosomen sowie ATP oder ein ähnlicher Energieüberträger.

Bau der tRNA

Die **transfer-RNA** ist ein kleines RNA-Molekül. Es besteht aus einer kurzen Kette von nur wenigen RNA-Nukleotiden. Der RNA-Einzelstrang paart sich in Bereichen komplementärer Basen, sodass das Molekül bei zweidimensionaler Darstellung eine spezifische, **kleeblattähnliche** Form erhält.

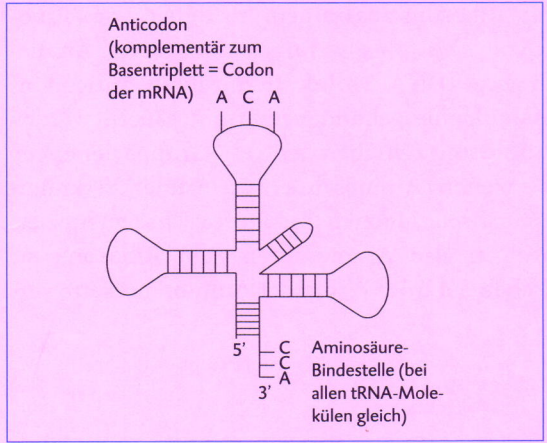

Abb. 45: Bau der tRNA.

Die mittlere der drei Schleifen des tRNA-Moleküls enthält ein Basentriplett, das sich an ein komplementäres Triplett der mRNA binden kann. Es wird als **Anticodon** bezeichnet, das sich mit dem komplementären **Codon** auf der mRNA paart. Ein Ende des tRNA-Strangs kann *eine Aminosäure* binden. Welche das ist, hängt von der Art des Anticodons ab. Zur Bindung der Aminosäure an das tRNA-Molekül ist ein Enzym und Stoffwechselenergie erforderlich. Insgesamt gibt es, den 61 unterschiedlichen Basentripletts entsprechend, die für Aminosäuren codieren (siehe genetischer Code, S. (1) 88), auch 61 verschiedene t-RNA-Moleküle, die sich in ihrem Anticodon unterscheiden. Wegen der Degeneration des genetischen Codes muss ein und dieselbe Aminosäure an mehr als eine Art von tRNA binden können.

Bau und Lage der Ribosomen

Ein Ribosom besteht aus Proteinen, darunter verschiedene Enzyme, und einer speziellen RNA, der so genannten **ribosomalen RNA** (rRNA). Ribosomen fügen sich zu Beginn der Translation am Start-Triplett (Start-Codon) der mRNA aus zwei verschiedenen, getrennt im Zytoplasma vorhandenen Untereinheiten zum funktionsfähigen Organell zusammen. Sie können frei im Zytoplasma vorliegen oder sind mit der Membran des rauen endoplasmatischen Retikulums (siehe S. (1) 17 ff.) verbunden. Im elektronenmikroskopischen Bild können sie über das Zytoplasma verteilt oder in Reihen zu so genannten **Polysomen** angeordnet sein.

Ablauf der Translation

Zu Beginn der Translation fügen sich am Start-Codon der mRNA zwei Untereinheiten zum funktionsfähigen Ribosom zusammen. Im Bereich des Ribosoms liegt damit ein Abschnitt von **zwei Basentripletts** der mRNA. An diesen beiden Tripletts lagern sich **zwei tRNA-Moleküle** mit ihren Anticodons an. Die an diese beiden tRNA-Moleküle gebundenen Aminosäuren werden durch die Bildung einer **Peptidbindung** zwischen der NH_2-Gruppe der ersten und der COOH-Gruppe der zweiten Aminosäure miteinander verknüpft (siehe S. (1) 47 f.). Dazu ist ein spezifisches Enzym und Stoffwechselenergie erforderlich. tRNA-Moleküle bringen also Aminosäuren zum Ribosom, sie arbeiten als „Adapter", die zwischen der mRNA und der Aminosäurekette vermitteln.

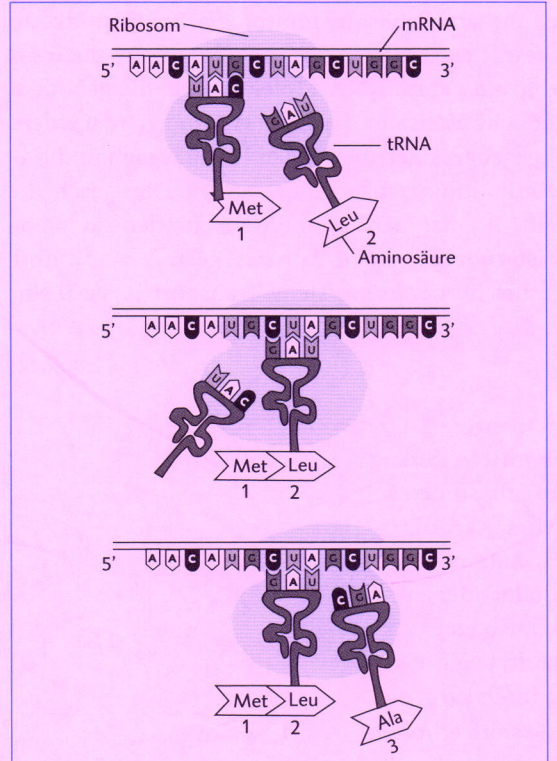

Abb. 46: Vorgänge bei der Translation.

Nach der Bildung der Peptidbindung rückt die mRNA ein Triplett weiter, sie bewegt sich also in **Triplett-Schritten** durch das Ribosom. Das erste tRNA-Molekül löst seine Paarung mit der mRNA und seine Bindung zur Aminosäure. Die gesamte, bis dahin entstandene Polypeptidkette wird auf das nachrückende tRNA-Molekül übertragen, sodass dieses die um eine **Aminosäure verlängerte Kette** trägt. Die wachsende Polypeptidkette ist dabei nie direkt mit dem Ribosom oder der mRNA verbunden, sondern immer nur über das vermittelnde tRNA-Molekül. Das frei werdende tRNA-Molekül gelangt ins Zytoplasma und kann dort wieder eine Aminosäure binden. An das neu ins Ribosom gerückte Triplett der mRNA lagert sich erneut ein passendes tRNA-Molekül an.

Diese Vorgänge an der mRNA wiederholen sich mehrmals, bis ein **Stopp-Codon** in das Ribosom rückt. Dann lagert sich kein weiteres RNA-Molekül an, das Ribosom zerfällt in seine beiden Untereinheiten und der Translationsvorgang ist beendet.

Schon während seiner Entstehung am Ribosom nimmt die Polypeptidkette ihre durch die Primärstruktur festgelegte **Sekundär- und Tertiärstruktur** an (siehe S. (1) 49 f.). Nach der Ablösung vom tRNA-Molekül kann die gebildete Polypeptidkette auf unterschiedliche Weise in der Zelle transportiert werden. Sie kann frei ins Zytoplasma abgegeben, oder aber in den Hohlräumen und Kanälen des endoplasmatischen Retikulums transportiert werden. Dies geschieht z. B. mit Proteinen, die am rauen ER entstehen. Vom ER aus können sie in abgeschnürten Vesikeln in die Zisternen des Golgi-Apparats gelangen und dort weiter verarbeitet und/oder gespeichert werden (siehe Transport in Vesikeln, S. (1) 19 f.).

Polysomen

Ein **Polysom** bildet sich, wenn mehrere Ribosomen gleichzeitig am gleichen mRNA-Strang tätig sind. Dabei reihen sich die Ribosomen an der mRNA auf wie die Perlen einer Kette. Dasselbe mRNA-Molekül lässt sich dadurch mehrmals in kurzen Abständen nacheinander ablesen. Während im hinteren Bereich einer mRNA die Translation **noch** läuft, beginnt sie im vorderen **schon** wieder. Dadurch kann die Zelle die Proteinbiosyntheserate stark erhöhen.

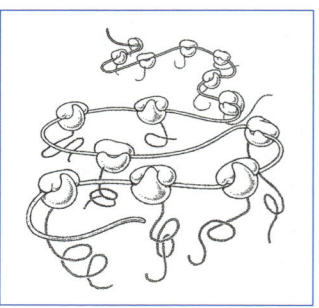

Abb. 47: Ein Polysom.

Zusammenfassung

- Die Proteinbiosynthese beginnt mit der Transkription. Dabei bildet sich aus freien RNA-Nukleotiden an einem Abschnitt der DNA ein komplementärer mRNA-Strang.

- Im zweiten Abschnitt der Proteinbiosynthese, der Translation, verketten sich Aminosäuren zu Polypeptiden. Dazu wandert die mRNA aus dem Zellkern und lagert sich an ein Ribosom an. Dort wird mithilfe von tRNA-Molekülen die Basensequenz der mRNA in die Aminosäuresequenz eines Proteins umgesetzt.

- Ein tRNA-Molekül trägt in einer seiner Schleifen ein spezifisches Basentriplett, das Anticodon. Diese drei Basen legen fest, welche Aminosäure das tRNA-Molekül bindet.

- Durch die komplementäre Paarung der Anticodons von tRNA-Molekülen mit den beiden Basentripletts der mRNA im Bereich eines Ribosoms ergibt sich die Aminosäuresequenz der Polypeptidkette.

- Eine Steigerung der Proteinbiosyntheserate lässt sich sowohl durch die mehrfache Transkription am selben DNA-Abschnitt erreichen, wie auch bei der Translation durch die Bildung von Polysomen.

Aufgaben

107. Welche Aussagen sind richtig?
Bei der Transkription:
a lagert sich mRNA an einen Abschnitt der DNA an.
b lagern sich RNA-Nukleotide an einen Abschnitt der DNA an.
c lagern sich tRNA-Moleküle an einen Abschnitt der DNA an.
d entsteht mRNA.
e öffnet sich der Doppelstrang der DNA in einem Abschnitt.
f bilden sich Proteine.
g wird Stoffwechselenergie benötigt.

108. Vergleichen Sie die Vorgänge der Replikation mit denen der Transkription.

109. Welche Nachteile hätte es, wenn die genetische Information nicht zunächst in Form von mRNA umgeschrieben, sondern die DNA direkt an den Ribosomen abgelesen würde?

110. Welche Aussagen sind richtig?
a Während der Translation laufen Prozesse sowohl im Zellkern, wie auch im Zytoplasma ab.
b An der Translation sind drei verschiedene Arten von RNA beteiligt.
c Zur Translation ist Stoffwechselenergie (ATP) erforderlich.
d Die Translation läuft nur kurz vor Beginn der Mitose ab.
e Durch die Translation entstehen Proteine.
f Die Translation kann an Polysomen ablaufen.
g In der Translation entsteht mRNA.

111. Welche Folgen hat es, wenn während der Translation die mRNA (oder das Ribosom) um ein Triplett weiterrückt?

112. Verschiedene Arten von tRNA-Molekülen binden die gleiche Aminosäure. Warum sind in einer Zelle 61 verschiedene tRNA-Moleküle erforderlich, obwohl nur zwanzig verschiedene Arten von Aminosäuren vorhanden sind?

113. Rote Blutkörperchen des Menschen bilden sich im Knochenmark. In einem Experiment wurde mRNA aus dem Knochenmark eines Menschen in Eizellen des Krallenfrosches injiziert. Die Eizellen begannen daraufhin, menschliches Hämoglobin zu bilden.
Erklären Sie dieses Phänomen.

114. Welche Inhalte muss ein zellfreies System haben, wenn die Proteinbiosynthese *in vitro* (im Reagenzglas) ablaufen soll?

115. Angenommen, ein Abschnitt eines DNA-Einzelstrangs habe folgende Basensequenz: $^{3'}$CGGCGCTCAAAATCG$^{5'}$
    a Welche Primärstruktur hat der Proteinabschnitt, der dieser Nukleotidsequenz entspricht? Verwenden Sie zur Lösung der Aufgabe die Code-Sonne auf Seite 89. Skizzieren Sie den Lösungsweg.

(themenübergreifende Aufgabe)
    b Wie ändert sich die Primärstruktur der Polypeptidkette, wenn in der DNA an der vierten Stelle vom 3'-Ende aus gezählt statt der Base C die Base T steht? Geben Sie den Fachbegriff für diese Änderung an.
    c Welche Änderungen der Polypeptidkette sind zu erwarten, wenn das vierte Nukleotid der DNA durch Bestrahlung ausfällt? Geben Sie den Fachbegriff für diese Art der Änderung an.

116. In verschiedenen Versuchsansätzen bietet man *E. coli*-Bakterien Aminosäuren an, die mit ^{14}C radioaktiv markiert sind.
    Welche der unten aufgeführten Zellbestandteile und Moleküle werden als erste radioaktiv, welche als letzte?
    a tRNA-Moleküle
    b Proteine
    c Ribosomen
    Begründen Sie Ihre Antwort in Stichworten.

117. Die mRNA einer Zelle hat nur eine begrenzte Lebensdauer, zuweilen nur einige Minuten. Welcher Vorteil ist damit verbunden?

118. Beschreiben Sie in Stichworten zwei Vorgänge, durch die die Zelle eine hohe Proteinbiosyntheserate erreichen kann.

3 Biologische Syntheseketten

Viele Stoffwechselprozesse bestehen aus mehreren, aufeinander folgenden Reaktionen, von denen jede einzelne durch ein spezifisches Enzym katalysiert wird. Jedem Enzym wiederum liegt ein entsprechender „Bauplan" in einem bestimmten Abschnitt der DNA zugrunde. Der „Ein-Gen-ein-Enzym-Hypothese" zufolge betrachtet man einen solchen DNA-Abschnitt als Gen. Da Gene auch für Polypeptide und Proteine codieren, die nicht als Enzyme arbeiten, wie z. B. Strukturproteine, Rezeptorproteine u. a., spricht man statt von der Ein-Gen-ein-Enzym-Hypothese treffender von der „Ein-Gen-ein-Polypeptid-Hypothese". Viele Merkmale eines Organismus werden als Folge der Wirkung verschiedener, zusammenhängender Stoffwechselvorgänge ausgebildet, letztlich sind sie also das Resultat der Wirkung mehrerer Gene.

> An der Ausbildung der Merkmale eines Lebewesens können mehrere Gene beteiligt sein.

3.1 Zusammenwirken mehrerer Gene in einer Genwirkkette

Alle Gene, die über die von ihnen gebildeten Enzyme eine Synthesekette steuern, bilden eine Genwirkkette.
Die folgende Genwirkkette besteht aus drei Genen. Nach diesem Schema läuft die Arginin-Synthese in den Leberzellen des Menschen ab, genauso wie auch in den Zellen eines Schimmelpilzes:

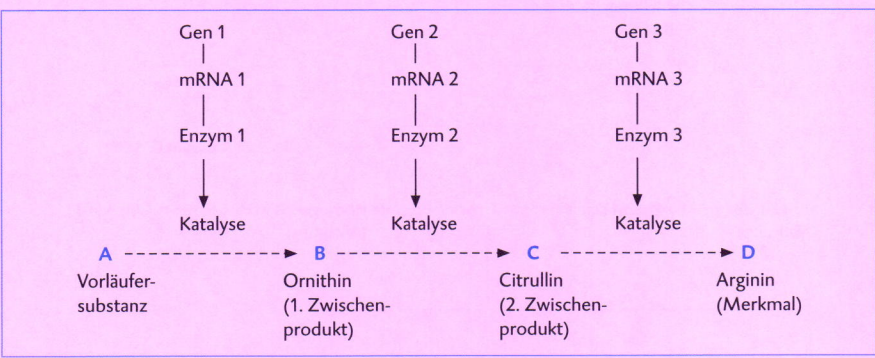

Abb. 48: Schema einer Genwirkkette.

Die Erforschung von Genwirkketten war durch Untersuchungen an Mangelmutanten eines Schimmelpilzes möglich.

> **Mangelmutanten** sind Organismen, in denen einzelne Gene durch eine **Mutation** funktionsunfähig sind. Je nach mutiertem Gen fehlen **Enzyme** in Syntheseketten.

Da Arginin eine für das Überleben des Schimmelpilzes notwendige Verbindung ist, können die verschiedenen Mangelmutanten im Experiment nur auf solchen **Nährböden** überleben, die genau das Substrat enthalten, das vom Pilz aufgrund des fehlenden Enzyms nicht synthetisiert werden kann:
- Bei der Mangelmutante, deren **Gen 1** mutiert ist, fällt das Enzym 1 aus. Der mutierte Pilz wächst nur auf einem Nährboden, der das **erste Zwischenprodukt**, das Ornithin enthält.
- Wenn **Gen 2** mutiert ist, muss der Nährboden das **zweite** Zwischenprodukt, das Citrullin enthalten.
- Mutanten, deren **Gen 3** funktionsuntüchtig ist, wachsen nur auf einem Nährboden, in dem bereits das Endprodukt Arginin vorhanden ist.

3.2 Genwirkketten im Phenylalanin-Stoffwechsel des Menschen

Der Körper des Menschen kann die Aminosäure **Phenylalanin** nicht selbst herstellen, er muss sie mit der Nahrung aufnehmen. Deshalb bezeichnet man sie als **essenzielle** Aminosäure. **Genwirkketten** steuern den Phenylalanin-Stoffwechsel. Sie bewirken den **Abbau** des Phenylalanins bis zu CO_2 und H_2O sowie den **Umbau** zu Thyroxin oder Melanin. Im ersten Schritt der Stoffwechselkette entsteht durch Umbau aus Phenylalanin die Aminosäure Tyrosin:

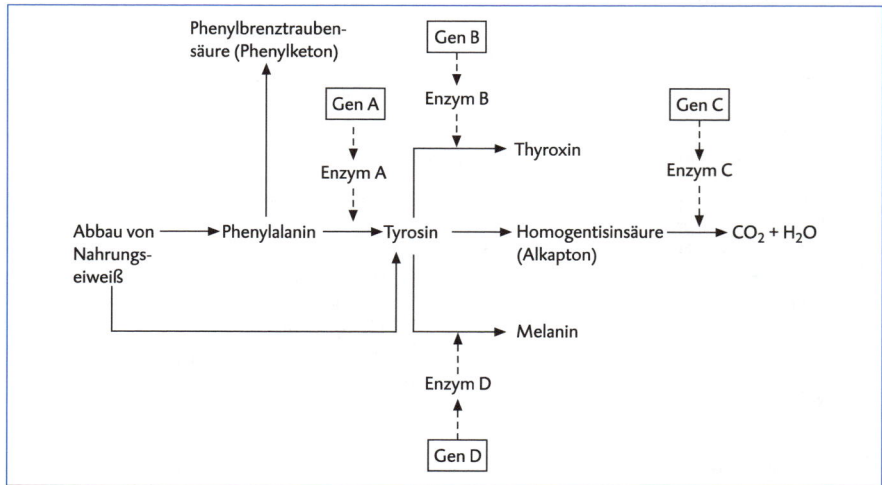

Abb. 49: Genwirkketten im Phenylalanin-Tyrosin-Stoffwechsel des Menschen.

Ein Gen kann also an der Ausbildung **mehrerer Merkmale** beteiligt sein, wenn es zu **mehreren Genwirkketten** gehört. Im Phenylalaninstoffwechsel trifft dies für das „Gen A" zu.

Durch **Mutationen** (siehe S. (1) 104 ff.) können bestimmte Gene, die den Ab- und Umbau von Phenylalanin steuern, ausfallen. Die Folge sind **Erbkrankheiten** mit unterschiedlich schwerwiegenden Folgen, je nachdem, welches Gen von der Mutation betroffen ist:

- Bei **Ausfall des Gens A**, und damit auch des Enzyms A aus der zuvor gezeigten Grafik, kann Phenylalanin nicht mehr abgebaut werden. In der Folge reichern sich Phenylalanin und die teilweise daraus entstehende Phenylbrenztraubensäure (Phenylketon) in den Zellen an. Die daraus resultierende Krankheit, die **Phenylketonurie** äußert sich v. a. in einer starken **geistigen Behinderung** der Betroffenen. Ursache hierfür ist die durch die Phenylbrenztraubensäure gestörte Bildung von Myelinscheiden bei der Entwicklung der Nervenzellen des Gehirns (siehe Bau der Nervenzellen S. (1) 133 f.). **Therapieren** lässt sich die Phenylketonurie durch eine phenylalaninarme, tyrosinreiche Diät während der Kindheit und frühen Jugend. Eine von Phenylalanin **freie** Kost ist nicht möglich, da eine gewisse Menge dieser Aminosäure zum Aufbau des körpereigenen Eiweißes beim Wachstum und der Neubildung von Zellen erforderlich ist. Tyrosinreiche Kost ist deshalb erforderlich, um den Mangel auszugleichen, der durch den nicht stattfindenden Umbau aus Phenylalanin entstehen würde.
- Bei Ausfall des **Gens B** kann Thyroxin nicht hergestellt werden. Geistige Behinderung („**Kretinismus**") und Zwergwuchs sind die Folge, da das Schilddrüsenhormon Thyroxin maßgeblich an der Regulation des Energiestoffwechsels und der Kindheits- und Jugendentwicklung beteiligt ist.
- Bei Ausfall des **Gens C** läuft die Stoffwechselkette nur bis zur Homogenitinsäure (Alkapton) ab. Homogenitinsäure (Alkapton) kann nicht abgebaut und muss mit dem Urin ausgeschieden werden. Man spricht von der **Alkaptonurie** oder „Schwarzharnen", da Homogenitinsäure den Urin bei Kontakt mit dem Luftsauerstoff schwarz färbt. Eine Therapie ist nicht erforderlich, da es sich um eine sonst weitgehend harmlose Erscheinung handelt.
- Bei Ausfall von **Gen D** kann Melanin nicht hergestellt werden. Die Krankheit wird **Albinismus** genannt. Symptome sind die fehlende Färbung der Haut, Haare, Iris etc., da Melanin das Pigment ist, das diese Gewebe normalerweise dunkel färbt.

Zusammenfassung

- Nach der „Ein-Gen-ein-Polypeptid-Hypothese" ist ein Gen der DNA-Abschnitt, der die Information für ein Polypeptid, meistens ein Enzym, enthält.

- Den meisten Merkmalen eines Organismus liegen Genwirkketten zugrunde. Sie enthalten Informationen für Enzyme, die in Syntheseketten angeordnete Reaktionen katalysieren.

- Eine Mangelmutante ist ein Organismus, dem infolge einer Genmutation ein bestimmtes Enzym fehlt und der daher die entsprechende Reaktion des Stoffwechsel nicht mehr durchführen kann.

- Mangelmutanten eignen sich wegen der mit ihnen verbundenen Ausfallerscheinungen für die experimentelle Untersuchung von Genwirkketten.

- Dem Phenylalanin-Stoffwechsel des Menschen, in dem u. a. das Schilddrüsenhormon Thyroxin und das Pigment Melanin entsteht, liegt eine Genwirkkette zugrunde.

Aufgaben

119. Der Rote Brotschimmel *Neurospora*, ein einfach gebauter Pilz, stellt die Aminosäure Tryptophan aus Vorstufen her. Tryptophan ist für seinen Stoffwechsel lebensnotwendig. Einige Schritte der Synthese sind im folgenden Schema dargestellt:

Abb. 50: Tryptophan-Synthese bei Neurospora.

Durch Experimente konnte man feststellen, dass bei *Neurospora* unterschiedliche Mutationen auftreten, die die Tryptophan-Synthese betreffen.
- **Mutante A** wächst nur auf einem Nährboden, der Tryptophan enthält, nicht auf Nährböden mit Anthranilsäure und/oder Indol.
- **Mutante B** wächst auf Nährböden, die entweder Anthranilsäure oder Indol enthalten, Tryptophan ist nicht erforderlich.
- **Mutante C** wächst auf einem Nährboden, der nur Indol enthält, nicht aber auf einem der nur Anthranilsäure enthält. Tryptophan ist nicht erforderlich.

Welche der folgenden Schlüsse kann man aus den dargestellten Experimenten ziehen?

a Der genetische Code ist degeneriert.
b Bei den Mutanten liegen zwar Veränderungen der genetischen Information vor, die aber zu keinen Enzymdefekten führen.
c Die Mutante B hat ein defektes Enzym für die Reaktion I.
d Bei der Mutante C ist das Enzym, das die Reaktion II katalysiert, defekt.
e Bei Mutante A ist das Enzym defekt, das die Reaktion III katalysiert.
f Der Code der DNA ist ein Triplett-Code.
g Für die Bildung eines Endprodukts kann mehr als ein Gen verantwortlich sein.
h Ein einziges Gen steuert die gesamte Synthesekette, die zum Tryptophan führt.
i Jede Mutante hat die Veränderung einer spezifischen Aminosäure zur Folge.

120. Wie ist zu erklären, dass Phenylketonurie-Kranke eine ungewöhnlich blasse Haut und helle Haare haben?

121. Warum darf die Diät, mit der die Phenylketonurie behandelt wird, nicht vollständig frei von Phenylalanin sein?

4 Mutationen

Mutationen sind **Veränderungen des Erbguts**. Durch die Vorgänge während der Evolution liegen fast alle Gene der heute lebenden Organismen in einer Form, als so genanntes **Allel**, vor, das sich als das derzeit **vorteilhafteste** erwiesen hat. Mutationen verändern diesen Zustand und führen in der Regel dazu, dass sich die Wirkung eines Gens verschlechtert. Häufig kann z. B. ein Genprodukt gar nicht mehr hergestellt werden. In vielen Fällen ist eine Mutation für den Organismus sogar tödlich (siehe Genwirkketten S. (1) 99 f.).

> Mutationen sind **Veränderungen der genetischen Informationen**. Sie können zu veränderten Merkmalen führen oder sogar tödlich sein.

In seltenen Fällen erweisen sich die Veränderungen des Erbguts durch Mutationen aber als vorteilhaft und führen zu einem **Selektionsvorteil**. Hierauf beruhen die Mechanismen der Evolution (siehe S. (2) 58 ff.).

4.1 Formen und Folgen von Mutationen

Genommutationen
Bei der **Genommutation** ändert sich die **Anzahl der Chromosomen** entweder um ganze Chromosomensätze, wobei polyploide Zellen entstehen (siehe Züchtung, S. (2) 186), oder um einzelne Chromosomen wie beim Down-Syndrom (Trisomie 21), das früher auch „Mongolismus" genannt wurde. Hier ist das Chromosom Nr. 21 nicht zwei-, sondern dreifach vorhanden. Polyploidie tritt v. a. bei Pflanzen auf. Sie führt in der Regel zu einer erhöhten Leistungsfähigkeit, z. B. zu mehr und größeren Blüten, Samen oder Früchten.

Chromosomenmutationen
Die im Lichtmikroskop sichtbare Veränderung der Chromosomen**struktur**, z. B. der Verlust oder die Verdoppelung eines Chromosomenstücks oder die Übertragung auf ein anderes Chromosom nennt man **Chromosomenmutation**. Die Folgen sind häufig tödlich.

Genmutationen
Bei **Genmutationen** liegen Veränderungen, Einschübe oder Verluste **einzelner** weniger **Basen** der DNA vor. Viele Erbkrankheiten wie Albinismus, Phenylketonurie usw. beruhen auf Genmutationen. Genmutationen sind die häufigsten Arten von Mutationen. In Körperzellen können sie Veränderungen hervorrufen, die Krebszellen entstehen lassen (siehe S. (1) 109 und 229).

Wird eine Base eines Gens durch eine andere **ersetzt**, so spricht man von einer **Punktmutation**. In der Folge kann an einer Stelle des Proteins eine falsche Aminosäure eingebaut werden.

Beispiel

Die **Sichelzellenanämie** beruht auf dem Austausch einer einzigen Base in einem Gen, das für ein Protein des Hämoglobins codiert. Diese Punktmutation führt zum Austausch einer Aminosäure im Hämoglobin, die Primärstruktur des Proteins ändert sich (siehe S. (1) 48 f.). Dadurch ergeben sich auch Veränderungen in den Tertiär- und Quartärstrukturen des Proteins (siehe Quartärstruktur des Hämoglobins, S. (1) 51): Unter dem Lichtmikroskop lässt sich leicht erkennen, dass die roten Blutkörperchen mit dem veränderten Hämoglobin bei O_2-Mangel **sichelförmige** Gestalt annehmen. Bei **homozygoten** Trägern des Sichelzellengens, also bei zwei mutierten Allelen, werden die roten Blutkörperchen von Leukozyten angegriffen und vernichtet. Die Folge ist eine schwere Blutarmut (Anämie), die in der Regel zum Tode führt. Bei **heterozygoten** Trägern des Sichelzellengens, also bei nur einem mutierten Allel, sind die Auswirkungen weniger bedrohlich, die Leistungsfähigkeit des Körpers ist aber herabgesetzt. Heterozygote Träger des Sichelzellengens sind resistent gegen die **Malaria** (siehe Evolution, S. (2) 59 f.).

Wegen der Degeneration des genetischen Codes kommt es vor, dass der Austausch einer Base der DNA **keine Auswirkung** auf die Sequenz der Aminosäuren im Polypeptid hat. Dies geschieht, wenn das neu entstehende, veränderte Triplett zufällig für die gleiche Aminosäure codiert, wie das ursprüngliche. Wenn durch eine Punktmutation tatsächlich an einer Stelle des Proteins eine andere Aminosäure eingebaut wird, muss das nicht unbedingt Folgen für den Stoffwechsel der Zelle haben. Die ausgetauschte Aminosäure kann z. B. an einer wenig entscheidenden Stelle des Proteins liegen, sodass es nur zu einer unwesentlichen Veränderung der Tertiärstruktur kommt.

Werden in ein Gen ein, zwei oder mehr Basen **zusätzlich eingefügt** oder **entfernt**, so spricht man von **Rastermutationen**. Da der genetische Code keine „Pausenzeichen" kennt, verschiebt sich durch den Verlust oder Einschub von Basen das **gesamte Triplett-Raster**, das auf die mutierte Stelle in der DNA folgt. Alle Tripletts nach der Einschub- oder Verluststelle ändern sich. Wenn die Mutation im Anfangsabschnitt eines Gens liegt, ändern sich im entstehenden Protein sehr viele Aminosäuren, bei später auftretenden Mutationen sind weniger Aminosäuren betroffen. Die **Lage** der Rastermutation im Gen entscheidet also darüber, wie schwerwiegend ihre Auswirkung ist. Die folgende Abbildung fasst die verschiedenen Formen der **Genmutationen** und ihre Auswirkungen nochmals zusammen:

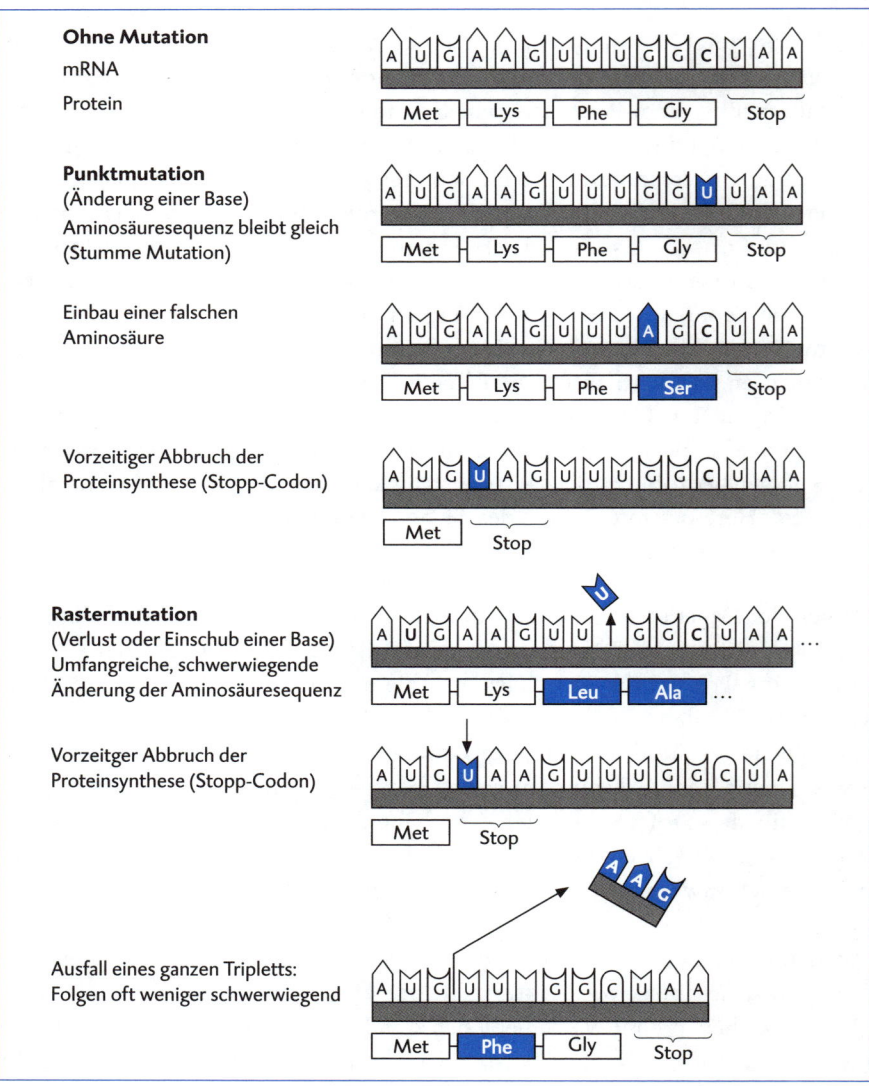

Abb. 51: Formen von Genmutationen und ihre Folgen.

Die Auswirkungen von **Punkt- und Rastermutationen** lassen sich auch mithilfe der Buchstabenschrift anschaulich zeigen:
- Gesundes Gen: E I N G E N I S T A U S D N A
  unsprüngliche Information: e i n / g e n / i s t / a u s / d n a
- **Punktmutation**:   E I N G E N I S T A B S D N A
  veränderte Information: e i n / g e n / i s t / a b s / d n a
- **Verlust einer Base**:   E I N G E N ... S T A U S D N A
  veränderte Information: e i n / g e n / s t a / u s d / n a
- **Einschub einer Base**:   E I N G E N E I S T A U S D N A
  veränderte Information: e i n / g e n / e i s / t a b / s d n / a

Folgen von Mutationen in den Körper- und Keimzellen

Wenn Mutationen in **Körperzellen** auftreten – man spricht von somatischen Mutationen – werden sie durch Mitosen an die aus ihnen neu entstehenden Zellen weitergegeben. Mutationen in **Keimzellen**, also in Ei- und Spermazellen bzw. Pollenzellen, gehen auf die nächste Generation über. Die Nachkommen tragen die Mutation dann in jeder Zelle ihres Körpers. Somatische Mutationen in der Elterngeneration bleiben für die genetischen Informationen in den Zellen der Nachkommen ohne Auswirkung.

> Wenn Mutationen in **Körperzellen** auftreten, bleiben sie auf die betroffenen Bereiche des jeweiligen Individuums beschränkt. Aus **mutierten Keimzellen** dagegen entstehen Nachkommen, die die jeweilige Mutation in allen Zellen tragen.

4.2 Mutagene und Mutationsrate

Mutationen können durch Chemikalien, so genannte **mutagene Substanzen** oder durch **energiereiche Strahlung** ausgelöst werden.

Mutagene Substanzen

Zu den mutagenen Substanzen zählen eine ganze Reihe aus dem Alltag bekannter Verbindungen:
- Teerstoffe im Tabakrauch. Pro Zigarette sind in den Zellen der Lunge etwa 30 000, allerdings nicht dauerhafte Veränderungen der DNA zu erwarten (siehe Reparatur der DNA, S. (1) 108).
- Nitrosamine, etwa in gepökeltem Fleisch
- Mycotoxine, d. h. von Schimmelpilzen gebildete Giftstoffe
- salpetrige Säure

Energiereiche Strahlung
Mutagen wirkender Strahlung begegnet man ebenfalls im Alltag:
- Ultraviolette Strahlung (UV-Strahlung) der Sonne
- Röntgenstrahlung
- Radioaktive Strahlung. Sie ist besonders gefährlich, wenn die strahlenden Partikel mit der Nahrung oder der Atemluft in den Körper eindringen, wie z. B. radioaktives Iod oder Cäsium nach dem Reaktorunfall von Tschernobyl.
- Höhenstrahlung, ein Gemisch aus verschiedenen Strahlen in großen Höhen der Atmosphäre

Die Mutationsrate
Bei eukaryotischen Lebenwesen, also auch beim Menschen, rechnet man mit einer **Mutationsrate** von 10^{-5} **bis** 10^{-6} Mutationen pro Gen und Generation. Wenn man annimmt, dass der Mensch etwa 100 000 (10^5) Gene besitzt, muss man bei einer Rate von 10^{-5} mit **einer Mutation pro Zelle rechnen**. Bei einer Mutationsrate von 10^{-6} trägt nur jede zehnte Zelle eine Mutation. Die genaue Zahl der Gene des Menschen ist allerdings noch umstritten.

Die **Belastung** durch mutagene Substanzen und Strahlung ist mit der fortschreitenden Industrialisierung rapide angestiegen. Große Bereiche der Ozonschicht sind v. a. auf der Süd-Halbkugel, durch FCKWs und Abgase, etwa aus hoch fliegenden Flugzeugen zerstört, sodass die ultraviolette Strahlung der Sonne nur noch ungenügend abgeschirmt wird. Die Mutationsrate und damit auch das Risiko, an (Haut-)Krebs zu erkranken, ist dadurch in den letzten Jahren und Jahrzehnten stark gestiegen.

Reparatur der DNA
Zellen sind in der Lage, Veränderungen der DNA „aufzuspüren" und zu **reparieren**. Dazu wandern spezielle Enzyme ständig an der DNA entlang, erkennen fehlerhafte Basenpaarungen und korrigieren sie. Allerdings ist die Leistungsfähigkeit dieses Reparaturmechanismus begrenzt. Er erfasst nicht alle Genmutationen und kann bei **sehr hohen** Mutationsraten, etwa nach starker Strahlenbelastung als Folge eines radioaktiven Unfalls, „überfordert" sein.

> Bestimmte Umwelteinflüsse **(Mutagene)** können Mutationen auslösen.
> Zellen besitzen die Fähigkeit, Mutationen rückgängig zu machen, allerdings erfasst dieser Reparaturmechanismus nicht alle auftretenden Mutationen.

4.3 Entstehung von Krebs

Viele Mutagene wirken **karzinogen**, d. h. sie lösen Mutationen aus, die Zellen zu **Krebszellen** umwandeln. Krebszellen entstehen, wenn Gene mutieren, die an der Steuerung der Zellteilung, v. a. an der **Unterdrückung der Mitose** beteiligt sind. Eine Krebszelle teilt sich daher **ungehemmt und häufig**, da sie die Kontrolle über den Zeitpunkt der Mitose verloren hat. Bei diesen Mitosen werden in der Regel keine Zellen gebildet, die in Bau und Funktion denen gleichen, aus denen sie entstanden sind. Die Differenzierung (siehe S. (1) 124 ff.) geht verloren, und es entstehen weitgehend **undifferenzierte** Zellen, deren Oberflächenstruktur **verändert** ist (siehe Membranproteine, S. (1) 9 und 229). Dadurch werden sie von Zellen der Immunsystems als **körperfremd** erkannt und können vernichtet werden (siehe Killer-T-Lymphozyten, S. (1) 222).

Durch die ungehemmten Zellteilungen können z. B., wenn das Immunsystem überfordert ist, bösartige Tumore **(Karzinome)** entstehen. Sie wuchern in gesundes Gewebe ein, verdrängen dieses oder klemmen Blutgefäße ab, sodass Organe und Gewebe nicht mehr ausreichend mit Sauerstoff und Nährstoffen versorgt werden und absterben. Außerdem **konkurrieren** diese krankhaften Wucherungen mit gesundem Gewebe um O_2, Energie und Nährstoffe. Ursache dafür ist ihre hohe Stoffwechselrate, die u. a. erforderlich ist, um die großen Mengen an Zellsubstanz für die sich ständig neu bildenden Zellen bereitstellen zu können.

Von Karzinomen können sich einzelne Zellen lösen, die mit dem Blut in andere Bereiche des Körpers gelangen und dort Tochtergeschwulste **(Metastasen)** bilden.

> Krebszellen sind **undifferenzierte** Zellen mit einer sehr hohen Zellteilungsrate. Sie können durch **somatische** Mutationen entstehen. Ursache sind z. B. **mutagene** Substanzen und Strahlung.

Gutartige Tumore, z. B. Polypen oder Zysten in Schleimhäuten, wachsen im Gegensatz zu bösartigen Tumoren langsamer. Sie können keine Metastasen bilden und haben einen nur geringen Differenzierungsverlust, ähneln also den Zellen, aus denen sie entstanden sind. Meistens sind sie gegen das umgebende Gewebe deutlich abgegrenzt.

Zusammenfassung

- Die unterschiedlichen Formen, in denen ein Gen auftreten kann, bezeichnet man als Allele. Die meisten Allele sind für den betreffenden Organismus vorteilhaft.

- Mutationen sind Veränderungen der genetischen Informationen eines Organismus. Sie führen in der Regel zu ungünstigen Allelen, häufig sind sie tödlich.

- Durch Mutationen kann sich die Zahl oder die Form der Chromosomen oder die DNA-Basenfolge eines Gens ändern.

- Bei einer Punktmutation wird eine einzelne Base eines Gens ausgetauscht. Infolgedessen kann es bei der Proteinbiosynthese zum Einbau einer anderen Aminosäure im Polypeptidstrang kommen.

- Rastermutationen treten auf, wenn eine Base eines Gens verloren geht oder eine zusätzlich eingefügt wird. Dadurch verschiebt sich das gesamte Ableseraster, sodass ein Polypeptid entsteht, das von der mutierten Stelle an eine veränderte Aminosäuresequenz hat.

- Mutationen in Keimzellen führen zu Nachkommen, die die jeweilige Mutation in allen Zellen tragen. Somatische Mutationen bleiben auf Körperzellen beschränkt, sie werden nicht auf die Nachkommen vererbt.

- Mutationen werden durch mutagene Substanzen oder energiereiche Strahlung ausgelöst. Durch die Industrialisierung ist die Belastung durch Mutagene stark gestiegen.

- Genmutationen lassen sich durch besondere Enzyme, die kontrollierend an der DNA entlang wandern, rückgängig machen („DNA-Reparatur").

- Bösartige Tumore entstehen durch Mutationen, die die Differenzierung der Zellen aufheben und zu ungehemmten und häufigen Zellteilungen führen.

Aufgaben

122. Beschreiben Sie verschiedene Mutationen in Stichworten und geben Sie an, ob die Veränderungen im Lichtmikroskop sichtbar sind oder nicht.

123. (themenübergreifende Aufgabe)
    Nennen Sie je ein Beispiel für eine Auswirkung
    a der verschiedenen Formen der Genommutation.
    b einer Genmutation.
    c einer Punktmutation.

124. Bei welcher der unten genannten Mutationen besteht die größte Chance, dass es nur zu geringen, unbedeutenden Auswirkungen für die Zelle und den Organismus kommt?
    a Verlust einer Base eines Gens.
    b Verlust von drei aufeinanderfolgende Basen eines Gens.

    Begründen Sie Ihre Antwort.

125. (themenübergreifende Aufgabe)
    Erläutern Sie, warum es möglich ist, dass durch die Mutation in verschiedenen Genen das gleiche Merkmal ausfallen oder sich verändern kann.

126. Vergleichen Sie die Folgen, die eine Mutation bei Tieren oder dem Menschen haben kann, wenn sie auftritt in
    a einer Körperzelle.
    b einer Keimzelle (Ei- oder Spermienzelle).
    c einer Zelle der Keimdrüsen (Eierstock oder Hoden), aus denen die Keimzellen entstehen.

127. Warum sind somatische Mutationen bei Embryonen um so schwerwiegender, je früher in der Entwicklung sie auftreten?

128. a Erläutern Sie, warum die Abnahme der Ozonschicht in der Atmosphäre eine Zunahme der Hautkrebsfälle zur Folge hat.
    b Wie ist zu erklären, dass sich durch die Zerstörung der Ozonschicht auch in anderen Körperbereichen vermehrt Tumore bilden?

129. Einer der vielen Gründe für die steigende Mutationsrate beim Menschen könnte auch die Zunahme von langen Flügen in großen Höhen sein. Erläutern Sie diese Vermutung näher. Zwei Erklärungen werden erwartet.

130. Mit welchen Mutagenen kommen Sie bei normalem Lebenswandel regelmäßig oder häufiger in Kontakt? Welche weiteren Mutagene kennen Sie?

131. Welche Unterschiede bestehen zwischen einer Krebszelle und einer gesunden Körperzelle?

5 Regulation von Stoffwechselvorgängen durch Kontrolle der Transkription

Bestimmte Enzyme und Strukturproteine müssen in allen Zellen **ständig** gebildet werden, z. B. die Enzyme für die Zellatmung zur Gewinnung von ATP, oder Proteine für den Aufbau von Membranen. Andere Proteine dagegen sind nur in besonderen Situationen oder nur in bestimmten Zellen erforderlich, z. B. nur während der **Mitose**, nur wenn während der **Embryonalentwicklung** Nervenzellen, oder Leberzellen oder Muskelzellen entstehen sollen, oder nur in Zellen der Bauchspeicheldrüse, wenn **Insulin** gebildet werden soll.

Die Zelle muss daher die Fähigkeit haben, Gene zu aktivieren und zu inaktivieren, also „an- und abschalten". Sie muss bestimmen können, wann welche Gene exprimiert werden. Diese Aufgabe erfüllen Mechanismen, die die Transkription, den ersten Abschnitt der Proteinbiosynthese, kontrollieren.

5.1 Genregulation bei Bakterien

F. JACOB und J. MONOD entwickelten aus den Ergebnissen ihrer Experimente das so genannte Jacob-Monod-Modell. Es erklärt, wie bei **Bakterien** Gene an- oder abgeschaltet werden. Danach sind, vereinfacht betrachtet, an der Steuerung ein oder mehrere **Struktur-Gene** beteiligt, die Enzyme oder Strukturproteine bilden. Vor dem Struktur-Gen enthält der DNA-Abschnitt eine Region mit einer Schaltsequenz (oder **Operator**) und einem wiederum davor liegenden **Promotor**. An diesen bindet die RNA-Polymerase, ein Enzym, das die Synthese der mRNA katalysiert (vgl. DNA-Polymerase S. (1) 68 und (2) 140, 150 ff.). Wird nun ausgehend vom vorgelagerten **Regulator-Gen** ein **Repressor**-Protein gebildet, kann sich dieses in seiner aktiven Form an die Schaltsequenz binden und dadurch die Transkription der Struktur-Gene des entsprechenden DNA-Bereichs blockieren.

Genregulation durch Induktion

Am Beispiel der Bildung von Lactose-abbauenden Enzymen im Stoffwechsel des Bakteriums *Escherichia coli (E. coli)* soll die **Genregulation durch Induktion**, also durch einen auslösenden Faktor, gezeigt werden.

Beispiel

Lactose (Milchzucker) ist ein Zweifachzucker aus je einem Molekül Glucose und Galactose. An der Regulation des Lactoseabbaus sind Struktur-Gene beteiligt, die die Information für Lactose abbauende Enzyme enthalten. Ein Regulator-Gen bildet ein Repressor-Protein, das an der Schaltsequenz dieser Struktur-Gene bindet. Das Regulator-Gen bildet also einen **aktiven Repressor**. Die Vorgänge bei An- bzw. Abwesenheit von Lactose lassen sich vereinfacht folgendermaßen verstehen:

Wenn **keine Lactose** vorhanden ist, bindet der Repressor an der Schaltsequenz und verhindert so, dass die Transkription an den Struktur-Genen stattfindet. In der Folge werden keine Lactose-abbauenden Enzyme gebildet. Nach **Zugabe von Lactose** binden die Lactose-Moleküle an den Repressor und verändern dadurch seine Tertiärstruktur. Das ist möglich, weil der Repressor ein **allosterisches** Protein ist (siehe allosterische Enzyme, S. (1) 60). Der in seiner Tertiärstruktur veränderte Repressor kann nicht an der Schaltsequenz der Struktur-Gene binden, er ist **inaktiviert**. Durch die Inaktivierung des Repressors wird die Blockade der Transkription der Struktur-Gene aufgehoben. Infolgedessen beginnt die Zelle, Lactose-abbauende Enzyme zu synthetisieren, sodass die Konzentration der Lactose in der Zelle sinkt. Wenn keine Lactose mehr vorhanden ist, nimmt der Repressor wieder seine ursprünglich Tertiärstruktur ein. Er wird aktiviert und bindet an der Schaltsequenz, wodurch die Transkription der Struktur-Gene wieder blockiert sind. Bei fallendem Lactosegehalt bildet die Zelle daher auch weniger Lactose abbauende Enzyme.

Lactosemoleküle **induzieren** also die Bildung der Enzyme, die für ihren Abbau erforderlich sind. Man findet diese Art der Genregulation v.a. bei der Steuerung von **abbauenden Stoffwechselprozessen**. Die folgende Abbildung fasst die Prizipien der Genregulation durch Induktion zusammen:

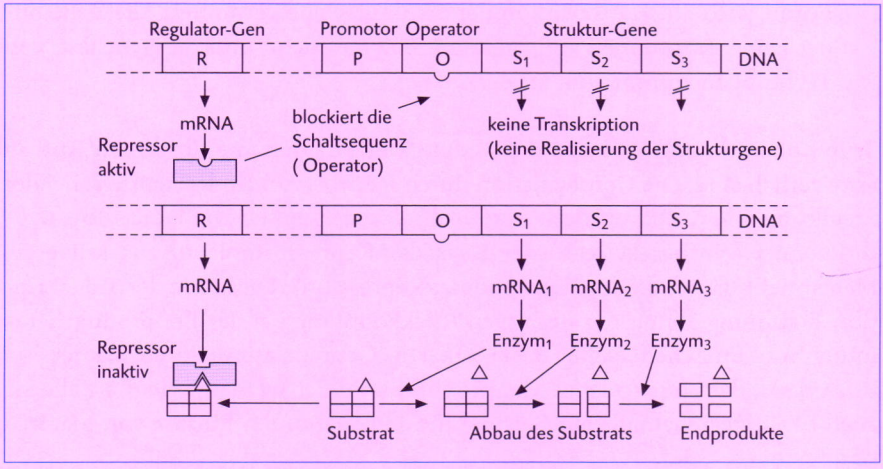

Abb. 52: Genregulation durch Induktion am Beispiel der Substratinduktion.

Der **Vorteil** einer Genregulation durch Induktion ist der ökonomische Umgang der Zelle mit Material und Energie. Es entstehen nur dann Genprodukte, wenn die Zelle sie wirklich benötigt. Im zuvor erläuterten Beispiel bilden *E. coli*-Zellen nur dann Lactose abbauende Enzyme, wenn auch Lactose vorhanden ist.

Genregulation durch Repression

Am Beispiel der Synthese der Aminosäure Tryptophan kann die Genregulation durch **Repression**, also durch einen unterdrückenden Faktor gezeigt werden.

Beispiel

Die Informationen für die Tryptophan bildenden Enzyme sind in den Struktur-Genen enthalten. Ein Regulator-Gen bildet ein Repressor-Protein mit einer Tertiärstruktur, mit der es **nicht** an der Schaltsequenz der Struktur-Gene binden kann, die für die Tryptophan-Synthese codieren. Der gebildete Repressor ist zunächst **inaktiv**. Bei An- bzw. Abwesenheit von Tryptophan laufen, vereinfacht betrachtet, folgende Prozesse ab:
Wenn **kein Tryptophan** vorhanden ist, kann die Transkription der Struktur-Gene ungehindert stattfinden, Tryptophan aufbauende Enzyme werden gebildet. Die Tryptophan-Synthese kann ablaufen, Tryptophan reichert sich in der Zelle an. Das durch die Synthese gebildete Tryptophan **bindet an den Repressor**. Durch die Bindung an Tryptophan ändert sich die Tertiärstruktur des Repressors. Mit der veränderten Tertiärstruktur ist der Repressor **aktiviert**. Er kann an der Schaltsequenz der Struktur-Gene binden. Damit wird die Transkription der Struktur-Gene verhindert, die Zelle bildet keine Tryptophan aufbauenden Enzyme mehr, und die Synthese von Tryptophan kommt zum Erliegen.

Tryptophan unterdrückt also die Bildung der Enzyme, die für seinen Aufbau erforderlich sind. Die Genregulation durch **Repression** findet man v. a. bei der Steuerung von **aufbauenden** Stoffwechselprozessen. Häufig ist das **Endprodukt** einer Synthesekette in der Lage, das Repressormolekül zu aktivieren. Man spricht dann von der „Endprodukt-Repression". Diese Art der Transkriptionshemmung ähnelt der negativen Rückkopplung bei der Endprodukthemmung von Enzymen (siehe S. (1) 60). Die Genregulation durch Repression führt dazu, dass nur so lange Genprodukte gebildet werden, wie die Zelle sie auch benötigt – ebenfalls ein Beispiel für den sparsamen Einsatz von Material und Energie.

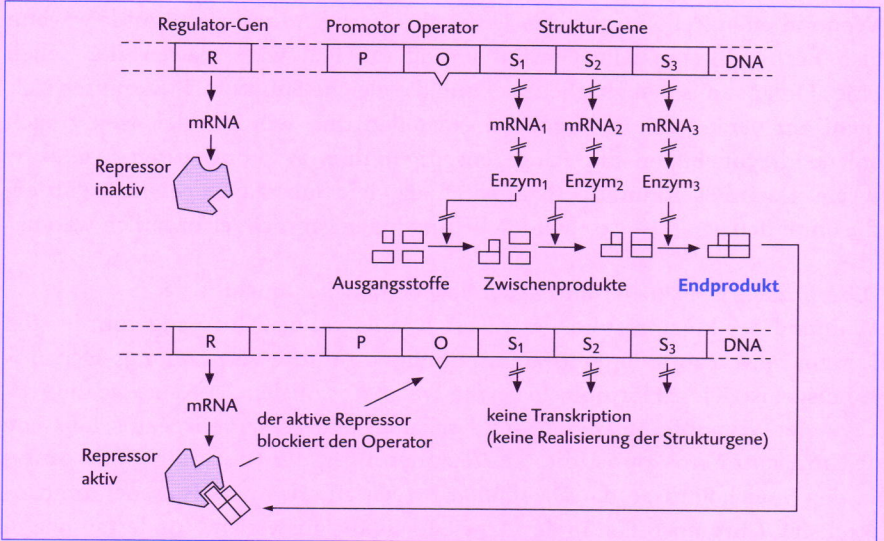

Abb. 53: Genregulation durch Repression am Beispiel der Endprodukt-Repression.

Die Genregulation bei Bakterien kann durch **Induktion** bzw. **Repression** erfolgen. Ein Repressor kann, z. B. durch ein Substratmolekül, **inaktiviert** bzw. **aktiviert** werden, was die Transkription der entsprechenden Struktur-Gene und damit die Bildung der Genprodukte **auslöst** bzw. **verhindert**.

5.2 Differenzielle Genaktivierung bei Eukaryoten

Die Genregulation geschieht auch bei **eukaryotischen** Lebewesen meistens durch die **Kontrolle der Transkription**, allerdings hier nicht nach dem Jacob-Monod-Modell wie bei den Prokaryoten. Als Auslöser für die Aktivierung oder Blockade von Genen dienen hier häufig Einflüsse, die von **außen** auf die Zelle einwirken, beim Wachstum des Embryos z. B. von benachbarten Zellen. Durch die Fähigkeit, Gene gezielt an- oder abzuschalten, kann die Zelle ihren Stoffwechsel an veränderte Bedingungen anpassen und spezielle Merkmale ausbilden, sie kann sich **differenzieren**. Man spricht daher von **differenzieller Genaktivierung**.

Neuere Forschungen haben ergeben, dass vermutlich bei allen Tieren zu Beginn der Embryonalentwicklung die gleichen Vorgänge der differenziellen Genaktivierung ablaufen. Die gleichen Gene, in der gleichen Reihenfolge aktiviert, steuern die frühen Entwicklungsvorgänge der Embryonen so unterschiedlicher Tiere wie die Insekten, Amphibien und auch die des Menschen.

Wenn in einer Zelle immer **alle Gene** abgelesen und realisiert würden, wenn also **keine** differenzielle Genaktivierung möglich wäre, hätten alle Zellen eines Organismus den gleichen Bau und die gleiche Funktion. Sie könnten sich nicht auf veränderte Bedingungen einstellen und würden gleichzeitig auch solche Enzyme bilden, die sich gegenseitig in ihrer Wirkung stören. Der Stoffwechsel würde sehr uneffektiv arbeiten, da viele Substanzen gebildet würden, die unter den gerade herrschenden Bedingungen gar nicht erforderlich wären.

Differenzielle Genaktivierung bei der Verpuppung der Fruchtfliege

Während der Metamorphose wird bei *Drosophila* der Übergang vom letzten Larvenstadium zum Puppenstadium durch bestimmte Verpuppungs-**Hormone** ausgelöst. Diese Hormone lösen die Transkription der Gene aus, die die Prozesse der Verpuppung steuern, und schalten andere, larvenspezifische Gene ab. Im Lichtmikroskop ist dies an Veränderungen der **Riesenchromosomen** in den Speicheldrüsen der *Drosophila*-Larven zu erkennen. Riesenchromosomen sind Chromosomen in der Arbeitsform, die aus vielen Hunderten wie in einem Kabelbündel zusammengefassten Chromatiden bestehen (siehe Chromosomenbau S. (1) 71). Sie entstehen durch zahlreiche, nacheinander ablaufende Replikationen (siehe S. (1) 67 ff.) der DNA, allerdings **ohne** anschließende Zellteilungen.

An den Stellen, an denen die **Transkription** ablaufen soll, bilden sie so genannte „Puffs", kurze, aufgebläht erscheinende Chromosomenabschnitte. In den Puffs wölben sich DNA-Schleifen nach außen, um für die **Transkriptionsmaschinerie** aus Enzymen, RNA-Nukleotiden usw. besser zugänglich zu sein. Die Puffs sind also die Orte, an denen Gene liegen, die gerade aktiv sind. Je nachdem, welche Genprodukte gebildet werden, treten Puffs in verschiedenen Bereichen der Riesenchromosomen auf und verschwinden wieder.

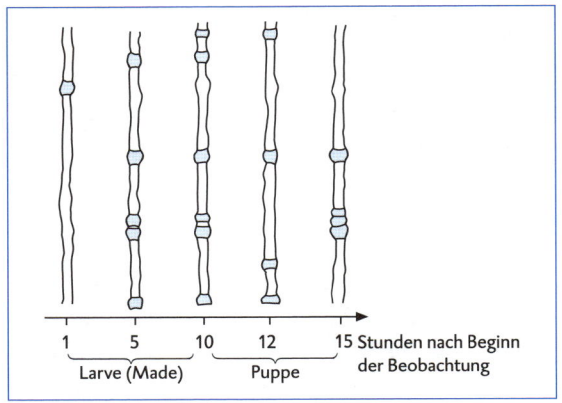

Abb. 54: Muster der Puffs im dritten Riesenchromosom von *Drosophila* wenige Stunden vor und nach der Verpuppung.

Eine ältere *Drosophila*-Larve, die kurz vor der Verpuppung steht, hat ein anderes Puffmuster als eine jüngere, da andere Gene abgelesen werden. Das Puffmuster hängt also vom Entwicklungsstadium der Larve ab.

In **Versuchen** lässt sich die Auslösung der Transkription bei *Drosophila* durch Hormone experimentell zeigen:

1. Dass die Transkription der Verpuppungsgene durch äußere Faktoren ausgelöst wird, konnte man in folgendem Versuch nachweisen: Eine junge, noch **nicht verpuppungsbereite** *Drosophila*-Larve bildet ein Puffmuster, wie es für eine ältere Larve **kurz vor der Verpuppung** typisch ist, wenn man ihr Verpuppungshormone spritzt.
2. Wenn man eine *Drosophila*-Larve im vorderen Bereich abschnürt, verpuppt sich der hintere Körperteil nicht. Die Verpuppungshormone werden im Vorderkörper der Larve gebildet. Sie können wegen der Abschnürung nicht in den hinteren Körperbereich gelangen. Daher werden dort in den Zellen die Verpuppungsgene nicht angeschaltet. Die Zellen können daher keine Enzyme herstellen, die die Stoffwechselprozesse der Puppenbildung auslösen.

Genregulation durch das Phytochromsystem bei Pflanzen

Pflanzen können auf Lichtreize reagieren. Als Schaltmechanismus für die Aktivierung verschiedener Gene kann das **Phytochromsystem** dienen, das der Pflanze mitteilt, ob Licht vorhanden ist oder nicht. Das Phytochrom besteht aus einem Protein, das ein lichtabsorbierendes **Pigment** enthält. Dieses kann je nach Belichtung **zwei verschiedene Zustände** annehmen, einen aktiven und einen inaktiven. Im **aktiven** Zustand schaltet das Phytochrom Gene an oder ab, löst also die Transkription aus oder blockiert sie:

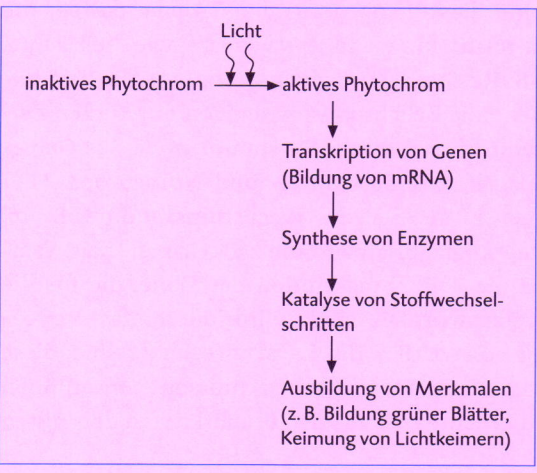

Abb. 55: Beispiel für eine Form der Transkriptionskontrolle durch das Phytochromsystem.

Für die Beteiligung des Phytochromsystems an der differenziellen Genaktivierung lassen sich bei Pflanzen einige Beispiele finden:

Beispiele
- Das Phytochromsystem kann bei einigen Pflanzenarten im aktiven Zustand die **Samenkeimung** auslösen, bei anderen unterbinden. Die Samen einiger Pflanzenarten keimen nur im Licht. **Lichtkeimer** sind z. B. Kopfsalat, Tabak, Fingerhut und Mohn. Andere Pflanzenarten haben Samen, die nur im Dunklen keimen, wie der Kürbis und das Stiefmütterchen. Für die Keimung ist Stoffwechselenergie in Form von ATP erforderlich. Sie wird in den meisten Fällen aus der im Samen **gespeicherten** Stärke gewonnen. Dazu muss die Stärke in ihre Glucosebausteine zerlegt werden. Zur Spaltung der Stärke ist das Enzym **Amylase** erforderlich (siehe Enzymversuche, S. (1) 63 f.). Amylase ist also in diesem Fall ein für die Keimung erforderliches Enzym. Phytochrom kann in manchen Pflanzenarten die **Transkription der Gene** auslösen oder blockieren, die für Amylase und andere Keimungsenzyme codieren:

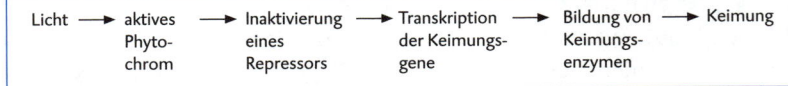

Abb. 56: Keimung unter Lichteinfluss beim Senfsamen.

- Bei einigen Pflanzenarten entscheidet die **Länge der Tage** (Belichtungsdauer) darüber, ob sie Blüten bilden oder nicht. **Kurztagpflanzen** blühen nur, wenn zwischen den Phasen der Belichtung lange Dunkelperioden liegen. Häufig sind dies Pflanzen aus den Tropen, da hier die Tage über das ganze Jahr relativ kurz sind, etwa so lang wie die Nächte. Solche Pflanzen sind z. B. Reis und Zuckerrohr. **Langtagpflanzen** bilden nur dann Blüten, wenn die Belichtungsphasen von nur kurzen Zeiten der Dunkelheit unterbrochen werden. Sie stammen v. a. aus Gebieten in höheren Breitenlagen, z. B. aus Mittel- und Nordeuropa. Hier sind die Tage im Sommer, in der Zeit des Wachstums und der Blüte, viel länger als die Nächte. Langtagpflanzen sind z. B. Grüner Salat, Weizen, Hafer und Schwertlilie. Die Transkription der Gene, die für die Bildung von Blüten verantwortlich sind, wird durch das **Phytochromsystem** in Gang gesetzt. Für die **Landwirtschaft** sind diese Kenntnisse sehr wichtig. Viele Nutzpflanzen müssen zum Blühen kommen, da Samen und Früchte sich aus den Fruchtknoten der Blüten bilden.

Versuche zur Auslösung der Blütenbildung bei Kurztag- und Langtagpflanzen

Mit **einfachen Versuchen** kann man nachweisen, dass nicht die Tageslänge, sondern die Länge einer **ununterbrochenen Dunkelphase** darüber entscheidet, ob Blüten gebildet werden, oder nicht:

1. Eine **Kurztagpflanze** blüht nicht, wenn eine an sich ausreichend lange Dunkelphase durch eine, wenn auch nur sehr **kurze Belichtung unterbrochen** wird.
2. Eine **Langtagpflanze** kommt nicht zur Blüte, wenn die Dunkelphase eine bestimmte Dauer überschreitet. Wird aber eine an sich zu lange Dunkelphase durch eine auch nur sehr **kurzfristige Belichtung** unterbrochen, bildet sie Blüten.

Die folgende Tabelle stellt diese Experimente und die Ergebnisse zusammen:

Belichtungsmuster		Kurztagpflanze	Langtagpflanze
kurze Nacht	(12 / 6 / 18 / 24)	Pflanze bildet **keine** Blüten	Pflanze bildet Blüten
lange Nacht	(12 / 6 / 18 / 24)	Pflanze bildet Blüten	Pflanze bildet **keine** Blüten
lange Nacht wird kurzfristig durch Beleuchtung unterbrochen	(12 / 6 / 18 / 24)	Pflanze bildet **keine** Blüten	Pflanze bildet Blüten

Tab. 7: Steuerung der Blütenbildung bei Lang- und Kurztagpflanzen.

Vom Gen zum Merkmal

Zusammenfassung

- Zellen können Gene gezielt aktivieren und inaktivieren. Diese Fähigkeit zu bestimmen, wann welche Gene transkribiert werden sollen, ermöglicht einer Zelle, sich auf die jeweiligen Bedingungen und Anforderungen einzustellen.
- Bei prokaryotischen Organismen kann die Steuerung der Genaktivität mithilfe von Repressor-Molekülen erfolgen, die die Transkription von Struktur-Genen auslösen oder verhindern.
- Bei der Genregulation durch Induktion beginnt die Transkription eines Struktur-Gens, wenn der zugehörige Repressor durch eine bestimmte Substanz inaktiviert wird. Häufig ist diese Substanz das Substrat, auf das die Enzyme wirken, die von eben diesen Struktur-Genen gebildet werden.
- Die Genregulation durch Repression lässt die Transkription der jeweiligen Struktur-Gene so lange laufen, bis der entsprechende Repressor durch eine bestimmte Substanz aktiviert wird und sie stoppt. Als aktivierende Substanz dient häufig das Endprodukt der Reaktionen, die durch die Struktur-Gene gesteuert werden.
- Die differenzielle Genaktivierung ist die Voraussetzung für die Bildung von vielzelligen Organismen mit mehreren Zelltypen, die auf jeweils unterschiedliche Aufgaben spezialisiert sind.
- Die Veränderungen der „Puffs" in Riesenchromosomen von Fliegen- und Mückenlarven ermöglicht die Beobachtung der differenziellen Genaktivierung.
- Lichtreize können in Pflanzen mithilfe des Phytochromsystems Gene aktivieren bzw. inaktivieren. Diese Art der Genregulation liegt dem Phänomen der Licht- und Dunkelkeimer einerseits und der Lang- und Kurztagpflanzen andererseits zugrunde.

Aufgaben

132. In einem Experiment werden E. coli-Bakterien aus einem Nährmedium, das Glucose enthält, in eines umgesetzt, das nur Lactose als Nährstoff bietet. Die Bakterien beginnen nach kurzer Zeit, Lactose zu spalten.
   a Erläutern Sie die molekulargenetischen Vorgänge, durch die die Bildung des Lactose spaltenden Enzyms ausgelöst wird.
   b Nennen Sie den Fachbegriff für diese Steuerung der Genaktivität.

133. Angenommen, ein Stamm von E. coli-Bakterien kann ein bestimmtes Enzym nicht synthetisieren. Durch die Analyse der Basensequenz des Gens, auf dem die Information für die Aminosäuresequenz dieses Enzyms liegt, stellt man fest, dass keine Mutation vorliegt. Welche molekulargenetischen Veränderungen könnten zum Ausfall des Enzyms geführt haben?

134. a Welcher Vorgang wird bei der Genregulation nach dem Modell von Jacob und Monod bei Bakterien ausgelöst bzw. blockiert?
   b Vergleichen Sie die Genregulation durch Induktion bzw. Repression.
   c Welche Vorteile bringt diese Form der Genregulation mit sich?

135. Welche Folgen für eine Zelle würden eintreten, wenn sie keine Möglichkeit hätte, Gene an- und abzuschalten?

136. Welche der folgenden Aussagen sind richtig?
   Die differenzielle Genaktivierung
   a geschieht nur in der Mitose.
   b kann in einigen Fällen beim Menschen unter Beteiligung von Hormonen geschehen.
   c ist durch Repressoren möglich, die die Translation auslösen oder verhindern.
   d geschieht in der Regel durch Kontrolle der Transkription.
   e ist nur beim ausgewachsenen Organismus möglich.
   f sorgt u. a. dafür, dass in der Embryonalentwicklung verschiedenartige Zellen entstehen.
   g sorgt dafür, dass die Art und/oder die Konzentration von Enzymen in den verschiedenen Zellen eines Organismus nicht gleich sind.
   h hat zur Folge, dass die Art und/oder die Konzentration der Enzyme in einer Zelle nicht zu jeder Zeit gleich sind.
   i geschieht durch Verlust von Genen bei der Mitose.
   k ist bei Krebszellen gestört.
   l ermöglicht es der Zelle, auf Veränderung der Bedingungen, z. B. in ihrer Umgebung gezielt zu reagieren.

137. Welche Aussagen sind richtig?
   Riesenchromosomen
   a kommen in den Keimzellen des Menschen vor.
   b kommen bei Fliegen und Mücken vor.
   c entstehen durch vielfache Replikation der DNA ohne anschließende Mitosen.
   d tragen ein unveränderbares, spezifisches Muster an „Puffs".
   e ermöglichen die Analyse der differenziellen Genaktivierung unter dem Lichtmikroskop.
   f führen zur Entstehung besonders großer Fliegen und Mücken.
   g sind Chromosomen in Transportform.
   h lassen die Stellen, an den Transkription stattfindet, unter dem Lichtmikroskop leicht erkennen.

138. Entwerfen Sie einen Versuch, durch den Sie mithilfe von radioaktiv markierten Nukleotiden Hinweise auf die Funktion von Puffs in Riesenchromosomen finden könnten. Stellen Sie dazu Verlauf, Ergebnis und Erklärung des Experiments in Stichworten dar.

139. Einige Insekten pflanzen sich zweimal im Jahr fort. Die Sommergeneration macht eine normale Entwicklung Ei–Larve–Puppe–Vollinsekt durch, bei der Herbstgeneration jedoch wird die Umwandlung (Metamorphose) im Puppenstadium gestoppt. Die Puppe überwintert und erst im Frühling oder Frühsommer entsteht aus ihr das Vollinsekt. Verantwortlich für die unterschiedliche Metamorphose der Sommer- und Herbstgeneration ist der Einfluss von Licht.
    a   Über welche molekulargenetischen Vorgänge könnte Licht die Metamorphose steuern?
    b   Nennen Sie zwei Vorgänge bei Pflanzen, die auf ähnliche Weise durch Licht gesteuert werden.

140. Welche Aussagen sind richtig:
    Das Phytochromsystem der Pflanzen
    a   ermöglicht die Fotosynthese.
    b   kann keinen Einfluss auf den Ablauf der Transkription ausüben.
    c   ist ein System, das differenzielle Genaktivierung ermöglicht.
    d   arbeitet bei allen Pflanzenarten in der gleichen Weise und mit den gleichen Auswirkungen.
    e   enthält ein Pigment.
    f   kann die Aktivierung und Inaktivierung von Genen auslösen.
    g   kommt nur bei Lichtkeimern vor, nicht bei Dunkelkeimern.
    h   arbeitet bei Kurztagpflanzen in gleicher Weise und mit den gleichen Auswirkungen wie bei Langtagpflanzen.

141. Der Weihnachtsstern, eine beliebte Zimmerpflanze, stammt aus äquatornahen Gebieten Süd- und Mittelamerikas. Er blüht bei uns nicht im Sommer, obwohl die Temperatur ausreichend hoch wäre. Erst in der Zeit vor Weihnachten bildet er Blüten.
    Erklären Sie dieses Phänomen. Berücksichtigen Sie dabei auch molekulargenetische Vorgänge der Genregulation.

142. a Ist die Länge der Belichtung oder die Länge der Dunkelheit der entscheidende Faktor, der bei Kurz- bzw. Langtagpflanzen die Bildung von Blüten auslöst oder verhindert?
   b Beschreiben Sie Versuche, durch die man den bei Frage a beschriebenen Sachverhalt erschließen konnte.
   c Begründen Sie, warum in den erwähnten Experimenten eine einfache Ausdehnung der Licht- oder Dunkelphase keine schlüssigen Ergebnisse ermöglicht.
   d Entwerfen Sie Kontrollexperimente, die die bei Frage a beschriebenen Versuchsergebnisse bestätigen können.

6 Zelldifferenzierung, Bildung von Geweben und Organen

Bei **vielzelligen** Organismen sind die meisten Zellen durch einen besonderen Bau auf bestimmte Aufgaben spezialisiert, sie haben sich **differenziert**. Die Differenzierung einer Zelle geschieht durch die stärkere Ausbildung bestimmter Strukturen als in anderen Zellen. Möglich wird das durch differenzielle Genaktivierung (siehe S. (1) 115).

Im Körper des Menschen haben z. B. **Drüsenzellen** eine hohe Zahl von Dictyosomen und **Muskelzellen** viele langgestreckte Proteinfäden, die sich gegeneinander bewegen können und die Zelle kontrahieren. Außerdem ist eine hohe Zahl der ATP-liefernden Mitochondrien vorhanden. **Plasmazellen** besitzen ein sehr stark ausgebildetes endoplasmatisches Retikulum mit zahlreichen Ribosomen, sodass eine hohe Proteinsyntheserate möglich wird (siehe Bildung von Antikörpern S. (1) 222).

6.1 Dauergewebe und Bildungsgewebe

Dauergewebe

Ein **Gewebe** besteht aus Zellen mit gleicher Gestalt und Leistung z. B. Muskelgewebe oder Nervengewebe des Gehirns u. ä. Ein **Organ** setzt sich aus verschiedenartigen Geweben zusammen, die sich bei der Erfüllung einer Aufgabe ergänzen, z. B. Laubblätter, Wurzeln u. ä bei Pflanzen, bzw. Sinnesorgane, Atmungsorgane, Leber, Muskeln inkl. Butgefäßen, Sehnen usw. bei Tieren. Für die Funktion eines Organs sind Dauergewebe verantwortlich.

> Ein **Dauergewebe** besteht aus vollständig **ausdifferenzierten** Zellen, die nicht mehr in der Lage sind, sich zu teilen.

Bildungsgewebe

Bei Pflanzen liegt das **Bildungsgewebe** in besonderen Bereichen des Pflanzenkörpers, z. B. an der Spitze von Spross und Wurzel. Bei höheren Tieren wird es von **Stammzellen** in verschiedenen Bereichen des Körpers gebildet.

> **Bildungsgewebe** und **Stammzellen** bestehen aus teilungsfähigen Zellen, die für das Wachstum und die Erneuerung der differenzierten Zellen des Organismus sorgen.

Bildungsgewebe und Stammzellen können bis zu einem gewissen Grad den Verlust von Zellen ersetzen, z. B. nach einer Verletzung.

Stammzellen können durch **Mitose** entweder neue Stammzellen bilden, oder sich **differenzieren** und gealterte, funktionsunfähige Zellen in Geweben ersetzen. In der Regel differenzieren sich die Stammzellen des Menschen nur zu einem ganz bestimmten Zelltyp (bei ihrer differenziellen Genaktivierung werden nur ganz bestimmte Gene an- oder abgeschaltet). Stammzellen der oberen Hautschicht z.B. bilden nur Abschlusszellen der Haut, Stammzellen der Leber nur Leberzellen. Im Knochenmark liegen Stammzellen, die sich teilen und zu Immunzellen differenzieren können. Eine Ausnahme bilden die Stammzellen in Embryonen. Sie sind **totipotent** (siehe Reproduktionsbiologie S. (2) 171).

Die Gewebe des Menschen **erneuern sich** im Laufe seines Lebens mithilfe der Stammzellen **mehrmals**. Die meisten Zellen eines erwachsenen Menschen sind daher jünger, als sein Alter vermuten lässt. Eine Ausnahme bilden nur die **Nervenzellen**, auch die des Gehirns. Sie können nicht erneuert werden, und sind daher so alt wie der betreffende Mensch selbst.

> **Dauergewebe** bestehen aus differenzierten, teilungsunfähigen Zellen mit einer spezifischen Funktion. **Bildungsgewebe und Stammzellen** können sich teilen und differenzieren und damit Dauergewebe aufbauen oder erneuern.

6.2 Überblick über verschiedene Zelltypen

Zelltypen von Pflanzen

Durch differenzielle Genaktivierung können im Organismus von Pflanzen Zellen mit stark unterschiedlichem Bau und verschiedenartiger Funktion entstehen. Beispiele sind in der folgenden Tabelle angegeben:

Gewebetyp	Bau der Zellen	Funktion
Abschluss-gewebe (Epidermis)	• verdickte Wände • zentrale Vakuole • meistens auf der Außenseite mit einer wasserabstoßenden Schicht überzogen (**Kutikula**); zuweilen auch mit Haaren, Schuppen o. ä.	Schutz vor: • Verdunstung • Verletzung • Sonneneinstrahlung • Schädlings- und Parasitenbefall
Absorptions-gewebe (z. B. Wurzelhaare)	• dünne Zellwand • ohne Kutikula (s. o.) • Außenbereich haarartig ausgezogen	Aufnahme von Wasser (mit den darin gelösten Nährsalzen)

Tab. 8: Beispiele für Dauergewebe bei Pflanzen (Teil 1).

Gewebetyp	Bau der Zellen	Funktion
Grundgewebe (Parenchym)	• vieleckig • wenig differenziert • zahlreiche Leukoplasten • zahlreiche Chloroplasten	je nach Lage **Speicherparenchym:** (z. B. in der Wurzel) • Speicherung von Stärke und/oder Eiweiß **Assimilationsparenchym:** • Fotosynthese: Bildung von Glucose (v. a. in den Laubblättern) **Schwammparenchym:** Durchlüftung und Gasaustausch (z. B. in den Laubblättern)
Stütz- und Festigungs- gewebe	• stark verdickte Zellwand (**Steinzellen** mit extrem starker Zellwand)	vor allem in Wurzel und Spross vorkommend • erhöht die Biege-, Zug- und Druckfestigkeit • Steinzellen bilden u. a. harte Schalen (z. B. bei Nüssen)
Leitungsgewebe (bei höheren Pflanzen häufig als **Leitbündel** im Spross angeordnet)	• sehr langgestreckt • einige Typen ohne Zytoplasma (tote Zellen) • häufig mit besonderen, der Zellwand aufgelagerten Leisten	• Leitung und Verteilung von Wasser aus der Wurzel bis zu den Laubblättern • Leitung und Verteilung von in Wasser gelösten Fotosyntheseprodukten (v. a. Glucose) von den Laubblättern in alle Pflanzenteile, auch in die Wurzel

Tab. 8: Beispiele für Dauergewebe bei Pflanzen (Teil 2).

Organe und Organsysteme von Pflanzen

Ein **Laubblatt** besteht aus Abschlussgewebe (Epidermis), Assimilationsgewebe, Schwammparenchym und Leitungsgewebe. Es dient v. a. der Aufgabe, durch Fotosynthese Glucose zu bilden.

Eine **Blüte** stellt ein **Organsystem** dar, das aus folgenden Organen besteht:
- **Kelchblätter** dienen zum Schutz der Blüte, zuweilen sind sie auch Teil des Schauapparats.
- **Kronblätter** schützen die weiter innen liegenden Blütenteile. Bei Pflanzen, die von Insekten bestäubt werden, sind sie meistens groß und häufig farbig, sodass sie als auffälliger Schauapparat dienen können.
- **Staubblätter** haben die Aufgabe, Pollenzellen (männliche Keimzellen) zu bilden.
- **Fruchtblätter** sind für die Bildung der Eizellen und Samenanlagen verantwortlich. Bei höheren Pflanzen verwachsen sie in vielen Fällen zu einem „Stempel", bestehend aus Fruchtknoten, Griffel und Narbe.

Ausgewählte Zelltypen höherer Tiere

Der Körper höher entwickelter Tiere besteht aus einer größeren Anzahl verschiedener Zelltypen als der der Pflanzen. Die tierische Zelle enthält aber weniger Organellen als die pflanzliche, z. B. keine Chloroplasten, keine Zellwand, keine zentrale Vakuole, etc. Wichtige Zelltypen von Tier und Mensch sind

- Zellen von **Abschlussgeweben** wie Epithelzellen der Haut, der Innenwände von Darm, Blutgefäßen, Herz.
- **Drüsenzellen** in Speicheldrüsen, Verdauungsdrüsen, Hormondrüsen u. a.
- **Sinneszellen** wie Riech- und Geschmackszellen in der Schleimhaut des Nasen- und Mundraums, Druck- und Temperatursinneszellen der Haut, Lichtsinneszellen in der Netzhaut (siehe Auge, S. (1) 192).
- **Nervenzellen** im Gehirn und im peripheren Nervensystem (siehe Bau der Nervenzelle, S. (1) 132).
- **Bindegewebszellen**, die Hohlräume füllen, Organe miteinander verbinden und sich zu Sehnen und Bändern verfestigen können.
- **Knorpel- und Knochenzellen**, die den Körper stützen und Ansatzflächen für die Skelettmuskulatur bilden.
- **Muskelzellen** der glatten Muskulatur, die für die Kontraktion der Darmwand, der Harnblase usw. sorgen und die der quergestreiften Muskulatur, die für die Bewegungen des Skeletts verantwortlich sind.
- **Blutzellen** wie die roten Blutkörperchen, die den O_2-Transport leisten, die weißen Blutkörperchen des Immunsystems.
- **Keimzellen** (Ei- und Spermazellen).

Zusammenfassung

- Differenzierte Zellen zeichnen sich durch die Ausbildung von Strukturen aus, die der Erfüllung spezieller Aufgaben dienen. Sie bilden in der Regel große Zellverbände, die als Gewebe bezeichnet werden. Organe bestehen aus verschiedenen Geweben.
- Vollständig ausdifferenzierte Zellen können sich nicht teilen. Sie bilden in der Regel die Dauergewebe eines Organismus.
- Bildungsgewebe und Stammzellen bestehen aus teilungsfähigen Zellen. Sie dienen v. a. dem Wachstum und der ständigen Erneuerung des Organismus. Aus Stammzellen des Knochenmarks entstehen Zellen des Immunsystems.
- Außer den Nervenzellen werden im Laufe des Lebens alle Bereiche des menschlichen Körpers durch Stammzellen mehrmals erneuert.
- Der Körper des Menschen und der Tiere besteht aus einer größeren Zahl verschiedener Zelltypen als der der Pflanzen.

Aufgaben

143. Vergleichen Sie das Dauergewebe und die Stammzellen des Menschen miteinander hinsichtlich
- ihrer allgemeinen Aufgabe,
- des Grads ihrer Differenzierung,
- ihrer Teilungsfähigkeit.

144. (themenübergreifende Aufgabe)
Nennen Sie mindestens fünf verschieden differenzierte Zellen der höheren Pflanzen und jeweils ein charakteristisches Baumerkmal, durch das ihre spezielle Funktion möglich wird.

145. (themenübergreifende Aufgabe)
Nennen Sie mindestens acht verschiedene Zelltypen des Menschen und für vier davon je ein Merkmal, das ihre spezifische Funktion ermöglicht.

146. (themenübergreifende Aufgabe)
Beschreiben Sie durch die Nennung entsprechender Fachbegriffe, wie die DNA folgende Anforderungen erfüllt:
a Speicherung der genetischen Information
b Weitergabe der genetischen Information an neu entstehende Zellen
c Realisierung der genetischen Information
d Auswahl der Gene, die zu einem bestimmten Zeitpunkt realisiert werden sollen

147. (themenübergreifende Aufgabe)
Salpetrige Säure löst Mutationen aus. Sie ersetzt in der DNA die Base Cytosin durch Uracil. Auch wenn davon nur der Bereich eines Polynukleotidstrangs betroffen ist, der selbst kein Gen enthält, der aber komplementär zu einem Gen ist, kann es zur Veränderung von Merkmalen kommen. Erklären Sie dieses Phänomen.

148. (themenübergreifende Aufgabe)
Cisplatin ist ein Medikament, das zur Krebstherapie (Chemotherapie) eingesetzt werden kann. Es stabilisiert die Doppelhelix der DNA, sodass sie nicht mehr in die beiden Polynukleotidstränge trennbar ist.
Erläutern Sie, warum sich Cisplatin zur Krebstherapie eignet.

149. (themenübergreifende Aufgabe)
Kann die Proteinbiosynthese in einer Zelle ablaufen, die sich in der Metaphase – in der sich die Chromosomen in der Äquatorebene der Zelle anordnen – befindet? Begründen Sie Ihre Antwort.

150. (themenübergreifende Aufgabe)
    a Erläutern Sie so genau wie möglich, warum die Änderung einer einzigen Base der DNA zur Veränderung oder sogar zum Ausfall der Wirkung eines Enzyms führen kann.
    b Welche Folgen kann es für eine Zelle haben, wenn ein Enzym unwirksam wird?

151. (themenübergreifende Aufgabe)
    Wenn sich in der DNA durch Mutagene eine Base geändert hat, muss das nicht in jedem Fall die Änderung eines Proteins zu Folge haben. Wenn aber tatsächlich ein anderes Protein entsteht, muss das nicht zur Änderung eines Merkmals führen. Erklären Sie diese Phänomene.

152. (themenübergreifende Aufgabe)
    Die Transkription einiger Gene kann durch Hormone ausgelöst werden. Dabei können lipophile (fettlösliche) Hormone, z. B. Sexualhormone direkt im Zellkern wirken. Bei lipophoben Hormonen ist das nur indirekt über andere Signalstoffe möglich.
    Erläutern Sie die unterschiedliche Art der Transkripitionskontrolle von lipophilen und lipophoben Hormonen.

Informationsverarbeitung im Nervensystem

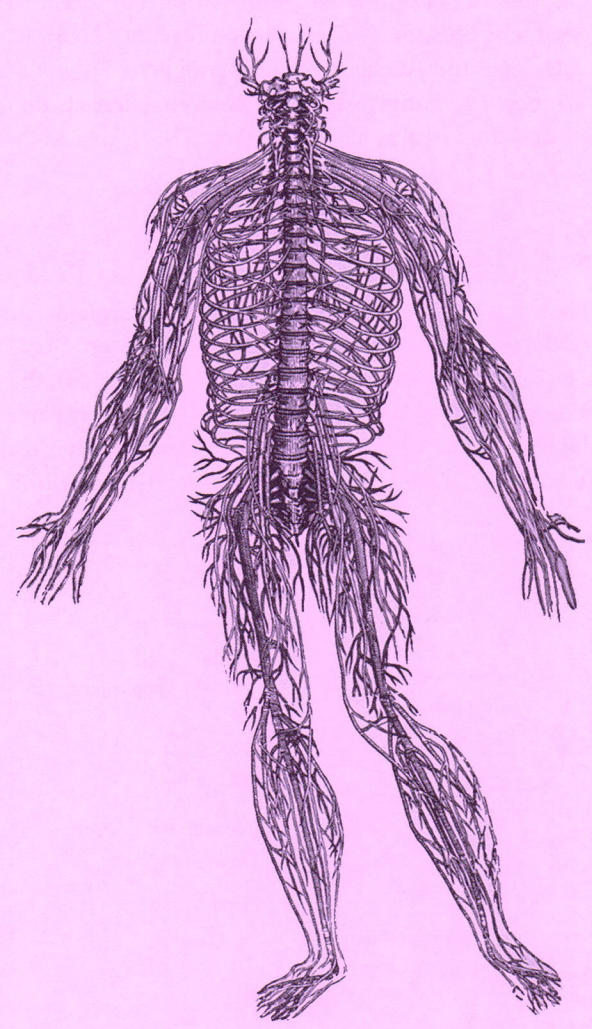

Der Aufbau des peripheren Nervensystems des Menschen in einer Darstellung aus dem ersten vollständigen Lehrbuch der menschlichen Anatomie „De humani corporis fabrica libri septem" des flämischen Mediziners Andreas VESAL aus dem Jahr 1543.

1 Bau und Funktion der Nervenzelle

Der Körper des Menschen informiert sich mithilfe der Sinnesorgane und des Nervensystems über seine Umwelt. **Sinneszellen** können aus der Umgebung auftreffende **Reize** in elektrische **Erregungen** umwandeln, Nervenzellen leiten diese elektrischen Signale weiter. An Kontakten zwischen den Nervenzellen kann es zur Verarbeitung der aufgenommenen Information kommen. In besonders starkem Maße geschieht dies im **Zentralnervensystem** (ZNS). Es besteht beim Menschen aus Gehirn und Rückenmark. Als mögliche Folge der Informationsverarbeitung können Erregungen über die Nervenzellen zu den Organen des Körpers laufen und dort Reaktionen auslösen, z. B. an den Muskeln oder Drüsen.

1.1 Bau der Nervenzelle

Eine typische Nervenzelle lässt sich in die folgenden Abschnitte untergliedern:
- Den **Zellkörper (Soma)**, der den Zellkern und die meisten übrigen Organellen der Zelle enthält. Es fehlen aber Zentralkörperchen (Centriolen), die mitverantwortlich für die Ausbildung des Spindelapparates während der Mitose sind (siehe Zytologie, S. (1) 22). Nervenzellen können sich daher im Gegensatz zu den meisten anderen Zellen nach der Embryonalentwicklung **nicht mehr teilen**.

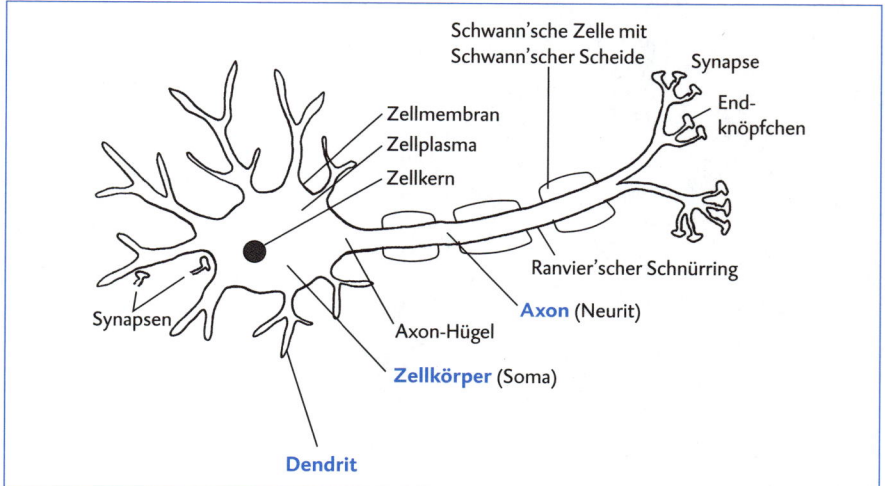

Abb. 57: Bau einer typischen Nervenzelle der Wirbeltiere.

- Die **Dendriten** sind kurze, sich verjüngende und stark verzweigende Zellfortsätze, die die Erregung aufnehmen und in Richtung des Zellkörpers leiten. Dendriten können an die Endknöpfchen von Axonen grenzen.
- Das **Axon (Neurit)** ist ein häufig sehr langer Fortsatz der Nervenzelle, beim Menschen kann er 1 m erreichen. Es entspringt dem Zellkörper mit einem manchmal leicht verdickten Anfangsbereich, dem **Axonhügel**, behält aber dann auf ganzer Länge einen gleich bleibenden, geringen Durchmesser. Bevor das Axon in einer leichten Verdickung, dem **Endknöpfchen** endet, verzweigt es sich in der Regel nur schwach oder gar nicht.

Im menschlichen Körper übertragen die Axone Informationen sowohl vom Zentralnervensystem zu den Muskeln und Drüsen, wie auch in der Gegenrichtung, von den Sinnesorganen zum ZNS sowie zwischen den Zellen des Nervensystems. Die Endknöpfchen können daher an Dendriten oder Zellkörper von Nervenzellen grenzen oder an Muskel- oder Drüsenzellen. Die **Richtung** der Informationsübertragung in den Axonen ist **streng festgelegt**: Erregung kann nur vom Zellkörper zu den Endknöpfchen weiter geleitet werden, nie umgekehrt (siehe Refraktärzeit, S. (1) 147 und Synapse, S. (1) 153).

Bau der Nervenfasern und der Nerven

Nervenzellen sind in der Regel von **Gliazellen** umgeben. Sie schützen und stützen die Nervenzellen, vermitteln ihre Versorgung mit Nährstoffen und Sauerstoff und isolieren die Nervenzellen voneinander. Besonders ausgebildete Gliazellen sind die **Schwann'schen Zellen**. Wie ein Schlauch umgeben sie die Axone. Axon und Schwann'sche Zelle werden zusammen als **Nervenfaser** bezeichnet. Besonders lange, gut ausgebildete Nervenfasern finden sich im **peripheren** Nervensystem, den Nervenzellen außerhalb des ZNS (siehe Abb. S. (1) 131). Zwei Typen von Nervenfasern lassen sich unterscheiden:

- Bei den **markhaltigen (myelinisierten)** Nervenfasern bilden die Zellmembranen der Schwann'schen Zellen einen flächigen Fortsatz, der sich in einer Vielzahl von Windungen um das Axon wickelt (siehe Abb. S. (1) 134). So erhält das Axon eine Hülle aus vielen Lagen von Membranen, zwischen denen nur sehr wenig Zytoplasma vorhanden ist. Man bezeichnet diese Hülle als **Markscheide** (Myelinscheide, Schwann'sche Scheide). Die Markscheide besteht fast nur aus Membranmaterial, also aus Proteinen (Eiweißen) und Lipiden (Fetten). Das Material der Markscheide wird als **Myelin** bezeichnet. Es erscheint im Lichtmikroskop aufgrund seines Lipidanteils weiß, im transmissions-elektronenmikroskopischen Bild sind die **konzentrisch** angeordneten Membranstapel zu erkennen. Die Markscheide kann das Axon sehr wirkungsvoll isolieren, weil Lipide eine sehr geringe elektrische Leitfähigkeit besitzen. Ein myelinisiertes Axon wird mit Ausnahme kleiner Bereiche am Anfang und am Ende auf seiner ganzen Länge von Schwann'schen Zellen eingehüllt. Die Markscheide isoliert das Axon ähnlich wie die Plastikhülle ein Kupferkabel. Die Axonmembran liegt nur an den Stellen **frei**, an denen zwei Schwann'sche Zellen aufeinander folgen. In diesen sehr schmalen Bereichen, den **Ranvier'schen Schnürringen**, ist das Axon daher **nicht** elektrisch **isoliert**. Strukturen, die den Ranvier'schen Schnürringen ähneln, kann man herstellen, indem man die Plastikhülle eines kupfernen Stromkabels in regelmäßigen Abständen ringförmig einschneidet.

- Bei **marklosen (nichtmyelinisierten) Nervenfasern** können die Axone ebenfalls von Schwann'schen Zellen umgeben sein, die allerdings keine Markscheide ausbilden, deren Membranen sich also nicht mehrfach um das Axon winden. Solche Fasern haben keine Ranvier'schen Schnürringe.

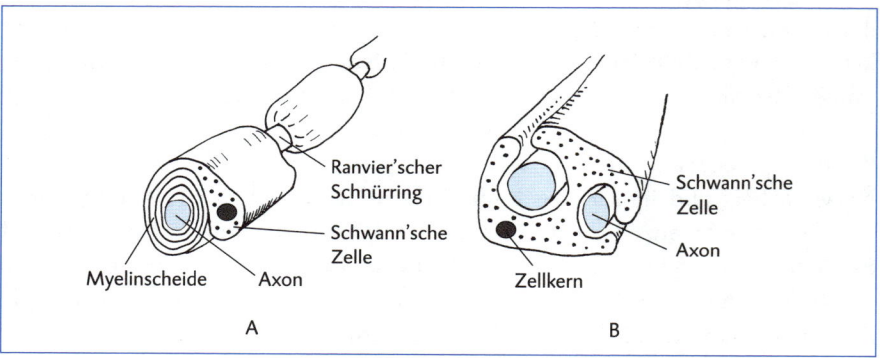

Abb. 58: Schema des Baus einer markhaltigen (A) und einer marklosen Nervenfaser (B).

Markhaltige Nervenfasern besitzen eine aus Myelin bestehende **Markscheide**, die das Axon weitgehend isoliert. **Marklosen** Nervenfasern fehlt diese isolierende Hülle.

Der größte Teil des Nervensystems der **Wirbeltiere** besteht aus markhaltigen Nervenfasern. Marklose Nervenfasern findet man im Nervensystem der **wirbellosen** Tiere und in Teilen des vegetativen Nervensystems der Wirbeltiere.

Bau der Nerven

Nerven bestehen aus Bündeln von Nervenfasern, also Axonen und Schwann'schen Zellen, die von einer Hülle aus **Bindegewebe** umgeben und von **Blutgefäßen** durchzogen sind:

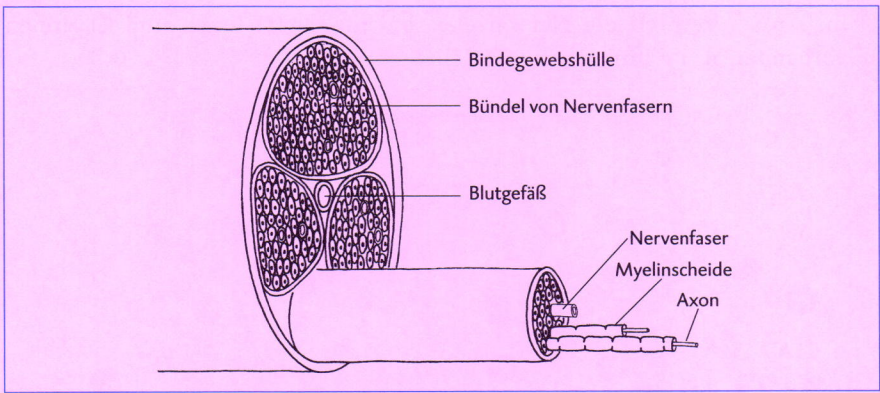

Abb. 59: Aufbau eines Nerven.

1.2 Entstehung des Ruhepotenzials

Wie in allen Informationssystemen müssen auch im Nervensystem Signale weitergegeben und verarbeitet werden. Um ein Signal zu bilden, muss sich ein bestehender Zustand des Systems ändern. Für die Funktion des Nervensystems stellen **elektrische** Vorgänge an den Nervenzellen die Grundlage dar. Solange die Nervenzelle lebt, hält sie ständig einen bestimmten Zustand, die **Ruhespannung (Ruhepotenzial)**, aufrecht. Signale entstehen, wenn sich das Ruhepotenzial ändert. Eine Signalform ist das **Aktionspotenzial.**

Entstehung des Ruhepotenzials durch Diffusion von Ionen

Das Außen- und Innenmedium der Nervenzelle ist eine wässrige Lösung, die positive (Kationen) oder negative Ladungen (Anionen) enthält. Das Ruhepotenzial entsteht durch die **Differenz** zwischen der Ladung an der Außen- und Innenseite der Membran. Die exakte und vollständige Bezeichnung lautet daher **Ruhepotenzial-Differenz**. Diese Ladungsdifferenz beträgt etwa −80 bis −90 mV, wobei das Innere der Nervenzelle negativ geladen ist.
Die Entstehung des Ruhepotenzials beruht auf zwei Voraussetzungen:
- Im Inneren der Nervenzelle, auf der **Innenseite** der Membran herrscht eine höhere Konzentration an K^+- und an negativ geladenen organischen Ionen, kurz „A^-", als im Außenraum der Zelle. Viele der organischen Anionen im Innenraum der Nervenzelle sind Proteine oder Aminosäuren.

Im **Außenbereich** der Nervenzelle sind mehr Na⁺-Ionen und Cl⁻-Ionen vorhanden als im Innenraum der Zelle:

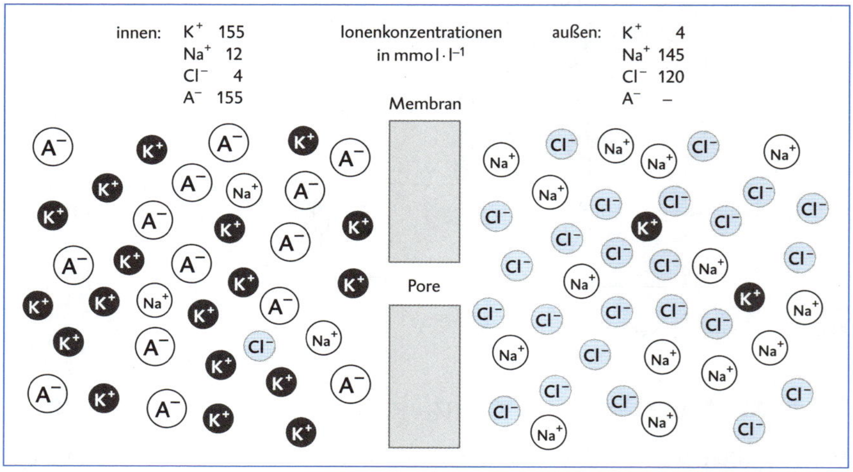

Abb. 60: Verteilung der Ionen an der ruhenden Membran des Axons während des Ruhepotenzials.

- Die Membran der Nervenzelle ist **selektiv permeabel**. Sie ist für K⁺-Ionen sehr leicht passierbar, etwas weniger gut für Cl⁻-Ionen, schlecht für Na⁺-Ionen und für organische Anionen gar nicht durchlässig.
Verantwortlich für die selektive Permeabilität sind besondere Proteine der Membran. Diese bilden **Poren** (Porenproteine, Tunnelproteine, Ionenkanäle), die nur für bestimmte Ionen passierbar sind (siehe Zytologie, S. (1) 10). Entscheidend dafür, ob ein Teilchen die Membran über die Kanäle der Porenproteine durchqueren kann, ist seine **Größe und Ladung**. Außer im Bereich der Porenproteine können die Ionen nicht auf die jeweils andere Seite der Membran gelangen, da die ungeladene Doppelschicht aus Lipiden nicht zulässt, dass Ionen in sie eindringen (siehe Zytologie, S. (1) 6 f.).

Für die Entstehung der Ladungsdifferenz zwischen dem Innen- und Außenraum ist die **Wanderung** bestimmter Ionen durch die Membran verantwortlich. Moleküle oder Ionen haben das Bestreben, sich gleichmäßig im Raum zu verteilen (siehe Diffusion, S. (1) 10). Ursache ist die **thermische Eigenbewegung** der Teilchen, die zu Zusammenstößen zwischen den Teilchen führt und sie so in Bewegung setzt. Dies geschieht umso häufiger, je höher die Konzentration der Teilchen ist. In der Bilanz der Bewegungsrichtungen wandern die Teilchen vom Ort der höheren Konzentration zum Ort der geringeren Konzentration, bis ein **Ausgleich der Konzentrationen** erreicht ist.

> Die Wanderung von Teilchen entlang ihres Konzentrationsgefälles nennt man **Diffusion**.

Die Diffusion ist ein **passiver** Vorgang, d. h. sie benötigt keine Energie. Neben der Diffusion im Bereich der Porenproteine findet aber auch ein **aktiver** Transport von Ionen durch die Membran statt (siehe Na-Ka-Pumpe, S. (1) 138).
An der Membran von Nervenzellen diffundieren K^+-Ionen wegen ihres Konzentrationsgefälles durch die Proteinporen von innen nach außen. Dadurch wird der Außenraum stärker elektrisch positiv, da jedes Kaliumion eine positive Ladung trägt. Der Innenraum verarmt an positiven Ladungsträgern (Kationen) und hat einen Überschuss an negativen Ladungen (Anionen). Es kommt also zu einer **ungleichen Verteilung** von positiven und negativen Ladungsträgern, infolgedessen tritt eine **elektrische Spannung** (Ladungsdifferenz, Potenzialdifferenz) zwischen dem Innen- und Außenraum auf. Cl^--Ionen erhöhen zusätzlich die Ladungsdifferenz, weil sie infolge ihres Konzentrationsgradienten von außen nach innen diffundieren und den Innenraum stärker elektrisch negativ machen, während der Außenraum an negativen Ladungen verarmt. Insgesamt bewirken diese Diffusionsvorgänge einen leichten **Überschuss an positiver Ladung im Außenmedium** der Nervenzelle. Ohne die Diffusion würden sich die Summen aus positiver und negativer Ladung innen und außen entsprechen, die Spannung wäre gleich Null.
Nach physikalischen Gesetzen müsste jedem K^+-Ion ein A^--Ion folgen, für jedes hinausdiffundierte K^+-Ion müsste ein Na^+-Ion hineindiffundieren, damit auf beiden Seiten der Membran die **Elektroneutralität** erhalten bleibt. Dies geschieht aber nicht, weil die Membran, wie bereits gezeigt, **selektiv permeabel** ist. Sie ist für Na^+ kaum und für A^- nicht durchlässig.
Wenn die Diffusion der K^+-Ionen störungsfrei weiterginge, käme es zu einem Konzentrationsausgleich der K^+-Teilchen, es lägen gleich viele K^+-Ionen im Innen- wie im Außenraum der Zelle vor. Dies kann an der Membran einer Nervenzelle aber nicht geschehen, weil das Bestreben nach **Ladungsausgleich** dem Bestreben nach **Konzentrationsausgleich** entgegengesetzt ist: K^+-Ionen wandern zwar ihrem Konzentrationsgefälle entsprechend nach außen, es kommt aber nicht zum Ausgleich der Konzentrationen, da die K^+-Ionen vom immer negativer werdenden Ladungsüberschuss im Zellinnenraum zurück gehalten werden. Je mehr K^+-Ionen nach außen wandern, desto größer wird der negative Ladungsüberschuss des Zellinnenraums und desto schwerer fällt es den K^+-Ionen, nach außen zu wandern. Dem „Druck" durch das Konzentrationsgefälle wirkt der Zug durch die Anziehung entgegengesetzt geladener Ionen (K^+ und A^-) entgegen. Gleichzeitig stößt der immer größer werdende

positive Ladungsüberschuss des Zellaußenraums die K^+-Ionen ab. Auch dadurch wird der Ausstrom der K^+-Ionen immer schwächer, je mehr K^+-Ionen nach außen gewandert sind. Wenn beide Kräfte, das Bestreben nach Konzentrationsausgleich und das nach Ladungsausgleich, gleich groß sind, wandern pro Zeiteinheit genauso viele K^+-Ionen von innen nach außen, wie von außen nach innen. Es herrscht ein **Fließgleichgewicht**, das die Verteilung der K^+-Ionen an der Membran etwa konstant auf ihrem unterschiedlichen Niveau hält (siehe Abb. 60, S. (1) 136), der Zellinnenraum bleibt gegenüber dem Zellaußenraum elektrisch negativ geladen.

Auch Cl^--Ionen können nicht bis zu ihrem Konzentrationsausgleich diffundieren, da auch sie durch das Bestreben nach Ladungsausgleich in ihrer Wanderung eingeschränkt werden. Der durch die Na^+-Ionen und die nach außen diffundierenden K^+-Ionen aufrecht erhaltene positive Ladungsüberschuss auf der Außenseite der Membran (bzw. negative Ladungsüberschuss auf der Innenseite) begrenzt die Wanderungsneigung der Cl^--Ionen in Richtung Innenraum.

> Jede Nervenzelle zeigt in Ruhe eine elektrische Spannung an ihrer Zellmembran, das **Ruhepotenzial** oder die Ruhespannung. Diese beruht auf der **selektiven Permeabilität** der Zellmembran und den **unterschiedlichen Konzentrationen** der Ionen im Innen- und Außenmedium der Zelle. Die Ladungsdifferenz zwischen dem Innen- und Außenraum der Zelle begrenzt die Diffusion von K^+- und Cl^--Ionen.

Die Natrium-Kalium-Pumpe

Unter den geschilderten Bedingungen könnte das Ruhepotenzial beliebig lange bestehen. Da die Membran jedoch in geringem Maße auch für Na^+-Ionen permeabel ist, dringen ständig geringe Mengen von Na^+-Ionen aus dem Außenraum in die Nervenzelle ein. Man bezeichnet dies als **Na^+-Leckstrom**. Mit jedem Na^+-Ion, das in die Zelle gelangt, wird es einem K^+-Ion möglich, nach außen zu wandern, da das eindringende Na^+-Teilchen das „Kräftegleichgewicht" zwischen dem Bestreben nach Ladungsausgleich und dem nach Konzentrationsausgleich verändert. Die negative Ladung der A^--Ionen kann nur eine bestimmte Menge an K^+-Ionen elektrostatisch „binden", ein neu hinzu kommendes, positiv geladenes Teilchen macht es einem K^+-Ion möglich, seinem Konzentrationsgefälle folgend aus dem Anziehungsbereich der Anionen nach außen zu wandern.

Bei ständig in die Zelle einsickernden Na^+-Ionen wird der Konzentrationsunterschied der K^+-Ionen zwischen Innen- und Außenraum also immer geringer, bis es zum vollständigen Ausgleich kommt. Bei weiterem Eindringen von Na^+-Ionen wird damit auch die Ruhepotenzial**differenz** zwischen Innen- und

Außenraum immer geringer, da die Ladung im Außenraum weniger positiv, die im Innenraum weniger negativ wird.

Nervenzellen können dieser Verringerung des Ruhepotenzials durch eine Ionenpumpe in ihrer Membran entgegenwirken: Die **Na-K-Pumpe** besteht aus Proteinmolekülen, die eingedrungene Na$^+$-Ionen nach außen transportieren. Gleichzeitig bringt die Na-K-Pumpe bei diesem Vorgang K$^+$-Ionen, die infolge des Na$^+$-Einstroms nach außen gewandert sind, zurück in den Zellinnenraum.

> Die Na-K-Pumpe transportiert die Ionen **entgegen** ihrem Konzentrationsgefälle. Dieser **aktive** Transportvorgang läuft unter Verbrauch von Stoffwechselenergie (ATP) ab.

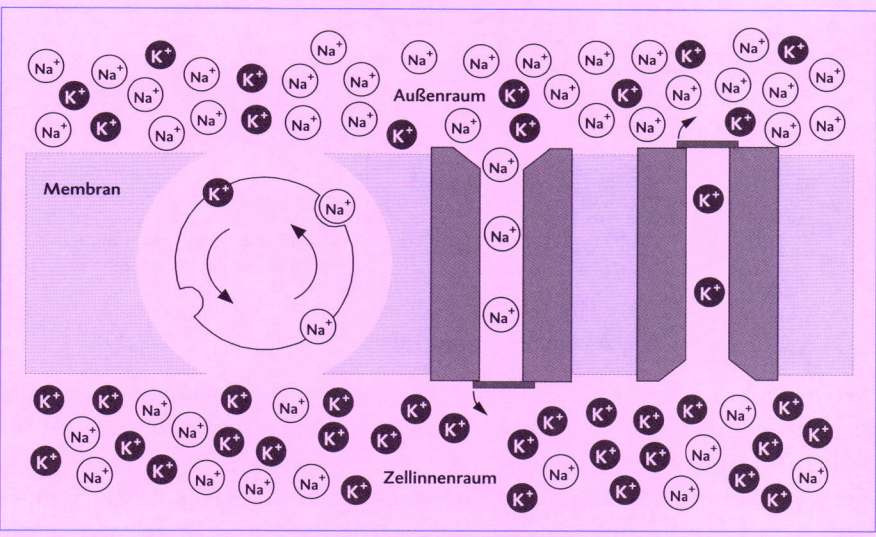

Abb. 61: Längsschnitt durch die Axonmembran mit Na- und K-Poren und Na-K-Pumpe.

Messung des Ruhepotenzials

Da nur sehr wenige Ionen durch die Membran der Nervenzelle diffundieren, ist die Ladungsdifferenz sehr gering. Mit folgendem Versuchsaufbau lässt sie sich messen: Als Versuchsobjekte dienen Nervenzellen mit sehr dicken Axonen, z. B. die **Riesenaxone** des Tintenfisches, des Flusskrebses oder des Regenwurmes, die experimentell leicht zu handhaben sind. Die Nervenzellen werden in eine Salzlösung gebracht, die die gleichen Ionen-Konzentrationen aufweist, wie die **extrazelluläre Flüssigkeit**, von der die Zelle im Organismus umgeben ist. Auf diese Weise wird verhindert, dass es zu Diffusionsvorgängen kommt, die die natürliche Ionenverteilung im Axon verändern. Die Ladung wird durch **Elektroden** aus sehr feinen, mit einer Salzlösung gefüllten **Glaskapillaren** abgeleitet, verstärkt und mit einem Spannungsmessgerät angezeigt. Eine Elektrode wird dazu in die Nervenzelle eingestochen, eine weitere Elektrode, die als Bezugspunkt dient, taucht in die umgebende Flüssigkeit ein, die dem Zellaußenraum entspricht. Diese Versuchsanordnung wird kurz als **intrazelluläre Ableitung** bezeichnet.

Die Elektroden messen zwischen Zellinnen- bzw. Außenraum eine **Potenzialdifferenz** (Spannung), die im Bereich zwischen -50 bis $-100\,mV$ liegt, meistens bei -80 bis $-90\,mV$. Innen sind mehr Anionen vorhanden als außen, v. a. A^--Ionen.

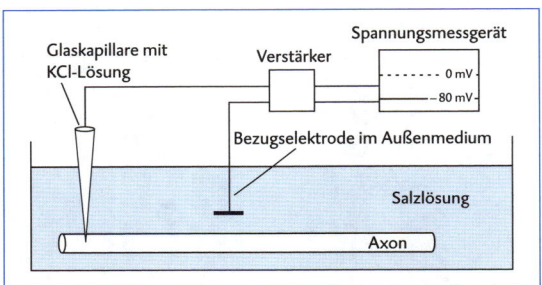

Abb. 62: Versuchsanordnung zur Messung des Ruhepotenzials.

1.3 Entstehung des Aktionspotenzials

Axone sind die Bereiche der Nervenzellen, an denen Erregungen über weite Strecken geleitet werden können. Als Signale dienen dafür **Aktionspotenziale** (APs), auch „Nervenimpulse" oder „Spikes" genannt.

Reize sind Einflüsse der Umwelt auf Sinnesorgane, z. B. Licht, Schall, Temperatur, Druck, Duftstoffe u. ä. Eine Nervenzelle leitet nie „Reize" weiter. Sie müsste dann bei Lichtreizen heller oder bei Temperaturreizen wärmer werden. Geleitet wird immer nur „Erregung". Reize können aber Erregung auslösen, die dann über Nervenzellen wandert, z. B. am Axon in Form von APs. Der Begriff „Reizleitung" ist daher falsch, richtig ist stattdessen „Erregungsleitung". Als **Erregung** bezeichnet man die **Änderung des Potenzials** einer Nerven- oder Sinneszelle. Am Axon tritt Erregung als Aktionspotenzial auf. An den Dendriten und am Zellkörper wird die Erregung auf andere Weise weiter geleitet (siehe S. (1) 168 ff.).

Bedingungen für die Auslösung von Aktionspotenzialen

Um ein Aktionspotenzial ausbilden zu können, muss das Membranpotenzial des Axons an einer Stelle der Membran **positiver** werden, die Potenzialdifferenz zwischen dem Innen- und Außenraum muss sinken. Unter natürlichen Bedingungen geschieht das durch elektrische Einflüsse aus der nächsten Umgebung dieses Membranbereichs.

Die Möglichkeit, einen Abschnitt eines Axons aus seiner Umgebung heraus zu beeinflussen, geht auf ein **Generatorpotenzial** zurück – ein erstes, ein AP auslösendes Potenzial, das z. B. durch die physikalische oder chemische Reizung von Sinneszellen entsteht oder von einer Nervenzelle auf eine andere übergeht. Das Generatorpotenzial sorgt dafür, dass am Beginn des Axons, am **Axonhügel**, ein erstes AP entsteht. Im Experiment lässt sich die Bildung eines APs durch die künstliche Erzeugung eines Generatorpotenzials auslösen. Das kann nicht nur am Axonhügel, sondern an jedem Ort des Axons geschehen.

Experimentelle Auslösung von Aktionspotenzialen

Ein künstliches Generatorpotenzial lässt sich mit einer Versuchsanordnung auslösen, die jener zur Ableitung des Ruhepotenzials ähnelt (s. Abb. S. (1) 140). Allerdings wird hierzu kein Spannungsmessgerät, sondern eine **Spannungsquelle** an den Elektroden angeschlossen. Eine Glaselektrode wird in das Innere des Axons eingeführt, eine weitere Elektrode (Bezugselektrode) liegt in der umgebenden Flüssigkeit im Außenmedium des Axons. Die Elektrode im Axon wird mit dem Pluspol, die Bezugselektrode mit dem Minuspol der Spannungsquelle verbunden. Bei Stromzufuhr wird die Ladungsdifferenz zwischen dem Innen- und Außenraum des Axon geringer, das Membranpotenzial wird **positiver**. Je stärker der zugeführte Strom ist, umso stärker ist die Verringerung des Potenzials, umso positiver wird also das Potenzial an dieser Stelle. Wenn das Membranpotenzial der betreffenden Region einen bestimmten Schwellenwert, der häufig bei -60 bis -70 mV liegt, überschreitet, **ändern** sich die **Eigenschaften** der Membranstelle **schlagartig** und ein Aktionspotenzial wird ausgelöst.

Da diese Veränderungen außerordentlich **schnell**, innerhalb von Millisekunden (ms) ablaufen, ist ein **Oszilloskop** als Messinstrument erforderlich. Durch die Ablenkung eines schnell laufenden, horizontalen Elektronenstrahls ergibt sich eine charakteristische Bildschirmdarstellung eines APs:

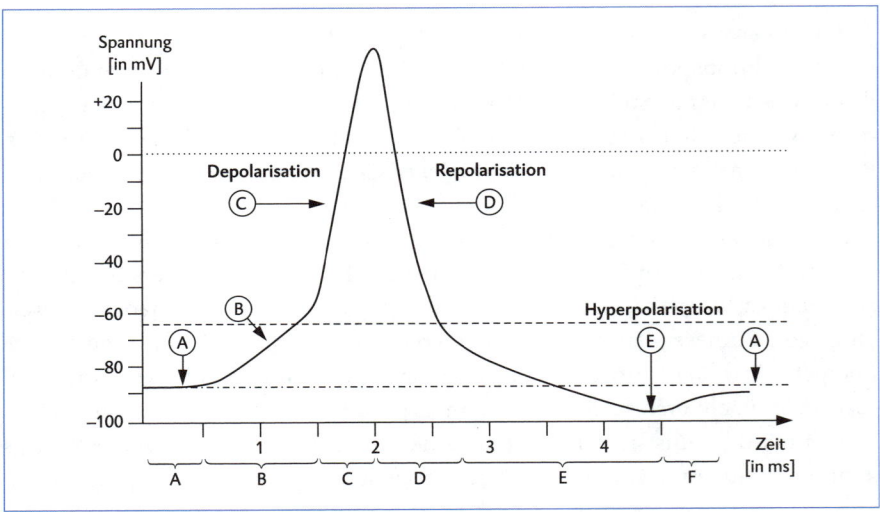

Abb. 63: Verlauf eines Aktionspotenzials. Schema der Darstellung auf dem Bildschirm eines Oszilloskops bei intrazellulärer Ableitung.

Ablauf eines Aktionspotenzials

Im Folgenden wird der Verlauf der Spannungsänderungen während eines Aktionspotenzials beschrieben und erklärt. Die Kennbuchstaben der vorangegangenen Abbildung entsprechen denen in der tabellarischen Erläuterung:

Abschnitt der Kurve	Erklärung
A **Ruhepotenzial** (siehe S. (1) 135 ff.)	
B **Depolarisation bis zum Schwellenwert:** Das Membranpotenzial wird positiver, die Potenzialdifferenz wird geringer.	Chemische oder physikalische, z. B. elektrische Beeinflussung der Membranstelle.

Tab. 9: Verlauf eines Aktionspotenzials (Teil 1).

Abschnitt der Kurve	Erklärung
C **Depolarisation bis zur Potenzialumkehr:** Nach Erreichen eines Schwellenwertes von etwa −60 bis −70 mV wird der Zellinnenraum gegenüber dem Zellaußenraum sehr rasch elektrisch positiver.	Na$^+$-Poren öffnen, Na$^+$-Ionen diffundieren verstärkt in den Zellinnenraum des Axons.
D **Repolarisation:** Der Zellinnenraum wird gegenüber dem Zellaußenraum wieder elektrisch negativ, die Potenzialdifferenz wird größer.	Die Na$^+$-Poren beginnen sich zu schließen, die Durchlässigkeit für Na$^+$ sinkt. Gleichzeitig steigt die Permeabilität für K$^+$ durch die Öffnung zusätzlicher K$^+$-Poren, bis alle K$^+$-Poren geöffnet sind. Dadurch diffundieren verstärkt K$^+$-Ionen aus dem Inneren des Axons in den Außenraum. Der Ausstrom von K$^+$-Ionen wird zusätzlich erleichtert, weil die in die Zelle eingeströmten Na$^+$-Ionen zu einem positiven Ladungsüberschuss im Zellinneren führen. Jedes eingewanderte Na$^+$-Ion ermöglicht es einem K$^+$-Ion, nach außen zu diffundieren.
E **Hyperpolarisation:** Der Zellinnenraum ist gegenüber dem Zellaußenraum für kurze Zeit negativer geladen als während des Ruhepotenzials.	Die zusätzlich geöffneten K$^+$-Poren schließen sich wieder. Allerdings geschieht das nur langsam, sodass K$^+$-Ionen weiterhin aus der Zelle ausströmen können, obwohl das Ruhepotenzial schon wieder erreicht ist.
Ruhepotenzial: An der betroffene Membranstelle sind die ursprünglichen Ladungsunterschiede wieder hergestellt.	Durch die Arbeit der Na-K-Pumpe stellt sich die ursprüngliche Ionenverteilung des Ruhepotenzials wieder ein.

Tab. 9: Verlauf eines Aktionspotenzials (Teil 2).

Die Na⁺- und die K⁺-Poren öffnen sich nur sehr kurze Zeit, sodass das eigentliche **Aktionspotenzial** nur innerhalb **einer Millisekunde** abläuft.

> Während eines Aktionspotenzials kommt es durch die Öffnung der Na⁺-Poren zu einer so starken **Depolarisation**, dass der Innenraum gegenüber dem Außenraum elektrisch positiv wird. Die Membran kehrt während der **Repolarisation** zu den ursprünglichen Ladungsverhältnisse zurück. Das geschieht durch die verzögerte Öffnung zusätzlicher K⁺-Poren und dadurch, dass sich die Na⁺-Poren wieder schließen. Die Na-K-Pumpe ist ebenfalls an den Vorgängen beteiligt.

Depolarisation bis zur Potenzialumkehr

Die Na⁺-Poren bestehen wie die K⁺-Poren aus **Proteinen**. Die Form dieser Proteine wird, wie bei vielen hochmolekularen Eiweißen, durch die Wechselwirkung zwischen unterschiedlich geladenen Bereichen, z. B. **polaren Gruppen** der Aminosäureketten bestimmt. Durch eine von außen angelegte elektrische Spannung kann sich die räumliche Struktur des Proteins und damit seine Eigenschaften ändern (siehe Moleküle des Lebens, S. (1) 50 f.). An der Axonmembran kann die elektrische Beeinflussung, etwa durch ein Generatorpotenzial, zur Öffnung der Na⁺- und – verzögert – der K⁺-Porenproteinen führen. Man spricht von **spannungabhängigen Ionenkanälen**. Wenn der Schwellenwert für die Öffnung der Na⁺-Poren überschritten wird, können Na⁺-Ionen verstärkt in die Zelle diffundieren. Diese Diffusion von Na⁺-Ionen nimmt durch einen **positiven Rückkopplungsmechanismus** explosionsartig zu: Wenn die ersten Na⁺-Kanäle öffnen, strömt Na⁺ in die Zelle ein. Dadurch verstärkt sich die Depolarisation, die Potenzialdifferenz sinkt, infolgedessen ändern noch mehr Na⁺-Porenproteine ihre Konformation und werden für Na⁺ durchlässig. Die daraufhin weiter verstärkte Diffusion von Na⁺ depolarisiert die Membran noch stärker, weitere Na⁺-Poren öffnen usw.

Refraktärzeit

In den Phasen der **Re- und Hyperpolarisierung** (Abschnitte D und E in Abb. S. (1) 142) kehren die Na⁺-Kanäle langsam in ihren ursprünglichen Zustand zurück. Durch die Änderung der Ladung an der Membran nehmen die Proteinmoleküle ihre alte Form wieder an. Erst danach können sie durch eine erneute Depolarisation wieder geöffnet werden.

> Die Zeit, in der in einem Bereich der Axonmembran wegen der **inaktivierten** Na⁺-Kanäle kein neues Aktionspotenzial ausgelöst werden kann, nennt man **Refraktärzeit**.

Zu Beginn dieses Zeitabschnitts, in der **absoluten Refraktärzeit**, ist die Membran nicht zur Bildung eines Aktionspotenzials zu bewegen. Später, in der **relativen Refraktärzeit**, können sich die Na$^+$-Poren vorzeitig öffnen, wenn die Depolarisation sehr stark ist. Bei starker Erregung ist daher die Refraktärzeit **kürzer**. Die entsprechende Membranstelle ist dann nach einem Aktionspotenzial schneller wieder in der Lage ein Aktionspotenzial auszubilden. So kann das Phänomen erklärt werden, dass ein starkes Generatorpotenzial, z. B. erzeugt durch die **starke Reizung** einer Sinneszelle, eine **hohe Frequenz von APs** auf dem ableitenden Axon zur Folge hat, während bei einem schwachen Generatorpotenzial nur wenige APs aufgebaut werden können.

> Während der **Refraktärzeit** kann ein Abschnitt der Axonmembran nicht oder nur schwer zur Bildung eines Aktionspotenzials angeregt werden.

Aktionspotenzial als „Alles-oder-Nichts"-Ereignis

Ob ein AP ausgelöst werden kann, hängt davon ab, ob die Depolarisation an der betreffenden Stelle des Axons den Schwellenwert überschreitet oder nicht. Wenn eine Membranstelle durch elektrische Einflüsse aus dem benachbarten Bereich bis über den Schwellenwert hinaus depolarisiert wurde, antwortet sie in immer der gleichen Weise, d. h. mit rascher Öffnung der Na$^+$- und verzögerter Öffnung der K$^+$-Poren, sodass **unabhängig von der Stärke** der auslösenden elektrischen Einflüsse immer ein **gleichartiges AP** entsteht. Ein AP wird entweder vollständig ausgelöst oder gar nicht, es ist ein **„Alles-oder-Nichts"-Ereignis**. Ob etwa eine Sinneszelle stark gereizt wird oder nur schwach, hat keinen Einfluss auf die **Form** der Aktionspotenziale, die durch die Reizung auf dem ableitenden Axon entstehen (siehe Reizcodierung, S. (1) 165 ff.).

> Ein Aktionspotenzial hat, unabhängig von der Stärke des auslösenden Reizes, **immer** die **gleiche Form**.

Für den Aufbau eines APs ist keine Stoffwechselenergie erforderlich. Die Na$^+$- und K$^+$-Poren öffnen sich allein durch elektrische Einflüsse. Allerdings benötigt eine Membranstelle, an der gerade ein AP ablief, Stoffwechselenergie in Form von ATP für den Betrieb der Na-K-Pumpe, die die Na$^+$- und K$^+$-Ionen gegen ihr Konzentrationsgefälle durch die Membran befördert, um die Ionenverteilung des Ruhepotenzials wieder herzustellen und aufrecht zu erhalten.

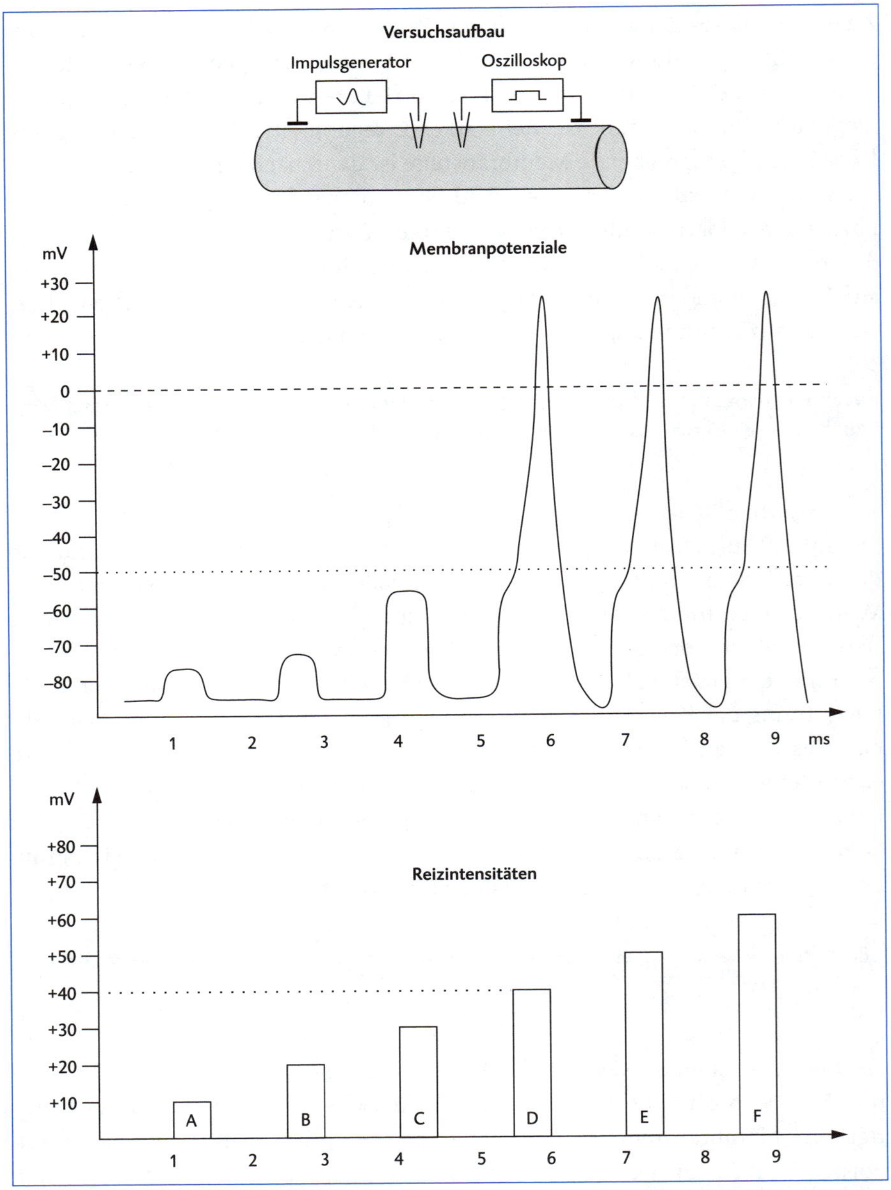

Abb. 64: Reizung eines Axons durch Rechteckimpulse und dadurch ausgelöste Änderungen des Membranpotenzials. Das Ruhepotenzial liegt bei dem untersuchten Axon bei etwa −85 mV, der Schwellenwert liegt bei etwa −50 mV.

1.4 Weiterleitung von Aktionspotenzialen

Die Spannungsänderung eines APs führt zum Aufbau eines **elektrischen Feldes**, das benachbarte Bereiche der Membran beeinflusst. Zwischen dem erregten Membranbereich und der sich **axonabwärts** anschließenden, unerregten Zone kommt es zur Wanderung von Ionen, um die Ladungsunterschiede auszugleichen. Diese Ionenflüsse führen zur Bildung von **(Ausgleichs-)Kreisströmen**. Die Proteine der Membran mit ihren polaren Gruppen reagieren empfindlich auf **elektrische Felder**. Daher verändern sich unter dem Einfluss der Ausgleichsströme auch die Membranporen, die ebenfalls aus Proteinen bestehen. Sobald das Membranpotenzial der Nachbarregion durch Kreisströme bis über den Schwellenwert depolarisiert wurden, öffnen sich auch hier die Na^+-Poren, in der Folge läuft ein AP ab:

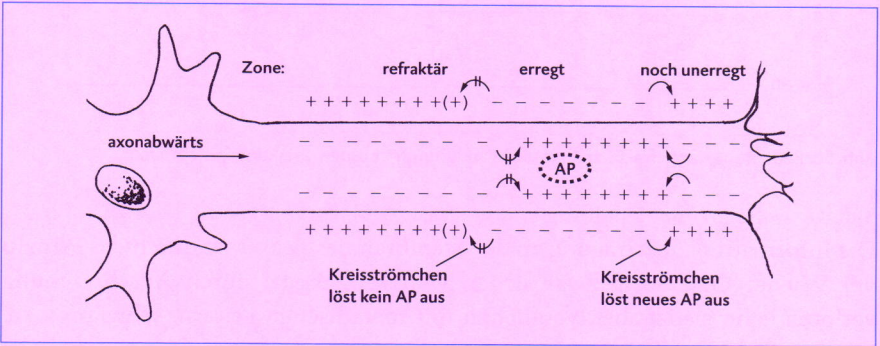

Abb. 65: Gerichtete Informationsweiterleitung: Die Ausgleichsströme lösen axonabwärts neue Aktionspotenziale aus.

Da alle entstehenden APs dem „Alles-oder-Nichts-Prinzip" folgen und **gleich stark** sind (siehe S. (1) 145), schwächt sich die Erregung während der Weiterleitung über das Axon nicht ab. Man spricht daher von einer Weiterleitung mit **ständiger Wiederverstärkung**.

Festlegung der Wanderungsrichtung durch die Refraktärphase
Ein AP kann immer nur den **axonabwärts** liegenden Bereich der Membran zur Bildung eines neuen APs anregen, da sich der **axonaufwärtige** Membranabschnitt in der Refraktärphase befindet.

> Die Refraktärphase legt die **Richtung** der Erregungsleitung fest.

Aktionspotenziale können daher nicht „zurücklaufen". Ein einmal ausgelöstes AP sorgt dafür, dass sich fortlaufend **nur in einer Richtung** weitere APs bilden, ähnlich wie bei einer Reihe hintereinander gestellter Dominosteine der erste umgestoßene Stein dazu führt, dass alle anderen in einer Richtung umfallen.

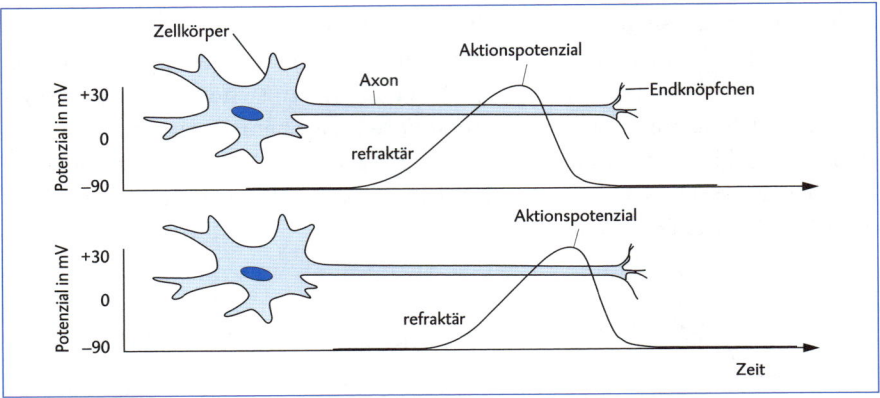

Abb. 66: Bedeutung der Refraktärzeit für die Wanderungsrichtung von Aktionspotenzialen.

Saltatorische Erregungsleitung an myelinisierten Nervenfasern

Die Informationsübertragung an der Membran des Axons ist durch das Prinzip der Wiederverstärkung zwar sicher, weil kein Signal durch Abschwächung verloren geht, sie ist aber, verglichen mit metallischen Leitern, sehr **langsam**. Eine Möglichkeit, die Leitungsgeschwindigkeit zu erhöhen, findet man bei den **myelinisierten** (markhaltigen) Fasern der Wirbeltiere. In markhaltigen Fasern kann nur an den **Ranvier'schen Schnürringen** ein AP entstehen, die Zahl der APs ist hier **erheblich geringer** als bei den nichtmyelinisierten Fasern wirbelloser Tiere.

Im Bereich zwischen den Ranvier'schen Schnürringen verhindert die Myelinschicht, dass Ionen durch die Membran der Zelle wandern. Ohne diese Diffusion kann aber kein AP entstehen. Die APs überspringen daher an der myelinisierten Nervenfaser die Bereiche zwischen den Schnürringen, sie **springen** von einem Ranvier'schen Schnürring zum nächsten. Man bezeichnet diese Form der Informationsübertragung als **saltatorische Erregungsleitung**. Ein AP löst nicht in unmittelbarer Nachbarschaft das nächste aus, sondern erst am nächsten Ranvier'schen Schnürring, also in beträchtlicher Entfernung.

> An **myelinisierten** Nervenfasern können APs nur an den Ranvier'schen Schnürringen entstehen. Dadurch wird die Erregungsleitung **deutlich beschleunigt**.

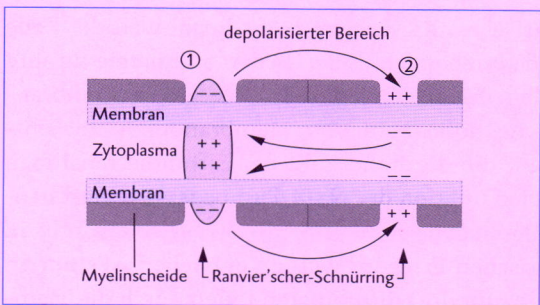

Abb. 67: Schematische Darstellung des Aufbaus von Aktionspotenzialen bei saltatorischer Erregungsleitung.

Kontinuierliche Erregungsleitung an nichtmyelinisierten Nervenfasern

An der nichtmyelinisierten (marklosen) Nervenfaser muss jeder Bereich der Membran bei der Fortleitung der Erregung zur Bildung eines APs angeregt werden. Diese **kontinuierliche Erregungsleitung** lässt sich nur dadurch beschleunigen, dass ein AP seine Nachbarbereiche schneller zum Aufbau eines neuen APs anregt. Das ist durch die **Erhöhung des Durchmessers** des Axons möglich. Die Depolarisation, die von einem AP ausgeht, erreicht in einem dickeren Axon weiter entfernte Bereiche als in einem dünnen.

Axone von zum Teil erstaunlicher Dicke, die **Riesenaxone** findet man bei einigen wirbellosen Tieren, z. B. bei Tintenfischen, Krebsen oder Regenwürmern. Allerdings erkaufen sich diese Tiere den Vorteil, den Riesenaxone bieten, mit einem **hohen Aufwand** an Material. Dabei ist der „Erfolg" im Vergleich zur saltatorischen Leitung eher bescheiden. Auch in sehr dicken Axonen ist die Leitungsgeschwindigkeit **erheblich langsamer** als bei myelinisierten Fasern.

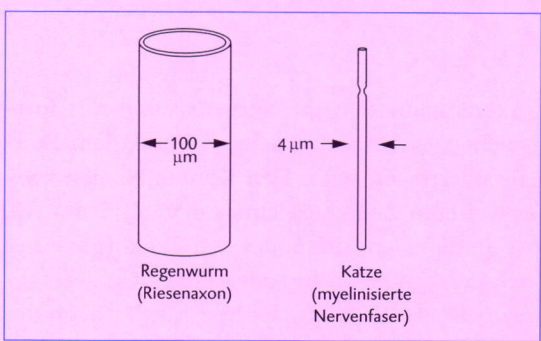

Abb. 68: Nervenfasern mit etwa gleicher Geschwindigkeit der Erregungsleitung in maßstabgerechter Darstellung.

Außerdem ist der Energiebedarf eines Riesenaxons sehr hoch, weil die Zelle mehr Zytoplasma enthält und dadurch einen hohen Bedarf an Energie für ihre Stoffwechselprozesse hat. Zudem haben Riesenaxone eine große Membranoberfläche und damit auch eine hohe Zahl von Membranporen mit entsprechend vielen Na-K-Pumpen, die die hohe Zahl der diffundierten Ionen wieder zurücktransportieren. Die Funktion der Na-K-Pumpe ist energieabhängig, und daher benötigt ein Riesenaxon **sehr viel Stoffwechselenergie** in Form von ATP. Bei der saltatorischen Erregungsleitung entstehen APs nur an den Ranvier'schen Schnürringen, nur dort diffundieren Ionen durch die Membran, sodass auch nur dort Na-K-Pumpen laufen müssen. Der Energiebedarf ist daher erheblich geringer als bei der kontinuierlichen Erregungsleitung am nicht myelinisierten Axon.

Der hohe Materialaufwand, der damit verbundene hohe Platzbedarf sowie der hohe Energieverbrauch erklären, warum Riesenaxone nur in den Bereichen des Nervensystems vorkommen, bei denen die **Erhöhung** der Leitungsgeschwindigkeit besonders große Vorteile bietet, z. B. bei den Nervenfasern, die Muskeln innervieren, die zur Flucht benötigt werden, wie die des Schwanzschlages bei Krebsen oder die Muskeln des Regenwurms, die den Körper schnell zurückziehen können. Für das Tier bringt es mehr Vorteile, nur in einem Teil des Nervensystems Riesenaxone auszubilden, statt mit großen Aufwand an Material und Energie das gesamte Nervensystem damit auszustatten.

In der Forschung sind Riesenaxone, die einen Querschnitt von bis zu 1 mm erreichen können, für **neurophysiologische Experimente** sehr beliebt. Wegen ihrer Größe lassen sich Elektroden leicht einstechen. Die meisten grundlegenden Erkenntnisse der Neurophysiologie wurden an Riesenaxonen gewonnen.

1.5 Erregungsleitung an der Synapse

Die Erregung eines einzelnen Axons kann sich im Nervensystem nur fortpflanzen und eine Wirkung erreichen, wenn sie an seinem Ende, dem Endknöpfchen, auf eine weitere Zelle übertragen wird. Den Kontaktbereich zwischen dem Axonende und einer weiteren Zelle bezeichnet man als **Synapse**. Ein Axon kann mit einer Synapse an den Dendriten oder den Zellkörper einer anderen **Nervenzelle** sowie an eine **Drüsenzelle** oder eine **Muskelfaser** grenzen. Eine besonders große Synapse ist die **motorische Endplatte**, an der ein speziell gestaltetes, großes Endknöpfchen Kontakt mit einer **Muskelfaser** aufnimmt. An motorischen Endplatten wird die Erregung des Axons auf die Muskelzelle übertragen. Dadurch werden Prozesse ausgelöst, die zur Kontraktion der Muskelzelle führen.

Bau einer Synapse

Die beiden in einer Synapse aneinander grenzenden Zellen sind durch einen schmalen **Spalt** mit einer Breite von 10–50 nm voneinander getrennt. Die **präsynaptische Seite** wird vom Endknöpfchen gebildet. In der Regel ist es mit **Vesikeln**, den **synaptischen Bläschen**, gefüllt. Außerdem findet man hier eine erhöhte Zahl von Mitochondrien, ein Umstand, der auf einen großen ATP-Bedarf und damit auf eine hohe Stoffwechselaktivität schließen lässt.

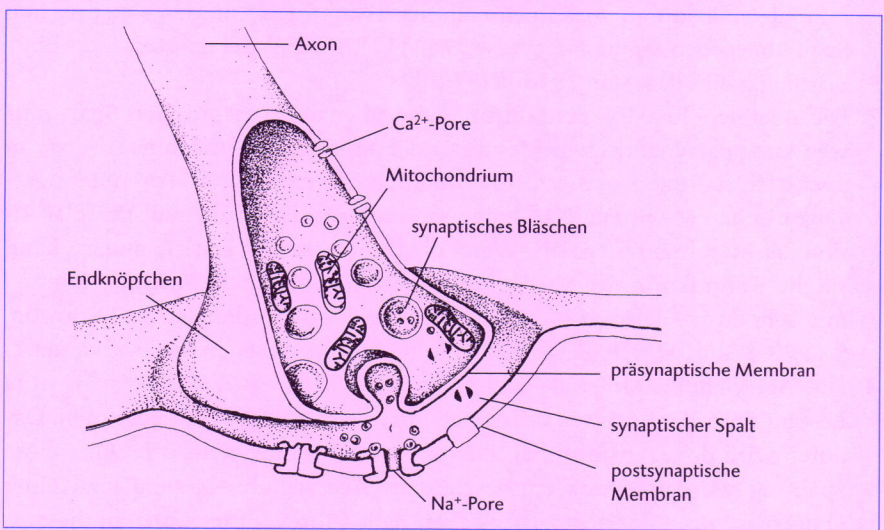

Abb. 69: Schnitt durch eine Synapse.

In der Zellmembran auf der anderen Seite des **synaptischen Spalts**, der **postsynaptischen** Seite, liegen zahlreiche Proteinmoleküle, die als **Rezeptormoleküle** (Wirkstellen) fungieren. Sie sind in der Lage, die Permeabilität der Membran für Ionen zu verändern, sodass sich Potenzialänderungen ergeben.

Vorgänge bei der Weiterleitung der Erregung an einer Synapse

Die Erregungsübertragung an Synapsen erfolgt auf **chemischem** Wege. Elektrische Impulse (APs) werden in chemische Signalstoffe, die **Transmitter** umgesetzt. Je höher die Frequenz der Aktionspotenziale, je größer also die Erregung des Axons, umso mehr Transmittermoleküle werden ausgeschüttet. Die **Konzentration** des Transmitters im synaptischen Spalt ist proportional zur **Frequenz** der APs (siehe Codierung, S. 165 ff.).

Im Folgenden sind die **einzelnen Schritte der Erregungsübertragung** am Beispiel der motorischen Endplatte erläutert:

1. Ein am Endknöpfchen eintreffendes AP verändert bestimmte spannungsgesteuerte **Porenproteine** in der Membran so, dass kurzfristig Ca^{2+}-Ionen in die Zelle einströmen können.
2. Die in das Endknöpfchen eindiffundierten Ca^{2+}-Ionen regen einen Teil der synaptischen Bläschen dazu an, mit der präsynaptischen Membran zu verschmelzen. Dadurch wird ihr Inhalt, der **Transmitter**, in den synaptischen Spalt abgegeben (siehe Exocytose, S. (1) 13). Im Fall der motorischen Endplatten ist dies das **Acetylcholin**.
3. Die Acetylcholin-Moleküle diffundieren über den synaptischen Spalt hinweg zur postsynaptischen Membran der Muskelzelle und binden dort an **spezifische Rezeptormoleküle**. Dadurch öffnen sich Na^+-Poren der postsynaptischen Membran, Na^+-Ionen strömen ein. Dies führt zur Depolarisation des Membranpotenzials. Wenn die Depolarisation stark genug ist, kann sie die Kontraktion der Muskelfaser hervorrufen. Durch Diffusion können nur sehr kurze Distanzen schnell überwunden werden (siehe Diffusion, S. (1) 10). So lässt sich die **geringe** Breite des synaptischen Spalts erklären.
4. Die Acetylcholin-Moleküle werden vom Enzym **Cholinesterase** in ihre Bestandteile, die **Essigsäure** (Acetat-Ionen) und das **Cholin** gespalten. Dadurch wird der Transmitter als chemisches Signal **unwirksam**. Ohne diese Spaltung würden einmal ausgeschüttete Acetylcholin-Moleküle zu einer **Dauererregung** der postsynaptischen Zelle führen. Eine einmal in die motorischen Endplatten eingelaufene Erregung hätte eine Dauerkontraktion des betreffenden Muskels zur Folge.
5. Die Spaltprodukte Cholin und Essigsäure werden wieder in das Endknöpfchen aufgenommen und dort unter Energieverbrauch zu Acetylcholin verbunden. Der hohe Bedarf an ATP für die Synthese des Acetylcholins erklärt die Vielzahl der Mitochondrien in den Endknöpfchen. Am Ende dieses Synthesevorgangs liegen die Transmitter-Moleküle von einer Membran umgeben als **synaptische Bläschen** im Plasma des Endknöpfchens vor, um bei erneutem Eintreffen von APs in den synaptischen Spalt ausgeschüttet zu werden. Durch diesen „Recycling-Vorgang" kann die Zelle mit **sehr wenig** Transmittersubstanz auskommen. Außerdem ist die Synthese des Transmitters aus seinen Spaltprodukten viel **effizienter** und **schneller** als die in vielen Syntheseschritten erfolgende Neusynthese aus einfacheren chemischen Ausgangsstoffen.

6 Bei einer durchschnittlich starken Erregung kommen in kurzer Zeit viele Aktionspotenziale in einem Endknöpfchen an. In den synaptischen Bläschen ist in der Regel so viel Transmitter gespeichert, dass auch dann genügend ausgeschüttet werden kann, wenn **sehr viele APs** einlaufen. Wenn es diesen Vorrat nicht gäbe, würde nach dem Eintreffen eines APs viel Zeit verstreichen, bis das nächste übertragen werden könnte, weil die erforderliche Menge an Transmitter erst durch Synthese aus Cholin und Essigsäure bereitgestellt werden müsste.

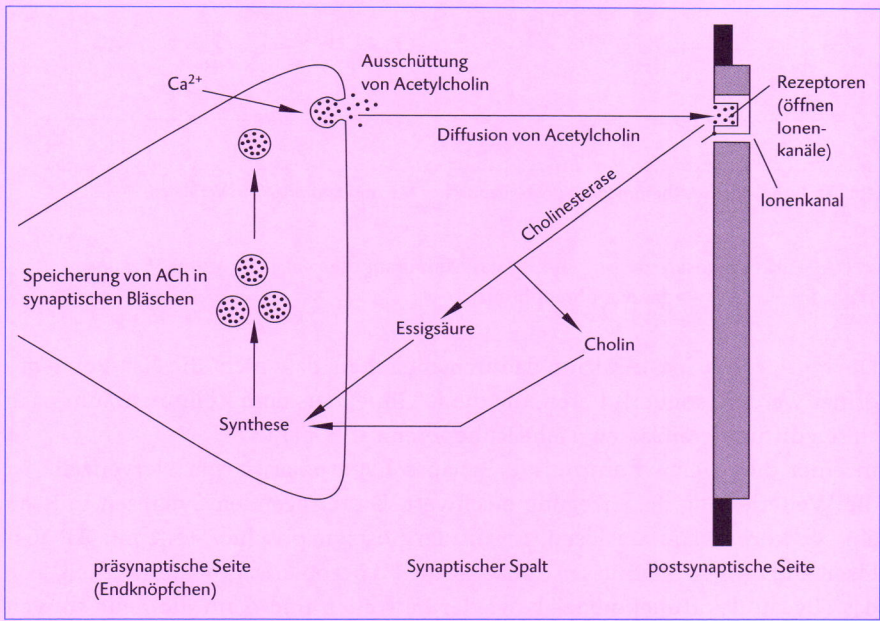

Abb. 70: Übersicht über die an einer Synapse ablaufenden Vorgänge.

Synapsen wirken wie **Ventile**, denn sie lassen die Übertragung von Erregung nur in eine Richtung zu, da die Rezeptoren immer in der Membran der **postsynaptischen** Zelle liegen und der Transmitter immer nur von der **präsynaptischen** Zelle abgegeben wird.

Erregende und hemmende Synapsen
Im Nervensystem gibt es mehrere Typen von Synapsen, die unterschiedliche Transmitter freisetzen oder unterschiedlich wirkende Rezeptoren in der postsynaptischen Membran haben:

- **Erregende Synapsen** machen das elektrische Potenzial der postsynaptischen Zelle stärker positiv, sie erzeugen ein erregendes postsynaptisches Membranpotenzial (EPSP).
- **Hemmende Synapsen** verringern das Membranpotenzial, sie bewirken ein hemmendes (inhibitorisches) postsynaptisches Membranpotenzial (IPSP).

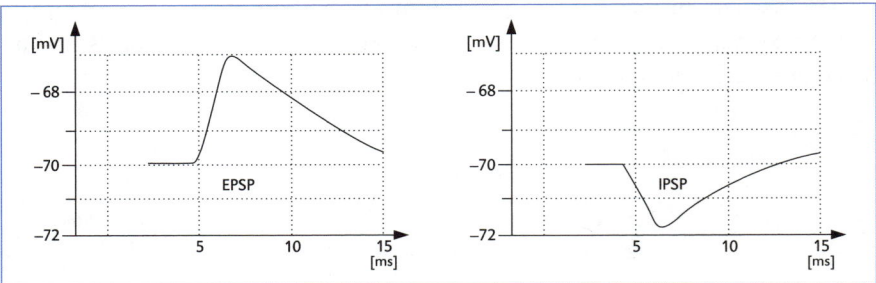

Abb. 71: Erregendes und hemmendes postsynaptisches Membranpotenzial im Vergleich.

> Erregende Synapsen **depolarisieren** das Membranpotenzial, **hemmende** Synapsen **hyperpolarisieren** das Membranpotenzial.

Die **Hyperpolarisation** kann dadurch entstehen, dass nicht die Na^+-Poren geöffnet werden, sondern Poren, die die K^+-Ionen aus dem Zellinnenraum nach außen diffundieren lassen (siehe Ruhepotenzial, S. (1) 137).

In einer durch eine **hemmende** Synapse hyperpolarisierten Nervenzelle ist die Weiterleitung der Erregung erschwert. Die erregenden Synapsen müssen ein **stärkeres EPSP** auslösen, um in der postsynaptischen Zelle ein AP auslösen zu können. Sie müssen zunächst die Hyperpolarisation ausgleichen, also das Niveau des Ruhepotenzials wieder herstellen und dann die Zelle so weit depolarisieren, dass das Membranpotenzial am Axonhügel den Schwellenwert erreicht. Einige Synapsen sind so angelegt, dass erst ab einer bestimmten **Frequenz** der APs genügend Transmitter freigesetzt wird, um im postsynaptischen Axon APs aufbauen zu können. Diese Synapsen dämpfen die Erregung (siehe zeitliche Summation, S. (1) 169 f. und 176).

Beeinflussung der Funktion durch Synapsengifte

Die Erregungsübertragung an Synapsen lässt sich durch chemische Substanzen, so genannte **Synapsengifte** stören. Das nutzt man in der biologischen Forschung, aber auch in der Medizin. **Narkotisierende** Stoffe blockieren bestimmte Synapsen und schalten so das Schmerzempfinden aus. Auf den entsprechenden Nervenbahnen läuft dann keine Erregung zum Gehirn. Durch

Medikamente, die bestimmte Synapsen fördern oder hemmen, lassen sich psychische Prozesse beeinflussen. Die meisten **Psychopharmaka** greifen an Synapsen an. Im Folgenden sind die Möglichkeiten, wie sich die Synapsenfunktion stören lässt, am Beispiel einer motorischen Endplatte zusammengestellt:

- Ein Synapsengift kann verhindern, dass der Transmitter (Acetylcholin) in den synaptischen Spalt **abgegeben** wird. **Botulin**, das Gift der Botulinus-Bakterien in verdorbenem Fleisch oder Fisch, hat diese Wirkung. In der Folge ändert sich das Membranpotenzial der postsynaptischen Muskelfaser nicht, die Erregung kann nicht übertragen werden, die Muskulatur lässt sich nicht zur Kontraktion anregen. Es kommt zu einer **schlaffen Lähmung**, die zum Tod führen kann, wenn die Atemmuskulatur betroffen ist.
- Das Schädlingsbekämpfungsmittel **E 605** verhindert durch Hemmung des Enzyms Cholinesterase, dass Acetylcholin in die unwirksamen Bestandteile Cholin und Essigsäure gespalten wird. Der Acetylcholin-Spiegel im synaptischen Spalt steigt an. Dies führt zur **Dauererregung** der postsynaptischen Zelle, etwa einer Muskelfaser, und in Folge zur Verkrampfung der Muskulatur. Ist die Atemmuskulatur betroffen, so erstickt man an **starrer Lähmung**.
- Synapsengifte können mit dem Transmitter an den Rezeptoren in der postsynaptischen Membran **konkurrieren**. Wegen ihres ähnlichen Baus binden sich solche Gifte statt Acetylcholin an die Rezeptoren, ohne die entsprechende Permeabilitätsänderung der Membran auslösen zu können. An den besetzten und damit blockierten Rezeptoren kann Acetylcholin nicht mehr wirken. Das südamerikanische Pfeilgift **Curare** zeigt diese Wirkung. Die postsynaptische Seite wird, je nachdem wie viele Rezeptoren von den Molekülen des Synapsengifts besetzt sind, weniger stark oder gar nicht mehr depolarisiert. Die Erregung kann nur noch stark abgeschwächt oder gar nicht mehr übertragen werden. Eine **schlaffe Lähmung** oder eine nur noch kraftlose Kontraktion der Muskulatur sind die Folge. Durch Lähmung der Atemmuskulatur kann der Tod eintreten. Da die Cholinesterase das blockierende Synapsengift nicht abbauen kann, hält die Wirkung lange vor.
- **Nikotin** wirkt ähnlich wie Acetylcholin, kann aber von Cholinesterase nicht abgebaut werden. Übermäßige Erregung der Muskulatur ist die Folge, da zur Wirkung des Acetylcholins zusätzlich die des Nikotins hinzutritt. Die Muskelfaser wird nicht nur in dem Maße erregt, wie es der Frequenz der präsynaptisch einlaufenden APs entspricht, sondern zusätzlich noch durch die Wirkung des Nikotins. Zu starke und nicht richtig aufeinander abgestimmte Kontraktionen, die sich durch **Muskelzittern** bemerkbar machen, sind das Resultat. In hoher Dosierung, wenn Nikotin z. B. über die Verdauungsorgane in die Blutbahn gerät, kann die Wirkung tödlich sein.

Zusammenfassung

- Nervenzellen bestehen aus den Dendriten, dem Zellkörper und einem Axon. Dendriten leiten Erregung zum Zellkörper hin, Axone vom Zellkörper weg.

- Axone können von einer Schicht aus Membranen umgeben sein (Myelinscheide). Dadurch werden sie gut elektrisch isoliert. Die Myelinscheide ist in regelmäßigen Abständen durch „Ranvier'sche Schnürringe" unterbrochen.

- An der Axonmembran besteht ein Konzentrationsgefälle zwischen den Ionen des Innen- und Außenraums. Da es wegen der selektiven Permeabilität der Membran nur teilweise durch Diffusion ausgeglichen werden kann, kommt es zu einer ungleichen Verteilung der Anionen und Kationen und damit zu Ladungsunterschieden (Potenzialdifferenz).

- Die Ungleichverteilung der Ionen an der Membran bleibt durch das Bestreben nach Ladungsausgleich stabil. So entsteht eine gleich bleibende Ladungsdifferenz (Potenzialdifferenz) von etwa 80–90 mV, die als Ruhepotenzial bezeichnet wird.

- Durch die Axonmembran in die Zelle einsickernde Na^+-Ionen werden durch die Na-K-Pumpe zurück in den Außenraum befördert, um zu verhindern, dass sich das Ruhepotenzial verringert.

- Die Bildung eines Aktionspotenzials ist eine Eigenleistung der Axonmembran. Ein AP entsteht, wenn das Potenzial der Membran unter einen bestimmten Schwellenwert gesenkt wird.

- Ein AP ist ein „Alles-oder-Nichts"-Ereignis.

- Die Veränderungen der Ladungsverhältnisse während eines APs kommen durch die zeitlich versetzten Öffnungen von Na^+- und K^+-Poren zustande.

- Zur Wiederherstellung der Ionenverteilung des Ruhepotenzials nach einem AP ist die verstärkte Aktivität der Na-K-Pumpe erforderlich. Dabei verbraucht die entsprechende Membranstelle Stoffwechselenergie (ATP)

- Während des Ablaufs eines APs ist die entsprechende Membranstelle nicht oder nur schwer erregbar (Refraktärzeit).

- Die Weiterleitung von Aktionspotenzialen geschieht durch ständige Wiederverstärkung. Die Refraktärzeit verhindert, dass APs zurücklaufen.

- Die Weiterleitung der Information am Axon ist durch die ständige Wiederverstärkung zwar sicher, verglichen mit metallischen Leitern aber langsam.

- Zur Erhöhung der Leitungsgeschwindigkeit dienen die Vergrößerung des Querschnitts bei Riesenaxonen und die Verringerung der Zahl der APs durch Myelinscheide und Ranvier'sche Schnürringe.

- An Synapsen grenzt das Axon einer Nervenzelle an eine weitere Zelle. Motorische Endplatten sind sehr große Synapsen zwischen einem Axon und einer Muskelzelle (Muskelfaser).
- An Synapsen wird die Erregung chemisch, durch einen Überträgerstoff (Transmitter) übertragen.
- Bei einer ruhenden Synapse ist in der Regel ein Vorrat an Transmitter in den synaptischen Bläschen gespeichert.
- Synapsen haben Ventilwirkung. Sie lassen die Übertragung der Erregung nur in eine Richtung zu.
- Erregende Synapsen depolarisieren das postsynaptische Membranpotenzial (EPSP), hemmende Synapsen hyperpolarisieren das Membranpotenzial der postsynaptischen Zelle (IPSP).

Aufgaben

153. Beschreiben Sie den Aufbau einer Nervenzelle aus einem Nerven, der zu einem Muskel des Menschen zieht. Benutzen Sie dabei auch die Begriffe „Axon" und „Nervenfaser".

154. Nennen Sie die Bestandteile eines Nervs aus dem Teil des menschlichen Nervensystems, der Sinnesorgane und Muskeln versorgt und erläutern Sie in Stichworten ihre Funktion.

155. Geben Sie die Richtung der Erregungsübertragung an den verschiedenen Teilen einer Nervenzelle an.

156. Woraus besteht Myelin? Welche Eigenschaft seiner Bestandteile hat eine wichtige Bedeutung für die Funktion der Nervenzellen?

157. Unter dem Transmissions-Elektronenmikroskop lässt sich der Querschnitt durch eine markhaltige Nervenfaser leicht von dem durch eine marklose Nervenfaser unterscheiden. Beschreiben Sie den im EM erkennbaren charakteristischen Unterschied.

158. Im elektronenmikroskopischen Längsschnitt durch eine Nervenfaser sieht man in regelmäßigen Abständen Unterbrechungen der Markscheide. Wie heißen diese Unterbrechungen? Welche Eigenschaften der Nervenfaser sind an diesen Stellen nicht vorhanden?

159. In welchen systematischen Gruppen und in welchen Teilen des Nervensystems sind markhaltige bzw. marklose Nervenfasern zu finden?

160. Welche Schäden der Nervenfasern können auftreten, wenn Schwangere und Säuglinge extrem wenig Eiweiß erhalten?

161. Im menschlichen Gehirn geht Tag für Tag eine große Zahl von Nervenzellen zu Grunde. Warum kann der Körper diesen Verlust nicht ausgleichen?

162. (themenübergreifende Aufgabe)
Die Myelinscheide besteht fast nur aus Membranen. Beschreiben Sie den Aufbau der Zellmembran.

163. Beschreiben Sie die Verteilung der Ionen an der Membran einer ruhenden Nervenzelle.

164. Durch die Membran einer ruhenden Nervenzelle diffundieren ständig Ionen. Erklären Sie, warum sich kein Konzentrationsausgleich einstellt.

165. (themenübergreifende Aufgabe)
Membranen besitzen die Eigenschaft der „selektiven Permeabilität".
   a Erläutern Sie, was darunter zu verstehen ist.
   b Erklären Sie, durch welche Strukturen und Merkmale die Zellmembran ihre selektive Permeabilität erhält.

166. Nennen Sie drei verschiedene Funktionen von Proteinen bei der Entstehung und Aufrechterhaltung des Ruhepotenzials.

167. Auch eine ruhende Nervenzelle verbraucht ständig ATP. Erklären Sie dieses Phänomen.

168. Welche der folgenden Aussagen zum Ruhepotenzial des Axons treffen zu?
   a Organische Anionen verhindern, dass die K^+-Ionen solange diffundieren, bis der Konzentrationsausgleich erreicht ist.
   b Die Konzentration von Na^+-Ionen ist im Innenraum der Zelle höher als im Außenraum.
   c Die Na-K-Pumpe arbeitet während des Ruhepotenzials nicht.
   d Die Diffusion organischer Anionen durch die Membran eines Axons ist nicht möglich.
   e Die unterschiedliche Permeabilität der Membran für die verschiedenen Ionen ist eine wesentliche Bedingung für die Entstehung eines Ruhepotenzials.
   f Während des Ruhepotenzials lässt sich kein Unterschied der Ladung zwischen dem Innen und Außenraum eines Axons messen.

169. Beschreiben Sie einen Versuchsaufbau der zur Messung des Membranpotenzials einer ruhenden Nervenfaser geeignet ist. Welches Ergebnis erhält man bei einer solchen Messung?

170. Welchen Einfluss auf das Ruhepotenzial hat es, wenn
    a die Konzentration von NaCl im Außenraum vermindert wird?
    b die Na$^+$-Ionen im Außenraum durch K$^+$-Ionen ersetzt werden?
    Erklären Sie so genau wie möglich.

171. Die Vorgänge bei der Entstehung eines Ruhepotenzials beruhen im Wesentlichen auf physikalischen Vorgängen wie Diffusion und elektrostatischer Anziehung (Bestreben nach Ladungsausgleich). Das sind Prozesse, die auch in der unbelebten Natur ablaufen. Dennoch bricht das Ruhepotenzial nach dem Tod eines Tieres zusammen, noch bevor die Verwesung einsetzt. Wie ist das zu erklären?

172. (themenübergreifende Aufgabe)
    Die Zellatmung lässt sich durch bestimmte Gifte wie Kaliumcyanid blockieren. Welche Folgen hat eine solche Vergiftung für das Ruhepotenzial? Erklären Sie so genau wie möglich.

173. Der „Aufstrich" eines Aktionspotenzials gibt an, dass das Membranpotenzial immer positiver wird.
    a In welchem Abschnitt des Aufstrichs ist die Potenzialänderung nicht Folge einer Änderung der Permeabilität?
    b Wird der Ladungsunterschied (Potenzialdifferenz) während des Aufstrichs kleiner oder größer?

174. Der Ablauf eines Aktionspotenzials lässt sich in Abschnitte gliedern. Nennen Sie diese Abschnitte und beschreiben Sie kurz die jeweilige Änderung des Membranpotenzials.

175. Beschreiben Sie die Permeabilitätsänderungen, die Diffusion der Ionen und die Änderungen des Membranpotenzials während eines Aktionspotenzials.

176. Bestimmte Proteine der Axonmembran sind spannungsgesteuert. Welche Bedeutung hat das für die Fähigkeit, Aktionspotenziale aufzubauen?

177. Aktionspotenziale haben den Charakter von „Alles-oder-Nichts"-Ereignissen. Erläutern Sie, warum diese Bezeichnung zutreffend ist.

178. Entwerfen Sie eine Versuchsanordnung, durch die an einem Axon Aktionspotenziale ausgelöst und abgeleitet (gemessen) werden können.

179. Beschreiben Sie die Prozesse, die dafür verantwortlich sind, dass das Membranpotenzial nach Überschreiten des Schwellenwertes so außerordentlich schnell positiver wird.

180. Während der Zeit, in der ein Aktionspotenzial abklingt, kann die entsprechende Stelle des Axons nicht oder nur schwer dazu gebracht werden, erneut ein Aktionspotenzial aufzubauen. Beschreiben Sie die Ursachen für dieses Phänomen.

181. Welche Folgen für ein Aktionspotenzial hat es, wenn man die Konzentration von Na^+-Ionen im Außenraum des Axons verringert?

182. Eine Molchart aus Kalifornien bildet ein Gift, das die Na^+-Kanäle der Membran von Nervenzellen blockiert. Erläutern Sie, wie sich dieses Gift auf die Erregbarkeit der Axonmembran auswirkt.

183. Beschreiben Sie die Ursachen dafür, dass der Energiebedarf eines ruhenden Axons geringer ist als der eines aktiven.

184. Nach dem Tod eines Tieres können noch APs an seinen Axonen ausgelöst werden. Nach mehrfacher Reizung erlischt diese Fähigkeit der Nervenzellen allerdings. Erklären Sie die Ursachen für diese Phänomene.

185. Zur Messung von Aktionspotenzialen sind Spannungsmessgeräte, die als Zeigergeräte (normale Voltmeter) arbeiten, nicht zu gebrauchen. Um Aktionspotenziale in ihrem Verlauf darzustellen, verwendet man Oszilloskope (Oszillographen).
Welches Merkmal von Aktionspotenzialen macht den Einsatz von Oszilloskopen erforderlich? Warum sind Zeigergeräte dafür nicht geeignet? Beschreiben Sie in vereinfachter Form, wie mithilfe von Oszilloskopen Aktionspotenziale sichtbar gemacht werden können.

186. Mit welcher Stromquelle kann unter natürlichen Bedingungen eine nicht erregte Stelle eines Axons bis zum Schwellenwert depolarisiert werden?

187. Die Informationsübertragung (Erregungsleitung) an Axonen wurde v. a. durch Untersuchungen an wirbellosen Tieren erforscht.
Warum sind bestimmte Nervenzellen der Wirbellosen für die Erforschung der elektrochemischen Vorgänge besser geeignet als Zellen aus dem Nervensystem der Wirbeltiere?

188. Einige Axone des Regenwurms sind viel dicker als die des Menschen.
   a Vergleichen Sie die Leistungen dieser dicken Axone mit den übrigen Axonen des Regenwurms und mit denen des Menschen. Stellen Sie dabei auch Überlegungen in Art einer „Kosten-Nutzen-Analyse" an.
   b Aus welchem Grund kann nur ein Teil des Nervensystems eines Regenwurms mit solchen dicken Axonen ausgestattet sein?

189. Erklären Sie, warum Aktionspotenziale bei der Fortleitung immer die einmal eingeschlagene Richtung behalten.

190. Experimentell kann man Aktionspotenziale auslösen, die am Axon aufeinander zulaufen. Was geschieht, wenn die beiden Aktionspotenziale aufeinander treffen?

191. Je nach Bau der Nervenfaser ist die Art der Weiterleitung der Aktionspotenziale am Axon verschieden.
   a Nennen sie die Fachbegriffe für die beiden Arten der Erregungsleitung am Axon.
   b Welche Baumerkmale der Nervenfasern sind für die beiden Arten der Erregungsleitung verantwortlich?
   c Vergleichen sie die beiden Arten der Erregungsleitungen miteinander.
   d In welcher Tiergruppe sind die am schnellsten leitenden Nervenfasern zu finden?

192. Was würde geschehen, wenn die Membranen keine Refraktärzeit hätten?

193. Bei der extrazellulären Ableitung von Aktionspotenzialen werden keine Elektroden in das Axon eingestochen, sondern nur im Außenraum an die Membran angelegt. Dadurch werden Störung durch Verletzungen der Membran vermieden. In der folgenden Abbildung ist die Versuchsanordnung zu sehen, außerdem ist schematisch ein Ausschnitt des Bildes dargestellt, das bei einer solchen Ableitung auf dem Oszilloskop erscheint. Erläutern Sie, wie es zu diesem Bild auf dem Oszilloskop kommt.

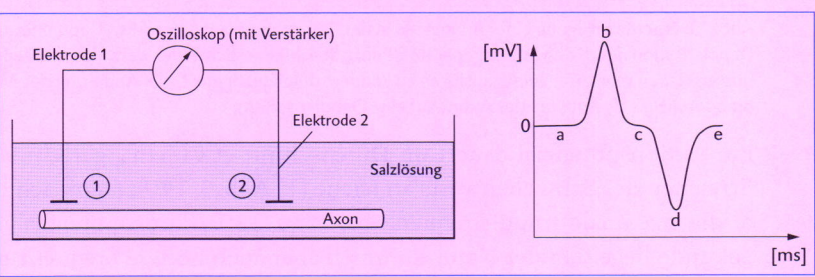

Abb. 72: Extrazelluläre Ableitung von Aktionspotenzialen.

162 / Informationsverarbeitung im Nervensystem

194. Entwerfen Sie eine möglichst einfache Versuchsanordnung, mit der die Leitungsgeschwindigkeit der Aktionspotenziale auf einem Axon gemessen werden kann (Skizze und/oder Beschreibung).

195. In der folgenden Grafik ist dargestellt, wann und durch welche Generatorpotenziale eine Axonstelle erneut erregt werden kann, nachdem dort ein AP ablief. Dazu wurde die Axonmembran nach der 1. bis zur 4. ms mithilfe eines Impulsgenerators depolarisiert.
   a Nennen Sie die Fachbegriffe für die mit „A" und „B" gekennzeichneten Zeiträume.
   b Beschreiben Sie die Erregbarkeit der Membran im Zeitraum A und erläutern Sie die Ursache.
   c Wie ist zu erklären, dass der Schwellenwert nach der zweiten Millisekunde sinkt und der im Zeitraum B herrschende Zustand erreicht wird?
   d Erklären Sie, warum die Aktionspotenziale im Zeitraum B eine geringere Amplitude als normal haben.

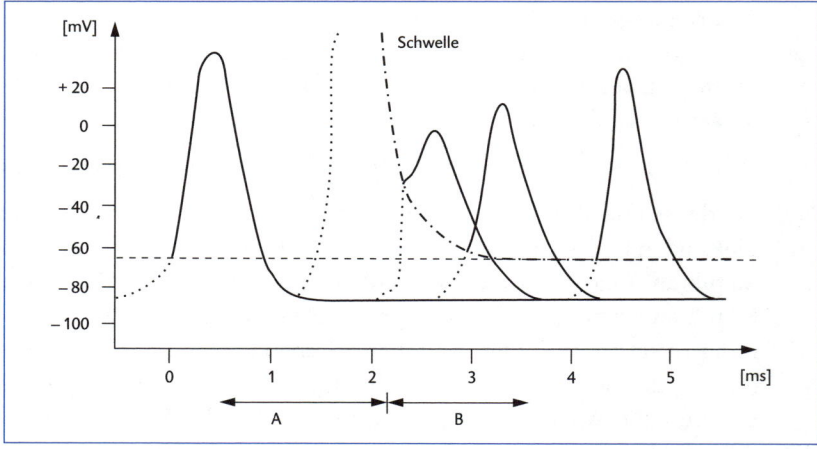

Abb. 73: Erneute Erregung einer Axonstelle in der Zeit nach Ablauf eines APs. (Gepunktete Linie: Depolarisation durch den Impulsgenerator; Punkt-Strich-Linie: Schwellenwert, den die Depolarisation erreichen muss, um ein AP auslösen zu können; durchgezogene Linie: Änderung des Membranpotenzials als Antwort des Axons auf eine Depolarisation).

196. Ein Aktionspotenzial dauert im Durchschnitt etwa 3 ms, gerechnet vom Erreichen des Schwellenwerts an (siehe (1) Abb. S. 140). Demnach müsste die maximale Impulsfrequenz bei etwa 330 Aktionspotenzialen pro Sekunde liegen. In der Natur kommen aber auch höhere Frequenzen vor. Wie ist das zu erklären?

197. Einige Umweltgifte zersetzen Myelin. Welche Folgen hat das
    a für die Leistungsfähigkeit der Nervenzellen?
    b für die Fähigkeit eines Tieres, sich zu bewegen?

198. (themenübergreifende Aufgabe)
    Winterschläfer, wie Igel oder Fledermaus setzen im Winter ihre Körpertemperatur sehr stark, bis auf wenige Grad über den Gefrierpunkt herab. Erläutern Sie, wie sich die geringen Temperaturen auf das Ruhepotenzial und den Aufbau und die Weiterleitung von Aktionspotenzialen auswirken.

199. Ende des 19. Jahrhunderts waren Physiker der Meinung, dass die Nerven keine passive Leitungsfunktion haben könnten. Ihr Leitungswiderstand sei zu hoch, und daher seien sie für die Leitung elektrischer Ströme nicht geeignet. Vergleichen Sie diese Ansicht mit dem heutigen Wissensstand über die Art der Informationsübertragung im Nervensystem. Berücksichtigen Sie dabei nur die Verhältnisse an den Axonen.

200. Erklären Sie den Zusammenhang zwischen der hohen Zahl der Mitochondrien in den Endknöpfchen und Vorgängen in den Synapsen.

201. Wie wird an den Synapsen vermieden, dass ein einmal freigesetzter Transmitter die Na^+-Poren an der postsynaptischen Membran dauerhaft öffnet?

202. Warum ist es erforderlich, einen großen Vorrat an Transmitter in den Endknöpfchen zu speichern?

203. Vergleichen Sie das postsynaptische Membranpotenzial, das an einer erregenden Synapse ausgelöst wird, mit dem einer hemmenden Synapse.

204. Welche Folgen kann sehr starker Mangel an Calcium auf die Funktion des Nervensystems haben?

205. Wodurch kommt die Ventilwirkung der Synapsen zustande?

206. Experimentell kann man Aktionspotenziale auslösen, die in Richtung auf den Zellkörper weitergeleitet werden. In der Natur kommt das nie vor.
    a Beschreiben Sie kurz eine Versuchsanordnung, durch die man Aktionspotenziale in Richtung auf den Zellkörper laufen lassen kann.
    b Erläutern Sie die Ursache dafür, dass unter natürlichen Bedingungen die Erregungsleitung am Axon nur in eine bestimmte Richtung erfolgen kann.

207. Im Folgenden sind einige Gifte beschrieben, die die Vorgänge an Synapsen stören können.
   a Tabun und Sarin sind chemische Kampfstoffe. Sie hemmen das Enzym Cholinesterase.
   b Das Gift des Schierlings wurde im antiken Griechenland als Mittel zur Hinrichtung benutzt. Der Philosoph SOKRATES z. B. wurde gezwungen, Schierlingsextrakt zu trinken und sich damit zu töten. Schierlingsgift besetzt die Rezeptoren für Acetylcholin, kann aber die Na^+-Poren nicht öffnen.
   c Das Gift des Fliegenpilzes wirkt wie Acetylcholin, wird aber von Cholinesterase nicht abgebaut.

   Beschreiben Sie die Folgen der Giftwirkung für die Funktionen der motorischen Endplatte und geben Sie jeweils ein Beispiel für eine Körperfunktion an, die beeinträchtigt wird.

208. Bei längerer sehr starker Impulsfrequenz auf den Axonen kann es passieren, dass die Erregung der postsynaptischen Zellen an den Synapsen z. B. der Muskelzellen immer schwächer wird. Wie ist das zu erklären?

209. An Synapsen wird die Information durch chemische Signale übertragen. Daher ist es von großer Bedeutung, dass der synaptische Spalt außerordentlich schmal ist. Ursache dafür sind Bedingungen, die die Diffusion stellt.
   Erläutern Sie den Zusammenhang zwischen den physikalischen Gesetzmäßigkeiten der Diffusion und dem Zwang, den Spalt eng zu halten. Welche Folgen für die Funktion des Nervensystems und des Körpers hätte es, wenn der synaptische Spalt breiter wäre?

2 Codierung und Verarbeitung der Informationen an Nervenzellen

In allen Informationssystemen werden Nachrichten **codiert**. In der Buchstabenschrift z. B. setzt man gesprochene Laute in Schriftzeichen um, also Schallwellen in Linien, in der Morsetechnik Buchstaben in lange oder kurze Stromstöße, geschrieben als Punkte oder Striche. Auch im Nervensystem müssen die Informationen codiert werden. Die Information über einen Lichtreiz z. B. kann nicht dadurch übertragen werden, dass die Nervenzelle heller wird, ein Schallreiz läuft nicht als Ton im Hörnerv und bei salzigem Geschmack auf der Zunge steigt die Salzkonzentration der Sinnes- und Nervenzellen nicht an. Im Folgenden wird zunächst die Codierung der Information am Axon besprochen. Die Codierung im Bereich der Dendriten und des Zellkörpers folgt im nächsten Kapitel (siehe S. (1) 169 ff.).

2.1 Codierung der Information an Axonen

Zur Codierung der Information stehen nur **Aktionspotenziale** zur Verfügung. Mit diesem Signal muss der Organismus sowohl die **Qualität** als auch die **Quantität** einer Information codieren. Mithilfe von APs muss dem Gehirn z. B. mitgeteilt werden, ob gerade Licht, Schall, Temperaturveränderungen oder Duftstoffe die entsprechenden Sinnesorgane gereizt haben, um welche Qualität des Reizes es sich also handelt. Zusätzlich muss das Gehirn aber auch erfahren, **wie stark** der auf den Körper einwirkende Reiz ist.

Neben den Meldungen der Sinneszellen zum Zentralnervensystem (Gehirn und Rückenmark) auf den **afferenten (sensorischen)** Nervenfasern muss der Körper auch Erregung aus dem ZNS zu den Erfolgsorganen, v. a. Muskeln und Drüsen leiten. Auch auf diesen **efferenten (motorischen)** Nervenfasern müssen Informationen über Qualität und die Quantität übermittelt werden.

Codierung der Reizstärke bei der Erregungsleitung an Axonen

APs sind „Alles-oder-Nichts"-Ereignisse. Deshalb kann die Intensität eines Reizes keinen Einfluss auf die APs haben, die von ihm ausgelöst werden. Das Ausmaß der Potenzialumkehr ist nicht abhängig von der Stärke der Depolarisation (siehe Entstehung eines APs, S. (1) 145 f.). Entscheidend ist nur, ob der Schwellenwert erreicht wird oder nicht. Da die Amplitude eines APs also durch die unterschiedliche Stärke der Depolarisation nicht verändert wird, ist es nicht möglich, bei der Erregungsleitung am Axon die Stärke eines Reizes durch **verschiedene Amplituden** der APs zu codieren.

Versuche haben gezeigt, dass die Reizstärke mittels der **Frequenz der APs** am Axon codiert wird. **Starke** Reize führen zu einer **hohen** Frequenz der APs, schwache Reize zu einer geringen. Diese Art der Codierung bezeichnet man als **Frequenzmodulation**. Entsprechend verhält es sich bei der Erregungsleitung auf den efferenten, motorischen Axonen. Eine hohe Frequenz von APs bedeutet auch hier eine starke Erregung.

> Die **Stärke** eines Reizes wird im Nervensystem über die **Frequenz** der APs codiert. Es handelt sich um einen **frequenzmodulierten** Code.

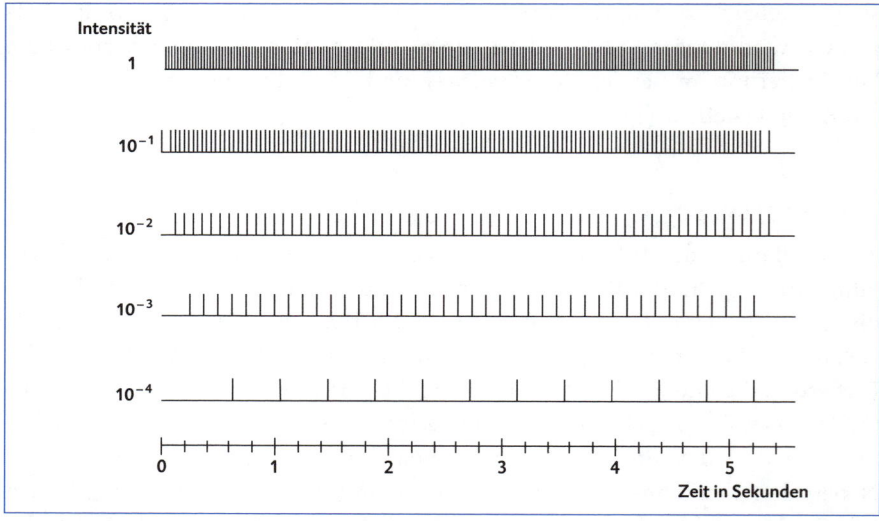

Abb. 74: Aktionspotenziale des Sehnervs eines wirbellosen Tieres *(Limulus)* nach Reizung des Auges durch Licht unterschiedlicher Stärke. Jeder senkrechte Strich steht für ein Aktionspotenzial.

Die Codierung durch **Frequenzmodulation** ist sehr verlässlich. Ob eine Information übertragen werden kann, hängt nur davon ab, ob die Signale ankommen oder nicht. Veränderungen in der Form der Signale ändern die Information nicht. Wenn APs auf dem Übertragungsweg durch Störungen verändert werden, ihre Amplitude z. B. verringert wird, hat das für den Informationsgehalt keine Bedeutung. Vergleichbar ist das mit der hohen Sicherheit, die die Informationsübertragung durch **Morsen** bietet. Der Empfänger entnimmt die Informationen aus einem Muster aus kurzen und langen Tönen. Veränderungen der Tonhöhe oder der Lautstärke, die im Funkverkehr leicht auftreten, haben keinen Einfluss auf den Informationsgehalt. Beim Sprechfunk dagegen wird die Information sowohl amplituden- als auch frequenzmoduliert verschlüsselt. Hier führen Störungen leicht zur Veränderung der Information, sodass der Empfänger die Nachricht nicht mehr vollständig entschlüsseln kann.

Aus weiteren Versuchen weiß man, dass diese Form der Codierung, die Frequenzmodulation, für **alle Axone und alle Organismen** gilt. Die Intensität des Schalls wird auf den Axonen des Hörnervs in gleicher Weise als Frequenz der APs codiert wie die Stärke des Lichts im Sehnerv eines Menschen, einer Maus, einer Fliege oder eines Tintenfisches. Aus dem Bild, das sich bei der Ableitung von APs auf dem Oszilloskop ergibt, ist nur die **Stärke** der Erregung ablesbar, nicht jedoch von welcher Sinneszelle die Erregung ausging oder ob sie von einem afferenten oder efferenten Axon abgeleitet wurde.

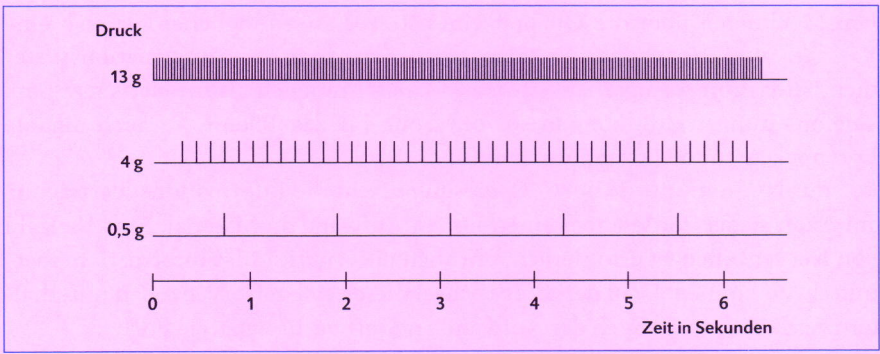

Abb. 75: Ableitungen der Erregung von einer auf Druck reagierenden Sinneszelle der menschlichen Haut.

Codierung der Reizqualität im Nervensystem

Die Art der Erregungsbildung und -leitung im Nervensystem bietet keine Möglichkeit, Reize unterschiedlicher **Qualität** auf demselben Axon zu übertragen. Das zentrale Nervensystem entnimmt die Information über die **Art der Reize** aus der **Art der Nervenbahn**, über die die Erregung einläuft. Der Vielzahl von Meldungen entspricht eine Vielzahl von verschiedenen Nervenbahnen. Jede Sinneszelle oder jede Gruppe von Sinneszellen hat im ZNS ihre entsprechenden **Zielfelder**. Ob eine einlaufende Erregung dadurch ausgelöst wird, dass das Auge einen Lichtreiz erhält oder dass Schallwellen auf das Ohr treffen, unterscheidet das Gehirn nur daran, auf **welchen Axonen** die Erregung eintrifft. Erregung auf den Axonen des Hörnervs werden im Großhirn als Schall, Erregung auf den Axonen des Sehnervs als Licht gedeutet (siehe sensorische Großhirnfelder, S. (1) 203 f.). Für das Gehirn ist entscheidend, **über welche Bahn** die Erregung eintrifft. Entsprechende Verhältnisse liegen auch in den **motorischen** Nervenbahnen vor. Zu jedem Muskel ziehen getrennte Nervenbahnen.

> Die Information über die **Qualität** eines Reizes entnimmt das Gehirn aus der **Nervenbahn**, über die die Erregung eintrifft.

So lassen sich auch jene Sinneseindrücke erklären, die entstehen, ohne dass ein adäquater Reiz auftrifft. Zum Beispiel kann man bei einem Schlag aufs Auge „Sternchen" sehen. Der Schlag reizt die Sinneszellen im Auge, diese antworten mit einer Erregung, ohne dass sie belichtet wurden. Die Erregung gelangt als eine Folge von APs über den Sehnerv ins Großhirn, das aus dem Muster der eintreffenden APs die Information entnimmt, es müsse sich um Sterne handeln. Auf ähnliche Weise entstehen farbige Bilder, wenn man vorsichtigen Druck auf die geschlossenen Augen ausübt.

Um Meldungen über die Qualität eines Reizes zu ermöglichen, ist also eine **Vielzahl von Nervenzellen** erforderlich. In technischen Informationssystemen ist das mit weniger Aufwand an Material möglich als im Nervensystem. Telefonleitungen z. B. können sowohl Töne für das Telefon als auch digitale Datenpakete für den Computer liefern.

Die nur **frequenzmodulierte** Codierung macht die Informationsübertragung am Axon sicher, fordert aber einen hohen Aufwand an Material. Eine Vielzahl von Nervenzellen ist erforderlich, um auch die **Qualität** der Information übermitteln zu können. Weil der Stoffwechsel dieser vielen Nervenzellen unterhalten werden muss, ist auch der Aufwand an Stoffwechselenergie hoch.

2.2 Verschaltung von Nervenzellen und Verrechnung der Erregung

Im Organismus läuft die Erregung in der Regel über mehr als eine Nervenzelle hinweg. Sie überwindet Synapsen und läuft über Dendriten, Zellkörper und Axone. Im Verlauf der Erregungsleitung wird die Information mehrfach umcodiert. Dabei geht es immer nur um die Codierung der Erregungs**stärke**. Am Axon wird das Ausmaß der Erregung als **Frequenz der APs** codiert, an der Synapse als **Konzentration des Transmitters** im synaptischen Spalt.

Amplitudenmodulierte Codierung am Zellkörper und den Dendriten

An den Dendriten und am Zellkörper wird die Erregung zwar elektrisch durch Veränderung des Membranpotenzials geleitet, im Gegensatz zu den Vorgängen am Axon geschieht dies aber **ohne Wiederverstärkung**, da hier keine APs entstehen können. Die Amplitude des postsynaptischen Membranpotenzials wird daher bei der Weiterleitung über einen Dendriten und den Zellkörper immer geringer. Verantwortlich für die Abschwächung der Membranpotenziale ist der **elektrische Widerstand**, der mit steigender Länge des Leitungswegs zunimmt. Die Quantität der Information wird also an den Dendriten und am Zellkörper nicht durch die Frequenz von Signalen codiert, sondern über die Stärke der Änderung des Membranpotenzials – man spricht daher von **amplitudenmodulierter Codierung**.

Ein EPSP, das an einer weit vom Axonhügel entfernt liegenden Synapse entsteht, kann auf dem Weg so schwach werden, dass es die Membran des Axonhügels nicht mehr depolarisieren und damit kein AP mehr auslösen kann. Ein gleich starkes EPSP einer näher am Axon-Hügel liegenden Synapse legt einen kürzeren Weg zurück und wird daher weniger abgeschwächt. Je näher eine Synapse am Zellkörper liegt, desto wahrscheinlicher ist es, dass ein AP weitergeleitet wird.

In den meisten Fällen ist ein **einzelnes** in die Synapse einlaufendes AP jedoch nicht in der Lage, postsynaptisch am Axonhügel ein weiteres AP auszulösen. Wenn die APs, die präsynaptisch in eine Synapse einlaufen, postsynaptisch nicht weitergeleitet werden, geht Information verloren. Das kann man als eine **einfache Form** der Informationsverarbeitung betrachten.

Zeitliche Summation

In der Regel bleibt ein Transmitter, der nach dem Eintreffen eines APs ausgeschüttet wird, länger im synaptischen Spalt, als das AP dauert. EPSP und IPSP bestehen also **länger als ein AP**. Daher ist es möglich, durch schnell aufeinander folgende APs, die Konzentration des Transmitters im synaptischen Spalt zu erhöhen und dadurch die **Änderung** des postsynaptischen Membranpotenzials zu verstärken, bei erregenden Synapsen das EPSP also positiver, bei hemmenden Synapsen das IPSP negativer zu machen. Die Wirkung mehrerer aufeinander folgender APs lässt sich also **addieren** – ein Vorgang, der **zeitliche Summation** (zeitliche Bahnung) genannt wird. Je höher die Impulsfrequenz, desto stärker ist das entstehende EPSP bzw. IPSP (siehe Codierung an Synapsen, S. (1) 168).

Räumliche Summation

Auch gleichzeitig an verschiedenen Synapsen einer Nervenzelle einlaufende APs können sich in ihrer Wirkung addieren. Dieses Phänomen bezeichnet man als **räumliche Summation** (räumliche Bahnung). Je mehr APs gleichzeitig an den Dendriten und/oder dem Zellkörper eintreffen, desto stärker ist die Änderung des postsynaptischen Membranpotenzials. Wenn alle gleichzeitig aktiven Synapsen erregend sind, wird das EPSP positiver. Gleichzeitig aktive hemmende Synapsen vermindern in einer Art Substraktionsvorgang die Wirkung der erregenden Synapsen. Ein AP auf dem postsynaptischen Axon entsteht nur, wenn die erregenden Potenziale (EPSP) nach Abzug der hemmenden (IPSP) noch ausreichen, um die Membran des Axonhügels bis zum Schwellenwert zu depolarisieren. Die an der Nervenzellmembran entstehenden EPSPs und IPSPs werden miteinander **verrechnet**.

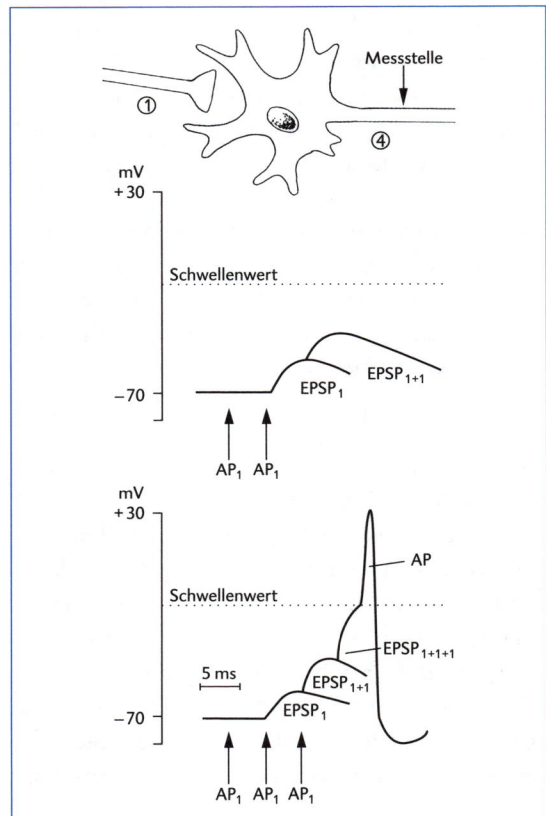

Abb. 76: Zeitliche Summation von EPSPs und Depolarisation am Axonhügel nach Eintreffen von APs in schneller Folge. Erst nach Eintreffen von drei APs in schneller Folge über das Axon (1) ist durch zeitliche Summation der EPSPs die Depolarisation der Membran des Axonhügels (4) ausreichend, um ein neues AP aufzubauen.

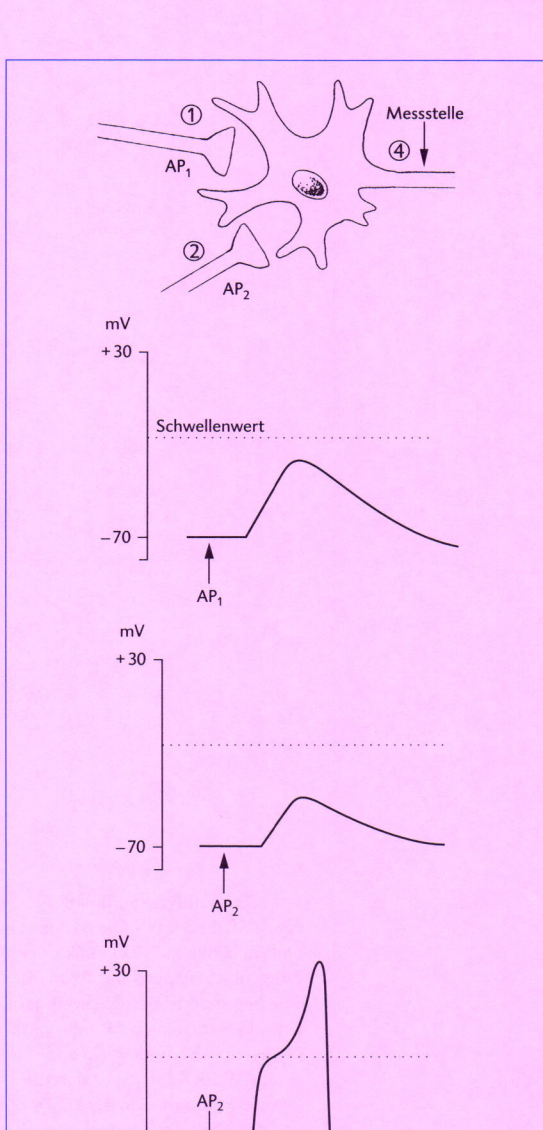

Abb. 77: Räumliche Summation bei erregenden Synapsen. Summation der EPSPs und Depolarisation am Axonhügel nach gleichzeitigem Eintreffen von je einem AP an einer Synapse. Bei gleichzeitigem Eintreffen von einem AP auf Axon (1) und einem AP auf Axon (2) ist durch räumliche Summation der EPSPs die Depolarisation der Membran des Axonhügels (4) ausreichend, um ein neues AP aufzubauen.

172 Informationsverarbeitung im Nervensystem

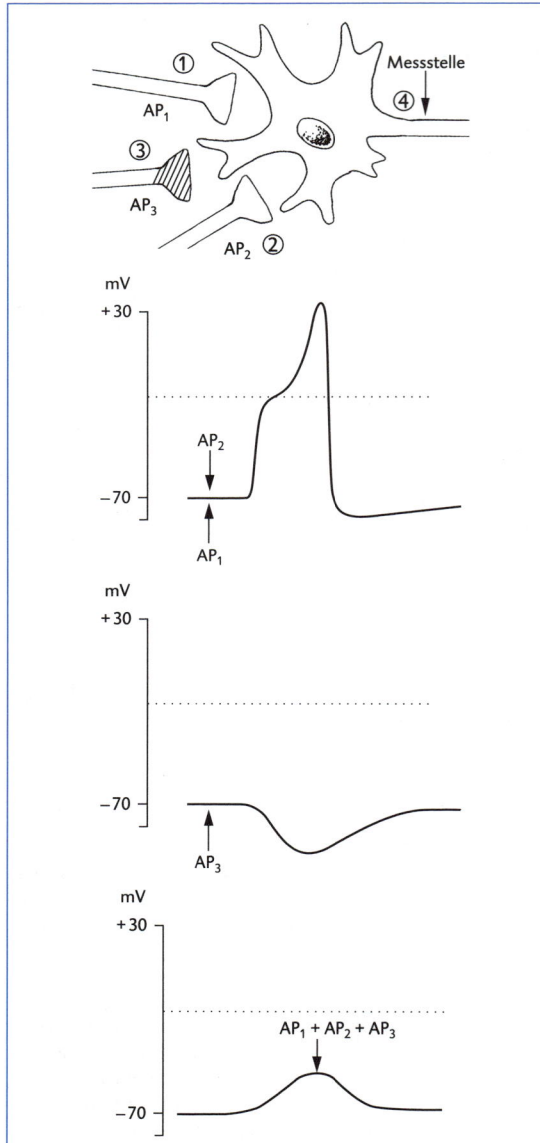

Abb. 78: Räumliche Summation von EPSPs und IPSPs. Die Axone (1) und (2) bilden mit dem Zellkörper erregende Synapsen, das Axon (3) eine hemmende. Bei gleichzeitigem Eintreffen von einem AP auf Axon (1), einem AP auf Axon (2) und einem AP auf Axon (3) ist durch räumliche Summation der EPSPs und des IPSPs die Depolarisation der Membran des Axonhügels (4) nicht ausreichend, um ein neues AP aufzubauen.

Je stärker das EPSP ist, desto mehr APs lassen sich an der postsynaptischen Zelle auslösen. Nachdem ein AP am Axonhügel entstanden ist, lässt sich ein zweites wegen der Refraktärzeit nur schwer auslösen. Ein starkes EPSP kann in der relativen Refraktärzeit die Membran des Axonhügels eher bis zum Schwellenwert depolarisieren als ein schwaches (siehe S. (1) 145). Ein zweites AP kann also schneller auf das erste folgen. Daher ist bei einem starken EPSP die postsynaptische Frequenz der APs höher als bei einem schwachen.

Präsynaptisch auf einem Axon laufende Erregung kann **umso leichter** am postsynaptischen Axon weitergeleitet werden,
- je positiver das Membranpotenzial des Zellkörpers bzw. des Dendriten der postsynaptischen Zelle ist.
- je näher die betreffende erregende Synapse am Axonhügel liegt.
- je stärker die präsynaptische Erregung ist (je höher die Impulsfrequenz ist), je stärker also die zeitliche Summation der EPSPs ist.
- je mehr erregende Synapsen gleichzeitig arbeiten, je stärker also die räumliche Summation gleichzeitig an verschiedenen Synapsen entstehender EPSPs ist.
- je weniger hemmende Synapsen gleichzeitig mit den erregenden aktiv sind.

Eine durchschnittliche Nervenzelle des ZNS trägt eine sehr hohe Zahl von Synapsen an ihrem Zellkörper und den Dendriten (ca. 10 000 bis max. 10^5). Daher können hier sehr viele verschiedene Muster von einlaufenden Erregungen auftreten, abhängig z. B. davon, welche Synapsen jeweils aktiv sind, ob es sich um erregende oder hemmende Synapsen handelt und wie nah sie am Axonhügel liegen. Je nach Muster der einlaufenden Erregung ist auch die Änderung des postsynaptischen Membranpotenzials verschieden. So ergeben sich vielfache Möglichkeiten, die Information zu **beeinflussen**, d. h. viele Möglichkeiten, zu **steuern**, wie viele APs postsynaptisch ausgelöst und damit weitergeleitet werden sollen.

> Die **Verrechnung** von Erregung erfolgt an den **Synapsen** der Dendriten und/oder des Zellkörpers.

Veränderung von Informationen durch unterschiedliche Verschaltungsmuster
Neben der großen Zahl der Synapsen an einer Nervenzelle ist auch die Art der „**Verschaltung**" der Nervenzellen von Bedeutung für die Beeinflussung der Informationen. Zwei Varianten der Verschaltung lassen sich unterscheiden:

1 Wenn sich Axone **verzweigen** und in Synapsen Kontakt mit **mehreren** Nervenzellen aufnehmen, spricht man von einer Verschaltung nach dem **Divergenzprinzip**. Die Weiterleitung der APs durch ständige Wiederverstärkung führt dazu, dass die Frequenz auf den Ästen eines Axons gleich hoch ist wie auf den davor liegenden, unverzweigten Axonbereichen. Ein AP des Axonbereichs, der unmittelbar vor der Zweigstelle liegt (Bereich 1 der folgenden Abbildung), regt benachbarte Axonbereiche auf **beiden Zweigen** des Axons mit seinem elektrischen Feld an. Damit kann sich auf jedem der beiden Zweige je ein weiteres AP aufbauen (Bereiche 2 und 3):

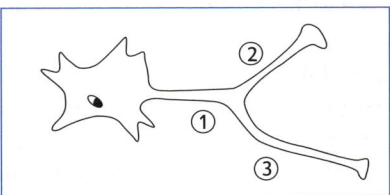

Abb. 79: Erhaltung der Impulsfrequenz bei Verzweigung des Axons.

Durch eine Verzweigung kann daher die auf einem Axon laufende Erregung in gleicher Stärke mehrere nachgeschaltete Zellen erreichen. Wenn beide Zweige eines Axons zur **gleichen** Zelle ziehen, wird die Wirkung der Erregung verdoppelt, das EPSP oder IPSP wird durch räumliche Summation stärker, da zwei Synapsen gleichzeitig mit derselben Impulsfrequenz versorgt werden.

2 Bei Verschaltungen von Nervenzellen nach dem **Konvergenzprinzip** bilden die Endknöpfchen von Axonen mehrerer Nervenzellen Synapsen mit den Dendriten oder dem Zellkörper **einer einzigen** postsynaptischen Zelle. Die Stärke eines EPSPs oder IPSPs an der postsynaptischen Zelle ist abhängig davon, wie viele präsynaptische Zellen erregt sind, wie stark diese Erregung ist und ob ihre Synapsen hemmend oder erregend sind.

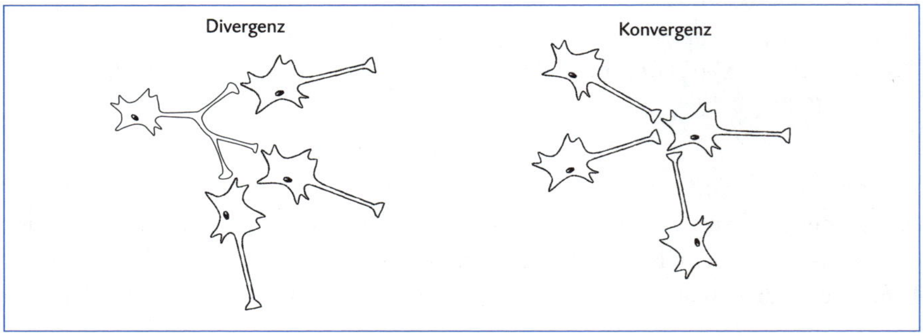

Abb. 80: Verschaltungen nach dem Divergenz- und dem Konvergenzprinzip.

Durch Verzweigung der Axone, durch Verschaltung nach dem Divergenz- und dem Konvergenzprinzip und durch das Vorhandensein sowohl hemmender wie auch erregender Synapsen ergibt sich eine außerordentlich große Zahl **verschiedener Erregungsmuster** im Zentralnervensystem, wegen der dort sehr hohen Zelldichte ganz besonders im **Gehirn**.

Die Wirkung unterschiedlicher Schaltungen

Wenn, wie in der folgenden Abbildung (Fall A) dargestellt, allein auf der linken Faser APs laufen, werden drei Nervenzellen überschwellig erregt, fünf unterschwellig. Wenn allein auf der rechten Faser Erregung läuft (Fall B), werden zwei Nervenzellen überschwellig, sechs unterschwellig erregt. Wenn aber **auf beiden Fasern gleichzeitig** APs laufen, wenn also räumliche Summation an den Zellkörpern und Dendriten auftritt, werden nicht, wie man erwarten könnte, fünf Nervenzellen (3 + 2) überschwellig erregt, sondern **acht** (Fall C):

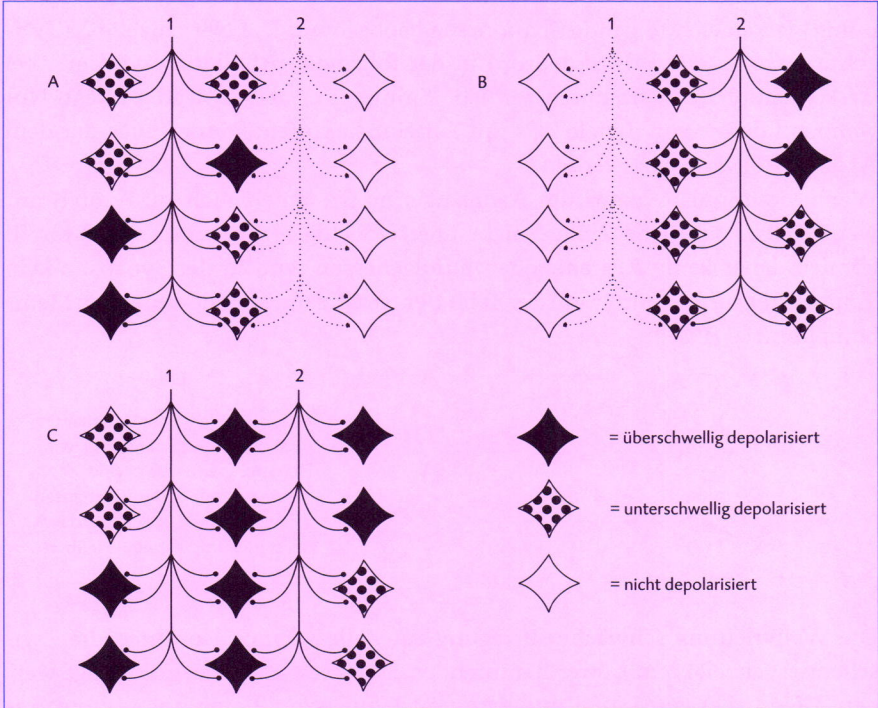

Abb. 81: Überschwellig erregte Nervenzellen bei Erregung auf einzelnen Axonen und bei gleichzeitig einlaufender Erregung auf zwei Axonen (räumliche Summation).

Wie lässt sich dies erklären? Unterschwellig erregte Zellkörper haben die gleiche Wirkung wie nicht erregte, sie können keine APs weiterleiten. Wenn beide Fasern **gleichzeitig** erregt sind, wie im Fall C, wenn also räumliche Summation auftritt, können die unterschwellig erregten Zellen der Fälle A oder B leichter zu überschwellig erregten werden als gar nicht erregte. Bei unterschwellig erregten Zellen ist das Membranpotenzial schon ein wenig positiver geworden, die Depolarisation reicht aber noch nicht aus, um am Axonhügel den Schwellenwert zu erreichen. Wenn aber die Erregung der zweiten Faser hinzukommt, kann durch räumliche Summation das zusätzliche EPSP ausreichen, um die Zellen überschwellig zu erregen. In den zuvor gezeigten Fällen ist die Summe der überschwellig erregten Zellen bei getrennter Erregung beider Axone daher geringer als bei gleichzeitig auf beiden Fasern einlaufender Erregung.

Bei einem anderen Verschaltungsmuster, der so genannten „Renshaw-Hemmung" lassen sich folgende Phänomene beobachten: Die Nervenzelle 2 (**Zwischennervenzelle** = Interneuron) in der folgenden Abbildung wird erst bei starker Impulsfrequenz durch zeitliche Summation überschwellig erregt. Nur wenn auf dem Axon II viele APs pro Zeiteinheit laufen, können auch auf dem Axon III APs ausgelöst werden.
Wenn die Impulsfrequenz des Axons I gering ist, laufen auch auf Axon II nur wenig APs, sodass die Zelle 2 nicht überschwellig erregt wird. Auf Axon III können daher keine APs entstehen, infolgedessen wird in der Synapse c kein Transmitter ausgeschüttet. An der Zelle 1 entsteht dann kein hemmendes Membranpotenzial (IPSP):

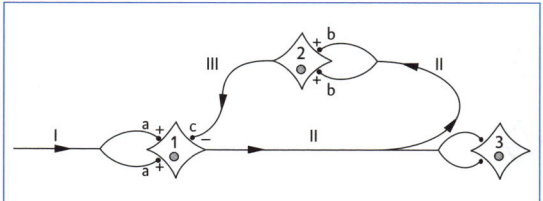

Abb. 82: Schema der Verschaltung nach dem Prinzip der Renshaw-Hemmung. Synapse c wirkt hemmend, alle anderen Synapsen wirken erregend. Zelle 2 wird erst bei starker Impulsfrequenz überschwellig erregt.

Die Weiterleitung schwacher Erregung auf Zelle 3 kann also durch die Zwischennervenzelle 2 mit ihrer hemmenden Synapse c nicht beeinträchtigt werden. Wenn aber auf Axon I und damit auch auf Axon II eine hohe Impulsfrequenz läuft, wird die Zelle 2 überschwellig erregt. Auf Axon III entstehen dann APs, die in die hemmende Synapse c einlaufen. Durch das an der Synapse c entstehende IPSP wird das Membranpotenzial der Zelle 1 negativer und somit wird die Zelle schwerer erregbar. Ein Teil der in die Synapse a einlaufenden Erregung muss dafür verwendet werden, das durch die hemmende Synapse abgesenkte Membranpotenzial auf das normale Maß zurückzubringen.

Mithilfe von Verschaltungen nach dem Prinzip der Renshaw-Hemmung kann starke in die Synapse a einlaufende Erregung **nur abgeschwächt** an die nächste Nervenzelle (3) weitergeleitet werden. Trotz der Abschwächung gilt: Je stärker die in die Synapse a einlaufende Erregung ist, umso stärker ist sie auch auf dem Axon II und umso stärker ist die Erregung der Zwischennervenzelle 2. Folglich ist auch die durch Synapse c bewirkte Hemmung größer. Eine Erhöhung der Impulsfrequenz auf dem Axon I zieht also eine stärkere Hemmung nach sich – ein Effekt, der als **negative Rückkopplung** bezeichnet wird.

Eine Verschaltung von Nervenzellen wie in der zuvor gezeigten Renshaw-Hemmung sorgt dafür, dass starke präsynaptische Erregung **abgedämpft** und postsynaptisch vermindert weitergeleitet wird. Je stärker die präsynaptische Erregung ist, desto stärker erfolgt die Dämpfung.

2.3 Verschaltung von Nervenzellen im Rückenmark

Bau des Rückenmarks

Im Rückenmark der Wirbeltiere sind Bereiche, die Zellkörper und Dendriten enthalten (**graue Substanz**), deutlich von solchen getrennt, in denen Nervenfasern mit ihren von einer Myelinscheide umgebenen Axonen liegen (**weiße Substanz**). Die graue Substanz liegt im Inneren des Rückenmarks, die weiße in den äußeren Bereichen. Die Leitung von Erregung geschieht in der weißen Substanz, die Verschaltung und Verrechnung in der grauen, da nur hier Synapsen liegen. In der weißen Substanz liegen die Axone, die Informationen aus den Sinneszellen an das Gehirn melden (sensorische = **afferente** Fasern) und solche, die Erregungen aus dem Gehirn zu den Erfolgsorganen, z. B. den Muskeln leiten (motorische = **efferente** Fasern). Die Nervenfasern, die vom Rückenmark ausgehen, und die, die ins Rückenmark führen, sind in den **Spinalnerven** gebündelt. Die Zellkörper der sensorischen Fasern liegen außerhalb des Rückenmarks. Sie sind in einer Anschwellung des Spinalnerven, dem Spinalganglion zusammengefasst. Als **Ganglion** bezeichnet man allgemein eine Ansammlung von Zellkörpern außerhalb des ZNS. Die Zellkörper der motorischen Fasern liegen in der grauen Substanz:

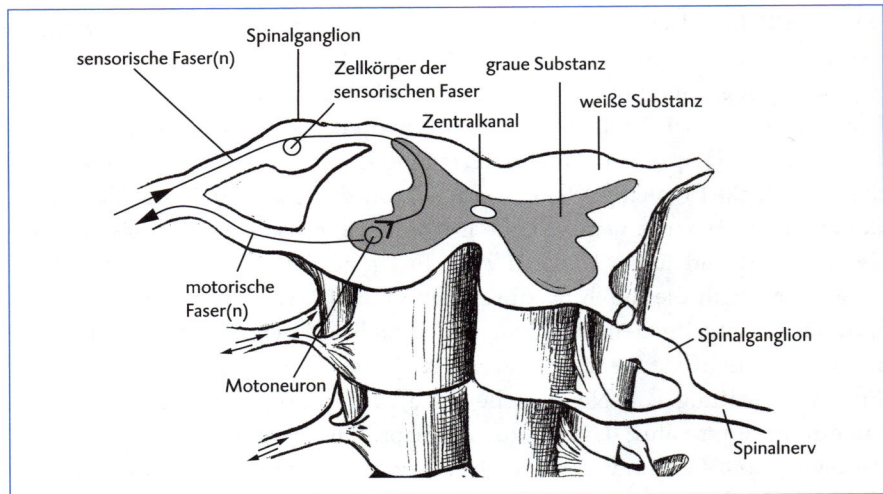

Abb. 83: Querschnitt durch das Rückenmark.

Der Kniesehnenreflex

Den Verlauf des **Kniesehnenreflexes** kann man wie folgt demonstrieren: Eine Versuchsperson sitzt so, dass der Oberschenkel auf der Sitzfläche aufliegt und der Unterschenkel frei beweglich hängt. Bei einem Schlag vor die Kniesehne, etwa an der in der folgenden Abbildung mit einem Pfeil gekennzeichneten Stelle kontrahiert der Streckermuskel, sodass sich der Unterschenkel hebt. Die dabei ablaufenden **nervösen Vorgänge** lassen sich folgendermaßen erklären: Der Schlag vor die Kniesehne dehnt den Streckermuskel, wodurch auch die in ihm liegenden Muskelspindeln gedehnt werden. **Muskelspindeln** sind kleine Dehnungs-Sinnesorgane, die den Kontraktionszustand des Muskels messen. Je stärker sie gedehnt werden, umso höher ist die Impulsfrequenz auf den Axonen, die von ihnen ausgehen und zum Rückenmark ziehen.

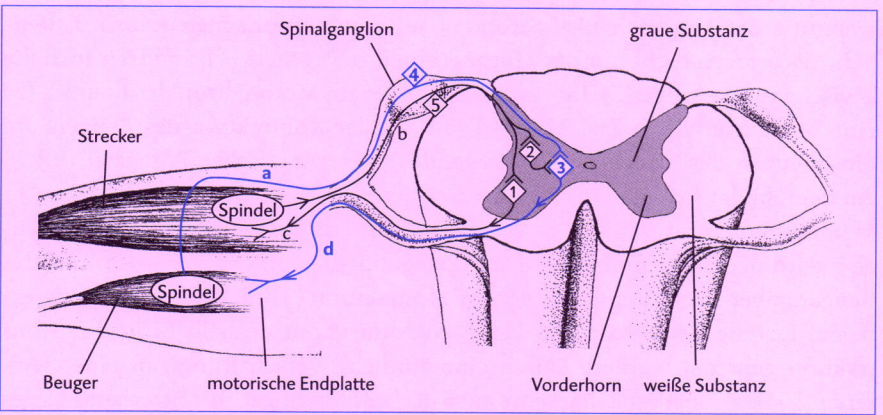

Abb. 84: Verschaltungen des Kniesehnenreflexes.

Die Zellkörper dieser sensorischen Axone liegen im Spinalganglion. Erregung, die infolge der Dehnung einer Muskelspindel des Streckermuskels über Axon b ins Rückenmark einläuft, wird an Synapsen auf eine Nervenzelle im vorderen Bereich der grauen Substanz übertragen. Diese **motorische Vorderhornzelle** (1) wird dadurch erregt und lässt auf dem abgehenden, motorischen Axon c APs laufen. Ein solches Axon endet in einer motorischen Endplatte, und die darin einlaufende Erregung bringt, wenn sie stark genug ist, den Streckermuskel zur Kontraktion, der Unterschenkel schwingt ein wenig nach vorne.

An der Steuerung des Kniesehnenreflexes sind mehr als nur eine sensorische und eine motorische Nervenzelle beteiligt. Der Streckermuskel enthält viele Muskelspindeln, die alle ihre Erregung über Axone an das Rückenmark melden, der Muskel wird außerdem von vielen motorischen Axonen versorgt. Vereinfachend ist aber nur von der Verschaltung einzelner Zellen die Rede.

Durch die Kontraktion des Streckermuskels werden sein **Antagonist**, also der entgegengesetzt wirkende Muskel (Unterschenkel-Beuger) und die darin liegenden Muskelspindeln gedehnt. Die daraufhin über das Axon der Muskelspindel (a) des Beugermuskels ins Rückenmark einlaufende Erregung würde die motorische Zelle (Motoneuron; 3) des Beugers erregen und ihn zur Kontraktion bringen. Bei Kontraktion des Beugers dehnt sich aber wieder der Strecker, die Muskelspindeln des Streckers werden erneut erregt. Infolgedessen würden die antagonistischen Muskeln, Beuger und Strecker, ständig im Wechsel erregt. Nach einem einmaligen Schlag unterhalb der Kniescheibe würde der Unterschenkel andauernd hin und her wippen.

Dies wird durch eine Verschaltung mit einer **Zwischennervenzelle**, einem Interneuron (2), in der grauen Substanz des Rückenmarks verhindert. Die bei

Dehnung des Unterschenkel-Streckers auf dem sensorischen Axon b laufenden APs erregen nicht nur das Motoneuron des Streckers (1), sondern auch die Zwischennervenzelle (2). Ihr Axonende bildet am Motoneuron des Beugers (3) eine **hemmende** Synapse. Wenn also nach der Kontraktion des Beugers am Motoneuron des Streckers ein erregendes postsynaptisches Potenzial (EPSP) entsteht, bildet sich gleichzeitig am Motoneuron des Beugers ein **hemmendes** Membranpotenzial (IPSP). Das Membranpotenzial des Motoneurons des Beugers wird negativer, und daher kann Erregung, die von der Muskelspindel des Beugers über Axon a einläuft, dessen Motoneuron (3) nicht überschwellig erregen. Der Beuger erhält also keine APs und kann deshalb nicht zur Kontraktion gebracht werden. Durch eine ähnliche Verschaltung mit einer weiteren Zwischennervenzelle kann auch das Motoneuron des Streckers (1) gehemmt werden, wenn Erregung von der Muskelspindel des Beugers einläuft. Um die vorangegangene Abbildung übersichtlich zu halten, wurde diese Zwischennervenzelle nicht berücksichtigt.

Reflex und Reflexbogen

Die stets gleiche Reaktion auf einen bestimmten Reiz hin, etwa eine Bewegung oder eine Drüsentätigkeit, bezeichnet man als **Reflex**, die zugrunde liegende Schaltung als **Reflexbogen**. Der Kniesehnenreflex ist ein Beispiel für einen besonders einfachen Reflexbogen. Die meisten Reflexbögen sind durch Verzweigungen der Axone und durch Verschaltung mit mehreren Nervenzellen im Rückenmark viel komplizierter (**polysynaptische Reflexbögen**). Beispiele für Bewegungen, die durch polysynaptische Reflexbögen gesteuert werden, sind Husten, Niesen, die Körperhaltung im aufrechten Stand und die Saugreflexe beim Säugling. Die Zellen vieler Reflexbögen liegen im Rückenmark. Dadurch wird das Gehirn von der Steuerung „stereotyper" Bewegungen **entlastet**. Außerdem können die Schaltwege kurz gehalten werden. Das ermöglicht eine schnelle Reaktion und spart Material und Energie (kurze Axone, geringe Zahl von Na-K-Pumpen usw.). Häufig sind die Zellen von Reflexbögen auch an der Steuerung von **Willkürbewegungen** beteiligt. So ziehen Axone vom Gehirn ausgehend durch die weiße Substanz des Rückenmarks zu den motorischen Vorderhornzellen und bilden dort Synapsen. Damit lassen sich die Motoneurone etwa des Unterschenkel-Streckers oder -Beugers auch willentlich vom Gehirn aus zur Kontraktion bringen.

> Mithilfe von Nervenzellen der grauen Substanz des Rückenmarks und der Spinalganglien, die zu Reflexbögen verschaltet sind, lassen sich Bewegungen auch **ohne Beteiligung des Gehirns** steuern.

Zusammenfassung

- Aktionspotenziale stellen die Signale des Codes für die Informationsübertragung an Axonen dar. Die Stärke der APs ist ohne Bedeutung für den Informationsgehalt, der Code ist nicht amplitudenmoduliert.

- Die Codierung der Reizstärke geschieht am Axon durch die AP-Frequenz (frequenzmodulierter Code), an der Synapse durch die Konzentration des Transmitters und an den Dendriten bzw. am Zellkörper durch die Amplitude des EPSPs oder IPSPs.

- Derselbe Code gilt für die Axone aller Organismen und sowohl für die Informationsübertragung an motorischen wie auch an sensorischen Axonen.

- Die Information über die Qualität eines Reizes liegt im Anfangs- und Endpunkt der Nervenbahn, über die die entsprechende Erregung eintrifft. Jedes Sinnesorgan hat im ZNS sein entsprechendes Zielfeld.

- Durch Verzweigung von Axonen kann sich die Wirkung eines APs vergrößern.

- Durch zeitliche Summation kann sich bei hoher Impulsfrequenz die Wirkung der in die Synapse einlaufenden APs addieren und eine stärkere Änderung des postsynaptischen Membranpotenzial hervorrufen als es bei einer geringen Frequenz der APs der Fall wäre.

- Durch räumliche Summation können gleichzeitig an mehreren Synapsen entstehende Änderungen des postsynaptischen Membranpotenzials miteinander verrechnet werden.

- Die Möglichkeit, postsynaptisch ein AP auszulösen, ist abhängig von der Länge des Weges über die ein EPSP läuft und der Stärke des EPSPs.

- Bei Verschaltungen nach dem Divergenzprinzip werden mehrere Nervenzellen von einem sich verzweigenden Axon versorgt. Bei Verschaltung nach dem Konvergenzprinzip enden die Axone mehrerer Nervenzellen an den Dendriten und/oder dem Zellkörper einer einzigen Nervenzelle.

- Durch divergente und konvergente Schaltungen und durch räumliche und zeitliche Summation kann eine außerordentlich große Zahl verschiedener Erregungsmuster im ZNS entstehen.

- Durch Verschaltungen der Nervenzellen mit hemmenden Synapsen ist eine negative Rückkopplung möglich.

- Im Rückenmark liegen Dendriten und Zellkörper von Nervenzellen im inneren Bereich (graue Substanz), die Axone im äußeren Bereich (weiße Substanz).

- Verschaltungen von Nervenzellen, die Reflexe steuern, werden als Reflexbögen bezeichnet; daran sind auch hemmende Synapsen beteiligt.
- Muskelspindeln sind Sinneszellen, die den Kontraktionszustand eines Muskels messen.
- Die Kontraktion eines Muskels hat die Dehnung seines Antagonisten zur Folge. Um ständige gegenseitige Erregung der Antagonisten zu vermeiden, enthalten die zugehörigen Reflexbögen hemmende Synapsen, die mit ihren IPSPs die Erregung der Motoneuronen des Antagonisten verhindern.
- Motoneuronen in Reflexbögen sind häufig auch willkürlich vom Gehirn aus erregbar.
- Reflexbögen des Rückenmarks entlasten das Gehirn, ermöglichen wegen der kurzen Schaltwege schnelle Reaktionen und sparen Material und Energie.

Aufgaben

210. Erregungen in afferenten Nerven enthalten Informationen über Reize aus der Umwelt, die dem ZNS zugeführt werden.
     a Welche Informationen über einen Umweltreiz können durch die elektrische Erregung eines Axons übertragen werden?
     b Welche Information ist in der Erregung eines Axons nicht enthalten?
     c Wie gelangt der Organismus dennoch zu der bei Teilfrage b als fehlend angesprochenen wichtigen Information?

211. Welche Vorteile bietet es, wenn die Stärke eines Reizes durch die Frequenz der Aktionspotenziale codiert wird und nicht durch seine Amplitude?

212. Welche der folgenden Aussagen sind richtig?
     a Die Qualität eines Reizes wird an den Axonen durch Amplitudenmodulation codiert.
     b Durch die Frequenzmodulation ist die maximale Zahl der synaptischen Bläschen festgelegt.
     c Wie stark eine Muskelfaser kontrahieren soll, ergibt sich aus der Impulsfrequenz auf dem Axon, das an ihrer motorischen Endplatte endet.
     d Die Art der Codierung der Information ist auf einem motorischen, einen Muskel versorgenden Axon identisch mit dem auf einem Axon, das von einer Sinneszelle zum ZNS zieht.
     e Die Frequenzmodulation gilt nur für die saltatorische Erregungsleitung. An marklosen Fasern mit ihrer kontinuierlichen Erregungsleitung wird die Information in einer anderen Weise codiert.

213. Welche Folgen für den Inhalt der Information hätte es, wenn durch leichte Störungen des Nervensystems an den Axonen Aktionspotenziale aufgebaut würden, die nur noch bis zu +10 mV umpolarisiert werden und nicht mehr bis zu dem normalen Wert von +30 mV?

214. Welche Nachteile für den Organismus sind damit verbunden, dass die Information am Axon frequenzmoduliert codiert wird?

215. Erläutern Sie Gründe, die es erforderlich machen, dass die Information bei der Übertragung an Axonen codiert wird.

216. Plötzliche starke Reize aus der Umwelt können ein Tier erschrecken. Unter natürlichen Bedingungen ist es für das Tier vorteilhaft, nicht nach der Quelle des Schreckens suchen zu müssen, sondern mit der Meldung über den Reiz auch Informationen über die Art des Reizes zu erhalten.
    a Um die Empfindung des Schreckens auszulösen, muss das Tier erkennen, dass es sich um einen heftigen Reize handelt. Wodurch erfährt es von der Heftigkeit des Reizes?
    b Woran erkennt das Tier, ob es durch ein lautes Geräusch, einen heftigen Schlag oder eine Blendung in Schrecken versetzt wurde?

217. Körperteile, die z. B. durch einen Unfall verloren gegangen sind, können weiterhin Schmerzen verursachen. Man nennt solche Empfindungen „Phantomschmerzen". So kann ein Mensch über Schmerzen in einem Bein klagen, das amputiert wurde. Wie könnte das Auftreten von Phantomschmerzen erklärt werden?

218. Wäre es möglich die Axone eines Tieres, z. B. eines Schweines, eines Meerschweinchens oder eines Schimpansen als Ersatz für beschädigte Nerven einem Menschen zu transplantieren? Berücksichtigen Sie bei Ihrer Antwort nicht die Schwierigkeiten, die sich aus der Operationstechnik oder der immunologischen Abwehr ergeben.

219. (themenübergreifende Aufgabe)
    In den Nerven der Wirbeltiere sind in der Regel Axone der verschiedensten Art zusammengefasst. Angenommen, man hat ein Axon aus dem Nerv eines betäubten Tieres ein Stück weit frei präpariert. Das Axon bleibt dabei in seinem Nerv. Es liegt nur auf einer gewissen Strecke seines Verlaufs frei, sodass Elektroden angelegt werden können, erfüllt aber seine normalen Aufgaben der Informationsübertragung. Der Betrachter kann nicht feststellen, woher das Axon kommt und wohin es zieht.

Er hat nur die Möglichkeit durch eine Ableitung festzustellen, ob und in welcher Weise Aktionspotenziale auf dem Axon laufen.

Kann man aus der Art des Bildes auf dem Monitor des Oszilloskops erkennen, ob es sich um einen motorischen oder sensorischen Nerv handelt? Und wenn das möglich sein sollte, von welchen Sinneszellen die Aktionspotenziale ausgelöst wurden oder welche Muskeln durch die Aktionspotenziale zur Kontraktion gebracht werden?

220. Welche der folgenden Änderungen von Membranpotenzialen erfolgt als „Alles-oder-Nichts"-Ereignis?
   a EPSP
   b IPSP
   c Hyperpolarisation
   d Aktionspotenzial
   e Depolarisation bis zum Schwellenwert

221. Beschreiben Sie die verschiedenen Codierungsarten der Information bei Leitung von Erregung über zwei Nervenzellen hinweg. Beginnen Sie Ihre Erklärung mit dem Axon der ersten Zelle.

222. (themenübergreifende Aufgabe)
Zeitliche Summation ist nur dadurch möglich, dass in der Regel die Dauer der Refraktärzeit des Aktionspotenzials kürzer ist als die Dauer eines EPSPs oder IPSPs. Erklären Sie diesen Zusammenhang.

223. Welche Vorteile bietet
   a das Schaltprinzip der Divergenz?
   b das Schaltprinzip der Konvergenz?

224. In der folgenden Abbildung ist die Weiterleitung der Information an zwei Nervenzellen schematisch dargestellt. Dabei soll die Impulsfrequenz an der Stelle A gleich stark sein wie an Stelle B. Das Ruhepotenzial der Zellkörper 3 und 4 ist ebenfalls gleich hoch. In beiden Fällen wird postsynaptisch Erregung weitergeleitet.

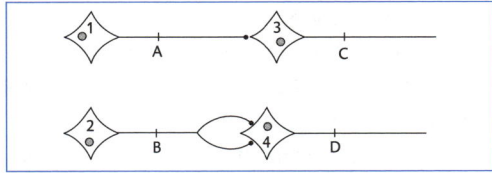

Abb. 85: Informationsweiterleitung an zwei Nervenzellen.

Vergleichen Sie die Erregung an den Stellen C und D miteinander. Begründen Sie Ihre Antwort.

225. Welche Bedeutung hat die Lage einer Synapse für die Fähigkeit der postsynaptischen Zelle, am Axonhügel ein Aktionspotenzial aufzubauen?

226. Die Möglichkeit, präsynaptisch an einer Nervenzellen ankommende Aktionspotenziale am postsynaptischen Axon weiterzuleiten, sind von Fall zu Fall verschieden, je nach den gerade herrschenden Bedingungen. Stellen Sie möglichst viele solcher Bedingungen zusammen.

227. Erläutern Sie das Prinzip der negativen Rückkopplung am Beispiel einer Verschaltung im Nervensystem (Skizze und/oder Beschreibung).

228. In der folgenden Abbildung sind Fallbeispiele für die Weiterleitung von Erregung bei verschiedenen einfachen Verschaltungen von Nervenzellen dargestellt. Dabei ist die Verrechnung sehr stark vereinfacht.

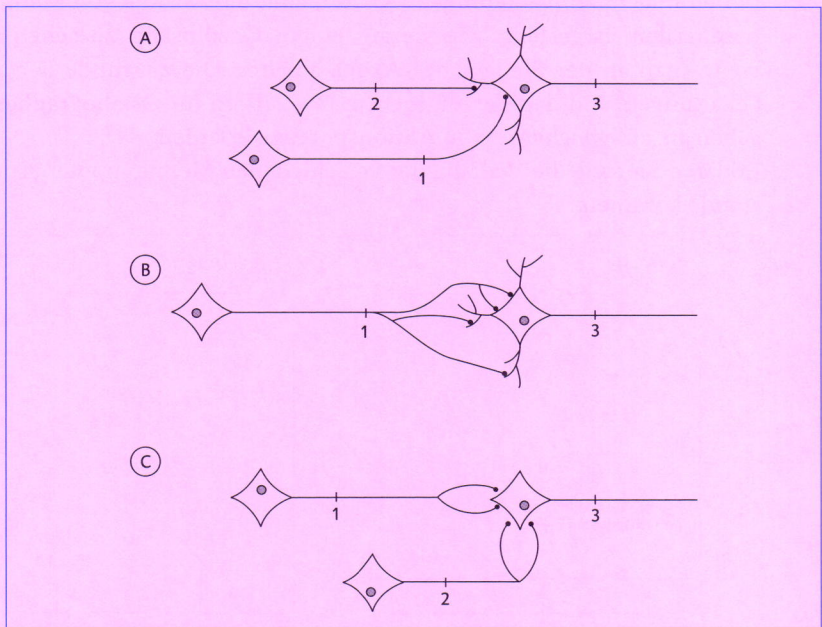

Abb. 86: Einfache Verschaltungen von Nervenzellen.

Erklären sie die Verrechnungsvorgänge der Nervenzellen für jeden Fall.
a (Abb. A) wenn an der Stelle 1 eine Impulsfrequenz von 200 APs/s läuft, tritt an der Stelle 3 eine Impulsfrequenz von 100 APs/s auf. Wenn an der Stelle 2 eine Impulsfrequenz von 200 APs/s läuft, tritt an der Stelle 3 eine Impulsfrequenz von 50 APs auf.

Wenn an der Stelle 1 und 2 gleichzeitig Aktionspotenziale laufen und zwar an 1 mit einer Frequenz von 200 APs/s und an der Stelle 2 ebenfalls mit einer Frequenz von 200 APs/s, so tritt an der Stelle 3 eine Impulsfrequenz von 150 APs/s auf.

b (Abb. B) alle Synapsen des Schemas sind erregend. Wenn an der Stelle 1 eine Impulsfrequenz von 200 APs/s läuft, tritt an der Stelle 3 eine Impulsfrequenz von 300 APs/s auf.

c (Abb. C) wenn an der Stelle 1 eine Impulsfrequenz von 300 APs/s läuft, entsteht an der Stelle 3 eine Impulsfrequenz von 200 APs/s.
Wenn an der Stelle 1 eine Impulsfrequenz von 300 APs/s läuft und gleichzeitig an der Stelle 2 eine von 100 APs/s, läuft an Stelle 3 eine Impulsfrequenz von 100 APs/s.

229. In den folgenden Abbildungen (A) – (D) sind die Abläufe von Membranpotenzialen dargestellt, wie sie auf einem Oszilloskop zu sehen sind, wenn man an der Stelle A des Axons ableitet. Die zugrunde liegenden Schaltungen sind darüber angegeben. Die Ziffern im Oszillographenbild geben an, auf welchem Axon Aktionspotenziale laufen.
Erklären Sie, wie die Verläufe der verschiedenen Membranpotenziale zustande kommen.

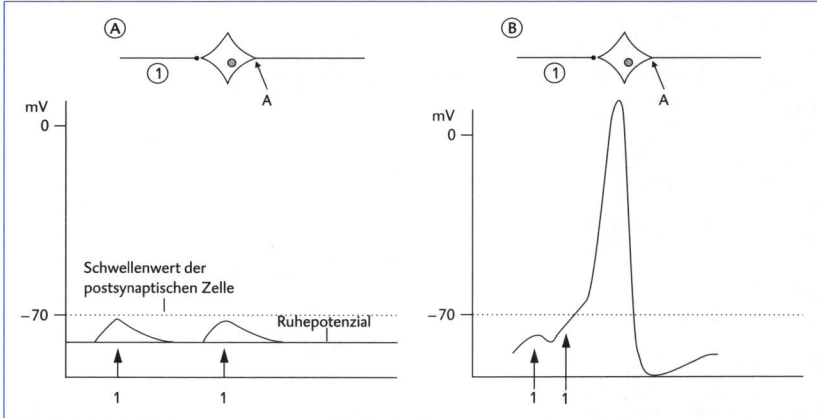

Abb. 87: Abläufe von Membranpotenzialen (Teil 1).

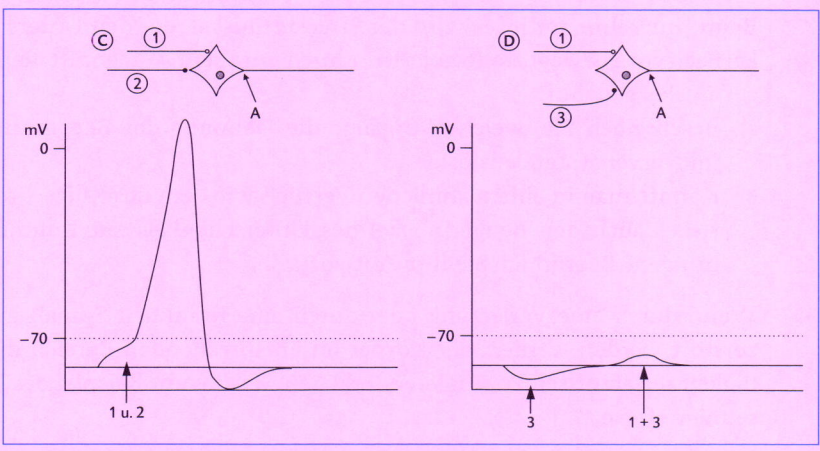

Abb. 87: Abläufe von Membranpotenzialen (Teil 2).

230. (themenübergreifende Aufgabe)
Obwohl es nur 2 % des Körpervolumens ausmacht, verbraucht das Gehirn des Menschen rund 20 % der gesamten Stoffwechselenergie.
Erklären Sie den hohen Energiebedarf des Gehirns. Berücksichtigen Sie dabei auch Prozesse auf molekularer Ebene.

231. (themenübergreifende Aufgabe)
Der Gehalt an Kohlenstoffdioxid in einem Klassenzimmer ist bei gleichen Bedingungen nach einer Stunde, in der eine Klassenarbeit geschrieben wurde, höher als nach einer normalen Unterrichtsstunde. Wie ist das zu erklären? Berücksichtigen Sie bei ihrer Antwort vorwiegend Vorgänge, die im Nervensystem ablaufen.

232. Beschreiben Sie den Querschnitt durch das Rückenmark des Menschen mit den abgehenden Nerven.
Wie kommt es zu der unterschiedlichen Färbung der verschiedenen Bereiche?

233. Das Rückenmark hat Schalt- und Leitungsfunktion. Erläutern Sie dies näher. Welche Teile des Rückenmarks sind für die Leitung, welche für die Schaltung zuständig?

234. Welche Vorteile bringt es, wenn einige Bewegungen durch Reflexbögen gesteuert werden?

235. Welche Aufgaben erfüllen die Muskelspindeln?

236. Beim Kniesehnenreflexes wird der Streckermuskel, der den Unterschenkel nach vorn bewegt, kontrahiert. Dadurch wird sein Antagonist, der Beugermuskel gedehnt.
    a   Beschreiben Sie, welche Vorgänge die Dehnung des Beugermuskels im Nervensystem auslöst.
    b   Könnte man in einem ähnlichen Versuch wie dem des Kniesehnenreflexes auch den Beugermuskel des Unterschenkels zur Kontraktion bringen? Begründen Sie Ihre Antwort.

237. Wenn durch eine Verletzung oder durch eine Krankheit Spinalganglien zerstört werden, verliert der Körper im entsprechenden Bereich die Fähigkeit reflektorisch zu reagieren. Erklären Sie dies am Beispiel des Kniesehnenreflexes!

238. Durch einen Unfall wurde bei einem Menschen das Rückenmark vollständig durchtrennt. Seither ist er etwa vom unteren Brustbereich an querschnittgelähmt.
    a   Erläutern Sie, warum der Patient nicht mehr gehen kann.
    b   Kann der Patient noch Empfindungen im Bereich der Beine wahrnehmen?

239. Polioviren, die Erreger der Kinderlähmung, zerstören die motorischen Vorderhornzellen. Welche der folgenden Fähigkeiten gehen dadurch in den betroffenen Bereichen verloren?
    a   reflektorische Bewegungen
    b   willkürliche Bewegungen
    c   Schmerzempfindung
    d   Empfindung von Druck und Temperatur
    Begründen Sie Ihre Antwort.

240. In der folgenden Abbildung ist die Wirkung von Strychnin, dem Gift der Brechnuss, auf die Armmuskulatur dargestellt. Strychnin blockiert die mit einem Balken markierte Synapse.
    Beschreiben Sie die Folgen einer Strychnin-Vergiftung auf die Bewegungsmöglichkeit des Arms.

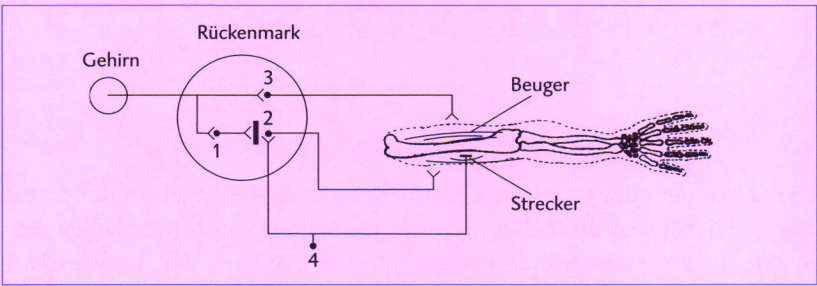

Abb. 88: Wirkung von Strychnin auf die Armmuskulatur.

241. Jemand verbrennt sich die Finger an einer heißen Herdplatte. Er zieht daraufhin die Hand sofort zurück. Dieser Vorgang kann so schnell erfolgen, dass die Person den Schmerz erst bemerkt, nachdem sie die Hand schon zurückgezogen hat.

Woran liegt es, dass man die Hand zurückziehen kann, bevor sich der Schmerz bemerkbar macht?

3 Informationsverarbeitung im Gehirn

3.1 Aufbau und Leistungen des menschlichen Gehirns

Die Leistungen des Großhirns beruhen v. a. auf Vorgängen in der **Großhirnrinde.** Hier liegen die Zellkörper und Dendriten von Nervenzellen, an deren Synapsen die Verrechnungsprozesse ablaufen. Wegen der dunklen Farbe der Großhirnrinde spricht man auch von der **grauen Substanz.** Unter der Großhirnrinde liegen v. a. Axone und Gliazellen (siehe Bau der Nervenzelle, S. (1) 132 ff.), die die **weiße Substanz** des Großhirns bilden.

Motorische und sensorische Felder des Großhirns

In der Großhirnrinde lassen sich Bereiche **unterschiedlicher Funktionen** voneinander abgrenzen: **Sensorische Felder** verarbeiten die von den Sinneszellen einlaufende Erregung. **Motorische Felder** steuern v. a. Bewegungen. Sie bilden Erregungsmuster, die auf efferenten Nervenbahnen zu den Erfolgsorganen wie den Muskeln laufen. Nervenbahnen im Gehirn sorgen dafür, dass die Felder untereinander Informationen austauschen können. Die Verrechnungsprozesse in und zwischen diesen Großhirnbereichen ermöglichen die erstaunlichen Leistungen des menschlichen Gehirns.

Beschränkung der Wahrnehmung der Umwelt

Sinneszellen sind in der Lage, Reize der Umwelt in Änderungen des Membranpotenzials umzuwandeln. Auf diese Weise erhält das ZNS Informationen über die Umwelt. Dabei können nur diejenigen Umweltreize wahrgenommen werden, für die auch die **entsprechenden Sinneszellen** vorhanden sind. Der Mensch hat z. B. keine Sinneszellen, die auf radioaktive Strahlung oder magnetische Felder ansprechen, und seine Lichtsinneszellen können nur elektromagnetische Strahlung in einem bestimmten Bereich mit Wellenlängen von etwa **400 nm** bis etwa **750 nm** in Erregung umwandeln und damit für uns wahrnehmbar machen. Ultraviolette und infrarote Strahlen kann der Mensch nicht sehen.

Durch die **beschränkten Leistungen** der Sinnesorgane nimmt der Mensch, wie alle Organismen, nur einen bestimmten **Ausschnitt seiner Umwelt** wahr. Ein Hund erlebt seine Umwelt durch seine Sinnesorgane anders als ein Mensch, er nimmt sie v. a. als ein „Geruchsbild" wahr, eine Fledermaus v. a. als „Hörbild" usw.

3.2 Verarbeitung visueller Informationen

Informationsverarbeitung im Auge

Der Weg vom Reiz bis zur Wahrnehmung und Erkennung lässt sich für das menschliche Sehvermögen in folgende Schritte gliedern:
1. Ein Lichtreiz trifft auf das Auge.
2. Reizleitung im Auge.
3. Erregungsbildung in den Lichtsinneszellen.
4. Erregungsleitung im Sehnerv.
5. Wahrnehmung im Gehirn.
6. Erkennung in besonderen Hirnbereichen.

Während der Reizleitung im Auge werden die Lichtreize, die von einem Bild ausgehen, verändert. So werden die Lichtstrahlen beim Durchtritt durch die Hornhaut und die Linse gebrochen. Dadurch entsteht ein Bild des jeweiligen Umweltausschnitts auf der **Netzhaut** (Retina). Die Brechkraft der Linse lässt sich verändern, wodurch der Strahlengang im Auge in einem bestimmten Bereich so beeinflusst werden kann, dass auch unterschiedlich weit entfernte Gegenstände scharf auf der Netzhaut abgebildet werden. Die Fähigkeit des Auges, sich auf unterschiedliche Entfernungen einzustellen, wird als **Akkommodation** bezeichnet.

Die in der Netzhaut liegenden Lichtsinneszellen wandeln das Reizmuster des Bildes in ein Muster von Potenzialänderungen um. In der Netzhaut sind die Lichtsinneszellen nicht gleichmäßig verteilt. Die Zone des schärfsten Sehens bildet der **gelbe Fleck** (Fovea), ein kleiner Netzhautbereich, in dem die Lichtsinneszellen so dicht stehen und so verschaltet sind, dass sie ein besonders **feines Raster** von Bildpunkten erzeugen können. Die außen ansetzenden Augenmuskeln können den Augapfel bewegen und dadurch die Ausrichtung der Augenachse verstellen. Auf diese Weise kann das Auge bestimmen, welcher Bereich der Umwelt auf dem gelben Fleck abgebildet wird.

> Um einen Bereich der Umwelt **scharf** zu sehen, muss das Auge bestimmte Einstellungen vornehmen: Durch **Akkommodation** muss es für eine scharfe Abbildung auf der Netzhaut sorgen und die Augenachse so ausrichten, dass das scharfe Bild auf den **gelben Fleck** fällt.

Umwandlung der Lichtreize in Erregung – Bau der Lichtsinneszellen

Der Zellkörper einer Lichtsinneszelle bildet zu einer Seite hin das Außensegment. Hier liegen die Bereiche, die **Discs**, in denen das auftreffende Licht in Erregung umgewandelt wird. Discs sind geldrollenartig gestapelte Membranen. Sie entstehen durch Einstülpungen der Zellgrenzmembran. Zur anderen Seite hin erstreckt sich ein kurzer Fortsatz, der in einer Art Endknöpfchen als Synapse an eine weiterleitende Zelle grenzt. Dieser Fortsatz ist kein Axon. Daher kann die in den Discs entstandene Erregung **nicht als AP** zur Synapse geleitet werden. Die Leitung geschieht hier, wie in den übrigen Bereichen der Lichtsinneszelle, ohne Wiederverstärkung.

> Die Informationen werden in den Lichtsinneszellen nicht durch Frequenzmodulation codiert, sondern durch unterschiedliche Amplituden **(Amplitudenmodulation)**.

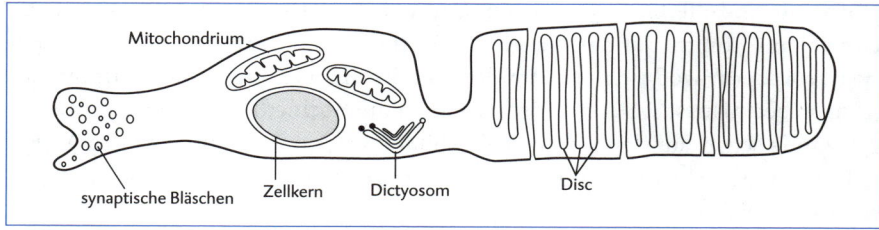

Abb. 89: Schematischer Bau eines Stäbchens aus der Netzhaut des Menschen.

Erregungsbildung an den Stäbchen

Licht kann nur in Erregung umgewandelt werden, wenn es absorbiert wird. Die **Absorption** von Lichtquanten (Photonen) geschieht durch **Sehpigmente**, die in der Membran der Discs liegen. Sie bestehen aus einem Eiweißbereich, dem **Opsin** und einem Abkömmling des Vitamin A, dem **Retinal**. Opsin und Retinal bilden zusammen den **Sehfarbstoff Rhodopsin**. Durch die zahlreichen Einstülpungen der Zellgrenzmembran, die sich zu den Discs anordnen, vergrößert sich die Membranfläche sehr stark, sodass dort eine große Zahl von Rhodopsinmolekülen Platz finden kann. Je mehr Sehfarbstoff eine Lichtsinneszelle enthält, umso **lichtempfindlicher** ist sie.

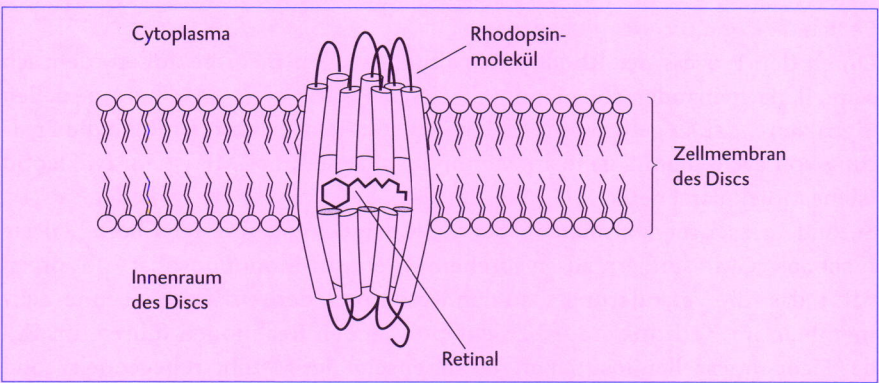

Abb. 90: Lage eines Rhodopsinmoleküls in der Membran der Discs.

Wenn Rhodopsin Licht absorbiert, verändern die auftreffenden **Photonen** die **Struktur** des Retinals: die 11-cis-Form des Retinals wird in die all-trans-Form umgewandelt. Das „gekrümmte" 11-cis-Retinal „schnappt", wie eine Feder um in die gestreckte Form des all-trans-Retinals, das nicht mehr an Opsin gebunden werden kann und sich ablöst. Das Opsin-Molekül ändert dadurch seine **Konfiguration**. Bei der Resynthese wird das all-trans-Retinal wieder zu 11-cis-Retinal, die „Feder" im Molekül wird gleichsam wieder „gespannt". In dieser Form kann sich das Retinal wieder an das Opsin binden. Für die Resynthese des Rhodopsins ist Stoffwechselenergie in Form von ATP erforderlich.

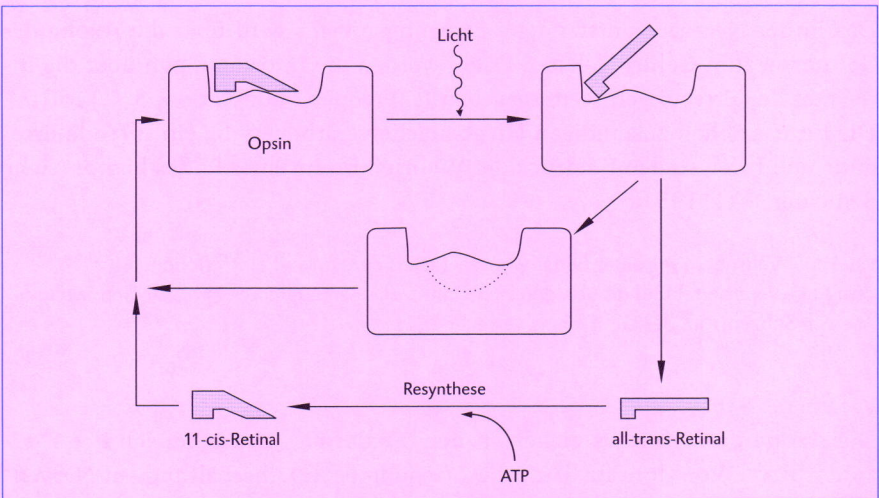

Abb. 91: Der Rhodopsinzyklus: Zerfall durch Absorption von Licht und Resynthese.

Sehkaskade und second messenger

Durch den Prozess der Rhodopsinspaltung werden mehrere außerordentlich schnell nacheinander ablaufende chemische Reaktionen in einer speziellen Signalkette, der so genannten **Sehkaskade** ausgelöst, an deren Ende die Spaltung von cyclischem Guanosin-Monophosphat steht. cGMP ist ein Nukleotid (siehe Molekulargenetik, S. (1) 64), das als **second messenger** arbeitet.

Second messenger kommen in der Zelle häufig vor, meistens bestehen sie nicht aus cGMP sondern aus cyclischem Adenosin-Monophosphat. Sie sorgen dafür, dass die Veränderungen an den Rezeptoren der **Außenseite** einer Zellmembran im **Zellinnenraum** zu entsprechenden Reaktionen führen. Im Fall der Lichtsinneszellen löst der an der Innenseite der Membran liegende second messenger nach dem Zerfall eines Rhodopsin-Moleküls (Rezeptor) Veränderungen von Ionenporen aus. Signalketten und second messenger führen zur einer Verstärkung der Wirkung. Im Falle der Lichtsinneszelle wird durch die Spaltung eines einzigen Rhodopsinmoleküls nicht nur ein einziger Ionenkanal verändert, die Spaltung von cGMP-Molekülen hat Auswirkungen auf sehr viele Membranporen.

> **Rhodopsin** dient als Rezeptor. Wenn Photonen auftreffen, verändert es seine Gestalt, was zu Permeabilitätsänderungen der Membran führt. Infolgedessen ändert sich das **Membranpotenzial** der Lichtsinneszelle. Auf diese Weise löst der Lichtreiz die Bildung von Erregung aus.

Das in der Netzhaut entstandene Erregungsmuster wird über die Axone des **Sehnervs** zum Gehirn geleitet. Dabei werden die Informationen über die Intensität der Erregungen weitergegeben (s. Frequenzmodulation, S. (1) 166 ff.). Die für das Sehen zuständigen Hirnbereiche verarbeiten die einlaufende Erregung und rufen so den Eindruck der Wahrnehmung eines Bildes hervor (siehe Sehfelder, S. (1) 195 ff.).

> Bei der Wahrnehmung eines Bildes werden die aus der Umwelt eintreffenden **Lichtreize** im Auge verarbeitet und die von den Lichtsinneszellen erzeugte **Erregung** an den Synapsen im Sehzentrum des **Großhirns** verrechnet.

Verlauf der Sehbahnen

Die Axone des Sehnervs ziehen in den **Thalamus**, einen Bereich des **Zwischenhirns**. Von dort aus läuft die Erregung nach Umschaltung auf Nervenzellen des Gehirns weiter in den hinteren **Großhirnbereich**. Unmittelbar vor dem Eintritt ins Zwischenhirn **überkreuzt** ein Teil der Axone des linken Sehnervs mit denen des rechten (Kreuzung der Sehbahnen, Chiasma opticum). Auf diese Weise gelangen die Axone beider Augen, die mit Lichtsinneszellen der jeweils rechten Hälfte der Netzhaut verschaltet sind, auch in die rechte Großhirnhälfte (Hemisphäre) und umgekehrt:

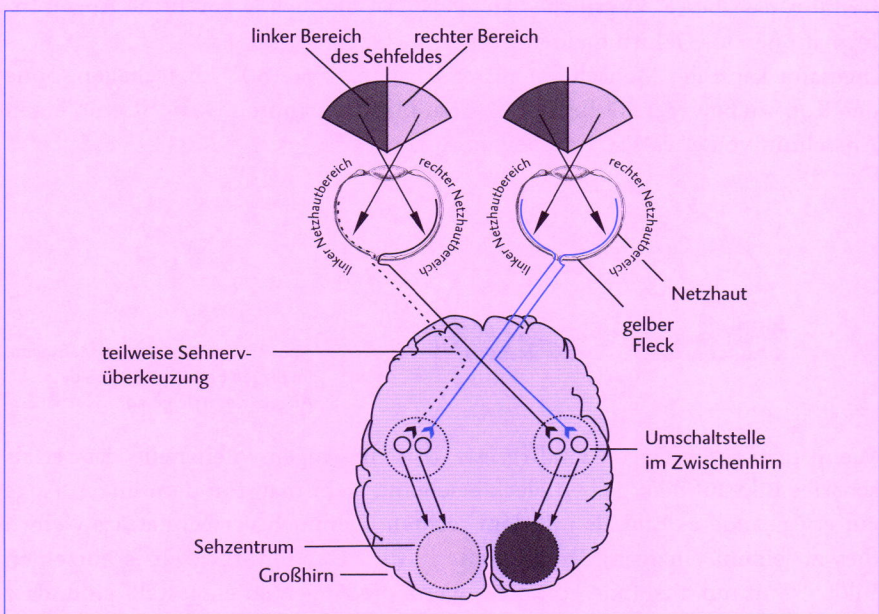

Abb. 92: Verlauf der Sehbahn im Gehirn.

Durch die Kreuzung des Sehnervs gelangen also alle Informationen aus der jeweils rechten Hälfte des Sehfeldes beider Augen in die linke Großhirnhälfte, die aus der jeweils linken Hälfte des Sehfeldes in die rechte Großhirnhälfte. Die von den Lichtsinneszellen ausgehende Erregung wird bereits in der Netzhaut verrechnet. Viel bedeutsamer aber ist die Verarbeitung der visuellen Information im Sehzentrum der Großhirnrinde. Es liegt im hinteren Bereich jeder Großhirnhälfte. Die Verarbeitung der visuellen Information soll anhand des räumlichen Sehens und optischer Täuschungen dargestellt werden.

Räumliches Sehen
Räumliches Sehen bedeutet, dass der Betrachter abschätzen kann, wie weit verschiedene Punkte eines Gegenstands voneinander und von ihm entfernt sind. Ein Würfel z. B. erscheint als dreidimensionaler Körper, wenn man erkennt, dass die Bildpunkte der vorderen Kanten und Flächen näher liegen als

die der hinteren Würfelbereiche. Dabei ist keine **absolute** Entfernungsmessung erforderlich, sondern es muss nur die **relative Lage** der Bildbereiche zueinander bestimmt werden, wichtig ist nur die Feststellung, ob ein bestimmter Bereich vor oder hinter einem anderen liegt. Die genaueste Messung der Entfernung, das „beste" räumliche Sehen also, ist möglich, wenn beide Augen Informationen ins Gehirn melden.

Ingesamt kann der Mensch einen Bereich von etwa 180° überschauen, ohne den Kopf zu bewegen. Dabei übersieht er im so genannten **Gesichtsfeld** einen Ausschnitt von etwa 150° mit beiden Augen:

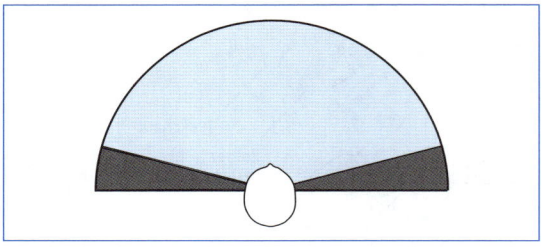

Abb. 93: Gesichtsfeld des Menschen. Im blauen Bereich sehen beide Augen, wenn sie geradeaus schauen.

Wenn man einen Gegenstand **fixiert**, d. h. die Augen so einstellt, dass er als scharfes Bild auf dem gelben Fleck erscheint, sieht man mit dem linken Auge ein etwas anderes Bild als mit dem rechten. Dennoch verrechnet das Gehirn dies zu einem einzigen, **einheitlichen Bild**. Der Eindruck eines einzelnen Bildes kann nur zustande kommen, wenn die Augen so eingestellt sind, dass die Lichtstrahlen der Bilder in den beiden Augen auf entsprechende (korrespondierende) Netzhautbereiche fallen. Korrespondierende Bereiche sind der gelbe Fleck der beiden Augen und andere Netzhautstellen, die in gleicher Richtung und Entfernung vom gelben Fleck liegen. Bilder aus nicht korrespondierenden (**disparaten**) Netzhautbereichen nehmen wir als **Doppelbilder** wahr. Dies lässt sich in **zwei** einfachen **Versuchen** leicht nachweisen:

- Eine Versuchsperson hält einen Zeigefinger in einem Abstand von etwa 30 cm vom Auge entfernt, den anderen dahinter in 50 cm Entfernung. Die Versuchsperson fixiert den vorderen Finger. Sie sieht den vorderen Finger als einzelnes Bild, den hinteren als Doppelbild und hat den Eindruck, als ob zwei hintere Zeigefinger vorhanden wären. Weil die Versuchsperson den vorderen Finger fixiert, fällt das Bild in beiden Augen auf den gelben Fleck, also auf korrespondierende Netzhautbereiche. Dadurch kann im Großhirn der Bildeindruck eines einzelnen Fingers entstehen. Der hintere Finger wird auf disparate, nicht korrespondierende Netzhautbereiche abgebildet. Daher ist das Gehirn nicht in der Lage, ein einheitliches Bild wahrzunehmen.

- Die Versuchsperson fixiert mit beiden Augen den etwa 30 cm entfernt gehaltenen Zeigefinger einer Hand. Mit dem Daumen der anderen Hand drückt sie einen Augapfel vorsichtig ein wenig in Richtung der Nase. Zu Beginn des Versuchs sieht die Person einen einzelnen Zeigefinger. Wenn die Lage des Augapfels durch den Daumendruck verändert wird, entsteht der Eindruck eines Doppelbildes, da die Bilder des Zeigefingers nicht mehr auf korrespondierende Netzhautbereiche fallen. Aus den dann von disparaten Netzhautbereichen einlaufenden Erregungsmustern kann im Großhirn nicht länger der Bildeindruck eines einzelnen Bildes entstehen.

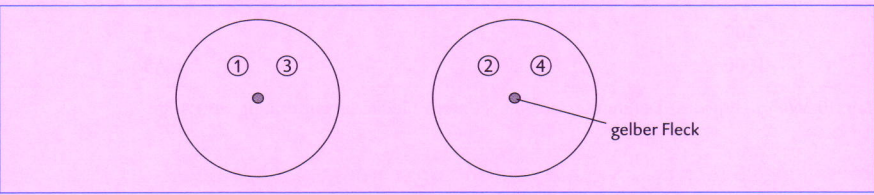

Abb. 94: Korrespondierende und disparate Netzhautbereiche. Korrespondierend sind die Bereiche des gelben Flecks und die Bereiche 1 und 2 sowie 3 und 4. Disparat sind die Bereiche 1 und 4 sowie 2 und 3.

Räumliches Sehen mithilfe korrespondierender Netzhautbereiche

Wie zuvor dargestellt, meldet ein Auge immer ein leicht anderes Bild des fixierten Bereichs der Umwelt an das Großhirn, als das andere. Das linke Auge liefert ein stärker von links gesehenes Bild, das rechte ein stärker von rechts gesehenes. Je weiter ein Gegenstand vom Auge entfernt ist, um so **weniger** unterscheiden sich die Bilder auf dem gelben Fleck des linken und des rechten Auges. Das Gehirn kann aus der **Größe der Abweichung** zwischen den Bildern die **Entfernung** der Bildpunkte errechnen. Stark verschiedene Meldungen aus dem rechten und linken Auge ergeben im Großhirn den Eindruck einer geringen Entfernung. Aus Meldungen der beiden Augen, die sich nur wenig unterscheiden, entnimmt das Gehirn die Information großer Entfernung.

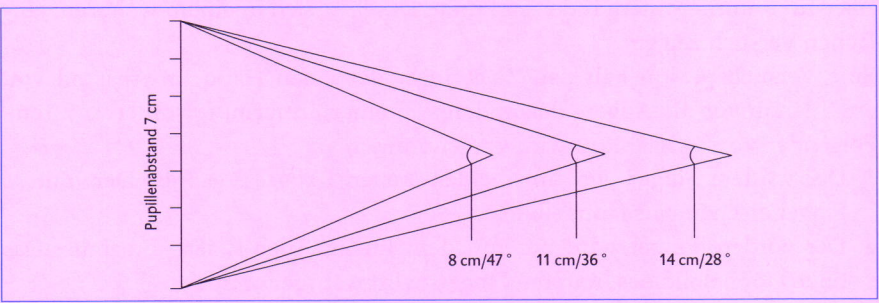

Abb. 95: Winkel zwischen den Augenachsen bei Fixierung unterschiedlich weit entfernter Punkte.

Da sich Bilder von Gegenständen, die in weiter Entfernung liegen, nur **wenig** unterscheiden, ist die Wahrnehmung der Entfernungs**unterschiede** im Fernbereich viel ungenauer als im Nahbereich des Gesichtsfeldes:

Entfernung vom Auge [m]	noch wahrnehmbarer Tiefenunterschied [m]	wahrnehmbarer Tiefenunterschied [% der Entfernung]
0,2	0,00002	0,01
0,5	0,0001	0,02
1	0,0004	0,04
10	0,04	0,4
100	3,5	3,5
1000	275	27,5

Tab. 10: Wahrnehmbarer Tiefenunterschied bei unterschiedlicher Entfernung vom Auge.

Räumliches Sehen durch gekreuzte und ungekreuzte Doppelbilder

Bei der zuvor dargestellten Art des räumlichen Sehens müssen die Augen mehrere Bildpunkte nacheinander fixieren, und das Großhirn muss aus diesen Informationen die Entfernung zwischen den fixierten Bereichen errechnen.

Versuche haben gezeigt, dass es auch möglich ist, räumliche Bilder wahrzunehmen, wenn die Augen nur **einen einzigen Bildpunkt** fixieren, etwa wenn ein Umweltausschnitt nur durch einen Lichtblitz erkennbar ist, sodass die Zeit nicht ausreicht, um mehrere Punkte in verschiedener Entfernung nacheinander zu fixieren. Entscheidend für diese Fähigkeit sind wiederum unterschiedliche Meldungen aus der Netzhaut beider Augen. Als Messdaten werden in diesem Fall aber Erregungen auf **disparaten** Netzhautbereichen verwendet. Neben den Bildern, die auf den gelben Fleck fallen, und als einheitliche Bildeindrücke wahrgenommen werden, erhält das Großhirn auch stets Informationen über Doppelbilder aus dem nicht fixierten Bereich. Doppelbilder aus dem Bereich **hinter** dem fixierten Punkt werden anders wahrgenommen als jene aus dem Raum **vor** dem fixierten Punkt. Das lässt sich in einem weiteren, einfachen Versuch zeigen:

Eine Versuchsperson hält den Zeigefinger der einen Hand im Abstand von etwa 30 cm vor die Augen, den anderen in einer Entfernung von etwa 50 cm. Folgender **Versuchsablauf** wird vorgenommen:

1 Der vordere Finger wird mit beiden Augen fixiert. Ergebnis: Der hintere Finger erscheint als Doppelbild.
2 Der vordere Finger wird nur mit dem linken Auge fixiert. Ergebnis: Das linke Doppelbild des hinteren Fingers wird wahrgenommen.

3 Der hintere Finger wird mit beiden Augen fixiert. Ergebnis: der vordere Finger erscheint als Doppelbild.
4 Der hintere Finger wird wiederum nur mit dem linken Auge fixiert. Ergebnis: jetzt wird nicht, wie im Versuchsschritt 2, das linke, sondern das rechte Doppelbild des vorderen Fingers wahrgenommen.

Beim Fixieren mit dem linken Auge wird also aus dem Raum hinter dem fixierten Punkt das linke Doppelbild wahrgenommen, während von den Doppelbildern aus dem Raum vor dem fixierten Punkt das rechte Doppelbild wahrgenommen wird. Ähnliche Ergebnisse liefern Versuche, in denen nur mit dem rechten Auge fixiert wird.

Diese Unterschiede werden als das Phänomen der **gekreuzten und ungekreuzten Doppelbilder** bezeichnet. Das Gehirn errechnet aus den Meldungen über gekreuzte und ungekreuzte Doppelbilder, welche Bildpunkte vor und welche hinter dem fixierten Bereich liegen:

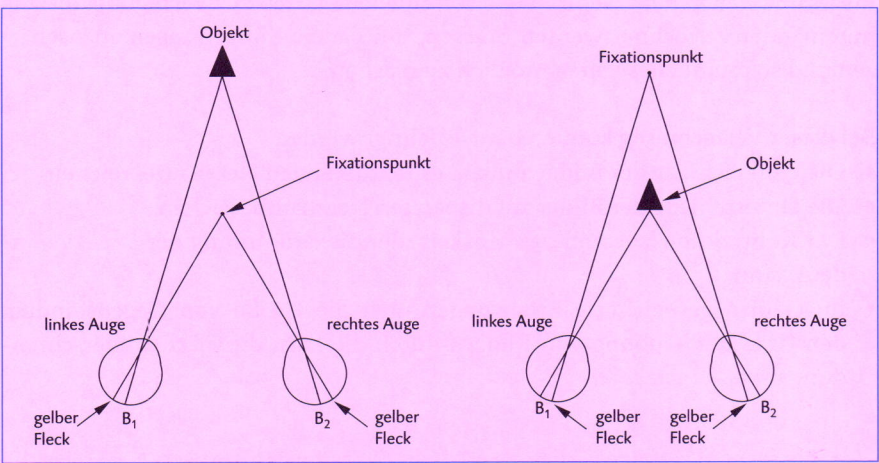

Abb. 96: Doppelbilder auf nicht korrespondierenden Netzhautbereichen. Links von einem Objekt das hinter, rechts von einem Objekt das vor dem fixierten Punkt liegt.

Räumliches Sehen mit einem Auge

Auch mit nur **einem Auge** kann der Mensch räumlich sehen, wenn auch nicht so gut wie mit beiden Augen. Das Großhirn kann die Entfernung von Gegenständen z. B. durch die **Messung der Linsenkrümmung** feststellen. Das geschieht durch Meldungen aus Muskelspindeln des Muskels, der die Krümmung der Linse verändert. Dies ist aber nur im Nahbereich möglich, weil der Muskel nur bei der **Nahakkommodation** kontrahiert wird.

Eine weitere Möglichkeit liefert der **Vergleich** der im Gehirn entstehenden Bildeindrücke mit Erfahrungen aus bereits schon einmal wahrgenommenen Bildern (siehe Gehirn: Projektions- und Assoziationsfelder des Sehens, S. (1) 203 f.). Auf diese Weise kann die Entfernung abgeschätzt werden, z. B. durch

- den **Größenvergleich** der Gegenstände. Entfernter liegender Gegenstände erscheinen kleiner als näher liegende. Voraussetzung ist, dass die Größe der Gegenstände bekannt ist.
- den Grad der **Trübung** des Bildes durch die Luft (Luftperspektive). Entfernter liegende Bereiche erscheinen durch die Lufttrübung weniger scharf als näher liegende. Bei sehr klarer Luft, z. B. nach längerem Regen oder bei Föhnwetterlage, kann es zu optischen Täuschungen kommen.
- die **Überschneidung** von Gegenständen. Gegenstände, die andere teilweise verdecken, werden als näher liegend empfunden als solche, die verdeckt sind.

Insgesamt stehen dem Gehirn viele verschiedene Daten zur Verfügung, die alle miteinander verrechnet werden müssen, um daraus Entfernungen abzuschätzen und so räumliches Sehen möglich zu machen.

Bei dieser Verrechnung können berücksichtigt werden:
- Die Unterschiede der Bilder auf korrespondierenden Netzhautbereichen.
- Die Unterschiede der Bilder auf disparaten Netzhautbereichen.
- Der Kontraktionszustand des Muskels, der die Krümmung der Linse verändern kann.
- Im Gehirn gespeicherte Erfahrungen über die Größe von Gegenständen, den Grad der Trübung von Bildern durch die Luft, die Flächenüberschneidung usw.

> Die **räumliche** Wahrnehmung ist in dem Teil des Gesichtsfeldes, den beide Augen überblicken, besonders gut. Da die auf der Netzhaut der beiden Augen entstehenden Bilder nicht vollständig gleich sind, laufen **unterschiedliche Erregungsmuster** von den beiden Augen zum Großhirn. Der räumliche Eindruck entsteht durch die **Verrechnung** dieser unterschiedlichen Erregungsmuster an den Synapsen des Sehzentrums.

Manchmal kann es zu nicht verrechenbaren Datenkonstellationen oder zu **Fehlern** in der Verrechnung kommen (siehe unmögliche Objekte, S. (1) 202 f.).

Optische Täuschungen

Die Verarbeitungsprozesse im Großhirn verlaufen **unbewusst**. Wenn aber Störungen und Fehler in der Verrechnung auftreten, können sie sich bemerkbar machen. **Optische Täuschungen** und ähnliche fehlerhafte Empfindungen verdeutlichen, dass das Großhirn neue Eindrücke immer mit bereits gespeicherten Erfahrungen abgleicht:

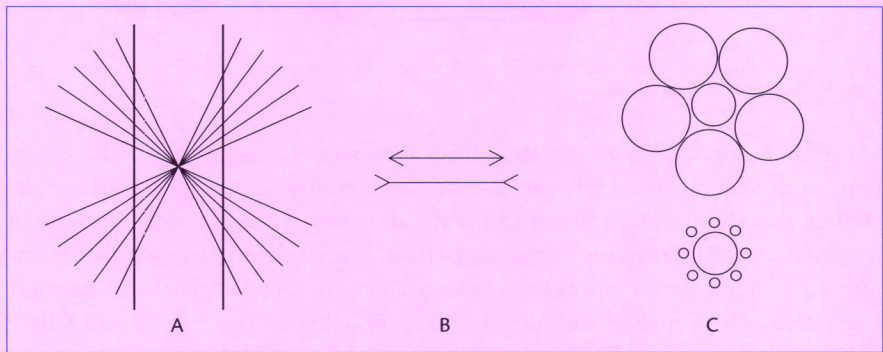

Abb. 97: Optische Täuschungen.

Der Vergleich der aktuell wahrgenommenen Bilder mit den durch Erfahrung gewonnenen und im Großhirn gespeicherten führt zu irreführenden oder falschen Ergebnissen des Verarbeitungsprozesses. So erscheinen, wie in der vorangegangenen Abbildung gezeigt, gerade Linien gebogen (A), zwei gleich lange Linien unterschiedlich lang (B) oder zwei gleich große Flächen verschieden groß (C) usw. Eine weitere aus dem Alltag bekannte Erscheinung ist die **Entfernungstäuschung**. Bei sehr klarem Wetter erscheinen weit entfernt liegende Landschaftsbereiche ungewohnt nah. Das Gehirn vergleicht die Erfahrung, dass Dinge in weiter Entfernung getrübt erscheinen, mit dem Bild, das von den Augen geliefert wird. An solchen Tagen staunen wir über den Eindruck der ungewohnten Nähe von Landschaften, die wir aus der Erfahrung als weit entfernt kennen.

Klappbilder

Zuweilen ist das Gehirn nicht in der Lage, ein endgültiges und eindeutiges Ergebnis der Verrechnungsprozesse zu liefern. Das ist bei den so genannten „Klappbildern" (Umspringbilder) der Fall:

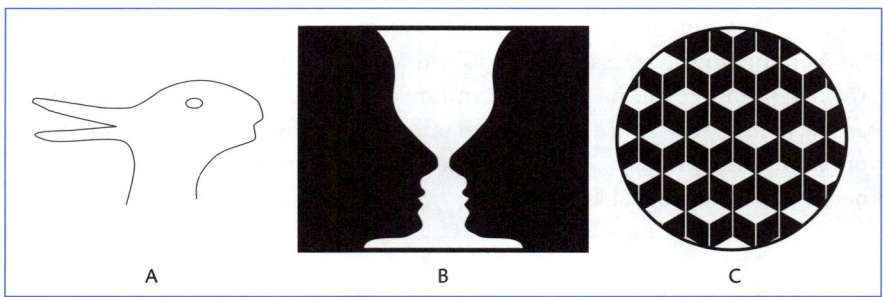

Abb. 98: Beispiele für Klappbilder.

Die Abbildung A kann als ein nach links schauender Entenkopf gesehen werden, kann aber auch die Silhouette eines nach rechts schauenden Hasens darstellen. Das Gehirn ist in diesem Falle unfähig, durch einen Vergleich mit den gespeicherten Bildern von Enten und Hasen ein eindeutiges Ergebnis des interpretierenden Verrechnungsprozesses zu liefern. Der Vergleich bringt zwei Ergebnisse. Die Unfähigkeit des Großhirns, eine klare Entscheidung zu fällen, äußert sich darin, dass die Bilder bei längerer Betrachtung „umspringen".
Gleiches gilt für die Abbildung B. Dort erscheint die helle Fläche als Kelch. Das Bild kann aber umspringen in den Eindruck von zwei sich anschauenden Gesichtern, die sich aus den schwarzen Flächen ergeben.
In Abbildung C deutet das Gehirn die hellen Flächen entweder als Böden von hängenden oder als Deckel von stehenden Würfeln. Die Verrechnung erbringt in diesem Fall kein eindeutiges Ergebnis über die genaue räumliche Struktur. Der Prozess des Vergleichs mit gespeicherten Erfahrungen aus räumlichen Wahrnehmungen lässt sich **nicht unterdrücken**. Wir „müssen" das Bild der Rauten perspektivisch interpretieren. Das Gehirn kann wegen des zwangsläufig erfolgenden Vergleichs mit gespeicherten räumlichen Eindrücken das Bild nicht als reine Fläche interpretieren.

Unmögliche Objekte
Unlösbare Widersprüche können sich ergeben, wenn Bilder durch die Art der Linienführung das Gehirn zur perspektivische Deutung anregen, obwohl die Linien sich mit den Erfahrung aus räumlich wahrgenommenen Bildern nicht zur Deckung bringen lassen. In solchen Fällen ergibt sich der Eindruck von unmöglichen, paradoxen Objekten. Ein Großhirnfeld erzeugt den räumlichen Eindruck, während das andere aufgrund der Erfahrung entscheidet, dass eine solche Anordnung von Linien in räumlichen Bildern nicht möglich ist:

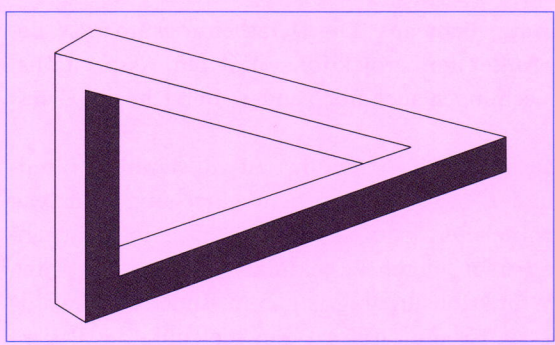

Abb. 99: Ein unmögliches Objekt.

Sensorische Projektions- und Assoziationsfelder

Durch Analyse des Verlaufs von Nervenfasern im Gehirn und durch die Untersuchung von Ausfallserscheinungen nach Verletzungen ist bekannt, dass **Wahrnehmung und Erkennung** von Bildern in getrennten Bereichen der Großhirnrinde erfolgen. Beim Vorgang des Sehens nimmt in jeder Großhirnhälfte das **Projektionsfeld des Sehens** die Bilder wahr. Der Mensch kann das Bild aber erst erkennen, wenn sein Großhirn das wahrgenommene Bild mit bereits vorher gesehenen Bildern vergleicht. Diese sind in einem anderen Bereich der Großhirnrinde, im **Assoziationsfeld des Sehens** gespeichert. Der Vorgang des Erkennens ist also eigentlich ein Prozess des „Wiedererkennens".

Die Eindrücke von optischen Täuschungen, Klappbildern und paradoxen Bildern treten auf, wenn sich beim Vergleich der im Projektionsfeld des Sehens wahrgenommenen Bilder **Differenzen** mit jenen ergeben, die im Assoziationsfeld des Sehens gespeichert sind.

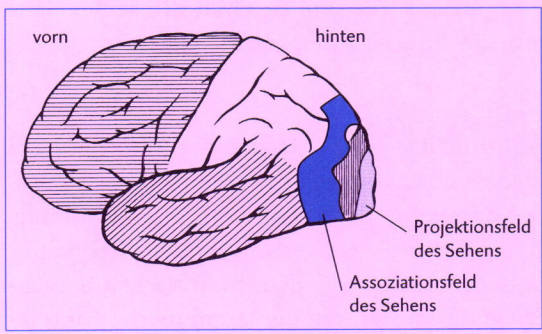

Abb. 100: Lage des Projektions- und Assoziationsfeldes des Sehens in der Großhirnrinde.

Allerdings reicht diese Erklärung nicht aus. Die Verarbeitungsprozesse des Großhirns sind sehr komplex. Außer dem Projektions- und dem Assoziationsfeld des Sehens sind an den Täuschungen auch noch andere Bereiche des Großhirns beteiligt.

Eine Zerstörung des Projektionsfeld des Sehens führt zu vollständiger Blindheit (**Rindenblindheit**). Die in der Netzhaut entstehende Erregung wird zwar über den Sehnerv zum Gehirn geleitet, kann aber dort nicht zur Wahrnehmung des Bildes führen. Eine Person, deren Projektionsfeld normal arbeitet, deren Assoziationsfeld jedoch funktionsunfähig ist, kann Bilder zwar wahrnehmen, aber nicht erkennen, sie ist **seelenblind**. Ein seelenblinder Patient kann z. B. einem Stuhl, der ihm im Weg steht, ausweichen. Er kann aber nicht sagen, welches Hindernis ihm den Weg versperrt.

> Die **Wahrnehmung** geschieht in sensorischen Projektionsfeldern des Großhirns, die **Erkennung** in sensorischen Assoziationsfeldern.

Was zuvor am Beispiel des Sehvorgangs erläutert wurde, gilt auch für andere Sinneseindrücke. So liegen in der Großhirnrinde Projektions- und Assoziationsfelder des **Hörens**. Entsprechend gibt es die Ausfallserscheinungen der Rinden- und Seelentaubheit.

3.3 Sprachsteuerung durch Felder des Großhirns

Neben den sensorischen Feldern enthält die Großhirnrinde auch Bereiche, die Bewegungen steuern, die **motorischen Felder**. Ein großes motorisches Feld ist im Großhirn für die **Bewegungen des Körpers** zuständig. In seiner Nähe liegt die motorische Sprachregion, die die Sprachmuskulatur steuert.

Broca'sches Zentrum

Mehrere Felder der linken Großhirnhälfte, die untereinander Informationen austauschen können, ermöglichen es uns zu sprechen, und die Sprache sinnvoll einzusetzen. Die geordnete Kontraktion der Muskeln, die an der Bildung von Sprache beteiligt sind, wie die Lippen-, Zungen-, Gaumen-, Kehlkopf-, Atemmuskulatur u. a. wird vom **Broca-Zentrum**, dem motorischen Sprachzentrum gesteuert. Es bildet Erregungsmuster, die die koordinierte Kontraktion der Sprechmuskulatur ermöglicht. Erforderlich ist dabei auch die Zusammenarbeit mit dem Großhirnfeld, das die Körperbewegung steuert.

Wernicke-Zentrum

Ein weiteres Feld, das **Wernicke-Zentrum,** ist dem Broca'schen Zentrum übergeordnet. Es enthält Informationen über den „richtigen Gebrauch" von Sprache, also über Vokabeln, Grammatik u. ä. Damit kann es die gehörten Wörter und Sätze prüfen, aber auch die, die gerade gesprochen werden sollen und deren Sinn erkennen. Aus der Zusammenarbeit von Broca-Zentrum und Wernicke-Zentrum ergibt sich die Fähigkeit, sinnvoll und in grammatikalisch richtiger Form verständlich zu sprechen. Das Wernicke-Zentrum entscheidet, „was gesagt werden soll", mit welchen Vokabeln und in welcher grammatikalischen Anordnung der Wörter. Es bestimmt den **Sinn der sprachlichen Information**. Entsprechend der aus dem Wernicke-Zentrum einlaufenden Information bildet das Broca-Zentrum ein Erregungsmuster, das die Sprachmuskulatur in der richtigen Weise zu Kontraktion bringt.

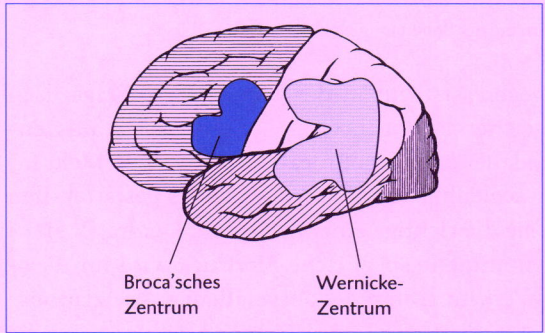

Abb. 101: Linke Großhirnhälfte mit Lage des Broca'schen Zentrums und des Wernicke-Zentrums.

Bei Ausfall des Wernicke-Zentrums spricht der betroffene Mensch in Wortreihen, die in der Wahl und der Anordnung der Wörter **keinen Sinn** ergeben. Wenn das Broca-Zentrum gestört ist, kann die Person zwar sinnvoll, allerdings nur **mühsam und stockend** sprechen.

> Das Broca'sche Zentrum steuert die **Sprachmuskulatur**, das Wernicke-Zentrum kontrolliert den **Sinngehalt** der Sprache.

Verbindungen zwischen dem Sprachzentrum und anderen Großhirnfeldern

Am sinnvollen und grammatikalisch richtigen Sprechen sind außer den Sprachzentren in der Regel weitere Großhirnbereiche beteiligt. Das soll am zuvor genannten Beispiel der Person, die einem ihr im Weg stehenden Stuhl ausweicht, erläutert werden. Eine gesunde Person kann das Hindernis nicht nur umgehen, sondern es auch bezeichnen. Um das Wort „Stuhl" zu finden und es auszusprechen, müssen Informationen aus dem Assoziationszentrum des Sehens in das Sprachzentrum, also in das Broca'sche und das Wernicke-Zentrum gelangen. Das Projektionsfeld des Sehens nimmt das Bild des Stuhls wahr, durch Vergleich mit schon einmal wahrgenommenen Bildern erkennt das Assoziationszentrum des Sehens, dass es sich um einen Stuhl handelt. Aus den Meldungen des Assoziationszentrums an das Sprachzentrum „entwerfen" das Wernicke- und das Broca-Zentrum ein Erregungsmuster, das die Sprachmuskulatur zur Bildung des Wortes „Stuhl" anregt. Dabei prüft das Wernicke Zentrum, ob das Wort „Stuhl" als Bezeichnung für den erkannten Gegenstand sinnvoll ist.

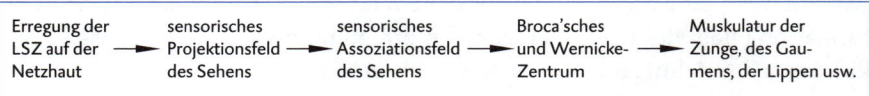

Abb. 102: Steuerungsvorgänge im Großhirn bei der Benennung eines gesehenen Objekts.

Eine **seelenblinde** Person dagegen ist nicht in der Lage, auf die Frage nach dem Hindernis, dem sie ausgewichen ist, zu antworten. Das Assoziationszentrum des Sehens arbeitet nicht, daher kann das Broca-Zentrum keine Meldungen erhalten. Wenn man einer seelenblinden Person allerdings gestattet, den Gegenstand **abzutasten**, kann sie die richtige Antwort geben. Der im **Projektionsfeld des Tastens** wahrgenommene spezifische Eindruck wird im Assoziationsfeld des Tastens als Stuhl erkannt. Statt des ausgefallenen Assoziationsfelds des Sehens kann nun das Assoziationsfeld des Tastens Meldungen an die Sprachzentren senden.

Zusammenfassung

- Der Mensch nimmt nur den Teil seiner Umwelt wahr, den ihm seine Sinnesorgane vermitteln.
- Sinneszellen wandeln Reize in Erregung um. In Lichtsinneszellen löst Licht die Änderung des Membranpotenzials aus.
- Die Qualität des Bildes, das auf der Netzhaut entsteht, ist von den Leistungen des lichtbrechenden Apparats des Auges abhängig.
- Die Umwandlung von Licht in Erregung geschieht in den Discs der Lichtsinneszellen. Als Rezeptor dient Rhodopsin.
- Durch den Zerfall von Rhodopsin in seine Bestandteile Opsin und Retinal verändert sich die Permeabilität der Membran und in der Folge auch das Membranpotenzial.
- Die Wirkung des Rhodopsin-Zerfalls wird durch eine Signalkette und einen second messenger verstärkt.
- Das Ausmaß der Potenzialänderung an der Membran der Lichtsinneszelle ist von der Stärke des Lichtreizes abhängig (amplitudenmodulierter Code).
- In den Nervenzellen der Netzhaut, auf die die Lichtsinneszellen ihre Erregung übertragen, entsteht ein Muster von Aktionspotentialen, die auf den Axonen des Sehnervs ins Gehirn einlaufen.
- Der Sehnerv zieht zum Sehzentrum im hinteren Teil der Rinde jeder Großhirnhälfte. Teile des Sehnervs des linken und rechten Auges kreuzen sich in ihrem Verlauf.
- Bilder, die auf korrespondierende Netzhautbereiche der beiden Augen fallen, werden als einheitliches, einzelnes Bild wahrgenommen.
- Das Gehirn verrechnet die Unterschiede zwischen den Erregungsmustern, die von den beiden Augen einlaufen, und erzeugt daraus den Eindruck eines räumlichen Bildes.
- Bei der Entfernungsmessung mit nur einem Auge dienen v. a. Erfahrungen als vergleichende Messwerte.
- Optische Täuschungen, Klappbilder u. ä. entstehen, wenn im Großhirn beim Vergleich des gerade wahrgenommenen Bildes mit den gespeicherten Erfahrungen Störungen und Widersprüche auftreten.
- Der äußere Bereich des Großhirns, die Großhirnrinde (graue Substanz), besteht v. a. aus Zellkörpern und Dendriten von Nervenzellen. Die Nervenfasern verlaufen in der darunter liegenden weißen Substanz
- An den Synapsen der Zellkörper und Dendrite in der grauen Substanz laufen die Verrechnungsprozesse des Großhirn ab.

- In der Großhirnrinde lassen sich anhand ihrer Funktion motorische und sensorische Felder abgrenzen.
- Die Wahrnehmung von Sinneseindrücken ist eine Leistung der Großhirnrinde. Sie geschieht in sensorischen Projektionsfeldern. Die Erkennung der wahrgenommenen Eindrücke erfolgt in sensorischen Assoziationsfeldern durch den Vergleich mit den dort gespeicherten, bereits einmal wahrgenommen Sinneseindrücken.
- Der Ausfall des Projektionsfelds des Sehens hat vollständige Blindheit zur Folge (Rindenblindheit).
- Wenn das Assoziationsfeld des Sehens nicht arbeitet, das Projektionsfeld aber funktionsfähig ist, kann der betroffene Mensch seine Umwelt wahrnehmen, sie aber nicht erkennen (Seelenblindheit).
- Die Steuerung von Bewegungen geht von motorischen Feldern der Großhirnrinde aus.
- Die Sprachzentren liegen in der linken Großhirnrinde. Bei der Steuerung der Sprachmuskulatur und des sinnvollen Einsatzes von Sprache arbeiten das Broca'sche und das Wernicke-Zentrum zusammen.
- Das Broca'sche Sprachzentrum bildet Erregungsmuster, die eine geordnete Kontraktion der Sprachmuskulatur ermöglicht.
- Das Wernicke-Zentrum kontrolliert den Sinn der Wörter, sorgt für die richtige Grammatik und ermöglicht so, sinnvoll zu sprechen.
- Um sinnvoll sprechen zu können, müssen die Sprachzentren Erregungsmuster aus anderen Großhirnbereichen erhalten.

Aufgaben

242. Welche Aufgaben erfüllen die sensorischen und motorischen Felder des Großhirns?

243. Welches Baumerkmal der Lichtsinneszellen sorgt dafür, dass das Licht eine sehr hohe Zahl von Sehfarbstoff-Molekülen treffen kann?

244. (themenübergreifende Aufgabe)
In welchen Zellen der Netzhaut wird die Information amplitudenmoduliert codiert, welche verwenden einen frequenzmodulierten Code?

245. Welche der folgenden Aussagen sind richtig?
   a Rhodopsin besteht aus zwei Molekülen, die beide Proteine sind.
   b Starker Mangel an Vitamin A kann vermindertes Sehvermögen zur Folge haben.

- c Bei Auftreffen von Photonen ändert sich die 11-cis-Form des Retinal in die all-trans-Form.
- d Das Auftreffen von Photonen verändert ein Retinal-Molekül so, dass es an Opsin binden kann, um damit ein vollständiges Rhodopsinmolekül zu bilden.
- e Um die Permeabilität der Membran einer Lichtsinneszelle durch Photonen zu ändern, muss Retinal von der 11-cis-Form in die all-trans-Form übergehen.
- f Der Sehfarbstoff ist für die Farbe der Iris verantwortlich.
- g Durch den Verlust des Retinals nimmt das Opsin eine andere Form an, infolgedessen ändert sich die Permeabilität für bestimmte Ionen und damit auch das Membranpotenzial der Lichtsinneszelle.
- h Durch second messenger wird in der Regel eine Übererregung der Lichtsinneszelle, die eine Blendung zur Folge haben könnte, verhindert.
- i All-trans-Retinal lässt sich nur unter Aufwand von Stoffwechselenergie in 11-cis-Retinal umwandeln.
- k Der Zerfall eines Rhodopsin-Molekül kann die Veränderung mehrerer Ionen-Poren auslösen.

246. Jedes der beiden Augen leitet die Erregung seiner Lichtsinneszellen auf einem eigenen Sehnerv ins Gehirn. Wodurch ist dennoch gewährleistet, dass der rechte bzw. der linke Teil des Blickfelds jedes Auges nur in einer Großhirnhälfte wahrgenommen wird?

247. Die Fähigkeit des räumlichen Sehens wird in der frühen Kindheit durch Erfahrung verbessert. Erklären Sie dieses Phänomen.

248. Welche Informationen, die dem Gehirn als Erregung aus der Netzhaut jeden Auges gemeldet werden, können dazu benutzt werden, Entfernungen festzustellen und damit räumlich zu sehen?

249. In der folgenden Abbildung sind Strahlengänge vereinfacht dargestellt, die verdeutlichen, unter welchen Bedingungen die Erregungsmuster, die aus beiden Augen in das Gehirn einlaufen, den Eindruck eines einheitlichen Bildes hervorrufen und wie es zum Eindruck von Doppelbildern kommt. Erläutern Sie anhand der Abbildung, wie es zu einem einheitlichen Bildeindruck bzw. zu Doppelbildern kommt.

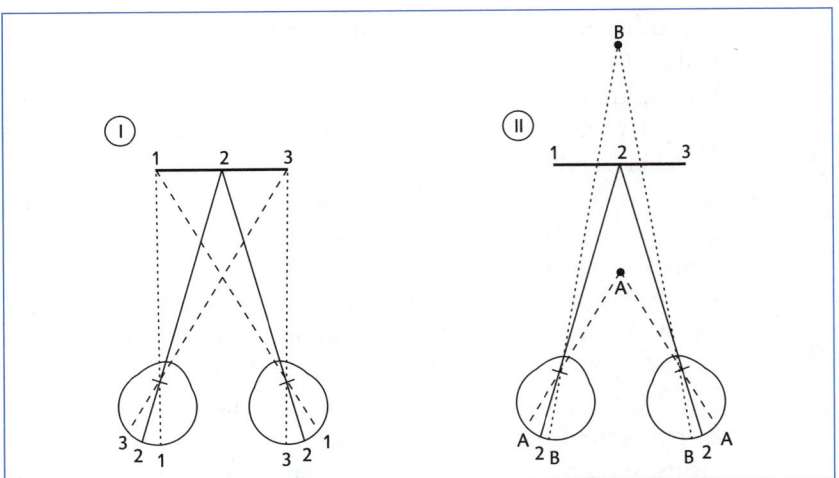

Abb. 103: Entstehung von einheitlichen Bildern und von Doppelbildern.

250. Beim Betrachten der folgenden Abbildung kommt es zu „verwirrenden" Empfindungen.
Beschreiben Sie allgemein, welche Vorgänge im Gehirn an der Verwirrung mit beteiligt sind.

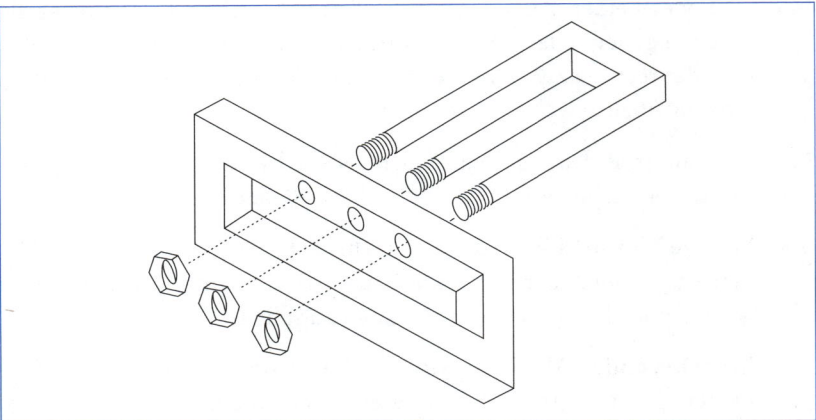

Abb. 104: Eine verwirrende Darstellung.

251. Im Folgenden sehen Sie Bilder, die beim Betrachter zwei verschiedene Interpretationen auslösen, die ständig wechseln. Das Umspringen der Deutung eines Bildes lässt sich willentlich nicht verhindern.
Geben Sie eine allgemein gehaltene Erklärung der Vorgänge im Gehirn, die an der Entstehung dieses Phänomens beteiligt sind.

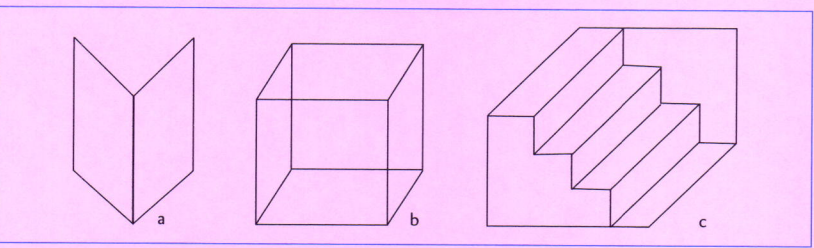

Abb. 105: Verschieden interpretierbare Objekte.

252. Der Rinden- und Seelenblindheit entsprechend können beim Menschen auch Rinden- und Seelentaubheit auftreten.
Welche Fähigkeiten gehen bei Rinden- bzw. bei Seelentaubheit verloren? Begründen Sie Ihre Antwort.

253. Ein Patient leidet nach einem Schlaganfall, der eine bestimmte Gehirnregion geschädigt hat, unter schweren Sprachstörungen. Sein Sprachverständnis ist aber nicht in Mitleidenschaft gezogen. Daher versteht er die Aufforderung des Arztes zu schildern, wie er den Schlaganfall erlebt habe. Sein Bericht fällt stockend, nach Worten suchend so aus: „Nacht, Arm, nicht, heben, Frau, Arzt, Krankenhaus." Er konnte also in der Nacht den Arm nicht mehr heben, seine Frau benachrichtigte einen Arzt, der dafür sorgte, dass er ins Krankenhaus gebracht wurde.
   a Welcher Gehirnbereich ist durch den Schlaganfall in Mitleidenschaft gezogen worden? Wo liegt dieser Gehirnbereich?
   b Welche an der Steuerung von Sprache beteiligte Gehirnregion blieb verschont?
   Begründen Sie Ihre Antworten.

254. Eine Person leidet nach Verletzung des Großhirns unter starken Sprachstörungen. Bei einem Test beschreibt sie z. B. ein Bild, auf dem ein Junge und ein Mädchen Indianer spielen, so: „Der Junge beurteilt den Topf". Sie spricht die Worte des Satzes flüssig und in deutlicher und richtiger Formulierung.
   a Welcher Bereich des Gehirns ist gestört?
   b Welcher an der Steuerung des Sprechens beteiligte Gehirnbereich blieb unverletzt?
   a Wäre der Patient in der Lage, einen gehörten Satz korrekt zu wiederholen?
   Begründen Sie Ihre Antworten.

Kommunikation im Immunsystem – Immunreaktionen

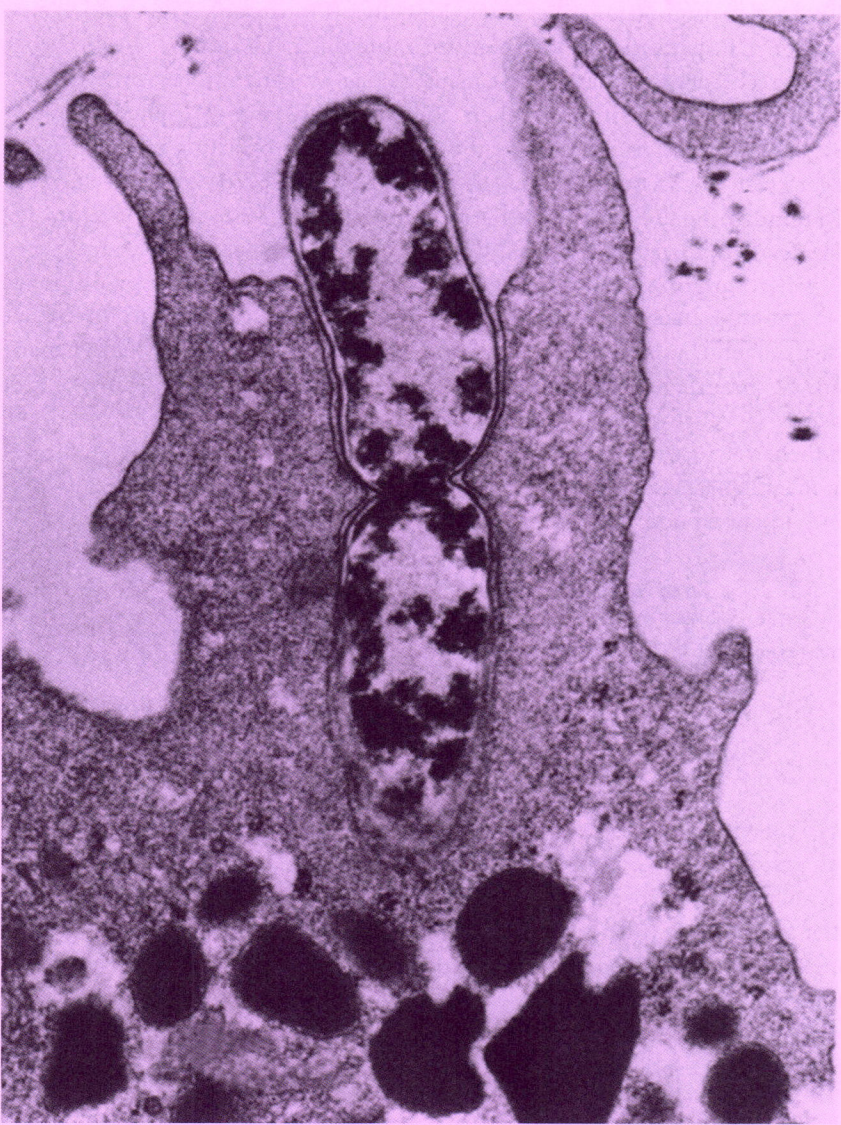

Elektronenmikroskopische Aufnahme eines Leukozyten, der ein sich gerade teilendes Bakterium umfließt und phagozytiert.

1 Unspezifische Immunreaktionen

Der Mensch und alle anderen Lebewesen sind ständig von **Krankheitserregern und giftigen Fremdstoffen** bedroht. Zu den Krankheitserregern zählen v. a. Bakterien und Viren, aber auch Einzeller (Protozoen), Pilze und kleine Vielzeller, z. B. parasitische Würmer. Im Laufe der Evolution haben die Lebewesen verschiedene Abwehrmechanismen, das so genannte **Immunsystem** entwickelt, das einen wirkungsvollen, aber nicht vollständigen Schutz bietet.

Die **erste Barriere** gegen die über die Atemluft oder Nahrung eindringenden Erreger oder Fremdstoffe bilden die **Haut und die Schleimhäute**. Erreger und Fremdstoffe, die diese erste Barriere überwinden konnten, stoßen im Inneren des Körpers auf weitere Abwehrmechanismen: Spezielle **Leukozyten**, d. h. weiße Blutkörperchen wie die Makrophagen und Granulozyten, phagozytieren die ins Gewebe eingedrungenen Erreger und zersetzen sie in ihrem Zytoplasma (siehe Lysosomen, S. (1) 19 und 213). Ein besonderer Typ von Leukozyten, die natürlichen **Killer-Zellen** lagern sich an größere Erreger wie z. B. parasitische Würmer an und machen sie durch ausgeschiedene Enzyme unschädlich. **Viren** werden bekämpft, indem die natürlichen Killer-Zellen die gesamte befallene Zelle zerstören. Außerdem können diese Killer-Zellen **Krebszellen** erkennen und abtöten.

> Die **unspezifische Immunreaktion** richtet sich unterschiedslos gegen alle Erreger und Fremdstoffe. Sie ist **nicht** in der Lage, sich gezielt an die Bedrohung durch einen bestimmten Erreger oder Giftstoff **anzupassen**.

2 Spezifische Immunreaktionen

Die Fähigkeit zur **spezifischen** Immunreaktion entwickelt sich beim Menschen erst nach der Geburt. Von einem bestimmten Alter an läuft sie jedesmal dann ab, wenn der Körper in Kontakt mit infektiösen Partikeln kommt, und sie richtet sich dabei sehr spezifisch nur gegen diesen einen Erreger. Da diese Vorgänge eine gewisse Zeit benötigen, wird eine spezifische Immunabwehr immer erst **einige Tage nach erfolgter Infektion** wirksam. Einige der zuvor besprochenen Zelltypen der unspezifischen Immunreaktionen sind auch an den Prozessen der spezifischen Reaktionen beteiligt.

2.1 Spezifische Erkennung körperfremder Substanzen

Diejenigen **Merkmale eines Erregers**, an denen das Immunsystem diesen als körperfremd und potenziell bedrohlich erkennt und die spezifische Immunreaktion einleitet, nennt man **Antigene**. Als Antigene können verschiedene Verbindungen wirken:
- Proteine oder Polysaccharide auf der Oberfläche von Krankheitserregern, aber auch auf **Pollen** und anderen Fremdpartikeln.
- Bestimmte Molekülbereiche von chemischen Substanzen wie **Insekten**- oder **Schlangengifte** oder Fremdeiweiße.
- Bestimmte Proteine auf der Oberfläche von körperfremden Zellen, die **MHC-Proteine** (engl. *major histocompatibility complex* „Haupt-Histokompatibilitäts-Komplex"). Dem Körper unbekannte MHC-Proteine finden sich auch auf **Krebszellen** und auf den Zellen von **transplantiertem Gewebe**.

> **Antigene** rufen spezifische Abwehrreaktionen des Körpers gegen die sie tragenden Partikel hervor. Dabei kommt es auch zur Bildung von spezifischen **Antikörpern**.

2.2 Antikörper

Die zuvor besprochenen Antigene regen bestimmte Zellen des Immunsystems, die **B-Lymphozyten** (siehe S. (1) 219 ff.) an, spezifische, nur gegen das entsprechende Antigen wirksame **Antikörper** zu bilden (Antigen = **Anti**körper **gen**erierend).

Bau eines Antikörpers

Ein Antikörper vom Immunglobulin G-Typ (IgG) ist ein **globuläres Protein** (siehe S. (1) 50). Er hat etwa **Y-förmige** Gestalt und besteht aus zwei längeren „schweren" Ketten (H-Ketten; engl. *heavy*), die durch Disulfid-Brücken mit je einer kurzen „leichten" Kette (L-Kette; engl. *light*) verbunden sind. An den Enden der beiden Y-Äste liegen **Bindungsstellen für bestimmte Antigene**. Die verschiedenen Antikörper-Typen eines Lebewesens unterscheiden sich nur in der Aminosäuresequenz der oberen, **variablen Region** der Y-Äste, die auch die Antigenbindungsstellen enthalten. Der Rest der Eiweißketten ist bei allen Antikörpern eines Organismus gleich gebaut und wird als **konstante** Region bezeichnet.

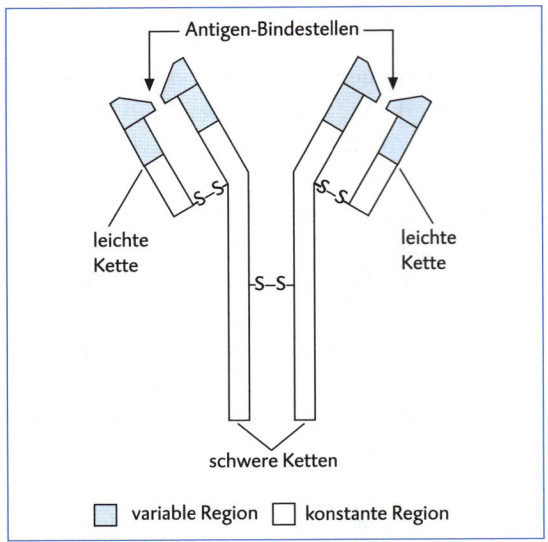

Abb. 106: Bau eines Antikörpers.

Die Antikörper **verschiedener Tierarten**, unterscheiden sich auch im chemischen Bau der konstanten Regionen. Neben Immunglobulin G bildet das Immunsystem weitere Antikörper mit anderen Formen und Funktionen (siehe Allergie, S. (1) 231).

Wirkung der Antikörper vom Immunglobulin G-Typ

Antikörper können an Antigene binden und nach dem Schlüssel-Schloss-Prinzip einen **Antigen-Antikörper-Komplex** bilden. Das geschieht durch schwache Bindungen wie Wasserstoffbrücken und van-der-Waals-Kräfte, aber auch durch Ionenbindungen in ähnlicher Weise wie die kurzzeitige Verbindung zwischen einem Enzymmolekül und seinem Substrat (siehe Enzym-Substrat-Komplex, S. (1) 54). Dadurch können bestimmte Stellen des Antigens **blockiert** werden, etwa die Bereiche, mit denen ein **Virus** an eine Wirtszelle andockt, um ins Zytoplasma eindringen zu können. Mehrere Erreger können durch die Bildung eines Antigen-Antikörper-Komplexes miteinander verbunden werden, sodass größere Komplexe entstehen. Diesen Vorgang nennt man **Agglutination.** Die größeren Gebilde können anschließend von **Fresszellen** wie den Makrophagen in einem einzigen Phagozytose-Vorgang aufgenommen und verdaut werden. Schließlich können auch gelöste Antigen tragende Moleküle miteinander verbunden werden, sodass sie aus der Lösung ausfallen. Nach dieser **Präzipitation** werden die Molekül-Klumpen von Fresszellen phagozytiert.

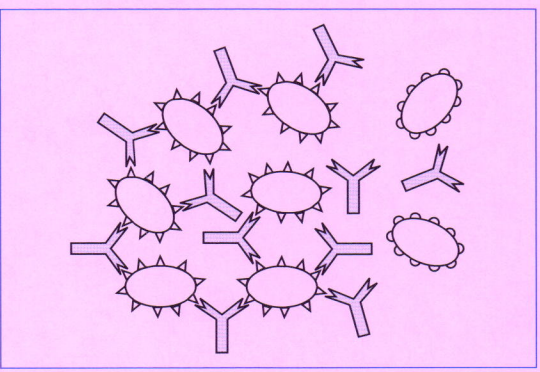

Abb. 107: Agglutination von Erregern durch spezifische Antikörper.

Vielfalt und Spezifität der Antikörper

Antikörper werden von einem besonderen Lymphozyten-Typ gebildet. Wenn ein Erreger in den Körper gelangt, muss das Immunsystem dessen Antigene sehr sicher als fremdartig erkennen und dafür sorgen können, dass die Lymphozyten möglichst schnell eine große Zahl von Antikörper bilden, die spezifisch gegen die betreffenden Antigene wirken.

Der Körper enthält außerordentlich viele verschiedene Typen von B-Lymphozyten, die jeweils die Bildung nur eines bestimmten Antikörpers – mit spezifischer Abfolge der Aminosäuren in der variablen Region seiner Eiweißketten – auslösen können. Die Anzahl der B-Lymphozyten eines bestimmten Typs ist dagegen gering. Die vielen verschiedenen B-Lymphozyten-Typen unterscheiden sich in ihren Antigen-Rezeptoren.

> Als Bestandteil ihrer Hüllmembran tragen Lymphozyten an ihrer Oberfläche Moleküle, die als Antigen-Rezeptoren wirken und für je ein bestimmtes Antigen spezifisch sind.

Entsprechend der sehr großen Zahl verschiedener Antigene gibt es auch eine Vielzahl unterschiedlicher Typen von Lymphozyten.

Die Bildung der Antikörper läuft in folgenden Schritten ab:
1 Ein Antigen, das sich an einen Antigen-Rezeptor gebunden hat, regt den B-Lymphozyten dazu an, sich mehrmals zu teilen.
2 Die zur Teilung angeregten B-Lymphozyten wandeln sich in Plasmazellen um, die spezifische, gegen das Antigen wirkende Antikörper bilden, sowie in Gedächtniszellen, die die Grundlage des immunologischen Erinnerungsvermögens sind (siehe S. (1) 224).

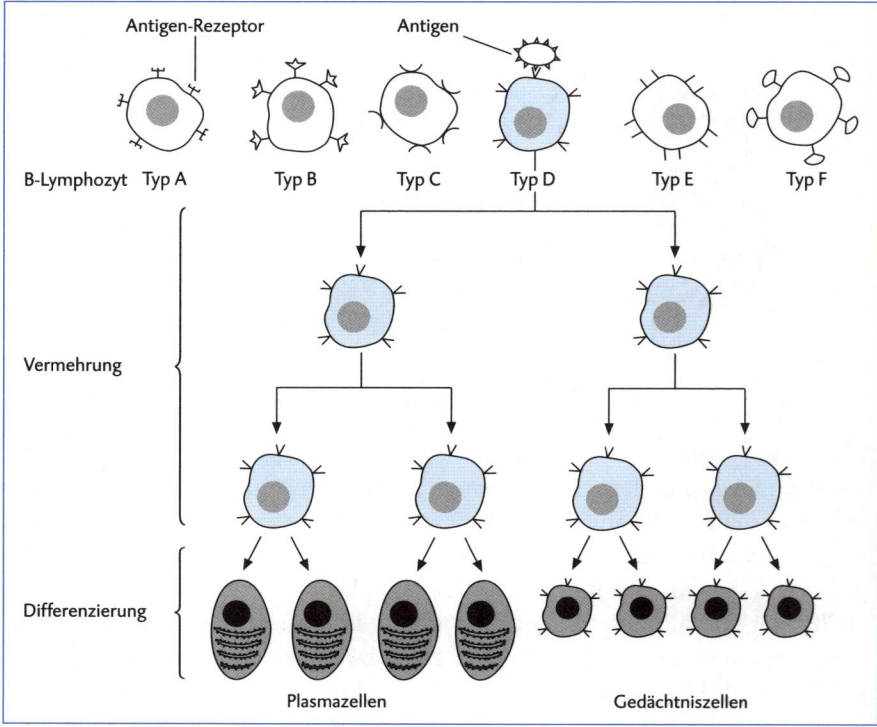

Abb. 108: Bildung von Antigen-spezifischen Plasma- und Gedächtniszellen.

Aus der extrem hohen Zahl der verschiedenen Lymphozyten-Typen vermehren sich nur diejenigen, die die Bildung der zur Bekämpfung der eingedrungenen Erreger geeigneten, spezifischen Antikörper auslösen. So wird eine **gezielte** Immunantwort möglich, ohne ständig für alle Erregertypen die jeweils passenden Antikörper vorrätig halten zu müssen. Allerdings benötigen die spezifischen Abwehrreaktionen **mehr Zeit** als unspezifische Immunantworten.

> Die **spezifische** Immunabwehr arbeitet sehr **sparsam**, unter geringem Einsatz von Material und Energie, und dennoch sehr **effektiv**.

2.3 Ablauf der spezifischen Immunreaktion

Herkunft und Reifung der Zellen des Immunsystems

Alle Lymphozyten bilden sich aus **Stammzellen** des Knochenmarks. Nachdem sie aus diesen undifferenzierten Zellen entstanden sind, bleiben sie entweder im Knochenmark und reifen dort zu **B-Lymphozyten** heran (engl. *bone*), oder wandern in die Thymusdrüse und differenzieren sich dort zu **T-Lymphozyten**. Die Thymusdrüse liegt unter dem Brustbein und ist nur in der Jugend aktiv. Am Ende der Differenzierung enthält der Körper eine außerordentlich hohe Zahl verschiedener Typen von B- und T-Lymphozyten, die sich in der Gestalt der **Antigen-Bindungsstellen** ihrer Membran unterscheiden. Die reifen B- und T-Lymphozyten wandern in die lymphatischen Organe, v. a. in die **Lymphknoten** und die **Milz**, zum Teil auch in die Rachenmandeln und den Wurmfortsatz (Blinddarm). Sie bewegen sich aber auch frei in der Lymphe und im Blut, sodass sie für einen eventuellen Kontakt mit dem passenden Antigen bereit stehen. Die Reifung des Immunsystems, v. a. die Differenzierung der B- und T-Lymphozyten, ist erst einige Tage und Wochen nach der Geburt abgeschlossen. Im Organismus des Embryos und des Neugeborenen kann daher eine körperfremde Substanz noch keine spezifische Immunreaktion auslösen.

Der **Verlauf** der spezifischen Immunreaktion, sowohl der humoralen wie auch der zellvermittelten (siehe S. (1) 222) lässt sich in **vier Abschnitte** unterteilen, in 1. die Erkennungs-, 2. die Differenzierungs-, 3. die Wirkungs- und 4. die Abschaltphase.

Erkennungsphase

Zur Erkennung bindet, wie bereits dargestellt (s. Abb. 108, S. (1) 218), ein Antigen an den passenden Antigen-Rezeptor einer der vielen Typen von **B-Lymphozyten**. Dieser eine Typ teilt sich daraufhin mehrfach nacheinander. Der Kontakt der **T-Lymphozyten** mit ihrem Antigen kommt nicht direkt zustande, sondern wird **durch Zellen vermittelt**, die auch an der unspezifischen Immunreaktion beteiligt sind: Die **Makrophagen** nehmen das Antigen tragende Teilchen durch Phagozytose auf, zersetzen es in ihrem Zytoplasma und bauen dessen Antigene in ihre eigene Membran ein. Auf diese Weise **präsentieren** die Makrophagen den T-Lymphozyten die Antigene fremder Substanzen. Bei Zell-Zell-Kontakt binden die Antigen-Rezeptoren der **T-Lymphozyten** an die Antigene auf der Membran der Makrophagen. Danach beginnen sie sich zu teilen und zu differenzieren. Die Präsentation von Antigenen durch die Makrophagen stellt eine erste Kontrollinstanz dar.

> Die **T-Lymphozyten** der spezifischen Immunreaktion können nur mit solchen Antigenen Kontakt aufnehmen, die zuvor bereits von Zellen der unspezifischen Immunreaktion, den **Makrophagen** als körperfremd erkannt wurden.

Differenzierungsphase

Wenn ein **T-Lymphozyt** Kontakt zum passenden Antigen bekommen hat, wird er zur Teilung angeregt. Er vermehrt und differenziert sich zu:
- **T-Helfer**-Zellen (T-Helfer-Lymphozyten)
- **T-Unterdrücker**-Zellen (T-Suppressor-Lymphozyten)
- **T-Killer**-Zellen (T-Killer-Lymphozyten; zytotoxische T-Zellen)

Um einen **B-Lymphozyten** zur Differenzierung anzuregen, müssen zwei verschiedene Vorgänge ablaufen: Erstens muss der B-Lymphozyt mit dem **Antigen**, das zu seinen Antigen-Rezeptoren passt, Kontakt gehabt haben (siehe Erkennungsphase), zweitens muss ein T-Helfer-Zell-Typ durch das gleiche Antigen aktiviert werden und spezifische **Botenstoffe**, die Zytokine, abgeben. Diese Aktivierung der T-Helferzellen und die Ausschüttung der Botenstoffe geschieht durch folgende Vorgänge:

1 **T-Helfer-Zellen** werden durch Kontakt mit den Antigenen auf der Membran der Makrophagen aktiviert. Dadurch erhalten sie die Fähigkeit, ihrerseits Kontakt mit dem Antigen in der Membran eines B-Lymphozyten aufzunehmen (siehe Abb. 110):

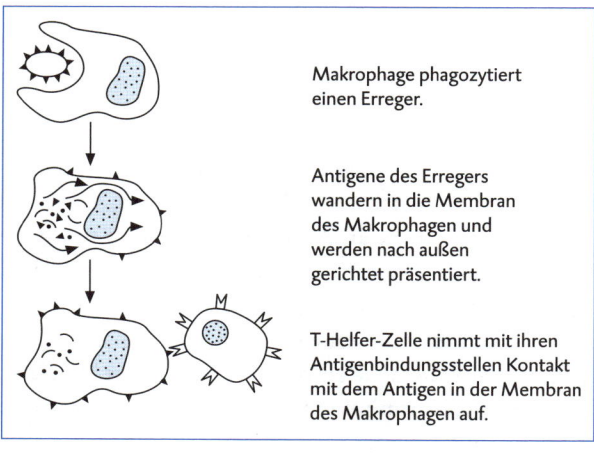

Abb. 109: Aktivierung von T-Helfer-Zellen durch Zell-Zell-Kontakt mit einem Makrophagen.

2 Die aktivierten T-Helfer-Zellen nehmen Zell-Zell-Kontakte mit **B-Lymphozyten** auf. Dazu sind aber nur die B-Lymphozyten fähig, die bereits vorher das betreffende Antigen aufgenommen und in ihre Membran eingebaut haben (siehe Abb. 110). Erst wenn ein so veränderter B-Lymphozyt mit einer passenden, aktivierten T-Helfer-Zelle Kontakt aufgenommen hat, können die Botenstoffe (Zytokine) der T-Helfer-Zelle den B-Lymphozyten dazu anregen, sich zu teilen und zu Plasmazellen zu differenzieren:

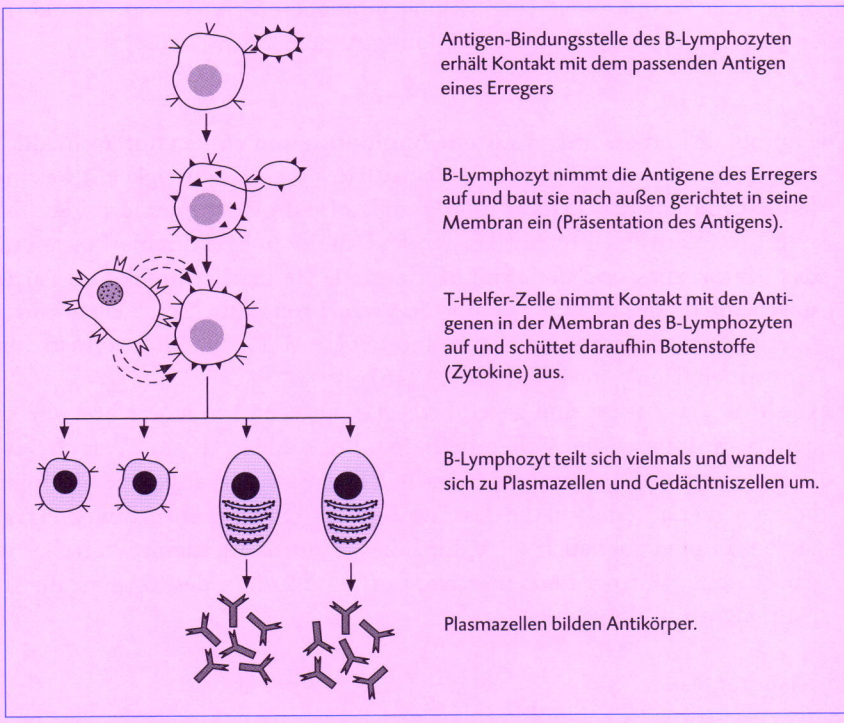

Abb. 110: Aktivierung von B-Lymphozyten.

Erst unter dem Einfluss der spezifischen **Botenstoffe** der **T-Helfer-Zellen** kann sich ein **B-Lymphozyt** teilen und differenzieren.

Die spezifische Immunreaktion hat also an dieser Stelle einen **doppelten Kontrollmechanismus**, der sicherstellt, dass nur Antikörper gegen körperfremde Stoffe entstehen. Nur wenn sowohl B- wie auch T-Lymphozyten mit ihren Antigen-Rezeptoren ein passendes Antigen gebunden haben, werden Antikörper gebildet.

Durch die Differenzierung entstehen aus den B-Lymphozyten v. a. **Plasmazellen**, die sofort damit beginnen, spezifische Antikörper gegen das betreffende Antigen zu produzieren. Die Plasmazellen enthalten eine hohe Zahl von Ribosomen und ein stark ausgeprägtes endoplasmatisches Retikulum, also typische Merkmale von Zellen mit **hoher Proteinsyntheserate** (siehe Zytologie, S. (1) 21). Da alle Plasmazellen durch Mitosen aus einem bestimmten Typ von B-Lymphozyten entstehen, bilden sie einen **Klon** (siehe Abb. 108, (1) S. 216). Alle Plasmazellen eines Klons produzieren **denselben** Antikörper, eben gegen jenes Antigen, das ihre Bildung ausgelöst hat.

Wirkungsphase
Die humorale und die zellvermittelte Immunreaktion wirken unterschiedlich:
- Bei der **humoralen Immunreaktion** (lat. *humor* = „Flüssigkeit") bekämpfen B-Lymphozyten Erreger und Fremdstoffe im Gewebe und in den **Körperflüssigkeiten**. Ihre Antikörper sind als **lösliche** Proteine Bestandteile des Blutplasmas und der Lymphflüssigkeit. Sie machen infektiöse Partikel unschädlich oder bereiten sie für die Vernichtung durch die zellvermittelte oder die unspezifische Immunreaktion vor, z. B. für die Phagozytose durch Fresszellen (siehe Antikörper, S. (1) 216).
- Die **T-Killer-Zellen** sind gegen Erreger, v. a. gegen Viren gerichtet, die sich bereits im Inneren der Zellen befinden. Im Rahmen der **zellvermittelten Immunreaktion** erkennen sie den Befall an Veränderungen der Zellmembran und zerstören dann die gesamte Zelle mitsamt der enthaltenen Erreger. Sie bekämpfen aber auch Pilze, Einzeller (Protozoen), kleine Vielzeller wie parasitische Würmer und entartete, **mutierte Zellen** des Körpers, die sehr häufig **Krebszellen** sind.

Abschaltphase
In der Abschaltphase schließlich erzeugen **T-Unterdrücker-Zellen** Stoffe, die hemmend auf andere T-Lymphozyten-Arten und auf B-Lymphozyten wirken, sodass sowohl die humorale als auch die zellvermittelte Immunreaktion nach einiger Zeit, etwa nach der Überwindung einer Infektion, eingestellt wird (siehe Allergien, S. (1) 231).

Die T-Killer-Zellen erkennen **infizierte Zellen** oder Krebszellen an Veränderungen ihrer MHC-Proteine. Ihre spezifischen Rezeptoren binden zunächst an entsprechende Antigene auf der Zellmembran der betroffenen Zellen und schütten dann Substanzen aus – v. a. **Enzyme** – die zur Zerstörung der infizierten oder entarteten Zelle führen:

Kommunikation im Immunsystem – Immunreaktionen | 223

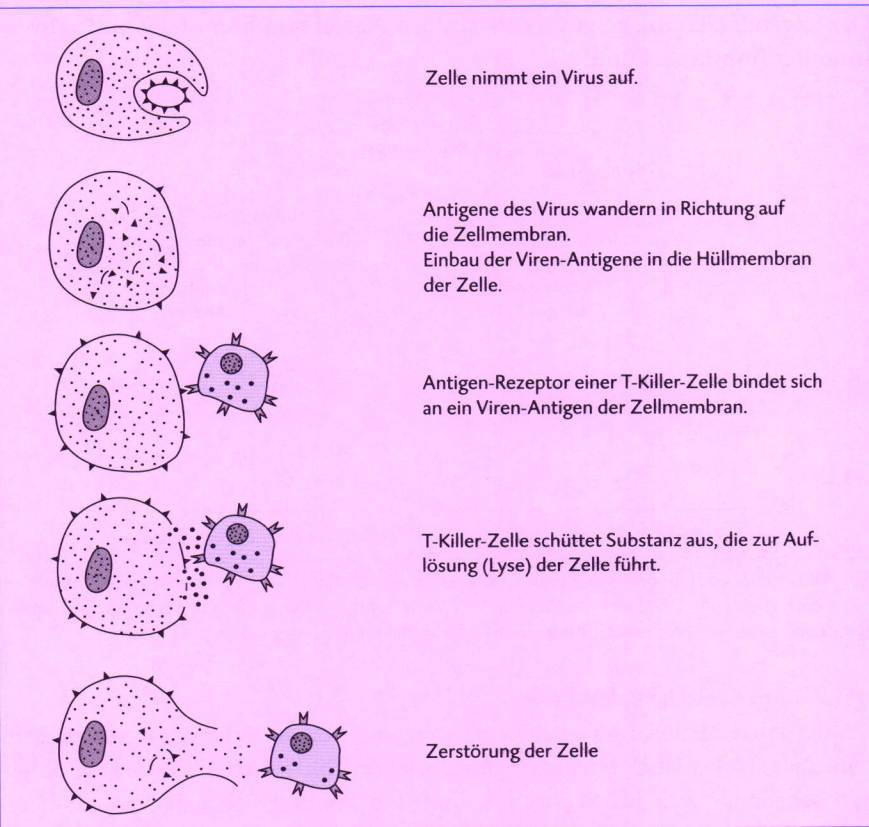

Abb. 111: Zerstörung einer von Viren befallenen Zelle durch T-Killer-Zellen.

An der **humoralen**, d. h. in den Körperflüssigkeiten ablaufenden Immunreaktion sind v. a. die **B-Lymphozyten** beteiligt, an der **zellvermittelten** die **T-Lymphozyten**.

Die folgenden Grafik zeigt vereinfacht den Ablauf von humoraler und zellvermittelter Immunreaktion:

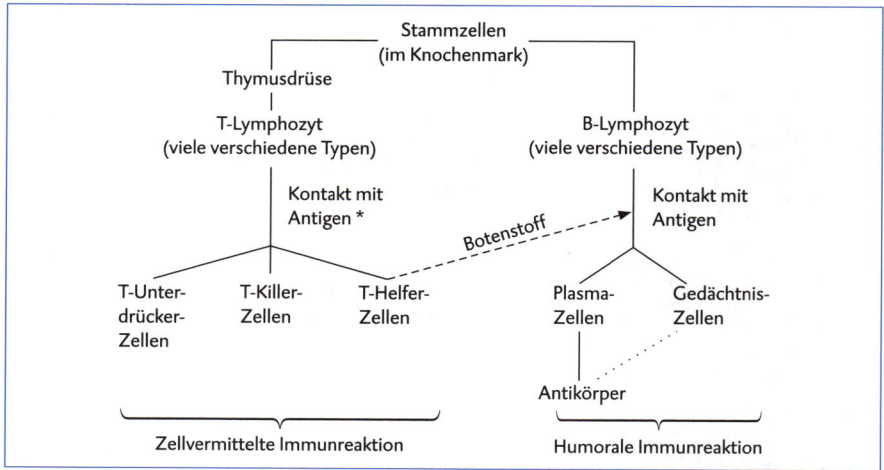

Abb. 112: Verlauf von humoraler und zellvermittelter Immunreaktion. (Nicht berücksichtigt: T-Gedächtniszellen; Funktion der T-Unterdrücker-Zellen. * = Präsentiert durch Makrophagen, die Antigene phagozytiert und danach in ihrer Hüllmembran nach außen gerichtet eingebaut haben.)

Das immunologische Gedächtnis

Bei der Differenzierung von B-Lymphozyten entsteht neben der großen Zahl von Plasmazellen auch eine geringere Zahl von **Gedächtniszellen**. Diese bleiben sehr lange Zeit im Körper erhalten und können sich bei einer **zweiten Infektion** mit dem **gleichen Antigen**, das einmal ihre Bildung hervorgerufen hatte, sehr schnell vermehren und zu Plasmazellen umwandeln, die in kurzer Zeit große Mengen an Antikörpern bilden. Die zeitraubende Bildung von Plasmazellen auf dem Weg über die Teilung und Differenzierung von B-Lymphozyten ist bei dieser **sekundären Immunantwort** nicht mehr erforderlich. Auf diese Weise können Erreger und Fremdstoffe bei einer Zweitinfektion sehr viel schneller und effektiver bekämpft werden.

Auch bei der **zellvermittelten** Immunreaktion entstehen Gedächtniszellen, die **T-Gedächtniszellen**, die ebenfalls eine schnelle Vermehrung und Differenzierung ermöglichen und so bei einer sekundären Infektion eine effektivere immunologische Abwehr ermöglichen.

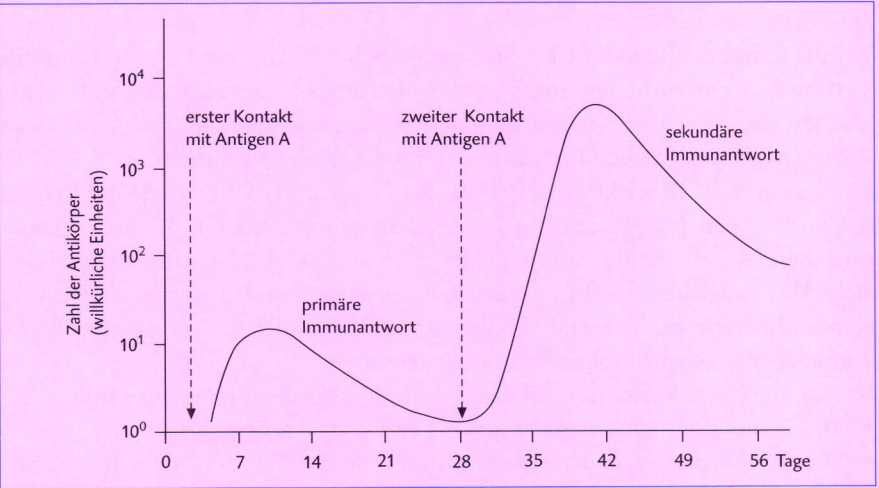

Abb. 113: Zahl der Antikörper nach erstem und zweitem Kontakt mit dem gleichen Antigen.

2.4 Aktive und passive Immunisierung

Aktive Immunisierung

Eine einmal überstandene Infektionskrankheit verleiht wegen der dabei gebildeten Gedächtniszellen einen lange andauernden Schutz vor einer zweiten Erkrankung, man spricht daher von natürlicher, **aktiver** Immunisierung.

Die Fähigkeit zur „immunologischen Erinnerung" lässt sich für vorbeugende Impfungen (**Schutzimpfungen**) gegen Infektionskrankheiten nutzen. Die Vorgänge bei einer Schutzimpfung im Einzelnen:

- **Abgeschwächte Erreger**, die keine Krankheit mehr auslösen können oder nur die Antigene der Erreger bzw. nur die entscheidenden, die Immunreaktion auslösenden Teile des Antigenmoleküls werden geimpft.
- Das Immunsystem des Körpers reagiert mit einer spezifischen Immunantwort auf die eingedrungenen Antigene, in deren Verlauf auch **Gedächtniszellen** gebildet werden.
- Bei einer eventuellen späteren Infektion mit krankheitsauslösenden Erregern wandeln sich die Gedächtniszellen in Plasmazellen um, die in kurzer Zeit sehr große Mengen an **Antikörpern** bereit stellen. Auf diese Weise können die Erreger fast in allen Fällen so wirkungsvoll bekämpft werden, dass die Infektionskrankheit nicht ausbricht. Da Gedächtniszellen aber in der Regel nicht lebenslänglich erhalten bleiben, müssen viele Schutzimpfungen in bestimmten Abständen wiederholt werden.

Passive Immunisierung

Ist eine Infektionskrankheit bereits ausgebrochen, kann eine aktive Immunisierung nicht mehr helfen. Injiziert man allerdings **antigenspezifische Antikörper**, die gegen den entsprechenden Erreger gerichtet sind, so laufen einige Prozesse der spezifischen Immunreaktion ab, z. B. die Agglutination, die Präzipitation und die Blockade von Wirkstellen, die auf der Oberfläche der Erreger liegen. Die von außen zugeführten Antikörper unterstützen die im Organismus bereits anlaufende humorale Immunreaktion. Gedächtniszellen bilden sich dabei allerdings nicht, sodass bei der **passiven Immunisierung** kein Impfschutz wie bei der aktiven Immunisierung auftritt. Antigenspezifische Antikörper lassen sich folgendermaßen gewinnen:

- Einem **Tier**, z. B. einem Rind werden die entsprechenden Erreger injiziert.
- Das Tier bildet **Antikörper** gegen die Antigene des Erregers.
- Die Antikörper werden aus dem **Blutserum** des Tieres isoliert und stehen dann für die Injektion beim Menschen zur Verfügung.

> Bei der **aktiven** Immunisierung verabreicht man **Antigene**, bei der **passiven** Immunisierung injiziert man den Patienten **Antikörper**. Eine **aktive** Immunisierung dient zum vorbeugenden Schutz **(Prophylaxe)**. Mit der **passiven** Immunisierung lassen sich bereits ausgebrochene Infektionskrankheiten, Vergiftungen u. ä. behandeln **(Therapie)**.

Die Antikörper des Tieres sind in den konstanten Regionen ihrer Eiweißketten anders aufgebaut als die des Menschen (siehe S. (1) 216). Sie sind daher Fremdstoffe, gegen die der Körper eines passiv immunisierten Menschen ebenfalls Antikörper („Anti-Anti-Körper") und Gedächtniszellen bildet. Daher kommt es bei einer zweiten Behandlung mit Antikörpern, die von der gleichen Tierart stammen, zu einer schnellen und starken Immunreaktion. Der Impfstoff wirkt dann wie ein Gift. Die Immunreaktion kann so stark sein, dass ernsthafte Krankheitserscheinungen auftreten, wie etwa ein anaphylaktischer Schock durch sich schlagartig erweiternde Blutgefäße, was zu einem steilen Blutdruckabfall führt. Je nach Menge der injizierten Antikörper kann dies sogar tödlich sein. Bei einer zweiten passiven Immunisierung müssen daher Antikörper von einer anderen Tierart verwendet werden.

2.5 Blutgruppen und Bluttransfusionen

Die **Blutgruppen** des Menschen beruhen auf verschiedenen Typen der roten Blutkörperchen (**Erythrozyten**), die sich in bestimmten Antigenen unterscheiden. Bei einer Bluttransfusion kann es zu lebensbedrohenden Störungen kommen, wenn die roten Blutkörperchen von Spender und Empfänger unterschiedliche Antigene tragen.

Das AB0-System

Im AB0-Blutgruppen-System des Menschen sind die Antigene auf der Oberfläche der roten Blutkörperchen und die Antikörper des Blutserums folgendermaßen verteilt:

Blutgruppe	Antigene (auf der Membran der Erythrozyten)	Antikörper (im Serum)
A	A	gegen B
B	B	gegen A
0	keine	gegen A **und** gegen B
AB	A und B	keine

Tab. 11: Zuordnung von Antigenen und Antikörpern im AB0-System.

Wenn rote Blutkörperchen bei einer Transfusion von Blut mit passenden Antikörpern in Kontakt geraten, kommt es zur **Agglutination** (Verklumpung) und zu weiteren Immunreaktionen. Rote Blutkörperchen werden zerstört und durch die Agglutination können Kapillaren verstopfen, was zu lebensgefährlichen Durchblutungsstörungen führt.

Im AB0-System bilden sich die Antikörper, **ohne** dass das Immunsystem Kontakt mit den Erythrozyten einer anderen Blutgruppe haben muss. Die Antikörper entstehen in den ersten Wochen nach der Geburt, sind also schon **vor** einer möglichen Transfusion im Blut vorhanden. Bei einer weiteren Kategorie der Blutgruppen, dem **Rhesus-System**, ist dies anders.

Rhesus-System und Rhesus-Unverträglichkeit

Rote Blutkörperchen des Typs „Rhesus-positiv" (**Rh⁺**) tragen das Rhesus-Antigen, beim Typ „Rhesus-negativ" (**Rh⁻**) fehlt dieses. Erst wenn rote Blutkörperchen des Typs Rh⁺ in die Blutbahn eines Menschen vom Typ Rh⁻ geraten, lösen sie dort die Bildung von **Anti-Rhesus-Antikörpern** aus. Zu einem solchen Blutkontakt kann es kommen, wenn eine Rh-negative Mutter ein Rh-positives Kind zur Welt bringt. Die Rhesus-Antigene der roten Blutkörperchen des Kindes lösen im Körper der Mutter eine **Immunantwort** aus, in deren

Folge Antikörper und Gedächtniszellen gegen das Rhesus-Antigen entstehen. Bei einer **zweiten Schwangerschaft** ist ein ungeborener Rh-positiver Embryo durch die Anti-Rhesus-Antikörper der Mutter bedroht. Diese Antikörper sind sehr klein und können über die Plazenta aus dem Blut der Mutter in den Kreislauf des Kindes gelangen. Die Antikörper des AB0-Systems sind dagegen nicht in der Lage, die **Plazentaschranke** zu passieren.

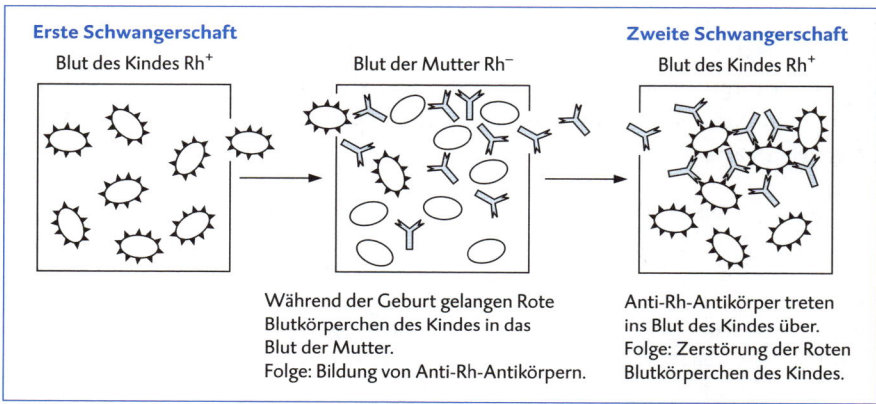

Abb. 114: Immunreaktion bei Rhesus-Unverträglichkeit von Mutter und Kind.

Die medizinische Forschung hat ein einfaches Verfahren gefunden, um bei der Blutgruppen-Konstellation „Mutter: Rh^-, Kind: Rh^+" der Schädigung des Embryos bei einer zweiten Schwangerschaft vorzubeugen: Unmittelbar **nach der ersten Geburt** erhält die Mutter Anti-Rhesus-Antikörper, und wird damit **passiv** gegen die roten Blutkörperchen ihres ersten Kindes (Rh^+) immunisiert. Die injizierten Antikörper führen schnell zur Beseitigung der roten Blutkörperchen des Kindes, die in die Blutbahn der Mutter geraten sind, sodass das Immunsystem der Mutter **keine Gelegenheit** erhält, eine eigene Immunreaktion gegen das Rhesus-Antigen zu veranlassen. Im Körper der Mutter entstehen also weder Rhesus-Antikörper noch Gedächtniszellen.

3 Störungen des Immunsystems

3.1 Krebs

Krebszellen entstehen durch **Mutationen** (siehe Genetik, S. (1) 104 ff.). Eine Krebsgeschwulst **(Karzinom)** besteht aus undifferenzierten, nicht mehr für spezielle Aufgaben eingerichtete Zellen, die sich rasch und unkontrolliert teilen. Alle gesunden Körperzellen tragen **Gewebsantigene** (MHC-Proteine), an denen das Immunsystem sie als körpereigen erkennen kann. Wenn eine Zelle zu einer Krebszelle mutiert, verändern sich auch ihre Gewebsantigene. Das Immunsystem erkennt eine Krebszelle in der Regel als körperfremd und vernichtet sie, v. a. mithilfe der T-Killer-Zellen. Wenn jedoch das Immunsystem geschwächt ist, oder wenn sehr viele Zellen mutieren, überleben einzelne Krebszellen und können zu Krebsgeschwulsten heranwachsen. Krebs hat also eine genetische und eine immunologische Ursache.

3.2 AIDS

Die **Immunschwächekrankheit AIDS** (engl. **A**cquired **I**mmunodeficiency **S**yndrom) wird durch **HIV** (**H**umanes **I**mmunschwäche-**V**irus) hervorgerufen. HI-Viren befallen und zerstören **T-Helfer-Zellen**. Das hat katastrophale Folgen: Das Immunsystem kann keine Antikörper mehr bilden, die zellvermittelte Immunreaktion ist schwer gestört. Die Ausschaltung der T-Helfer-Zellen macht nicht nur die Bekämpfung der HI-Viren unmöglich, sondern schwächt das gesamte Immunsystem so stark, dass auch andere Erreger und entstehende Krebszellen nicht mehr wirkungsvoll bekämpft werden können. Daher erkranken AIDS-Patienten in der Regel an Krebs. Durch viele nicht mehr bekämpfbare Erreger, so genannte „opportunistische" Erreger treten Infektionskrankheiten wie **Lungenentzündungen und Tuberkulose** auf. Hinzu kommt, dass HI-Viren im Körper des Menschen häufig ihre Erbinformation durch **Mutation** ändern und in der Folge auch die Antigen-Bereiche in ihrer Eiweißhülle andere Eigenschaften erhalten. Dadurch wird die Bekämpfung durch das Immunsystem zusätzlich erschwert. Zurzeit machen die sich ständig verändernden Antigene eine Schutzimpfung gegen AIDS unmöglich.

Zwischen der **Infektion** mit HI-Viren und dem **Ausbruch der Krankheit** AIDS kann sehr lange Zeit vergehen, da die HI-Viren als Proviren in der Lage sind, über Jahre hinweg inaktiv in den Zellen des Körpers zu ruhen.

HI-Viren werden v. a. während des Geschlechtsverkehrs durch Spermaflüssigkeit und Sekrete der Vagina übertragen. Der einzig wirksame Schutz ist die Verwendung von **Kondomen**. Ein anderer Infektionsweg läuft über Blut-Blut-Kontakte, z. B. durch nicht sterile, von mehreren Personen verwendete Injektionsnadeln, wie es im Drogenmilieu immer wieder vorkommt, oder durch Transfusion HIV-verseuchter Blutkonserven.

> **AIDS** wird durch das **HI-Virus** verursacht, das spezifische Immunreaktionen weitgehend unmöglich macht.

3.3 Autoimmunerkrankungen

Autoimmunkrankheiten sind die Folge, wenn das Immunsystem teilweise die Fähigkeit verliert, körpereigene von körperfremden Substanzen zu **unterscheiden**. In einem solchen Fall bilden sich Antikörper und T-Killer-Zellen, die gegen die Gewebsantigene der Zellen des **eigenen Körpers** wirken.

Beispiele
- **Multiple Sklerose**: Zerstörung der Myelinscheide von Nervenzellen. (siehe Neurophysiologie, S. (1) 133 f. und 148 f.)
- Jugenddiabetes **(Diabetes Typs I)**: Zerstörung der Insulin-bildenden Zellen in den Langerhans'schen Inseln der Bauchspeicheldrüse.
- **Myasthenia gravis**: Zerstörung der Acetylcholin-Rezeptoren an den motorischen Endplatten (siehe Neurophysiologie, S. (1) 152 f.).
- **Rheumatoide Polyarthritis**: Zerstörung von Knorpel- und Knochenzellen der Gelenke.

> **Autoimmunkrankheiten** entstehen, wenn sich das Immunsystem gegen Zellen des eigenen Körpers richtet.

3.4 Transplantation von Geweben und Organen

Bei der Übertragung von Geweben und Organen eines Menschen auf den Körper eines anderen wirken die MHC-Proteine der fremden Zellmembranen als **(Gewebsverträglichkeits-)Antigene**. Sie lösen Immunreaktionen aus und rufen u. a. die Bildung von T-Killer-Zellen hervor, die die transplantierten Zellen zerstören. So kommt es zur **Abstoßung des transplantierten Gewebes**.

Als Maßnahmen gegen die Abstoßung von transplantiertem Gewebe kommen infrage:
- Die Transplantation von Geweben, deren **MHC-Proteine** dem körpereigenen Antigen-Muster **ähnlich** sind.
- **Medikamente**, die die Lymphozyten funktionsunfähig machen oder an der Teilung hindern, so genannte immunsuppressive Stoffe. Die damit verbundene, weitgehende Schwächung des Immunsystems lässt allerdings die Gefahr ansteigen, dass Infektionskrankheiten oder Krebs auftreten.

3.5 Allergien

Außer den Immunglobulinen G (IgG) bildet der Körper noch andere Typen von Antikörpern. Bei **allergischen Reaktionen** spielen die **Immunglobuline E** (IgE) eine Rolle. Eine allergische Reaktion läuft folgendermaßen ab:
- Beim ersten Kontakt des Körpers mit einem Antigen, hier „Allergen" genannt, werden außer den Immunsglobulinen G auch die Immunglobuline E (IgE) gebildet.
- Diese IgE binden sich an bestimmte Leukozyten, die **Mastzellen**. Die Zellen enthalten **Histamin und Serotonin** in ihren Golgi-Vesikeln (siehe Zytologie, S. (1) 19).
- Bei erneutem Kontakt trifft das **Allergen** auf solche von IgE-Molekülen besetzten Mastzellen, die daraufhin Histamin und Serotonin **freisetzen.** Das führt zu Entzündungen, Schwellungen und zur Erweiterung der Blutgefäße des umgebenden Gewebes sowie zu verstärkter Sekretproduktion. (Unter Einfluss von Histamin können Immunzellen normalerweise die Blutgefäße verlassen und ins Gewebe eingedrungene Erreger bekämpfen.)
- Bei Nicht-Allergikern verhindern die durch die entsprechenden Antigene gebildeten **T-Unterdrücker-Zellen**, dass sich zu viele IgE-Moleküle an die Mastzellen binden.

Allergische Reaktionen treten bei gestörter Funktion der **T-Unterdrücker-Zellen** auf.

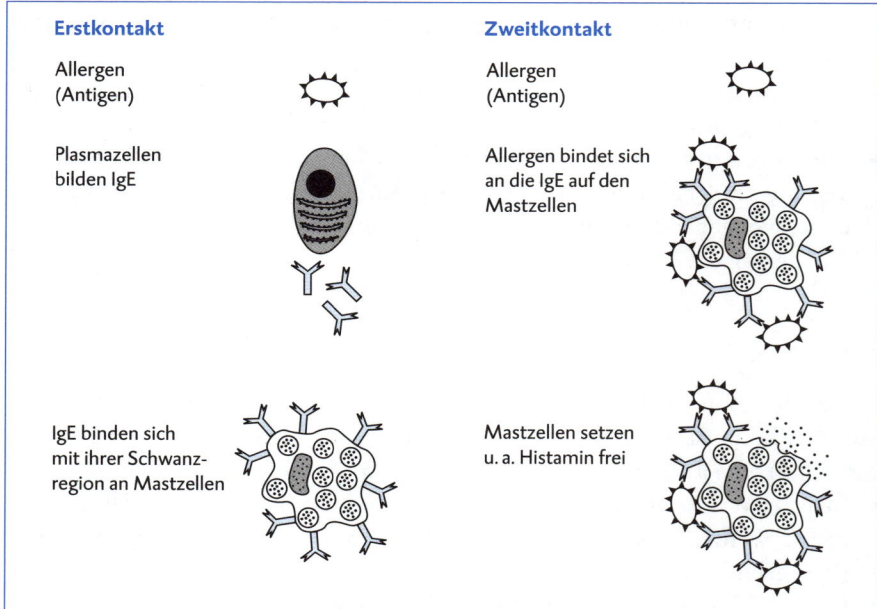

Abb. 115: Verlauf einer allergischen Reaktion.

Zusammenfassung

- Die immunologische Abwehr läuft v. a. in den Lymphknoten, der Lymphflüssigkeit und im Blut ab.

- Immunreaktionen lassen sich durch Antigene auslösen.

- Erreger, Fremdstoffe und entartete Zellen werden v. a. durch Phagocytose, T-Killer-Zellen und die Blockade von Oberflächenmolekülen durch Antikörper unschädlich gemacht.

- Unspezifische Immunreaktionen sind beim Menschen von Geburt an möglich. Sie sind nicht in der Lage, sich an eine bestimmte Erregerart anzupassen.

- An unspezifischen Immunreaktionen sind v. a. phagozytierende Leukozyten und natürliche Killerzellen beteiligt. Sie richten sich unterschiedslos gegen alle Erreger und gegen entartete Körperzellen, v. a. gegen Krebszellen.

- Die Fähigkeit zu spezifischen Immunreaktionen ermöglicht die Ausrichtung der Bekämpfung auf bestimmte Erreger, Fremdstoffe und entartete Zellen.

- Die spezifische Immunreaktion geht von B- und T-Lymphocyten aus.

- B-Lymphocyten sind an der humoralen Immunreaktion beteiligt. Sie können sich zu Plasmazellen, die antigenspezifische Antikörper bilden, und zu Gedächtniszellen umwandeln.

- Plasmazellen können nur entstehen, wenn die Antigene eines Erregers sowohl mit passenden B-Lymphocyten, als auch mit den entsprechenden T-Lymphocyten in Kontakt getreten sind.

- Der Kontakt zwischen Antigenen und T-Lymphocyten wird über Makrophagen vermittelt.

- Antikörper sind Eiweißmoleküle, die Antigene binden können. Jeder Antikörpertyp passt mit seinen variablen Bereichen zu einem bestimmten Antigen. Die konstanten Bereiche sind artspezifisch.

- Antikörper rufen Agglutination und Präzipitation hervor.

- Der außerordentlich hohen Zahl möglicher Antigene entspricht eine ebenso hohe Anzahl unterschiedlicher B-Lymphocyten und damit auch unterschiedlicher Plasmazellen und Antikörper.

- T-Lymphocyten bewirken die zellvermittelte Immunreaktion. Nach Kontakt mit dem betreffenden Antigen differenzieren sie sich zu antigenspezifischen T-Killer-, T-Helfer- und T-Unterdrücker-Zellen.

- T-Killer-Zellen erkennen von Erregern befallene oder durch Mutation entartete Körperzellen (v. a. Krebszellen) an ihren veränderten Gewebsantigenen (MHC-Proteinen) und zerstören sie.

- T-Helfer-Zellen schütten Botenstoffe aus, die B-Lymphocyten dazu anregen, sich in Plasmazellen umzuwandeln.

- Nach einer überstandenen Infektion ermöglichen die gebildeten Gedächtniszellen eine schnellere und stärkere Immunreaktion, wenn der Körper erneut von den gleichen Erregern befallen wird.

- Durch aktive Immunisierung bilden sich Gedächtniszellen, die einen vorbeugenden Schutz bieten. Bei der passiven Immunisierung werden Antikörper injiziert, die gegen den betreffenden Erreger wirken.

- Die roten Blutkörperchen der verschiedenen Blutgruppen unterscheiden sich durch ihre Antigene. Bei Bluttransfusionen kommt es zu Immunreaktionen, wenn im Blutserum entsprechende Antikörper vorhanden sind.
  Krebsgeschwulste können entstehen, wenn sich Körperzellen durch Mutation verändert haben und das Immunsystem diese Zellen nicht oder nicht mehr vollständig vernichten kann.

- HI-Viren können AIDS auslösen. Die Viren befallen bevorzugt T-Helfer-Zellen und legen damit die wichtigsten Prozesse der spezifischen Immunreaktion lahm.

- Autoimmunkrankheiten treten auf, wenn das Immunsystem teilweise die Fähigkeit verliert, fremde von körpereigenen Zellen zu unterscheiden, und dann auch Zellen des eigenen Körpers angreift.

- Das Immunsystem erkennt transplantierte Zellen, Gewebe und Organe an den Gewebsantigenen (MHC) als körperfremd und löst eine Abstoßungsreaktion aus.

- Allergien entstehen, wenn T-Unterdrückerzellen unvollständig arbeiten. Ursache für die Krankheitserscheinungen sind Mastzellen, die nach Kontakt mit dem Allergen Histamin und Serotonin ausschütten.

Aufgaben

255. Nennen Sie die Möglichkeiten eines neugeborenen Kindes, sich unmittelbar nach der Geburt, noch vor der ersten Milchmahlzeit, gegen Krankheitserreger zu wehren.

256. Beschreiben Sie die Unterschiede im molekularen Bau folgender Antikörper vom Typ Gammaglobulin:
    a Antikörper des Menschen gegen Diphtherie und Antikörper des Menschen gegen Cholera.
    b Antikörper des Menschen gegen Diphtherie und Antikörper eines Rindes gegen Diphtherie.

257. Nennen Sie chemische Bindungsarten, die bei der Bildung von Antigen-Antikörper-Komplexen wirksam werden können.

258. Die Bindung von Antikörpern an Antigene kann in den Körper eingedrungene Erreger, Giftstoffe u. ä. unschädliche machen. Erläutern Sie drei verschiedene Möglichkeiten der Immunabwehr mithilfe von Antikörpern.

259. In Versuchen mit Aufschwemmungen von Bakterien in Reagenzgläsern sollen einige Eigenschaften von Antikörpern nachgewiesen werden. Die erfolgreiche Agglutination ist dabei daran zu erkennen, dass sich die Erreger am Boden der Reagenzgläser absetzen (Präzipitation). Folgende Versuche wurden durchgeführt:
   a Zu einer Aufschwemmung von Typhusbakterien wird Blutserum eines Menschen gegeben, der gerade eine Typhus-Erkrankung überstanden hat.
   Ergebnis: Die Typhusbakterien verklumpen und setzen sich am Boden des Reagenzglases ab.
   b Zu einer Aufschwemmung von Typhusbakterien wird Serum eines Menschen gegeben, der noch nicht an Typhus erkrankt war.
   Ergebnis: Die Typhusbakterien setzen sich nicht am Boden des Reagenzglases ab.
   c Zu einer Aufschwemmung von Cholerabakterien wird Serum eines Menschen gegeben, der bereits einmal an Typhus erkrankt war.
   Ergebnis: Die Cholera-Bakterien setzen sich nicht am Boden des Reagenzglases ab.
   Welche Schlüsse auf die Wirkungsweise von Antikörpern lassen sich aus diesen Versuchen ziehen?

260. Als Astronauten am Ende des vergangenen Jahrhunderts zum ersten Mal Mondgestein auf die Erde brachten, befürchtete man, dass das Immunsystem eventuell darin enthaltenen Erreger oder Giftstoffe nicht bekämpfen könne. Zum Glück erwiesen sich die daraufhin getroffenen Vorsichtsmaßnahmen aber als unnötig.
Welche Zellen des Immunsystems könnten für den Fall des Kontakts mit außerirdischen Substanzen nicht eingerichtet sein? Erläutern sie die Folgen einer solchen Situation für die Funktion des Immunsystems.

261. Bestimmte Krankheiten, die durch Fehlfunktionen des Immunsystems ausgelöst werden, kann man durch Knochenmarkstransplantation heilen.

a Auf welche Zellen kommt es bei einer Transplantation besonders an?
b Erläutern Sie kurz die Funktion der bei Punkt a genannten Zellen.
c Nach welchen Kriterien werden Knochenmarkspender ausgewählt?

262. Stellen Sie den doppelten Kontrollmechanismus dar, der dafür sorgt, dass die Teilung und Differenzierung der B-Lymphozyten nur dann beginnt, wenn ein fremdes Antigen auftaucht.

263. Welchen der folgenden Zellen ist eine falsche Funktion zugeordnet:
    a B-Lymphozyten – können sich zu Plasmazellen differenzieren
    b T-Killer-Zellen – können von Viren befallene Zellen vernichten
    c Plasmazellen – binden Antigene an Rezeptoren ihrer Membran
    d Gedächtniszellen – können sich zu Plasmazellen umwandeln
    e Stammzellen – produzieren Antigene
    f T-Helfer-Zellen – geben Botenstoffe ab, die auf Stammzellen wirken

264. Welche Bedeutung haben die hohe Zahl von Ribosomen und das sehr stark ausgebildete endoplasmatische Retikulum (ER) der Plasmazellen?

265. Schildern Sie die Vorgänge der humoralen Immunreaktion am Beispiel einer Infektion mit Tetanusbakterien.

266. Ordnen Sie folgende Aussagen entweder der aktiven oder der passiven Immunisierung zu:
    a Der Impfstoff wird dadurch erzeugt, dass man in einem Tier eine humorale Immunreaktion auslöst.
    b Es werden antigenspezifische Antikörper in die Blutbahn des Patienten injiziert.
    c Die Impfung wird zur Therapie einer Krankheit eingesetzt.
    d Die Impfung wird zur Vorbeugung eingesetzt (Schutzimpfung).
    e Schlangen- oder Insektengifte lassen sich bekämpfen.
    f Die Immunisierung bietet in der Regel jahrelangen Schutz, allerdings häufig keinen lebenslänglichen.
    g Die Immunisierung lässt keine Gedächtniszellen entstehen, die vor einer erneuten Erkrankung durch den gleichen Erreger schützen.
    h Die injizierten Verbindungen bekämpfen die Krankheitserreger, jedoch erkennt das Immunsystem sie als körperfremd und bildet gegen sie gerichtete Antikörper und Gedächtniszellen.
    i Eine Wiederholung der Immunisierung mit einem identischen Impfstoff kann zu lebensbedrohenden Krankheitserscheinungen führen.

267. Beschreiben Sie kurz die Funktion der Zellen, die während der zellvermittelten Immunreaktion gebildet werden.

268. Bei der passiven Immunisierung muss das Impfmaterial in den Körper injiziert werden, der Patient kann es nicht als Tropfen oder Tablette über den Verdauungskanal aufnehmen.
Wie ist das zu erklären?

269. Impfstoffe für eine passive Immunisierung lassen sich nicht nur aus dem Blut von Tieren gewinnen, sondern auch aus dem eines Menschen, der gerade die entsprechende Krankheit überstanden hat.
Welchen Vorteil bietet ein Impfstoff, der von einem Menschen stammt, gegenüber dem aus dem Blut eines Tieres?

270. Nach welcher der folgenden Transfusionen tritt eine Verklumpung (Agglutination) der roten Blutkörperchen auf?

	Spender	Empfänger
a	nur Serum der Blutgruppe A	Blutgruppe B
b	Vollblut der Blutgruppe A (mit Serum und allen Blutzellen)	Blutgruppe B
c	nur Serum der Blutgruppe AB	Blutgruppe A
d	nur rote Blutkörperchen der Blutgruppe 0	Blutgruppe A
e	nur rote Blutkörperchen der Blutgruppe AB	Blutgruppe 0
f	nur rote Blutkörperchen der Blutgruppe B	Blutgruppe A

271. Während der Geburt kann es vorkommen, dass Blut des Kindes in die Blutbahn der Mutter gerät.
   a   Welche der unten angegebenen Konstellationen kann bei einer zweiten Schwangerschaft zu Schädigungen des Kindes führen? Begründen Sie Ihre Antwort.
   b   Erläutern Sie Maßnahmen, durch die die Schädigungen bei einer nachfolgenden Schwangerschaft verhindert werden können.

   Fall A: Die Mutter hat die Blutgruppe Rh^+, das Kind der ersten Schwangerschaft die Blutgruppe Rh^-.
   Fall B: Die Mutter hat die Blutgruppe Rh^-, das Kind der ersten Schwangerschaft die Blutgruppe Rh^+.
   Fall C: Die Mutter hat die Blutgruppe Rh^+, das Kind der ersten Schwangerschaft die Blutgruppe Rh^+.

272. Erläutern Sie die Aussage „Krebs hat eine genetische und eine immunologische Ursache".

273. Erklären Sie, warum AIDS-Patienten
    a durch Infektionen besonders bedroht sind.
    b häufig an Krebs erkranken.

274. Erläutern Sie, warum
    a es bisher nicht gelungen ist, eine Schutzimpfung gegen AIDS zu entwickeln.
    b AIDS durch passive Immunisierung nicht zu behandeln ist.

275. Erläutern Sie, wie es zum Auftreten von Autoimmunkrankheiten kommen kann, und nennen Sie drei Beispiele.

276. In einem immunologischen Labor wurden folgende Transplantations-Experimente an Mäusen aus verschiedenen Zuchtstämmen durchgeführt:
    Versuch I: Ein kleines Hautstück der Maus A wurde auf eine gerade geborene Maus B übertragen. Das transplantierte Hautstück heilte ein, es wurde nicht abgestoßen.
    Versuch II: Nachdem die Maus B erwachsen war, wurde ein weiteres Mal ein Hautstück der Maus A übertragen.
    Versuch III: Ein Hautstück der Maus B wurde auf die Maus A transplantiert.
    a Erklären Sie, wie es zum Ergebnis des Versuchs I kommt.
    b Welche Ergebnisse brachten die Versuche II und III? Begründen Sie ihre Antworten.

277. Antikörper vom Immunglobulin E-Typ können sich an Zellen des Immunsystems binden. Wenn dieser Vorgang nicht richtig gesteuert wird, können die erwähnten Zellen des Immunsystems Substanzen freisetzen, die allergischen Beschwerden hervorrufen.
    a An welchen Zellen des Immunsystems binden sich die IgE?
    b Beschreiben Sie den Vorgang, durch den die bei Punkt a genannten Zellen die in ihnen enthaltene Substanzen freisetzen. Nennen Sie die Fachbezeichnungen dieser Stoffe.
    c Welche Zellen des Immunsystems verhindern bei gesunden Menschen, d. h. Nicht-Allergikern, das Auftreten einer allergischen Reaktion?

Lösungen

1. Das Auflösungsvermögen ist der kleinste Abstand, den zwei Strukturen haben dürfen, um sie noch als getrennte Bildpunkte wahrnehmen zu können. Grenze des Auflösungsvermögens beim LM 0,2 µm, beim EM 0,1 nm.

2. 28 µm = 28 · 1 000 nm. 28 000 : 40 = 700 Schnitte à 40 nm.

3. a; c; d; e, f; h

4. Im LM lassen sich lebende Zellen betrachten, im EM ist dies wegen des Vakuums nicht möglich. Im LM entstehen farbige Bilder, was im EM nicht möglich ist, da nicht Licht, sondern Elektronenstrahlen verwendet werden.

5. In der Zeichnung (siehe S. (1) 7) sollten enthalten sein:
   - Lipid-Doppelschicht
   - integrale Proteine
   - periphere Proteine
   - Zuckerketten

6. Die nach außen gerichteten Bereiche der Membranproteine sind hydrophil. Daher können sie sich nur sehr schwer durch den hydrophoben Bereich im Inneren der Membran schieben (hydrophobe Enden der Lipide in der Lipid-Doppelschicht).

7. Die Zellgrenzmembran der roten Blutkörperchen besteht aus einer doppelten Schicht von Lipidmolekülen, die sich mit ihren hydrophoben Enden einander gegenüberstehen, außerdem sind Proteine am Aufbau beteiligt. Auf der Wasseroberfläche ordnen sich die Lipidmoleküle so an, dass sie mit ihrem hydrophilen Ende ins Wasser hineinragen, während das lipophile vom Wasser abgewandt ist. Es bildet sich also nur eine einfache Schicht von Lipidmolekülen. Die Lipid-Doppelschicht der Zellmembran der roten Blutkörperchen nimmt daher, wenn sie auf dem Wasser zur Einzelschicht wird, die zweifache Fläche ein.

8. Das „Flüssig-Mosaik-Modell" beschreibt die ständige Bewegung und Lageveränderung der Lipidmoleküle und der aufgelagerten und eingebetteten Proteine (periphere und integrale Proteine). Als „Membranfluss" bezeichnet man Vorgänge, die zur Vergrößerung oder Verringerung der Membranfläche führen. Das geschieht, wenn sich Vesikel von einer Membran abschnüren oder mit ihr verschmelzen, z. B. an der Zellgrenzmembran durch Exo- bzw. Endozytose.

9. Eine der beiden Deutungsmöglichkeiten kann durch das Maß der Vergrößerung ausgeschlossen werden. Die Dreischichtigkeit der Biomembran ist nur bei sehr starker Vergrößerung erkennbar.

10. Das Plasmalemma stellt eine Barriere dar, weil es für viele Teilchen undurchlässig ist, z. B. für hydrophile Teilchen oder für große Moleküle.
Ein Vermittler zur Umgebung der Zelle ist es, weil es durch seine selektive Permeabilität festlegen kann, welche Teilchen aus der Umgebung der Zelle in den Zellinnenraum und umgekehrt wandern sollen. In besonderen Fällen kann das Plasmalemma seine selektive Permeabilität zeitweise ändern. Für diese Zeit nehmen die entsprechenden Membranproteine eine andere Form und andere Eigenschaften an. Durch Exozytose und ähnliche Vorgänge können Signalmoleküle z. B. Hormone oder Neurotransmitter abgegeben werden, die in anderen Zellen Veränderungen hervorrufen. Proteine und Glykoproteine des Plasmalemmas wirken als Rezeptoren für Signalstoffe des Zellaußenraums, z. B. für den Neurotransmitter Acetylcholin.

11. Die Membran wird für viele Substanzen durchlässig, die sonst nicht oder nur durch besondere Porenproteine oder spezielle Transportvorgänge die Zelle verlassen oder in sie eindringen können. Da die Membran damit ihre Fähigkeit zur selektiven Permeabilität verliert, kann sie nicht mehr festlegen, welche Substanzen ins Zytoplasma aufgenommen und welche abgegeben werden sollen. Der Stoffwechsel gerät außer Kontrolle, die Zelle stirbt ab.

12. Zuordnen lassen sich: **A/4 (1); B/2, 3; C/1; D/2; E/2; F/2, 3; G/2** (viele Membranproteine sind Enzyme).

13. Passive Transportvorgänge und beteiligte Strukturen sind:
c → Diffusion; d → Osmose; g → Tunnelproteine in der Membran

14. Die Zellgröße wird v. a. durch die Diffusion begrenzt. Die Geschwindigkeit des Stofftransports durch Diffusion nimmt mit steigender Entfernung nicht linear sondern exponentiell ab. In großen Zellen würde deshalb der Stofftransport durch Diffusion zu lange dauern. Die Zellen könnten daher z. B. nicht schnell genug auf Änderungen der Umwelt reagieren.

15. Liposomen sind durch ihre Lipid-Doppelschicht ähnlich aufgebaut wie die Zellgrenzmembran der Zelle. Ihre künstlich hergestellte Membran kann daher mit Zellmembranen verschmelzen. Ein Medikament, das in einem Liposom eingeschlossen ist, könnte auf diese Weise wie durch eine Endozytose in das Innere der Zelle gelangen.

16. **Experiment I:** Die Farbstoffteilchen liegen als Kationen vor, sind also polar. Die Zellmembran ist für polare Teilchen nicht oder nur sehr schwer durchlässig. Die Neutralrot-Ionen können daher nicht in die Zelle eindringen, sie bleiben in der Zellwand und färben diese rot.
    Experiment II: Die Neutralrot-Moleküle sind lipophil. Sie können daher die Lipid-Doppelschicht der Membran leicht passieren und durch das Plasmalemma und den Tonoplast in die zentrale Vakuole diffundieren. Durch das saure Milieu des Zellsafts wandeln sich dort die gelben, lipophilen Neutralrot-Moleküle in rote, hydrophile Neutralrot-Kationen um. Die aber können nun nicht mehr durch den Tonoplasten hindurch zurück ins Zytoplasma wandern, da die Membran für hydrophile Teilchen nicht durchlässig ist. Die Neutralrot-Kationen sind dort „gefangen" (Ionenfalle). Im Laufe der Zeit diffundieren immer mehr Farbstoffteilchen in die zentrale Vakuole und färben sie dadurch zunehmend stärker rot.

17. Die Lage der Proteine in der Membran ändert sich ständig, da sie in der Lipidschicht schwimmen und der Bewegung der Lipidmoleküle folgen (Flüssig-Mosaik-Modell, fluid-mosaic-model). Die Verschiebung der antigenbindenden Proteine wird durch die Veränderung der Leuchtstoffverteilung an der Membran deutlich.

18. Ein Nahrungspartikel wird durch Einstülpung der Zellgrenzmembran in ein Bläschen eingeschlossen, das sich als Nahrungsvesikel von der Membran ablöst und ins Innere der Zelle wandert. Dort verschmilzt es mit einem Lysosom, ein Vesikel, das abbauende Enzyme, u. a. Lysozym enthält. Die Enzyme zerlegen das Nahrungsteilchen soweit, dass für die Zelle nutzbare Nährstoffmoleküle entstehen.

19. a Doppelmembran: Chloroplasten, Mitochondrien und Zellkern
b einfache Membran: Golgi-Apparat, Vesikel, (Golgi-Vesikel, Lysosomen), endoplasmatisches Retikulum, Zellsaftvakuole
c ohne Membran: Ribosomen, Mikrotubuli (inkl. Geißeln, Wimpern und Zentriolen), Zellwand.

20. a→Mitochondrien; b→Leukoplasten (und Chloroplasten); c→Zellkern; d→Zellkern; e→Chloroplasten; f→Mitochondrien (und Chloroplasten); g→Lysosomen; h→Chromoplasten; i→endoplasmatisches Retikulum (ER); k→Dictyosomen (Golgi-Apparat); l→Chloroplasten; m→Dictyosomen (Golgi-Apparat); n→endoplasmatisches Retikulum (ER); o→Vesikel (z. T. auch ER); p→Lysosomen; q→zentrale Vakuole (Pflanzenzelle); r→Ribosomen; s→Zellwand (aus Zellulose); t→Mikrotubuli; u→zentrale Vakuole

21. a; g; h; i; p

22. b; d; e

23. a = Zellkern; b = Kernporen; c = Mitochondrien; d = rauhes ER (ER mit Ribosomen); e = Zellgrenzmembranen benachbarter Zellen

24. a Durch eine Doppelmembran vom Zytoplasma getrennt sind Zellkern, Mitochondrien und Chloroplasten.
b Eine Membran grenzt immer auf einer Seite an einen plasmatischen Bereich und auf der anderen an einen nicht-plasmatischen. Zwei plasmatische Bereiche lassen sich nur durch zwei Membranen voneinander trennen, zwischen denen ein schmaler nicht-plasmatischer Bereich vorhanden ist (Doppelmembran). Das Plasma im Zellkern, im Mitochondrium und im Chloroplasten lässt sich nur durch eine Doppelmembran vom Zytoplasma trennen.

25. a Muskelzellen: hoher Bedarf an ATP für die Kontraktion der Proteinfibrillen (Eiweißfäden) in den Muskelzellen
c Leberzellen: hohe Stoffwechselrate; Ablauf vieler endergonischer chemischer Prozesse
e Endknöpfchen von Nervenzellen: Synthese von Transmitter, z. B. Acetylcholin aus Cholin und Essigsäure

26. Mitochondrien enthalten eigene DNA und eigene Ribosomen.
In ihrer Matrix laufen eine selbstständige Proteinbiosynthese und Prozesse ab, die eine eigenständige Vermehrung durch Teilung oder Knospung ermöglichen. (Hinweis: Außer den angeführten Merkmalen spricht auch die doppelte Hüllmembran für diese Vermutung. Sie könnte darauf zurückzuführen sein, dass eine selbstständige Zelle in Frühzeiten der Evolution durch eine Art Phagozytose zum Mitochondrium wurde).

27. a Mitochondrien und Chloroplasten haben gemeinsam: doppelte Hüllmembran; vielfache Einstülpungen der inneren Hüllmembran; eigene DNA; eigene Ribosomen (eigener Proteinsyntheseapparat mit den erforderlichen Enzymen, tRNA-Molekülen usw.)
    b In Chloroplasten wird Glucose aus CO_2 und H_2O aufgebaut (Fotosynthese), in Mitochondrien wird Glucose zu CO_2 und H_2O abgebaut (Zellatmung).

28. a Fotosynthese: $6\,CO_2 + 6\,H_2O \longrightarrow C_6H_{12}O_6 + 6\,O_2$
    b Zellatmung: $C_6H_{12}O_6 + 6\,O_2 \longrightarrow 6\,CO_2 + 6\,H_2O$

29. Wie alle Pflanzenzellen enthalten auch die Zellen einer Kartoffelknolle Plastiden. Sie dienen hier als Leukoplasten zur Speicherung von Stärke. In den Zellen, die an der Erdoberfläche liegen, bilden sich aber durch die Bestrahlung mit Licht, aus den Proplastiden nicht Leukoplasten, sondern Chloroplasten.

30. Durch Abschnüren von Bläschen aus dem endoplasmatischen Retikulum können Vesikel mit verschiedenen Aufgaben entstehen. Ihre Hülle wird zur Membran der Zisternen des Golgi-Apparats oder der Zellgrenze, indem sie mit diesen Strukturen verschmelzen. Die Kernhülle kann als Teil des endoplasmatischen Retikulums betrachtet werden.

31. Durch die Verpackung der Enzyme in Vesikel
    - kann ein Enzym in eine hohe Konzentration gebracht werden (Verhinderung der Diffusion, da die Membran des Vesikels eine Diffusionsschranke bildet).
    - kann verhindert werden, dass ein Enzym am falschen Ort wirkt (z. B. bei Lysozymen zu einer Selbstverdauung führt).
    - kann die Zelle bestimmen, an welchem Ort und zu welcher Zeit ein Enzym wirken soll (gezielter Transport von Enzymen möglich).

- kann die Zelle einen Vorrat von Enzym anlegen, sodass es bei Bedarf sofort bereitgestellt werden kann, ohne erst die Synthese in Gang setzen zu müssen.

32. a Im Zytoplasma der Schleimhautzelle liegt das Lysozym in Lysosomen vor. Zur Ausscheidung verschmilzt die Membran eines Lysosoms mit der Zellgrenzmembran. Dadurch wird sein Inhalt in den Zellaußenraum abgegeben (Exozytose).

b Lysozym katalysiert den Abbau organischer Substanzen. Es kann dadurch in die Nase eingedrungene Bakterien abtöten (Immunabwehr).

33. c Weiße Blutkörperchen sind besonders geeignet, da sie sehr viele Lysosomen enthalten. Die hohe Zahl von Lysosomen ist erforderlich, um die von den Leukozyten phagozytierten Erreger oder andere Fremdstoffe im Zytoplasma abzubauen. Der Abbau geschieht durch Lysozym und andere Enzyme, die nach Verschmelzen von Lysosomen und Nahrungsvakuolen mit den Erregern in Kontakt kommen.

34. Den Solarzellen entsprechen die Chloroplasten. Mithilfe des Chlorophylls können sie Lichternergie in chemische Energie (Glucose) festlegen.
Der Batterie entsprechen die Stärkekörner der Zelle. Sie können in Chloroplasten oder in Leukoplasten (in besonderen Pflanzenteilen, z. B. Knollen) gespeichert sein. Durch Abbau der Stärke kann die Pflanze jederzeit, auch wenn kein Licht vorhanden ist, Glucose herstellen. Glucose ist zur Gewinnung von Stoffwechselenergie (v. a. ATP) in den Mitochondrien erforderlich. Wie die Batterie des Solarfahrzeugs sind die Stärkekörner Energiespeicher für die Zeit, in der die Sonne nicht oder nicht ausreichend scheint. (Hinweis: Die meisten Pflanzen speichern Glucose in Form von Stärke. Es kommen allerdings auch andere Formen der Energiespeicherung vor, z. B. Rohrzucker in Zuckerrüben und im Zuckerrohr).

35. a

36.
```
        b – a
             ＼
              ＞ d – c – e
             ／
f – h – i – k – l – g
```

37. a innere Membran der Chloroplasten (Blattgrünkörner); große Teile der Membran von Lichtsinneszellen des Menschen.
    b Die Membranen enthalten Pigmente (Farbstoffmoleküle), die Licht absorbieren können; z. B. Chlorophyll in der Chloroplastenmembran und Rhodopsin (Sehfarbstoff) in der Membran der Stäbchen (Netzhaut des menschlichen Auges).
    c Die Innere Membran der Chloroplasten und große Bereiche der Zellgrenzmembran von Lichtsinneszellen sind vielfach eingestülpt. Dadurch ist ihre Oberfläche stark vergrößert, sodass eine stärkere Lichtabsorption möglich wird.

38. • Ein chemisches Gleichgewicht kann nicht erreicht werden.
    • Entnahme von Energie ist möglich.
    • Vollständige Umwandlung der enthaltenen Substanzen ist möglich.

39. In der Zellatmung baut die Zelle Glucose ($C_6H_{12}O_6$) zu CO_2 und H_2O ab. In einem geschlossenen System wäre der vollständige Abbau von Glucose nicht möglich, da CO_2 und H_2O das System nicht verlassen könnten und sich damit nach einiger Zeit ein chemisches Gleichgewicht einstellen würde. Im Fließgleichgewicht der Zelle dagegen fließen CO_2 und H_2O ständig ab, z. B. CO_2 an das Blut und beim Ausatmen über die Lunge.

40. Die Energie, die zur Verrichtung der Arbeit erforderlich ist, wird von Prozessen in den Zellen des Muskels geliefert (ATP-Bildung in der Zellatmung). Einem geschlossenen System könnte aber keine Energie entnommen werden. Die Muskelzelle muss also ein offenes System darstellen.

41. • Bei Pflanzen aus dem Licht: Herstellung energiereicher Verbindungen in der Fotosynthese.
    • Bei Tieren aus energiereichen Verbindungen, die als Nährstoffe aufgenommen wurden (die Energie der aufgenommenen Nährstoffe stammt allerdings letztlich ebenfalls aus dem Licht).

42. • Stoffwechsel: gerichtet verlaufende Reaktionen durch Zufuhr und Abfluss von Substanzen
    • Reizbarkeit: Zufuhr von Material oder Energie ändert Bedingungen und setzt Ein- oder Ausstrom von Stoffen in Gang (z. B. Na^+-Ionen)
    • Wachstum: gezielte Veränderung des Abstands des Fließgleichwichts zum chemischen Gleichgewicht, sodass mehr Zellsubstanz entsteht

- Fortpflanzung: Fähigkeit, das Fließgleichgewicht kontrolliert so zu verändern, dass sich Strukturen verdoppeln (z. B. Replikation der DNA o. ä.). Dadurch wird Autoreproduktion möglich

43. a; b; c; f; g

44. a; c; e

45. a In den meisten Fällen erhalten endergonische Prozesse Energie über die Abspaltung einer Phosphatgruppe aus ATP (Adenosintriphosphat). Die Übertragung dieser Phosphatgruppe auf ein Molekül und die damit verbundene Erhöhung der Reaktionsbereitschaft bezeichnet man als Phosphorylierung. ATP wird durch diesen Vorgang zum ADP (Adenosindiphosphat).
    b Bildung von Glucose in der Fotosynthese; Synthese von Proteinen; Synthese von Stärke und Cellulose (und viele ähnliche Vorgänge, durch die aus kleinen Molekülen große entstehen).

46.
    - Kontraktion von Muskelzellen, Schlagen von Geißeln und ähnliche Formen der mechanischen Arbeit
    - Transport gegen das Konzentrationsgefälle, z. B. Ionenpumpen der Membran, wie die Na^+-K^+-Pumpe u. ä., Endozytose, Exozytose (z. B. Absonderung von Sekreten) und andere Formen der Transportarbeit
    - Proteinsynthese, Stärke-Synthese u. ä. Formen der chemischen Arbeit (endergonische Reaktionen)

47. b; e; f; g; h; i

48. Da ATP nur eine festgelegte Energiemenge binden und abgeben kann,
    - wird Wärme frei, wenn eine endergonische Reaktion weniger als die festgelegte Energiemenge benötigt (Verlust an für die Zelle direkt nutzbarer Energie).
    - wird Wärme frei, wenn eine exergonische Reaktion mehr Energie freisetzt, als durch die Reaktion ADP + Ⓟ ⟶ ATP gebunden werden kann.
    - erfolgt bei endergonischen Prozessen, die mehr Energie benötigen, als die übertragbare Energie der ATP-ADP-Reaktion ausmacht, die Energieübertragung in mehreren Einzelschritten, in denen je ein ATP-Molekül gespalten wird.

49. Durch die Möglichkeit, Energie mithilfe von ATP aus einer exergonischen Reaktion auf eine endergonische zu übertragen, können die beiden Reaktionen sowohl an unterschiedlichen Orten der Zelle, wie auch zu unterschiedlicher Zeit ablaufen. Gäbe es die Übertragung mithilfe von ATP nicht, wäre es z. B. nicht möglich, die Zellatmung nur in den Mitochondrien ablaufen zu lassen und alle von ihr abhängenden endergonischen Prozesse an anderen Stellen der Zelle. Außerdem dient ATP als kurzfristiger Energiespeicher, aus dem die Zelle sehr schnell Energie beziehen kann.

50. Phospholipide (stellen den größten Anteil der Lipid-Doppelschicht); ATP; Nukleinsäuren (DNA, RNA)

51. Zum Beispiel Beschreibung: ATP-abhängige Leuchtreaktion; Phosphorylierung als Voraussetzung für die Stärkesynthese; Muskelkontraktion durch ATP-Zugabe

52. Ein Gemisch aus Luciferin und Luciferase leuchtet auf, wenn man ATP zugibt. Alle heute auf der Erde lebenden Organismen bilden ATP als Energieüberträger. Wenn also das Gemisch bei Kontakt mit Material der Marsoberfläche aufleuchtet, wäre das ein Nachweis für die Anwesenheit von ATP und damit für Leben in ähnlicher Form wie auf der Erde. (Hinweis: Lebensformen ließen sich bei der Marsmission nicht nachweisen)

53. a C, H, O, N
    b S, P, K, Na, Ca, Mg, Cl

54. a (v. a. Stärke und Cellulose); f (v. a. Chlorophyll)

55. Fette:
    - Speicherung von Energie (Fettdepots, Samen von Pflanzen, usw.)
    - Bau der Biomembran (Lipid-Doppelschicht)

    Kohlenhydrate:
    - Energielieferant (Glucose-Abbau in der Zellatmung)
    - Energiespeicher (z. B. Stärke in Pflanzenzellen, Samen, Knollen u. ä.)
    - Bestandteil von Rezeptoren auf der Außenseite der Zellgrenzmembran
    - Stützung und Formgebung der Zelle (Cellulose der Zellwand)

56. a Proteine bestehen aus Ketten von **Aminosäuren**.
b Proteinähnliche Verbindungen mit weniger als 100 Einzelbausteinen bezeichnet man als **Peptide**.
c Die Zahl der verschiedenen Einzelbausteine, die für den Bau von Proteinen fast aller lebenden Organismen zur Verfügung stehen, beträgt **20**.
d Die Einzelbausteine der Proteine, die der menschliche Organismus nicht selber herstellen kann, nennt man **essenzielle Aminosäuren**.
e Bei der Verkettung der Einzelbausteine von Proteinen bindet sich jeweils **die Aminogruppe (NH$_2$-Gruppe)** einer Aminosäure an die **Carboxylgruppe (COOH-Gruppe)** der benachbarten Aminosäure unter Austritt von Wasser (Kondensation).
f Die Bindung zwischen den Einzelbausteinen von Proteinen löst sich unter **Aufnahme von Wasser (Hydrolyse)**.

57.

z. B.:
$$H-N(H)-C(H)(CH_2OH)-C(=O)-N(H)-C(H)(CH(CH_3)_2)-C(=O)-N(H)-C(H)(CH_2\text{-}C_6H_4\text{-}OH)-C(=O)-OH$$
(↓ H$_2$O, ↓ H$_2$O)

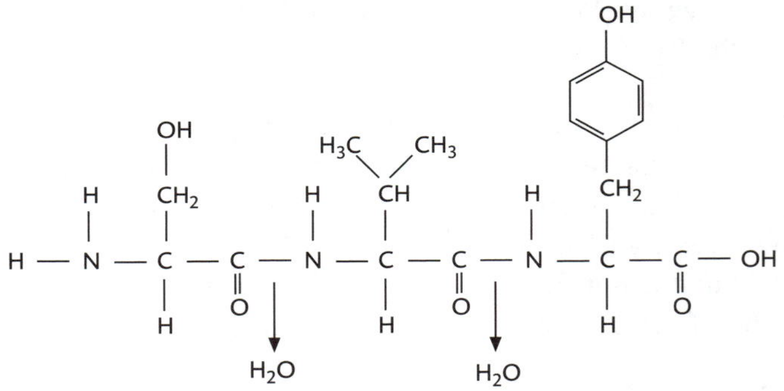

58. a
- Aminosäuren mit unpolarem Rest: Leu
- Aminosäuren mit polarem Rest: Ser
- saure Aminosäuren: Asp
- basische Aminosäuren: Lys

b 1 = Aminogruppe; 2 = Carboxylgruppe; 3 = Rest

59. a 20^{100}

b Die Verschiedenartigkeit der Proteine wird durch die Anordnung der Aminosäurekette (Primärstruktur) im Raum erhöht. Dabei unterscheidet man:

- Sekundärstruktur: Helix- und/oder Faltblattstruktur
- Tertiärstruktur: dreidimensionale Anordnung einer Aminosäurekette; dabei können einige Bereiche derselben Kette in Primärstruktur andere in Sekundärstruktur vorliegen
- Quartärstruktur: Verbindung zweier Proteine in Tertiärstruktur zu einem Gesamtmolekül

60. a; b; c, g

61. a zwischen Aminosäuren der Peptidkette (Peptidbindungen); in Disulfid-Brücken (Bindungen zwischen Aminosäuren, die in verschiedenen Kettenbereichen liegen; stabilisieren die Tertiärstruktur)
    b Wasserstoffbrücken, Ionenbindungen und van-der-Waals-Kräfte zwischen den Resten der Aminosäuren.

62. Proteine können dienen
    - als Katalysatoren (Enzyme, z. B. Lysozym, Katalase, Amylase, Urease und viele andere).
    - zur Festigung (z. B. Kollagen in Bindegewebszellen, Keratin in Haaren).
    - zum Transport, z. B. Hämoglobin, Tunnel- und Carrierproteine in der Axonmembran.
    - als Signale (z. B. Hormone wie Insulin u. a.).
    - als Rezeptoren (z. B. Proteine der Zellgrenzmembran: Hormonrezeptoren, Acetylcholinrezeptoren in Synapsen, Antigenrezeptoren, usw.)
    - zur Kontraktion (z. B. in Muskelzellen, Geißen u. ä.).
    - zur Abwehr von Erregern (Antikörper).

63. starke Erwärmung; Kontakt mit Säuren; Kontakt mit Basen; Kontakt mit Schwermetallen

64. setzen die Aktivierungsenergie chemischer Reaktionen herab; gehen unverändert aus der Reaktion hervor; können in geringer Menge eine große Zahl von Molekülen zur Reaktion anregen

65. - Substratspezifität: Maltase ist nur in der Lage, die Spaltung von Maltose zu katalysieren, nicht die von anderen Zweifachzuckern, z. B. Lactose (Milchzucker) oder Saccharose (Rohrzucker).

- Wirkungsspezifität: Maltase kann nur die Spaltung von Maltose in zwei Glucose-Moleküle katalysieren, nicht andere chemische Veränderungen, z. B. die Verbindung von Maltosen zu Vielfachzuckern.

66. Enzyme sind Proteine. Ihre Wirkung ist abhängig von ihrer Tertiärstruktur. Oberhalb einer bestimmten Temperatur denaturieren Enzyme. Wie bei allen Proteinen verändert sich die Tertiärstruktur. Bei Menschen beginnt dieser Prozess, wenn die maximale Körpertemperatur überschritten wird.

67. a; c; f; h

68. Die Wirkung eines Enzyms ist abhängig von seiner Tertiärstruktur. Bei Senkung oder Erhöhung des pH-Werts verändern sich die Ladungsverhältnisse in Teilen der Aminosäurekette, weil bestimmte Aminosäuren Protonen aufnehmen oder abgeben, wenn sich in ihrer Umgebung der Gehalt an Protonen ändert. Bei veränderten Ladungsverhältnissen ziehen sich andere Bereiche der Aminosäurekette an, oder stoßen sich ab. Dadurch nimmt das Enzym eine andere räumliche Struktur (Tertiärstruktur) an.

69. a Die Enzyme von Säugern haben ihr Temperatur-Optimum bei ca. 35–42 °C. Beim Waschen mit höherer Temperatur sind sie daher unwirksam. Von Bedeutung ist außerdem der sehr hohe pH-Wert der Waschlauge.

    b Geeignete Spender für Waschmittelenzyme sind Organismen, die in heißen Quellen leben, z. B. Bakterien. Das Temperatur-Optimum ihrer Enzyme liegt in einem Bereich, der auch beim Waschen erreicht wird (z. B. 60 °C). Besonders geeignet sind Enzyme von Bakterien, die in einer heißen Umgebung mit basischem Milieu (hoher pH-Wert) leben. Sie denaturieren auch in der Waschlauge nicht.

70. Ohne säurefeste Tablettenkapsel kämen Trypsin und Chymotrypsin mit der Magensäure in Kontakt. Infolgedessen verändert sich die Tertiärstruktur der Enzyme durch Denaturierung irreversibel, sodass sie unwirksam werden.

71. Für die kompetitive Hemmung treffen zu: a; b; f; i
    Für die allosterische Hemmung treffen zu: a; b; c; d; e; g; h

72. a Endprodukthemmung
b allosterisches Enzym

73. Durch die Ähnlichkeit mit Para-Amino-Benzoesäure können Sulfonamide als kompetitive Hemmstoffe des Enzyms wirken, das die Synthese der lebensnotwendigen Verbindung katalysiert. Die Bakterien sind daher bei entsprechend hoher Konzentration von Sulfonamiden nicht mehr in der Lage, die erwähnten lebensnotwendigen Verbindungen herzustellen. Sie sterben ab oder können sich nicht mehr vermehren.

74. Blei aus dem Benzin gelangt mit den Auspuffgasen in die Luft und damit auch in die Lungen und von dort über das Blut bis in die Zellen des Menschen. Wie alle Schwermetalle ist Blei ein schweres Enzymgift. Es verändert die Tertiärstruktur dauerhaft und führt damit zu einer irreversiblen Hemmung der Enzyme. Das kann zu sehr schwerwiegenden Störungen des Stoffwechsels führen, da für fast alle Reaktionen im Körper Enzyme erforderlich sind. Blei in den Zellen kann z. B. dazu führen, dass Stoffe nicht oder nur noch ungenügend gebildet oder abgebaut werden.

75. Es läuft vorwiegend die Reaktion A $\longrightarrow$ H ab.
Die Reaktionen C $\longrightarrow$ D und C $\longrightarrow$ F werden von den Endprodukten E bzw. G gehemmt. Daher steht nur wenig Substrat für die Reaktionen D $\longrightarrow$ E bzw. F $\longrightarrow$ G zur Verfügung, sodass auch diese Reaktionen nur schwach oder gar nicht ablaufen. Das Substrat C wird nur noch geringfügig (nicht) umgesetzt. Es häuft sich an. Dadurch wird die Hemmung der Reaktion A $\longrightarrow$ B stärker, sodass auch diese Reaktion nur noch schwach (nicht) ablaufen kann. Damit entsteht kein B mehr und infolge dessen schwächt sich auch die Reaktion B $\longrightarrow$ C ab (oder fällt ganz aus). Die Substanz A häuft sich an, sodass die Reaktion A $\longrightarrow$ H mit hoher Geschwindigkeit abläuft, da für sie viel Substrat (A) zur Verfügung steht.

76. Die Zelle kann ändern
- Konzentration des Enzyms (über die Proteinbiosynthese),
- Konzentration des Substrats,
- Konzentration von allosterischen Hemm- oder Aktivierungsstoffen,
- Konzentration des Endprodukts (z. B. durch erhöhte oder verminderte Abgabe des Endprodukts aus der Zelle oder dem Organell), wenn die Möglichkeit zur Endprodukthemmung vorliegt.

77. Je stärker die Substratkonzentration steigt, desto geringer ist die Zunahme der Reaktionsgeschwindigkeit. Bei hoher Substratkonzentration sind bereits sehr viele Enzyme an ein Substratmolekül gebunden (Enzym-Substrat-Komplex). Wenn nun noch weitere Substratmoleküle hinzukommen, finden diese nur noch sehr wenige freie Enzymmoleküle vor. Nur wenige Enzymmoleküle können also zusätzlich aktiv werden und zu einer Steigerung der Reaktionsgeschwindigkeit führen.

78. a Die geringe Temperatur während des Winterschlafs liegt weit außerhalb des Temperatur-Optimums der Enzyme von Säugern. Die Enzyme sind daher nur sehr geringfügig aktiv und infolgedessen laufen die Stoffwechselprozesse sehr langsam ab.
    b Die meisten Reaktionen in der Zelle laufen nur ab, wenn sie durch ATP Energie erhalten. ATP wird in der Zellatmung durch Abbau von Nährstoffen gewonnen. Wenn die Stoffwechselprozesse nur sehr langsam ablaufen, ist daher der Bedarf an ATP und damit an Nährstoffen gering. Deshalb kann ein Winterschläfer für viele Monate darauf verzichten, Nahrung aufzunehmen. Für die Herstellung der geringen ATP-Mengen reicht das gespeicherte Fett in seinem Körper aus.

79. a: Durch die Zugabe von Enzymmolekülen erhöht sich die Zahl der Enzym-Substrat-Komplexe und damit auch die Menge der Reaktionsprodukte, die sich pro Zeiteinheit bilden.

80. b; c; d

81. a Das Enzym A hat eine höhere Aktivität. Es kann pro Zeiteinheit mehr Enzym-Substrat-Komplexe bilden als das Enzym B und erreicht daher seine maximale Reaktionsgeschwindigkeit bei geringerer Substratkonzentration als das Enzym B.
    Im Schaubild erkennbar ist das am geringeren K_m-Wert des Enzyms A, nicht an der höheren maximalen Geschwindigkeit.
    b Durch die Erhöhung der Enzymkonzentration würde bei beiden Enzymen die maximale Geschwindigkeit höher liegen und die Kurve würde steiler ansteigen, da pro Zeiteinheit mehr Enzyme als Enzym-Substrat-Komplex vorliegen. Der K_m-Wert würde gleich bleiben. Die halbmaximale Geschwindigkeit würde zwar höher liegen, da aber die Kurve steiler ansteigt, würde der Wert der Substratkonzentration gleich bleiben.

82. a Der K_m-Wert gibt die Substratkonzentration an, bei der eine enzymatisch katalysierte Reaktion mit der Hälfte der maximalen Geschwindigkeit abläuft. Die Hälfte aller Enzymmoleküle liegt dann als Enzym-Substrat-Komplex vor.
    b Hexokinase setzt Glucose mit höherer Geschwindigkeit um als Fructose. Sie erreicht die halbmaximale Reaktionsgeschwindigkeit beim Umsatz von Glucose schon bei geringerer Substratkonzentration (geringer K_m-Wert).
    c Die Substratspezifität von Hexokinase ist nicht sehr hoch, da als Substratmoleküle mehr als eine Molekülart dienen kann (sowohl Glucose als auch Fructose).

83. Urease katalysiert den Abbau von Harnstoff zu CO_2 und NH_3 (Ammoniak). Die aus CO_2 und NH_3 entstehenden Ionen erhöhen die elektrische Leitfähigkeit der Lösung. Zur Feststellung der Leitfähigkeit verwendet man ein Amperemeter und Elektroden, die in die Lösung eintauchen. Wenn Thioharnstoff statt Harnstoff verwendet wird, kommt es zu keiner Änderung der Leitfähigkeit. Daraus lässt sich schließen, dass Thioharnstoff nicht zu CO_2 und NH_3 abgebaut wird. Urease ist also nur in der Lage, den Abbau von Harnstoff zu katalysieren, nicht den von Thioharnstoff. Das Enzym wirkt spezifisch nur auf Harnstoff.

84. Für den Nachweis ist eine Versuchsreihe erforderlich, in der eine enzymatisch katalysierte Reaktion bei verschiedenen Temperaturen im Reagenzglas abläuft. Wichtig für die Aussagekraft ist, dass die Versuchsbedingungen in allen Versuchsansätzen konstant sind, dass z. B. mit immer denselben Enzym- und Substratkonzentrationen gearbeitet wird. Verändert wird jeweils nur die Temperatur.
    a Versuch zur Wirkung von Urease: Urease baut Harnstoff zu CO_2 und NH_3 ab. Durch die aus diesen Abbauprodukten entstehenden Ionen erhöht sich die elektrische Leitfähigkeit der Lösung. Harnstoff ist ungeladen und führt daher zu keiner Leitfähigkeit der Lösung. Je schneller die Reaktion abläuft, desto mehr Ionen entstehen und desto stärker steigt infolgedessen die Leitfähigkeit. Um die Leitfähigkeit messen zu können, benötigt man eine Spannungsquelle und Elektroden, die in die Lösung eintauchen und ein Amperemeter, das die Stromstärke misst. Eine Veränderung der Temperatur hat Einfluss auf die Höhe der Leitfähigkeit. Daher lässt sich anhand der Leitfähigkeit die Abhängigkeit der durch Urease katalysierten Reaktion von der Temperatur messen.

b Versuch zur Wirkung von Katalase: Katalase katalysiert den Abbau von H_2O_2 zu O_2 und H_2O. Die Reaktion läuft auch im Reagenzglas ab. Als Katalase-Spender dienen Leber- oder Kartoffelstückchen. In diesen Zellen ist Katalase enthalten. Als Substrat gibt man H_2O_2 hinzu. Die Bildung von O_2 lässt sich an den entstehenden Schaumbläschen und mithilfe der Glimmspanprobe nachweisen. Je schneller der H_2O_2-Abbau erfolgt, desto stärker ist die Blasenbildung und desto heller und länger leuchtet der Glimmspan auf. Blasenbildung und Glimmspanprobe verändern sich, wenn man den Versuch bei unterschiedlichen Temperaturen durchführt. Die Temperatur beeinflusst also die Geschwindigkeit des Abbaus von H_2O_2.

c Versuch zur Wirkung von Amylase: Amylase baut Stärke ab. Die im Speichel des Menschen enthaltene Amylase katalysiert diese Reaktion auch im Reagenzglas. Als Substrat verwendet man Stärke, die mit Lugol'scher Lösung blau gefärbt wurde, als Emzymquelle dienen einige Tropfen Speichel. Die Geschwindigkeit der Reaktion lässt sich daran ablesen, wie schnell die blaue Färbung verschwindet. Im Experiment entfärbt sich die Stärkelösung je nach Temperatur unterschiedlich schnell. Dadurch ist nachgewiesen, dass der durch Amylase katalysierte Abbau von Stärke von der Temperatur abhängt.

85.
- RNA: b (tRNA); d (tRNA); h; i; k; m; p; q; s; t
- DNA: b; e; f; g; h; i; k; l; n; p; q; s; t; u
- Proteine: a; b; c; o; r

86.

RNA	DNA
Nukleotide enthalten Ribose (Fünferzucker, Pentose)	Nukleotide enthalten Desoxyribose (Fünferzucker, Pentose)
am Bau sind vier verschiedene Nukleotide mit je einer der Basen Cytosin, Guanin, Adenin oder Uracil beteiligt	am Bau sind vier verschiedene Nukleotide mit je einer der Basen Cytosin, Guanin, Adenin oder Thymin beteiligt
besteht aus einem einfachen Polynukleotidstrang, RNA-Einzelstrang; (ein Einzelstrang kann stellenweise gepaart sein)	besteht aus zwei, miteinander über Wasserstoffbrücken verbundenen Polynukleotidsträngen (DNA-Doppelstrang)

87. DNA besteht aus zwei Polynukleotidsträngen mit komplementären Basen. Jedes Adenin-Nukleotid hat als komplementären Partner auf dem anderen Polynukleotidstrang ein Thymin-Nukleotid. Daher ist die Menge an A und T immer gleich. Ebenso verhält es sich mit den Basen Guanin und Cytosin.

Jede Organismenart trägt die für sie typischen genetischen Informationen. Sie liegen in der Basensequenz ihrer DNA. Infolgedessen liegen die vier Basen A, T, G, C bei verschiedenen Organismenarten in unterschiedlichen Mengen vor. Beispielsweise kann die Art I einen höheren Anteil von A haben (und damit auch von T) als die Art II. G und C hätten in einem solchen Fall bei der Art I einen geringeren Anteil an der Gesamtmenge der Basen als bei der Art II.

88. a; c

Ursache ist die spezifische Basenpaarung von A und T bzw. C und G. A und T sind immer in der gleichen Menge vorhanden; ebenso verhält es sich mit den Basen C und G. Wenn A = T und G = C ist, dann muss auch A + G = C + T sein.

89. Ein Gen besteht aus einer spezifischen Basenfolge (Basensequenz) auf einem Abschnitt eines der beiden Polynukleotidstränge der DNA. (Hinweis: bei einigen Viren wird ein Gen durch die spezifische Basenfolge eines Abschnitts der RNA gebildet.)

90.
- Entspiralisierung der DNA
- Öffnung der H-Brücken zwischen den gepaarten Basen der beiden Polynukleotidstränge
- Anlagerung freier Nukleotide mit jeweils komplementären Basen an die nicht gepaarten Basen der beiden Polynukleotidstränge
- Verbindung der angelagerten Nukleotide untereinander zu einem neuen Polynukleotidstrang

Zur Öffnung des Doppelstrangs und zur Synthese der komplementären Einzelstränge sind ATP und spezifische Enzyme erforderlich.

91. Die beiden durch einen Replikationsvorgang gebildeten DNA-Moleküle (DNA-Doppelstränge) bestehen jeweils aus einem Polynukleotidstrang, der auch Bestandteil des ehemaligen, ursprünglichen DNA-Moleküls war. Die Hälfte (*semi-* = „halb") des alten Strangs bleibt also in jedem der neuen DNA-Moleküle erhalten, wird „konserviert".

92. Nach der ersten Mitose ist in jedem DNA-Molekül noch einer der beiden Polynukleotidstränge radioaktiv. Nach der zweiten Mitose erscheinen das erste Mal auch DNA-Moleküle ohne radioaktive Markierung.

93. Thymin kommt nur in der DNA vor, nicht aber in der RNA. Dort ist an seiner Stelle Uracil vorhanden. Wenn man radioaktives Thymin verwendet, darf man sicher sein, dass die Untersuchungsergebnisse die DNA betreffen und nicht die RNA.

94. a; e; g; h

95. a; c; d; g

96. Die Transportform der Chromosomen beschreiben: b; d; g; i; k
    Die Arbeitsform der Chromosomen beschreiben: a; c; e; f; h

97. Hinweise zur Angabe der Gesamtzahl der DNA-Doppelstränge:
    1. Ziffer: Zahl der Chromosomensätze. Die Körperzellen des Menschen enthalten zwei Chromosomensätze (2n).
    2. Ziffer: Zahl der Chromosomen pro Satz. Beim Menschen umfasst ein Satz 23 Chromosomen (n = 23).
    letzte Ziffer: Zahl der Chromatiden pro Chromomosom. Ein Chromosom besteht aus einem DNA-Doppelstrang. Es kann sich in zwei Chromatiden verdoppeln. Ein Chromatid besteht ebenfalls aus einem DNA-Doppelstrang.

   a $2 \cdot 23$ à 2: vor Beginn der Mitose fand Replikation statt
   b $2 \cdot 23$ à 1: Replikation läuft erst kurz vor Beginn der Mitose ab
   c $2 \cdot 23$ à 2: Replikation vor Beginn der Meiose
   d $1 \cdot 23$ à 2: Trennung der homologen Chromosomen in der ersten Reifungsteilung (keine Trennung der durch die Replikation entstandenen Chromatiden)
   e $1 \cdot 23$ à 1: Trennung der Chromatiden jedes Chromosoms in der zweiten Reifungsteilung
   f $2 \cdot 23$ à 1: Durch Befruchtung entstandener diploider Chromosomensatz (2n = 46) aus $1 \cdot 23$ Chromosomen des Vaters und $1 \cdot 23$ Chromosomen der Mutter. (Wegen der schnell nacheinander ablaufenden Mitosen während der Embryonalentwicklung sind Replikationen sehr häufig. Die Zahl $2 \cdot 23$ à 1 gilt daher nur für die kurzen Zeiträume zwischen zwei Mitosen.)
   g $8 \cdot 23$ à 1: Achtfacher Chromosomensatz; Chromosomen zwischen den Mitosen nicht zu Chromatiden verdoppelt

Lösungen 257

98. Organismen wachsen v. a. durch Vermehrung ihrer Zellen, nur in sehr geringem Maße durch Größenzunahme der Zellen. Die Vermehrung der Zellen geschieht durch Zellteilungen (Mitosen). Während der Mitosen liegen die Chromosomen in Transportform vor.

99.
- Zellen aufbrechen, z. B. mit einem Mörser.
- Bruchstücke mit einem Filter von flüssigen Bestandteilen trennen.
- Proteine von der DNA trennen. Das kann durch starke Detergenzien, im einfachsten Fall mit Haushaltsspülmittel, geschehen. Evtl. kann man auch Waschpulver oder bestimmte Fruchtsäfte zusetzen, um mit den darin enthaltenen Proteasen die Proteine abzubauen.
- DNA mit eiskaltem Ehanol ausfällen. Die DNA fällt als klare, viskose Substanz aus. Dass es sich tatsächlich um DNA handelt, und nicht z. B. um RNA, lässt sich mit einer spezifischen Färbung (Toluidinblau) nachweisen oder durch Zugabe des Enzyms DNase, die DNA abbaut und die ausgefällte Substanz dadurch weniger viskös macht.

100. Eine größere Zelle wird möglich, wenn sich die DNA vermehrt und damit der Zellkern größer wird. Beispiele:
- polyploide Zellen (mehr als zwei Chromosomensätze)
- Riesenchromosomen in den Zellen der Speicheldrüsen von Fliegen und Mücken (Vervielfachung der DNA-Moleküle, die gebündelt im gleichen Chromosom bleiben; Hinweis: in einigen Fällen sind sehr große Zellen dadurch möglich, dass mehr als ein Zellkern vorhanden ist; z. B. Zellen der Skelettmuskulatur.)

101. a; b; h; i; k; m; n; o; p

102.
- ATP; Funktion: Energieübertragung und Energiespeicherung
- DNA; Funktion: Speicherung der genetischen Information
- RNA; Funktion: Realisierung der genetischen Information (Hinweis: bei einigen Viren auch Speicherung der genetischen Information.)

103.
- Antigen-Antikörper-Reaktion (Bindung von Antigenen, z. B. von Erregern, an entsprechende Antigen-Bindungsstellen der Antikörper)
- Bindung von Neurotransmittern an die Wirkstellen (Rezeptoren) der postsynaptischen Membran von Synapsen
- Bildung von Enzym-Substrat-Komplexen (Bindung eines Substrat-Moleküls an ein Enzym-Molekül mit passendem Aktivem Zentrum.)

104. Der genetische Code ist kommafrei, zeigt keine Überlappung, ist degeneriert und universell.

105. Ursache ist die Degeneration des genetischen Codes (Redundanz). Eine Aminosäure kann von mehr als einem Basentriplett codiert werden. Man kann daher aus der Aminosäure nicht auf ein bestimmtes Basentriplett der DNA schließen.

106. a Mehrere verschiedene Basentripletts codieren für die gleiche Aminosäure, sodass die Information eines Tripletts trotz Änderung einer Base gleich bleiben kann (Degeneration des genetischen Codes).
b Der genetische Code wird fortlaufend und ohne Überlappung gelesen. Eine geänderte Base gehört immer nur zu einem Triplett.

107. b; d; e; g

108. Der Mechanismus der Transkription ähnelt dem der Replikation. Bei der Transkription allerdings bildet sich nur an einem der beiden DNA-Einzelstränge ein komplementärer Strang. Dabei öffnet sich der DNA-Strang nicht auf ganzer Länge, sondern nur in dem Bereich, in dem ein Gen liegt, sodass sich nur dort komplementäre Nukleotide anlagern können, und zwar nicht DNA- sondern RNA-Nukleotide, also Nukleotide mit dem Zuckerbaustein Ribose statt Desoxyribose und mit der Base Uracil statt Thymin.

109.
- Die DNA müsste den geschützten Raum im Zellkern verlassen. Dabei könnte sie Schaden nehmen.
- Die genetischen Informationen würde nicht vervielfältigt, da nur von einer Vorlage abgelesen werden könnte. Eine mehrfache Kopie wie bei der Bildung der mRNA wäre nicht möglich, daher wäre die Proteinsyntheserate geringer.

Denkbar wäre die Proteinsynthese im Zellkern statt im Zytoplasma. Dann müssten die Ribosomen dort vorliegen. In einem solchen Fall könnten die Proteine nicht mehr in der Nähe der Stellen produziert werden, an denen sie gebraucht werden. Der gezielte Transport der teilweise sehr „sperrigen" Proteinmoleküle aus dem Zellkern zu den verschiedenen Bereichen des Zytoplasmas würde Schwierigkeiten bereiten.

110. b; c; e; f

111.
- Das tRNA-Molekül, das aus dem Bereich des Ribosoms herausrückt, löst seine Paarung mit der mRNA.
- Das tRNA-Molekül, das vorher an zweiter Stelle im Ribosom gelegen hat, rückt an die erste Stelle.
- Das tRNA-Molekül, das jetzt an erster Stelle im Ribosom liegt, übernimmt zusätzlich zu seiner eigenen, einzelnen Aminosäure noch die Aminosäurekette, die vorher an dem tRNA-Molekül hing, das aus dem Ribosom herausgerückt ist.
- An die frei gewordene zweite Stelle der mRNA lagert sich im Bereich des Ribosoms ein komplementäres tRNA-Molekül an.
- Die Translation bricht ab, wenn ein Stopp-Codon in das Ribosom gelangt.
- Das aus dem Ribosom herausgerückte, frei gewordene tRNA-Molekül kann erneut eine Aminosäure binden.

112. Wegen der Degeneration des genetischen Codes ist eine hohe Zahl an verschiedenen tRNA-Moleküle erforderlich. tRNA-Moleküle binden in der Translation an die mRNA. Auf der mRNA sind, wie auf der DNA, 61 verschiedene Basentripletts möglich, die jeweils die Information für eine Aminosäure tragen. Entsprechend diesen 61 Codonen der mRNA müssen 61 verschiedene tRNA-Moleküle vorhanden sein, die jeweils die komplementären Anticodone tragen. Bei weniger tRNA-Molekülen könnte die Information einiger Tripletts der mRNA in der Translation nicht verwirklicht werden.

113. In den Zellen des Knochenmarks ist das Gen für die Hämoglobin-Bildung dauerhaft aktiv, da ständig neue rote Blutkörperchen benötigt werden. An diesem Gen läuft die Transkription ab, daher enthalten die Zellen mRNA mit der Information für das menschliche Hämoglobin. In den Zellen des Krallenfrosches läuft die Translation ab. Da der genetische Code universell ist, kann sich an den mRNA-Molekülen des Menschen im Zytoplasma des Krallenfrosches menschliches Hämoglobin bilden. Dabei werden Ribosomen, tRNA, Aminosäuren, Enzyme und ATP des Frosches benutzt.

114. Für die Proteinbiosynthese *in vitro* sind alle 20 Aminosäuren, beide Ribosomen-Untereinheiten, ATP und ähnliche Energieüberträger, alle 61 tRNA-Typen, mRNA sowie spezifische Enzyme für die Einzelprozesse der Translation notwendig.

115. Wie in der Zelle durch Transkription muss der DNA-Abschnitt zunächst in mRNA umgeschrieben werden. mRNA: 5'GCCGCGAGUUUUAGC3'
    a Aminosäuresequenz des Proteinabschnitts:
       – Ala – Ala – Ser – Phe – Ser –
    b Wenn das an vierter Stelle vorhandene C in T geändert wird entsteht eine Punktmutation, und es bildet sich folgender Proteinabschnitt:
       – Ala – Thr – Ser – Phe – Ser –
    c Bei Ausfall der Base an der vierten Stelle entsteht eine Rastermutation, und es bildet sich folgender Proteinabschnitt:
       – Ala – Arg – Val – Leu – ? …

116. Als erste werden die tRNA-Moleküle radioaktiv, weil sich die zugegebenen Aminosäuren an die jeweils passenden tRNA-Moleküle binden. Danach lässt sich die Radioaktivität an den Ribosomen nachweisen, da sich die tRNA-Moleküle mit den daran gebundenen, radioaktiven Aminosäuren in ihrem Bereich an die mRNA anlagern. Zuletzt werden Proteine radioaktiv, wenn sich die Aminosäuren zu Peptidketten verbunden haben.

117. Durch die beschränkte Lebensdauer der mRNA kann die Synthese eines Proteins zeitlich begrenzt werden. Wenn die mRNA unbegrenzt funktionsfähig wäre, würde eine einmal begonnene Proteinbiosynthese ständig weiterlaufen. Die Möglichkeit, die Synthese eines Proteins zu beenden, ist ein unverzichtbares Element der Steuerung des Stoffwechsels.

118. Eine hohe Proteinsyntheserate ist durch mehrfache Transkription desselben Gens, also der Bildung mehrerer mRNA-Moleküle am selben Gen möglich. Außerdem erlauben die Polysomen eine gleichzeitige Translation derselben mRNA an mehreren Ribosomen.

119. c; d; e; g

120. Die dunkle Färbung von Haaren und Haut kommt durch Melanin zustande. Ausgangsstoff für die Synthese dieses Pigments ist die Aminosäure Tyrosin. Der Körper erhält Tyrosin aus den Proteinen, die er mit der Nahrung aufnimmt sowie durch Umbau aus Phenylalanin, einer ebenfalls mit der Nahrung aufgenommenen Aminosäure. Phenylketonurie-Kranke leiden unter Tyrosin-Mangel, da sie nicht in der Lage sind, Phenylalanin zu Tyrosin umzubauen. Ihnen fehlt also die zweite Tyrosin-Quelle. Daher können sie nur geringe Mengen an Melanin bilden.

121. Phenylalanin ist zum Aufbau des körpereigenen Eiweißes erforderlich. Der Körper kann diese essenzielle Aminosäure nicht selber synthetisieren, sondern muss sie mit der Nahrung aufnehmen. Ohne Phenylalanin könnten z. B. wichtige Enzyme ausfallen und daher schwerwiegende Stoffwechselstörungen auftreten.

122.
    - Genommutation: Änderung der Chromosomenzahl um ganze Chromosomensätze (Polyploidie) oder einzelne Chromosomen. Im Lichtmikroskop sichtbar.
    - Chromosomenmutation: Veränderung der Chromosomenstruktur. Im Lichtmikroskop sichtbar.
    - Genmutation: Veränderung der Basensequenz eines Gens (Punkt- oder Rastermutation). Im Lichtmikroskop nicht sichtbar.

123. a Genommutation:
    - Polyploidie: v. a. bei Pflanzen auftretend. Viele Kulturpflanzen erhalten durch Polyploidie eine erhöhte Leistungsfähigkeit, z. B. mehr und größere Samen, Früchte, Blüten usw.
    - Trisomie 21: Down-Syndrom durch überzähliges Chromosom 21

    b Genmutation: Sichelzellenanämie, Phenylketonurie, Alkaptonurie, Albinismus

    c Punktmutation: Sichelzellenanämie

124. a Bei Verlust einer Base kommt es zu einer Verschiebung des Lesersters, also zu einer Rastermutation. Von der fehlenden Base an ändern sich alle folgenden Tripletts und damit höchst wahrscheinlich auch die Aminosäuren des Proteins, dessen Information das Gen enthält. Durch diese Änderung der Primärstruktur nimmt das Protein mit hoher Wahrscheinlichkeit auch eine andere Tertiärstruktur an. Wenn es sich bei dem Protein um ein Enzym handelt, kann es unwirksam werden.

    b Bei Verlust von drei aufeinanderfolgenden Basen kommt es ebenfalls zu einer Rasterverschiebung. Wenn aber zufällig alle ausfallenden Basen zum gleichen Triplett gehören, fehlt genau eine Aminosäure im Protein. Das Leseraster bleibt allerdings erhalten, sodass sich die nachfolgende Aminosäuresequenz nicht ändert. Die Primärstrukur des Proteins bleibt bis auf die ausgefallene Aminosäure gleich, auch die Tertiärstruktur erfährt keine tiefgreifende Veränderung. Die Chance, dass sich die Mutation nur wenig auswirkt, ist daher in diesem Fall am größten.

125. Wenn dem Merkmal eine Genwirkkette zugrunde liegt, kann die Mutation jedes Gens dieser Kette Auswirkungen auf das Merkmal haben.

126. Häufig bricht nach Mutationen der Stoffwechsel zusammen, sodass die Zelle stirbt. Überlebt sie, kann die Mutation folgende Wirkungen haben:
   a Körperzelle: Die Merkmale der betroffenen Zelle können sich ändern. Häufig bildet sich die Zelle zu einer Krebszelle um.
   b Keimzelle: Die Mutation kann an einen Nachkommen weitergegeben werden, wenn die betroffene Keimzelle zur Befruchtung kommt. Alle Zellen des Körpers dieses Nachkommen tragen dann die Mutation. In den Zellen, in denen das mutierte Gen realisiert wird, kann es zu einer Veränderung von Merkmalen kommen.
   c Zelle der Keimdrüse, aus der die Keimzellen entstehen: Alle Keimzellen tragen die Mutation. Alle Nachkommen tragen in jeder der Zellen ihres Körpers die Mutation und evtl. veränderte Merkmale, s. o.

127. Mutationen in Körperzellen werden durch Mitosen an alle aus ihnen entstehenden Zellen weitergegeben. In einem frühen Embryonalstadium gehen aus einer Zelle sehr viel mehr neue Zellen hervor als bei älteren Embryonen. Je früher also eine Mutation in der Embryonalentwicklung auftritt, desto mehr Zellen sind später im erwachsenen Körper davon betroffen.

128. a Die Ozonschicht fängt einen Teil der UV-Strahlung der Sonne ab. Bei Verringerung der Dicke der Ozonschicht erreicht daher mehr UV-Strahlung die Erdoberfläche. UV-Strahlen können Mutationen auslösen. In Körperzellen führen Mutationen häufig zur Entstehung von Krebszellen. Da die Haut der UV-Strahlung besonders stark ausgesetzt ist, bilden sich aus ihren Zellen besonders häufig Tumore.
   b Von den Tumoren des Hautkrebses können sich kleine Zellansammlungen lösen, mit dem Blut oder der Lymphflüssigkeit in andere Körperbereiche gelangen, sich dort festsetzen und zu neuen Tumoren (Metastasen) heranwachsen.

129. • Die Zunahme der Mutationsrate lässt sich durch die in großen Höhen intensivere kosmische Strahlung (Höhenstrahlung) erklären, die während der langen Flugdauer einwirkt.

- Flugzeugabgase tragen außerdem zur Zerstörung der Ozonschicht bei, sodass die mutationsauslösende UV-Strahlung weniger gut abgefangen wird und in höherem Maße auf die Erdoberfläche gelangt.

130.
- Teerstoffe im Tabak (Raucher, passives Rauchen von Nichtrauchern)
- ultraviolette Strahlung (Sonnenlicht)
- Aflatoxine (Schimmelpilze)
- Nitrosamine (gepökeltes Fleisch)
- Röntgenstrahlung (medizinische Untersuchung)
- Höhenstrahlung (Flugreisen, Aufenthalt im Hochgebirge)

weitere Mutagene:
- salpetrige Säure
- radioaktive Strahlung

131. Im Unterschied zu normalen Zellen teilen sich Krebszellen ungehemmt und häufig, da sie die Kontrolle über Zeitpunkt und Häufigkeit der Mitose verloren haben. Krebszellen haben keine speziellen Merkmale, die für die Erfüllung besonderer Aufgaben erforderlich sind, sie sind nicht differenziert. Auf der Außenseite ihrer Zellgrenzmembran tragen Krebszellen andere Proteine (Gewebs-Antigene). Dadurch können sie vom Immunsystem als veränderte Zellen erkannt werden.

132. a Während der Zeit, in der nur Glucose als Nährstoff zu Verfügung stand, war in den Bakterienzellen ein Repressor aktiv, der die Transkription des Gens verhinderte, das die Information für das Lactose abbauende Enzym enthält. Die Lactose, die die Bakterien im neuen Nährmedium aufgenommen haben, inaktiviert diesen Repressor. Die Zellen können das entsprechende Enzym bilden und mit dem Lactose-Abbau beginnen. Lactose ist hier gleichzeitig Auslöser (Induktor) für die Transkription und Substrat für das entsprechende Enzym.
b Auslösung der Transkription durch Induktion.

133. Der Mechanismus, der die Transkription des Struktur-Gens auslöst, kann defekt sein. Denkbar sind mehrere Möglichkeiten, z. B.
- Das Gen, das den Repressor bildet, kann so mutiert sein, dass der Repressor eine Form hat, in der er sich nicht inaktivieren lässt.

- Durch die Mutation eines anderen Gens kann ein Stoff entstehen, der den Repressor aktiviert oder ebenfalls die Schaltsequenz besetzt und die Transkription des Struktur-Gens blockiert.

134. a Die Transkription wird ausgelöst bzw. blockiert.

b Induktion: Der Repressor ist aktiv und wird durch die Steuersubstanz inaktiviert. Diese verändert die Tertiärstrukur des allosterischen Repressors. Dadurch kann dieser nicht mehr am Operator binden und damit ist keine Blockade des oder der Struktur-Gene mehr möglich. Die Steuersubstanz löst auf diese Weise die Transkription des Gens aus, sodass das Produkt des Struktur-Gens, eventuell auch die Produkte mehrerer Gene, entstehen können.

Repression: Der Repressor ist inaktiv und wird durch die Steuersubstanz aktiviert. Die Steuersubstanz, z. B. das Produkt einer Synthese oder Synthesekette, verändert die Tertiärstruktur des allosterischen Repressormoleküls. Der so veränderte Repressor kann nun am Operator des Struktur-Gens binden und damit die Transkription verhindern. Die Steuersubstanz führt auf diese Weise zur Beendigung der Transkription, sodass das Produkt des Struktur-Gens bzw. die Produkte mehrerer Gene, nicht mehr gebildet werden.

c Vorteil der Genregulation durch Induktion: Die Zelle bildet nur dann Genprodukte, wenn sie sie auch wirklich benötigt. Dies führt zu sparsamem Umgang mit Material und Energie.

Vorteil der Genregulation durch Repression: Die Zelle bildet nur so lange Produkte eines Gens, wie sie auch Bedarf an ihnen hat, eine unnötige oder evtl. schädliche Anhäufung von Genprodukten wird vermieden, Material und Energie werden eingespart.

135. In der Zelle würde an allen Genen ständig Transkription ablaufen. Damit würden alle Gene realisiert, eine differenzielle Genaktivierung wäre nicht möglich. Da die Zelle keine Möglichkeit hätte, sich zu differenzieren, könnte sie keine speziellen Merkmale auszubilden. Außerdem könnten zur gleichen Zeit Genprodukte, v. a. Enzyme entstehen, die sich gegenseitig in ihrer Wirkung aufheben, z. B. solche, die die Synthese einer bestimmten Substanz katalysieren und gleichzeitig solche, die ihren Abbau auslösen. Ein geordneter Stoffwechsel wäre nicht möglich, die Zelle wäre nicht lebensfähig.

136. b; d; f; g; h; k; l

137. b; c; e; h

138. Verlauf und Ergebnis des Versuchs:
- Speicheldrüsen einer Fliegen- oder Mückenlarve werden radioaktiv markierte RNA-Nukleotide angeboten.
- Nach einiger Zeit legt man die Riesenchromosomen auf einen für radioaktive Strahlung empfindlichen Film (Autoradiografie).
- Auf dem Film schwärzen sich die Chromosomen im Bereich der Puffs stärker als in ihrer Umgebung.

Die RNA-Nukleotide lagern sich also an die DNA im Bereich des Puffs an. Das weist darauf hin, dass dort Transkription abläuft.

139. a Die Länge der Belichtung könnte die Transkription bestimmter Gene auslösen oder blockieren. Beispielsweise könnte die geringe Belichtung während der kurzen Tage im Herbst die Transkription der Gene blockieren, die zur Bildung des Vollinsekts aus der Puppe erforderlich sind.
   b Bei Pflanzen kann die Länge der Belichtung die Keimung der Samen auslösen (Lichtkeimer/Dunkelkeimer) und die Bildung von Blüten steuern (Langtag-/Kurztagpflanzen).

140. c; e; f; e

141. In Äquatornähe sind die Tage und Nächte das ganze Jahr über etwa gleich lang. Die zur Blütenbildung erforderlichen langen Dunkelperioden findet der Weihnachtsstern, eine Kurztagpflanze, in unseren Breiten erst im Herbst und Winter. Erst unter diesen Bedingungen läuft die Transkription der Gene ab, die die Information für die Blütenbildung enthalten.

142. a Entscheidender Faktor für die Auslösung der Blütenbildung ist bei Kurztag- und Langtagpflanzen nicht die Dauer der Belichtung, sondern eine kritische Länge von ununterbrochener Dunkelheit.
   b Bei Kurztagpflanzen wird eine lange Dunkelphase, die normalerweise ausreicht, um die Blütenbildung auszulösen, durch eine sehr kurzfristige Belichtung unterbrochen. Die so behandelten Pflanzen bilden keine Blüten. In ähnlicher Weise verfährt man mit Langtagpflanzen. Sie werden unter Bedingungen gehalten, in denen die Dunkelphase lang genug ist, um die Blütenbildung zu verhindern. Wenn man die

Dunkelphase durch eine sehr kurzfristige Belichtung unterbricht, bilden die Pflanzen dennoch Blüten.

c Um nachzuweisen, ob die Länge der Belichtung oder der Dunkelheit die Blütenbildung auslöst, muss man jeweils einen der beiden Faktoren ändern. Mit jeder Verlängerung oder Verkürzung der Belichtungsdauer ändert sich aber gleichzeitig auch die Länge der Dunkelheit. Im Experiment lässt sich daher auf diese Weise nicht feststellen, welche Änderung – die der Belichtung oder der Dunkelheit – tatsächlich Einfluss auf die Blütenbildung hat. Schlüssige Ergebnisse sind nur möglich, wenn man einen der beiden Faktoren ändert, ohne dass die Änderung Einfluss auf den jeweils anderen Faktor hat. In den beschriebenen Experimenten geschieht das durch die sehr kurzfristige Unterbrechung der Dunkelphase.

d Man könnte die Belichtungsphasen durch kurzfristiges Abdunkeln unterbrechen. Wenn tatsächlich nur die Länge der Nächte den entscheidenden Faktor darstellen, dürfte die Unterbrechung der Belichtungsphasen keinen Einfluss auf die Bildung der Blüten haben.

143.

	Dauergewebe	Stammzellen
Aufgaben	sorgt dafür, dass die Prozesse ablaufen, die erforderlich sind, um den Körper am Leben zu erhalten	bilden ständig neue, differenzierte Zellen und sorgen damit für den Aufbau oder die Verjüngung der Gewebe und Organe
Grad der Differenzierung	besteht aus endgültig differenzierten Zellen	nicht endgültig differenzierte (bis zu einem gewissen Grad undifferenzierte) Zellen
Teilungsfähigkeit	besteht aus Zellen, die sich nicht mehr teilen können	können sich teilen und sich dabei, je nach Gewebe, in dem sie liegen, differenzieren

144. Zelltypen höherer Pflanzen:
- Zellen des Abschlussgewebes: verdickte Wände, meist mit Kutikula
- Wurzelhaarzellen: dünne Zellwand, Außenseite zu einem Haar ausgezogen
- Zellen des Assimilationsparenchyms: zahlreiche Chloroplasten
- Zellen des Speicherparenchyms: zahlreiche Leukoplasten
- Zellen der Blütenblätter: häufig mit Chromoplasten
- Stütz- und Festigungszellen: stark verdickte Zellwände
- Zellen des Leitungsgewebes: sehr lang, evtl. mit aufgelagerten Leisten

145. Zelltypen des Menschen:
- Drüsenzellen: stark ausgebildeter Golgi-Apparat
- Nervenzellen: häufig mit sehr langem Fortsatz (Axon), an dessen Ende eine Verdickung, das Endknöpfchen liegt
- Zellen der glatten und quergestreiften Muskulatur: mit Proteinfäden, die so angeordnet sind, dass sich die Zelle kontrahieren kann
- Rote Blutkörperchen: enthalten Hämoglobin zum O_2-Transport
- Keimzellen: Eizellen mit hohem Anteil an Zytoplasma, u. a. als Material und Energiespeicher für die ersten Teilungen nach der Befruchtung, Spermien mit Geißel zur Bewegung
- Plasmazellen des Immunsystems: stark ausgebildetes endoplasmatisches Retikulum (Proteinsynthese, Bildung von Antikörpern)
- Lichtsinneszellen: vielfach eingestülpte Zellgrenzmembran mit zahlreichen Molekülen des Sehfarbstoffs Rhodopsin
- Oberflächenzellen der Haut und anderer Abschlussgewebe
- Bindegewebszellen
- Knorpelzellen
- Knochenzellen

146.
a Basensequenz: Abfolge der Basen auf den DNA-Einzelsträngen
b Replikation (semikonservativ)
c Transkription: Bildung von mRNA an DNA-Abschnitten
d Differenzielle Genaktivierung, z. B. An- und Abschalten von Genen durch Transkriptionskontrolle

147. Salpetrige Säure ändert alle C-G-Basenpaare im betroffenen Bereich der DNA zu U-G-Paaren. Die Mutation führt aber erst zu einer Änderung des Gens, nachdem sich die Zelle geteilt hat. Bei der Replikation, die ja der Mitose vorausgeht, lagert sich an U nicht G an, sondern stattdessen A. Uracil ist komplementär zu A, nicht zu G. Dadurch erhält der komplementäre Strang eine andere Basensequenz. Das auf diese Weise mutierte Gen kann zur Änderung des betreffenden Merkmals führen.

148. In Tumoren laufen ungehemmt und häufig Mitosen ab. Zellen können sich aber nur teilen, wenn eine Replikation vorausgeht, wenn sich also die DNA vorher verdoppelt. Im ersten Schritt der Replikation trennt sich der DNA-Doppelstrang in seine beiden Polynukleotidstränge. Weil *Cisplatin* das verhindert, kann auch keine Mitose stattfinden, der Tumor stellt infolgedessen sein Wachstum ein.

149. Die Proteinsynthese ist nur mithilfe der mRNA-Moleküle möglich, die noch vor der Mitose gebildet wurden. Während der Mitose liegen die Chromosomen in Transportform vor. Ihre DNA ist so stark verdichtet (spiralisiert), dass keine Transkription stattfinden kann.

150. a Enzyme sind Proteine. Die Basensequenz der DNA legt die Aminosäuresequenz der Enzyme fest. Eine veränderte Base kann zu einer anderen Aminosäure an der entsprechenden Stelle des Proteins führen. Wegen der Degeneration des genetischen Codes ist das aber nicht zwingend so. Da die Primärstruktur des Proteins auch seine Sekundär- und Tertiärstruktur bestimmt, kann unter bestimmten Umständen schon die Änderung einer einzigen Aminosäure zu einer abweichenden Tertiärstruktur des Enzyms führen. Wenn davon auch das aktive Zentrum betroffen ist, kann das Enzym unwirksam werden.
    b Enzyme katalysieren chemische Reaktionen in der Zelle. Bei Ausfall eines Enzyms kann daher die entsprechende Reaktion nicht stattfinden. Das Reaktionsprodukt entsteht nicht mehr, und das Substrat dieser Reaktion häuft sich an. In den meisten Fällen sind davon auch andere Reaktionen betroffen, z. B. solche, die in Stoffwechselketten das Reaktionsprodukt weiter chemisch verändern.

151. Trotz Austausch einer Base der DNA kann weiterhin das gleiche Protein entstehen, wenn erstens dieser Austausch vom Reparaturmechanismus erkannt und rückgängig gemacht wird, zweitens die ausgetauschte Base in einem DNA-Bereich liegt, der kein Gen enthält, also keine sinnvolle genetische Information verloren gegangen ist, oder drittens durch den Austausch der Base zwar ein neues Triplett entsteht, das aber wegen der Degeneration des genetischen Codes weiterhin die Informationseinheit für die gleiche Aminosäure darstellt.
Trotz des Austauschs einer Aminosäure im Protein kann das Merkmal unverändert bleiben, wenn die geänderte Aminosäure an einer unbedeutenden Stelle liegt, sodass z. B. die Tertiärstruktur gleich bleibt, bzw. bei Enzymen deren Veränderung sich nicht auf das aktive Zentrum auswirkt.

152. Lipophile Hormone können die Zellgrenzmembran passieren und nach Wanderung durch das Zytoplasma den Zellkern erreichen. Dort können sie z. B. an Repressoren binden und dadurch Blockaden aufheben oder auslösen.

Lipophobe Hormone können die Membran wegen ihrer Lipiddoppelschicht nicht durchqueren. Fettunlösliche Hormone nehmen an der Außenseite der Membran Kontakt mit Rezeptoren auf und lösen auf der Innenseite die Bildung von Signalstoffen aus, die die Transkription eines bestimmten Gens auslösen oder stoppen.

153. Eine typische Nervenzelle ist aufgebaut aus Zellkörper mit Zellkern und Zytoplasma, Dendriten (stark verzweigte, kurze Fortsätze), einem Axon (langer, am Ende wenig verzweigter Fortsatz, endet im Endknöpfchen). Das Axon wird umhüllt von der Markscheide (spiralig gewundene Membranstapel der Schwann'schen Zelle, auch Schwann'sche Scheide oder Myelinscheide genannt). Die Markscheide ist in regelmäßigen Abständen von den Ranvier'schen Schnürringen unterbrochen. Axon und Myelinscheide bilden zusammen die Nervenfaser.

154. Ein Nerv aus diesem Teil des Nervensystems besteht aus:
    - Bindegewebe: Strukturmaterial des Nervs, verbindet Bestandteile des Nervs untereinander.
    - Nervenfasern: bestehend aus Axonen, die Informationen von oder zum ZNS leiten und von einer Markscheide umgeben sind (gebildet aus Schwann'schen Zellen, die der Versorgung und elektrischen Isolierung des Axons dienen).
    - Blutgefäßen: versorgen die Nervenzellen mit Nährstoffen und Sauerstoff, entfernen Kohlenstoffdioxid und Abfallstoffe.

155. Auf den Dendriten wird die Information zum Zellkörper geleitet, auf dem Zellkörper zum Axon und auf dem Axon in Richtung Endköpfchen.

156. Myelin besteht fast nur aus Membranen. Membranen sind aus Eiweiß (Protein) und Lipiden (Fetten) aufgebaut. Lipide haben eine geringe elektrische Leitfähigkeit und können deshalb das Axon elektrisch isolieren.

157. Auf dem EM-Bild erscheint die Markscheide (Schwann'sche Scheide) als dunkle, konzentrisch angeordnete Kreise. Sie fehlt den marklosen Nervenfasern. Diese sind nur von einer Schwann'schen Zelle umhüllt.

158. Die Unterbrechungen werden als Ranvier'sche Schnürringe bezeichnet. An diesen Stellen ist das Axon nicht elektrisch isoliert.

159. Markhaltige (myelinisierte) Nervenfasern sind nur bei Wirbeltieren zu finden. Der größte Teil ihres Nervensystem besteht daraus. Eine Ausnahme macht das vegetative Nervensystem. Das Nervensystem der wirbellosen Tiere besteht aus marklosen Nervenfasern.

160. Bei sehr starkem Eiweißmangel hat der Körper Schwierigkeiten, Membranen zu bilden. Das kann u. a. zum verminderten Aufbau von Markscheiden führen und zu einer geringeren Bildung von Dendriten. Dadurch kann die Funktion des Nervensystems beeinträchtigt werden.

161. Ersatz von verloren gegangenen Zellen ist immer nur durch Teilung erhalten gebliebener oder durch Differenzierung von Stammzellen möglich. Nervenzellen können sich nicht teilen, da sie keine Zentralkörperchen (Centriolen) besitzen. Von den Zentralkörperchen aus bilden sich Spindelfasern, die während der Mitose die Chromatiden an die Zellpole ziehen. Ohne den Spindelapparat kann die Mitose nicht ablaufen.

162. Die Zellmembran besteht aus einer zentralen Schicht von Lipiden (Fetten), die immer wieder von Eiweißmolekülen (integrale Proteine) durchbrochen ist. Eiweiße liegen auch der Innen- und Außenseite der Lipidschicht auf (periphere Proteine). Die Lage der Proteine in der Membran ändert sich ständig.

163. Im Außenraum ist die Konzentration von Na^+- und Cl^--Ionen höher als im Innenraum, im Innenraum ist die Konzentration von organischen Anionen und von K^+-Ionen höher.

164. Der Diffusion bis zum Konzentrationsausgleich steht das Bestreben nach Ladungsausgleich entgegen. Im Innen- wie im Außenraum liegen sowohl positiv wie auch negativ geladene Ionen vor. Diese entgegengesetzt geladenen Ionen ziehen sich gegenseitig an. Es können daher nur so viele Ionen durch die Membran diffundieren, wie es die Anziehungskraft der jeweils entgegengesetzt geladenen Ionen zulässt. Zum Beispiel können nur so viele K^+-Ionen diffundieren, wie es die negative Ladung der organischen Anionen gestattet. Außerdem trägt die Na-K-Pumpe zur Aufrechterhaltung der Ladungs- und Konzentrationsunterschiede bei.

165. a Membranen sind nur für bestimmte Ionen durchlässig. Das wird als selektive Permeabilität bezeichnet. Beispielsweise können Kaliumionen die Membran sehr gut passieren, während sie für Natriumionen kaum durchlässig ist.
b Verantwortlich für die selektive Permeabilität sind die integralen Protein der Membran. Sie können Tunnel durch die Membran bilden (Tunnelproteine, Porenproteine, Ionenkanäle) und auf diese Weise die hydrophoben Bereiche der Lipidschicht im Inneren der Membran auch für geladene Teilchen (z. B. Ionen) passierbar machen. Die Porenproteine lassen je nach ihrer Gestalt (Tertiärstruktur) und nach ihrer Ladung nur ganz bestimmte Arten von Teilchen passieren.

166. Proteine der Membran arbeiten als
- Porenproteine,
- Na-K-Pumpe, und
- Ladungsträger (viele organische Anionen sind Proteine).

167. ATP wird für den Betrieb der Na-K-Pumpe benötigt. Die Membran ist nicht ganz undurchlässig für Na^+-Ionen (Leckstrom). Die ständig eindringenden Na^+-Ionen müssen gegen das Konzentrationsgefälle zurück in den Außenraum transportiert werden. Das kann nur unter Verrichtung von Arbeit geschehen, also unter Energieaufwand.

168. a; d; e

169. Zur Messung des Ruhepotenzials benötigt man Elektroden, die die Spannung ableiten. In der Regel verwendet man eine äußerst dünne Glaskapillare, die mit Salzlösung gefüllt (KCl-Lösung) und in die Zelle eingestochen wird. Als Bezugselektrode wird im Außenraum eine Metallelektrode an die Membran der Zelle angelegt. Zur Messung der Spannungsstärke dient ein Voltmeter. Da die fließenden Messströme sehr schwach sind, muss ein Verstärker vorgeschaltet werden. Gemessen wird eine Spannung mit negativem Vorzeichen von ca. –50 bis –100 mV. Der Innenraum der Nervenzelle ist gegenüber dem Außenraum elektrisch negativ. Im Innenraum herrscht ein Überschuss an Anionen vor, im Außenraum liegen mehr Kationen als Anionen vor.

170. a Das Membranpotenzial wird positiver, die Potenzialdifferenz wird geringer. Bei Verringerung der NaCl-Konzentration wird die Zahl der positiv geladenen Teilchen (Kationen) im Außenraum geringer. Die Ladung an der Außenseite der Membran wird dadurch weniger positiv. Die Ladungsdifferenz nimmt ab, sodass die gemessene Spannung einen kleineren Wert besitzt. Gleichzeitig wird der Konzentrationsunterschied der Cl^--Ionen zwischen Innen- und Außenraum geringer. Dadurch diffundieren weniger Cl^--Ionen ins Zellinnere. Dem Außenraum gehen weniger negative Teilchen verloren, der Innenraum erhält weniger. Der Außenraum wird weniger positiv, der Innenraum weniger negativ.

b Das Ruhepotenzial wird positiver. Die an der Außenseite der Membran zugegebenen K^+-Ionen ersetzen zwar die Na^+-Ionen und verändern daher die Ladung an der Außenseite zunächst nicht, sie machen aber den Konzentrationsunterschied der K^+-Ionen zwischen Innen- und Außenraum kleiner. Damit ist auch die Diffusion der K^+-Ionen nach außen geringer, oder es diffundieren sogar K^+-Ionen von außen in den Innenraum. Der Innenraum verliert also weniger an positiver Ladung, ist weniger negativ, die Ladungsdifferenz ist damit geringer.

171. Diffusion läuft ohne Verbrauch von Stoffwechselenergie ab. Das entstandene Ruhepotenzial kann aber nur aufrecht erhalten werden, wenn ATP für den Betrieb der Na-K-Pumpe zur Verfügung steht. In toten Zellen ist der Vorrat an ATP bald aufgebraucht, sodass die Na-K-Pumpe nicht mehr arbeiten kann. Die Na^+-Ionen-Konzentration wird im Innenraum ständig höher, infolgedessen die Ladungsdifferenz an der Membran immer geringer, bis bei Konzentrationausgleich das Ruhepotenzial zusammenbricht.

172. Der Zellinnenraum wird nach der Vergiftung ständig positiver. Die Ladungsdifferenz nimmt ab, das Membranpotenzial wird positiver. Wenn die Zellatmung einer Zelle blockiert wird, kann die Zelle kein ATP mehr herstellen (evtl. ist eine geringe Produktion von ATP durch die Glykolyse [Milchsäuregärung] noch möglich). In Nervenzellen ist u. a. die Funktion der Na-K-Pumpe energieabhängig. Wenn die Na-K-Pumpe bei einer ruhenden Nervenzelle ausfällt, werden die durch den Na^+-Leckstrom in die Zelle einsickernden Na^+-Ionen nicht mehr zurück in den Außenraum transportiert. Für jedes eingedrungene Na^+-Ion kann ein K^+-Ion nach außen diffundieren, da das eingeströmte Na^+-Ion ein K^+-Ion im Innenraum ersetzt. Durch das Eindringen weiterer Na^+-Ionen wird die Fähigkeit der organischen Anionen, die K$^+$-Ionen durch die elektrostatische Anziehung festzuhalten, vermindert und es können mehr K$^+$-Ionen nach außen diffundieren. Daher kommt es zu immer weiter fortschreitendem Ausgleich der Konzentration von Na$^+$- bzw. K$^+$-Ionen an der Membran. Je geringer der Konzentrationsunterschied der Ionen an der Membran ist, desto geringer ist auch die Potenzialdifferenz.

173. a Während der ersten Phase des Aufstrichs wird die Permeabilität der Membran nicht verändert. Die Depolarisation bis zum Schwellenwert ist auf die Einflüsse des elektrischen Feldes der benachbarten Region zurückzuführen (bzw. bei künstlicher Reizung auf den Reizstrom der Elektroden). Bei Erreichen des Schwellenwerts öffnen die Na$^+$-Poren.
  b Der Ladungsunterschied (Potenzialdifferenz) wird während des Aufstrichs zunächst geringer und kehrt sich dann um.

174. Aktionspotenziale lassen sich in folgende Abschnitte gliedern:
  - Depolarisation bis zum Schwellenwert: Das Membranpotenzial wird durch Einflüsse von Nachbarstellen positiver.
  - Depolarisation bis zur Potenzialumkehr: Der Innenbereich der Membran wird gegenüber dem Außenbereich elektropositiv.
  - Repolarisation: Der Innenbereich wird gegenüber dem Außenbereich wieder elektronegativ.
  - Hyperpolarisation: Der Innenbereich der Membran wird gegenüber dem Außenbereich für kurze Zeit stärker negativ als es im Ruhepotenzial der Fall ist.

175. Nach Erreichen des Schwellenwertes öffnen sich die Na$^+$-Poren. Dadurch können Na$^+$-Ionen in den Zellinnenraum diffundieren und infolgedessen wird die Potenzialdifferenz geringer (Depolarisation). Die Depolarisation reicht bis zur Potenzialumkehr (Ladung des Innenraums gegenüber dem Außenraum positiv) und findet ihr Ende, wenn sich sich die Na$^+$-Poren wieder schließen, während sich gleichzeitig K$^+$-Poren öffnen und K$^+$-Ionen verstärkt nach außen diffundieren. In der Folge wird die Ladungsdifferenz zwischen Innen- und Außenraum der Membran wieder größer (Repolarisation). Die Öffnung der K$^+$-Poren dauert länger als zur Wiederherstellung des Ruhepotenzials erforderlich wäre. Daher wird das Membranpotenzial negativer als das Ruhepotenzial (Hyperpolarisation). Nach Schließung der K$^+$-Poren werden die während des Aktionspotenzials diffundierten Ionen durch die Na-K-Pumpe wieder zurücktransportiert.

176. Na⁺- und K⁺-Poren lassen sich öffnen, wenn sie von elektrischen Feldern beeinflusst werden. Bei Anlegen einer Spannung, die einen bestimmten Wert überschreitet (Schwellenwert), öffnen sich die Na⁺-Poren. Später im Verlauf des Aktionspotenzials öffnen sich unter bestimmten Spannungsbedingungen spannungsgesteuerte K⁺-Poren. Diese Poren können für kurze Zeit Na⁺- und K⁺-Ionen durch die Membran diffundieren lassen und damit Änderungen der Ladungsunterschiede hervorrufen.

177. Der Begriff „Alles-oder-Nichts"-Ereignis beschreibt, dass für die Auslösung eines Aktionspotenzials nur die Überschreitung des Schwellenwertes entscheidend ist. Wenn die Membran bis über den Schwellenwert depolarisiert wird, antwortet die Membran in immer der gleichen Weise, sie baut immer ein Aktionspotenzial der gleichen Form auf. Das Aktionspotenzial läuft entweder vollständig ab, oder es entsteht gar nicht.

178. Erforderlich zur Auslösung und Messung eines Aktionspotenzials sind:
    - Ein Gerät, mit dem Spannung erzeugt werden kann (Reizstromgenerator) und Elektroden, die die Spannung auf das Axon übertragen.
    - Eine Glaselektrode, die mit einer Salzlösung gefüllt ist und in das Axon eingestochen wird (Messelektrode) sowie eine Metallelektrode, die außen an das Axon angelegt wird (Bezugselektrode).
    - Ein Gerät, das die schwachen Ströme, die sich aus dem Membranpotenzial ergeben und von den Elektroden aufgenommen und geleitet werden, verstärkt (Verstärker).
    - Ein Oszilloskop, das die Veränderungen der Ladungsdifferenzen an der Membran sichtbar macht.

179. Nach Überschreiten des Schwellenwertes verstärken sich die Veränderungen der Membraneigenschaften gegenseitig, sodass es zu einer positiven Rückkoppelung kommt. Wenn sich die ersten Na⁺-Poren öffnen, wird die Depolarisation stärker. Dadurch öffnen sich weitere Na⁺-Poren. Infolgedessen wird die Depolarisation noch stärker, sodass sich noch mehr Na⁺-Poren öffnen usw.

180. In der Zeit nach der Potenzialumkehr werden die Na⁺-Poren geschlossen, während sich gleichzeitig die K⁺-Poren öffnen. In dieser Zeit, der absoluten Refraktärzeit, lassen sich die Na⁺-Poren nicht öffnen, daher kann die entsprechende Stelle der Membran kein AP aufbauen. In der Endphase eines Aktionspotenzials sind viele K⁺-Poren schon wieder geschlossen,

einige Na$^+$-Poren lassen sich schon wieder öffnen. Das kann aber nur geschehen, wenn der Schwellenwert weit überschritten wird (starke Depolarisation). In dieser relativen Refraktärzeit ist die betreffende Membranstelle nur bei starker Erregung zur Bildung eines APs anzuregen.

181. Wenn weniger Na$^+$-Ionen im Außenraum vorliegen, können bei Öffnung der Na$^+$-Poren weniger Na$^+$-Ionen in die Membran eindiffundieren, der Diffusionsdruck ist geringer. Daher wird die Innenseite der Membran weniger positiv. Der Spitzenwert der Ladungsumkehr senkt sich, die Amplitude des Aktionspotenzials wird geringer.

182. Bei Blockade der Na$^+$-Poren hat eine Depolarisation über den Schwellenwert hinaus keine Wirkung auf die Membran. Es können keine Na$^+$-Ionen einströmen, daher kann sich das Ruhepotenzial nicht ändern. Da das Aktionspotenzial das Signal der Informationsübertragung an Axonen ist, kann das Nervensystem nach der Vergiftung seine Aufgabe nicht mehr erfüllen. Das Gehirn erhält z. B. keine Meldungen aus den Sinnesorganen, die Muskulatur kann nicht zur Kontraktion angeregt werden.

183. Während des Ruhepotenzials transportieren die Na-K-Pumpen die wenigen Na$^+$-Ionen, die durch die Membran eingesickert sind, in den Zellaußenraum zurück. Während eines Aktionspotenzial diffundieren durch die kurzfristige Öffnung der Na$^+$-Poren verstärkt Na$^+$-Ionen in den Zellinnenraum. Die Na-K-Pumpen arbeiten daher nach einem Aktionspotenzial stärker als während des Ruhepotenzials und daher ist auch ihr Bedarf an Energie in Form von ATP höher.

184. Nach dem Tod ist die Verteilung der Ionen an der Membran zunächst unverändert. Solange der Konzentrationsunterschied der Na$^+$-Ionen genügend hoch ist, kann eine Depolarisation bis über den Schwellenwert den Einstrom von Na$^+$-Ionen und damit den Aufbau eines Aktionspotenzials noch auslösen. Auch die Na-K-Pumpe arbeitet noch so lange, wie der Vorrat an ATP in der Zelle für ihren Betrieb ausreicht. Neubildung von ATP ist aber nicht mehr möglich, da der Stoffwechsel in der toten Zelle erlischt und die Zellatmung ausfällt. Solange die Na-K-Pumpe arbeitet, kann der Unterschied der Na$^+$-Konzentration an der Axonmembran hoch gehalten werden, sodass sich Aktionspotenziale auslösen lassen. Je geringer die Konzentrationsunterschiede an der Membran werden, umso geringer wird die Amplitude der Aktionspotenziale, bis sie ganz erlöschen.

185. Die Spannungsänderungen während eines Aktionspotenzials laufen in außerordentlich kurzer Zeit ab. Zeigergeräte sind zu träge, um bei Spannungen, die nur für wenige Millisekunden bestehen, ausschlagen zu können.
Oszilloskope können auch sehr kurzzeitige Spannungsänderungen sichtbar machen. Der schnell horizontal über den Bildschirm laufende Elektronenstrahl bildet eine Linie, die bei Änderung der Spannung vertikal abgelenkt wird. Wenn der Strahl z. B. 10 ms braucht, um über den Bildschirm zu laufen, dann können die Spannungsänderungen während eines Aktionspotenzials, die sich in etwa 2 ms vollziehen, auf etwa einem Fünftel der horizontalen Linie als Ausschlag sichtbar werden. Ein Oszilloskop kann also Spannungsänderung in ausreichend hoher zeitlicher Auflösung messen, um Aktionspotenziale darstellen zu können.

186. Ein Aktionspotenzial erzeugt, wenn es in den Bereich der Potenzialumkehr eintritt, ein so starkes elektrisches Feld, dass seine Nachbarbereiche bis zum Schwellenwert depolarisiert werden. Dadurch öffnen sich spannungsgesteuerte Na^+-Poren, ein Aktionspotenzial beginnt sich zu bilden.

187. Teile des Nervensystems einiger wirbelloser Tiere enthalten Riesenaxone. Ihr Durchmesser ist sehr viel größer als der der Axone von Wirbeltieren. Daher lassen sie sich mit sehr viel weniger Aufwand untersuchen, z. B. ist das Einstechen von Elektroden sehr viel einfacher.

188. a Besonders dicke Axone, die Riesenaxone, leiten die Erregung schneller als die normalen Axone des Regenwurms. Diesem Nutzen für das Tier stehen erhebliche Kosten gegenüber. Der Aufwand an Zellmaterial und Energie ist enorm. Die große Membranfläche der Riesenaxone enthält viele Ionenkanäle und entsprechend hoch ist die Menge der bei einem Aktionspotenzial diffundierenden Ionen. Daher ist auch eine hohe Zahl an Na-K-Pumpen erforderlich, die insgesamt einen sehr hohen Energiebedarf haben. Ebenso ist für die Unterhaltung der größeren Menge an Zytoplasma ein höherer Aufwand an Stoffwechselenergie erforderlich. Beim Menschen besteht der größte Teil des Nervensystems aus myelinisierten Nervenfasern. Die Myelinscheide ermöglicht die saltatorische Erregungsleitung und eine sehr viel höhere Geschwindigkeit der Fortleitung eines APs als an den Riesenaxonen des Regenwurms.

b Die Kosten für den Einsatz von Riesenaxonen sind so hoch, dass der Nutzen, die schnellere Erregungsleitung, nur dann überwiegt, wenn nur wenige Bereiche des Nervensystems damit ausgestattet sind. Daher sind Riesenaxone nur dort zu finden, wo die schnellere Erregungsleitung sehr wichtige Vorteile bietet, z. B. in Nerven, die zu Muskeln für Fluchtbewegungen führen.

189. Verantwortlich für die Festlegung der Richtung ist die Refraktärzeit. Ein Aktionspotenzial kann nur den vor ihm liegenden Bereich zur Bildung eines weiteren Aktionspotenzials anregen. Die hinter ihm liegende Stelle befindet sich noch in der Refraktärzeit und ist daher nicht erregbar.

190. Aufeinanderzulaufende Aktionspotenziale löschen sich gegenseitig aus, sobald sie sich treffen. Hinter jeder Stelle des Axons, an der gerade ein Aktionspotenzial abläuft, liegt ein Bereich, der sich in der Refraktärphase befindet und daher unerregbar ist. Jedes der beiden Aktionspotenziale kann im Augenblick des Zusammentreffens weder den Bereich hinter ihm erregen (der ist durch die eigene Refraktärzeit blockiert), noch den vor ihm liegenden (der ist wegen der Refraktärzeit, des auftreffenden Aktionspotenzials unerregbar).

191. a An myelinisierten Nervenfasern findet saltatorische Erregungsleitung statt, an nichtmyelinisierten Fasern wird die Erregung kontinuierlich geleitet.
b Die Myelinscheide isoliert das Axon, sodass in seinem Bereich keine Ionen die Membran passieren können. Aktionspotenziale können nur an den Unterbrechungen der Myelinscheide, den Ranvier'schen Schnürringen aufgebaut werden. An marklosen Fasern fehlt diese Isolation. Hier lassen sich alle Membranbereiche zur Bildung von Aktionspotenzialen anregen. Die Zahl von Aktionspotenzialen, die bei der Überwindung einer bestimmten Strecke entstehen, ist bei myelinisierten Fasern daher sehr viel geringer als bei nicht myelinisierten.
c Die Erregungsleitung an der myelinisierten Faser ist wegen der geringeren Zahl der erforderlichen Aktionspotenziale schneller als bei der nicht myelinisierten Faser. Außerdem ist der Energiebedarf geringer, da nur an den Ranvier'schen Schnürringen Ionen diffundieren können, und daher auch nur hier Na-K-Pumpen erforderlich sind.
d Die Nervenfasern mit der schnellsten Erregungsleitung sind bei Wirbeltieren zu finden.

192. Ohne Refraktärzeit könnte ein Aktionspotenzial an jeder seiner Nachbarstellen ein neues Aktionspotenzial auslösen. Dadurch würde die Membran des Axons auf ganzer Länge depolarisiert. Bei einer solchen Dauerdepolarisierung hätten Aktionspotenziale keinen Signalcharakter mehr, da die Axonmembran auf ganzer Länge den Zustand des Aktionspotenzials hätte.

193. Bevor ein Aktionspotenzial die Elektrode 1 erreicht, liegen beide Messstellen 1 und 2 im Ruhepotenzial. Daher gibt es keinen Ladungsunterschied zwischen diesen beiden Stellen. Im Oszilloskop verläuft der Elektronenstrahl daher bei 0 mV. Wenn der Gipfel des Aktionspotenzials die Elektrode 1 erreicht hat, wird eine Spannung zwischen den beiden Elektroden gemessen. Im Bild ist das durch einen Ausschlag des Elektronenstrahls erkennbar (Bereich b). Wenn das Aktionspotenzial weiterläuft, gerät die Stelle 1 wieder ins Ruhepotenzial – die Spannung zwischen den beiden Elektroden ist dann wieder 0. Sichtbar wird das im Bereich c des Bildes. Wenn der Bereich der Potenzialumkehr die Stelle 2 erreicht, wird wieder eine Spannung zwischen den beiden Elektroden gemessen, allerdings diesmal mit umgekehrter Polung. Daher schlägt der Elektronenstrahl dann zur anderen Seite aus (Bereich d).

194. Eine mögliche Versuchsanordnung könnte so aussehen: Als Quelle für die Aktionspotenziale dient ein Reizgenerator, der mit den angeschlossenen Elektroden die Axonmembran erregt. Denkbar sind aber auch natürliche Quellen für Aktionspotenziale, etwa wenn man Axone verwendet, die Erregung von Sinneszellen ableiten. An zwei Stellen des Axons werden in einem festgelegten Abstand Aktionspotenziale in intrazellulärer Ableitung gemessen. Aus dem zeitlichen Abstand des Auftretens lässt sich die Leitungsgeschwindigkeit errechnen. Noch einfacher ist eine Versuchsanordnung, bei der extrazellulär abgeleitet wird (siehe Aufg. 193 und Abb. 72). Wenn die Entfernung zwischen den beiden Elektroden bekannt ist, kann man aus dem Abstand zwischen den nach oben und nach unten gerichteten Ausschlägen die Geschwindigkeit errechnen.

195. a Mit „A" ist die absolute Refraktärzeit bezeichnet, mit „B" die relative.
    b Die Membran ist im Zeitraum A nicht erregbar. Die Na^+-Kanäle sind hier in einem Zustand, in dem sie sich nicht öffnen lassen. Keine noch so starke Depolarisation ist dazu in der Lage. In der Abbildung wird das durch den Schwellenwert (senkrechte Linie) dargestellt.

c Im Zeitraum B erhalten die Na$^+$-Poren die Fähigkeit zurück, sich zu öffnen. Zunächst ist dazu aber noch eine starke Depolarisation erforderlich. Der Schwellenwert für die Auslösung eines Aktionspotenzials liegt daher höher (ist positiver) als normal.

d Im Zeitraum B sind noch nicht alle Na$^+$-Poren wieder in einem Zustand, in dem sie sich bei einer ausreichenden Depolarisation öffnen könnten. Die geringere Zahl von geöffneten Na$^+$-Kanälen hat einen schwächeren Na$^+$-Einstrom zur Folge und dadurch auch eine geringere Veränderung des Ladungsunterschieds an der Membran. Verantwortlich für die geringere Amplitude ist aber auch noch eine zweite Ursache: Der Einstrom von Na$^+$-Ionen macht zwar den Innenraum positiver, ein Teil dieser Wirkung wird aber wieder aufgehoben, weil sich einige spannungsgesteuerte K$^+$-Poren noch nicht geschlossen haben, sodass der Einstrom von Na$^+$- noch zu einem verstärkten Ausstrom von K$^+$-Ionen führen kann. Zu bedenken ist auch der Verlust an Na$^+$-Ionen des Außenraums durch das vorangegangene Aktionspotenzial. Der Konzentrationsunterschied der Na$^+$-Ionen zwischen dem Außen- und Innenraum des Axons hat, vor allem wenn viele Aktionspotenziale vorangingen, abgenommen. Im Zeitraum B können weniger Na$^+$-Ionen in den Zellinnenraum diffundieren, weil die Diffusionsgeschwindigkeit mit der Verringerung des Konzentrationsunterschieds abnimmt.

196. In der relativen Refraktärzeit ist die entsprechende Stelle des Axons schon wieder bereit ein neues Aktionspotenzial aufzubauen, wenn der noch hoch liegende Schwellenwert erreicht wird. Durch eine starke Depolarisation ist das möglich. Auf diese Weise lässt sich eine Membranstelle dazu anregen, schon bevor ein Aktionspotenzial ganz beendet ist, also vor Ablauf von ca. 3 ms, ein neues Aktionspotenzial zu bilden. Die Impulsfrequenz kann daher bei sehr starker Depolarisation, z. B. infolge einer sehr starken Reizung einer Sinneszelle, über 330 APs/s liegen.

197. a Ohne oder mit nur teilweise vorhandener Myelinscheide ist keine saltatorische Erregungsleitung möglich. Die geschädigten Nervenfasern leiten wesentlich langsamer.

b Die geringere Leitungsgeschwindigkeit hat folgende Auswirkungen: Bei geringer Geschwindigkeit der Erregungsleitung kommen an den Muskelzellen pro Zeiteinheit weniger Aktionspotenziale an. Die Muskeln werden weniger stark erregt und kontrahieren daher schwächer.

Bei einer Zerstörung der Myelinscheiden sind daher nur noch schwache, kraftlose Bewegungen möglich. Zur Steuerung von Bewegungen ist in der Regel ein fein aufeinander abgestimmtes Erregungsmuster erforderlich. Wenn z. B. ein Arm in eine bestimmte Richtung bewegt werden soll, müssen alle daran beteiligten Muskeln zur richtigen Zeit in der richtigen Stärke von den Aktionspotenzialen auf den Axonen zur Kontraktion angeregt werden. Wenn die Leitungsgeschwindigkeit nicht mehr die vorgesehene Geschwindigkeit hat, kommt es zu Koordinationsstörungen, z. B. durch verzögerte Kontraktion von Muskeln.

198. Die Na-K-Pumpe arbeitet durch einen chemischen Prozess. Chemische Reaktionen sind nach der RGT-Regel (Verdopplung der Reaktionsgeschwindigkeit bei Zunahme um 10 °C) temperaturabhängig. Die Na-K-Pumpe läuft also bei Igeln und Fledermäusen im Winter wesentlich langsamer als im Sommer. Für die Diffusionsgeschwindigkeit fällt bei kurzen Diffusionswegen an Membranen der geringe Unterschied der Körpertemperatur von etwa 30 °C kaum ins Gewicht. Das Ruhepotenzial ändert sich daher bei geringen Temperaturen nicht. Es dauert jedoch länger, bis nach einem Aktionspotenzial das Ruhepotenzial wieder hergestellt ist.
Bei hoher AP-Frequenz diffundieren viele Na^+- und K^+-Ionen durch die Membran. Die Na-K-Pumpe kann im Winter bei geringer Körpertemperatur nur langsam arbeiten, und daher ist der Vorrat an Na^+-Ionen im Außenraum eher erschöpft als im Sommer. Wenn viele Na^+-Ionen einströmen und nur wenige zurücktransportiert werden, verläuft der Aufbau der Aktionspotenziale immer langsamer, bis ein Zustand erreicht ist, in dem bei einer Depolarisation bis zum Schwellenwert die Na^+-Poren zwar geöffnet werden, aber nicht genügend Na^+-Ionen im Außenraum vorhanden sind, um ein Aktionspotenzial aufzubauen. Die Fähigkeit, viele Aktionspotenziale hintereinander zu leiten, wird immer geringer. Ein Winterschläfer kann daher seine Muskeln nicht so stark und so lange kontrahieren, weil er die dazu erforderlichen hohen Impulsfrequenzen auf den Axonen nicht zustande bringt.

199. Der Leitungswiderstand der Nervenzellen ist tatsächlich sehr hoch, sodass eine passive Leitung wie z. B. in einem Kupferkabel nicht möglich ist. Dennoch ist nach dem heutigen Kenntnisstand die Übertragung durch Änderung der Ladungsverhältnisse, also durch elektrische Prozesse möglich. An den Axonen, die ja den weitesten Transport von Information in einer Nervenzelle ermöglichen, werden die Potenzialänderungen,

die als Signal dienen, ständig neu aufgebaut. Der Einfluss eines einzigen Aktionspotenzials muss daher nicht vom Axonhügel bis zum Endknöpfchen reichen. Das wäre auch wegen des hohen elektrischen Widerstands völlig ausgeschlossen. Ein Aktionspotenzial muss mit seinem elektrischen Feld nur die Na^+-Poren in seiner Nachbarschaft erreichen. Sie öffnen sich, und damit kann ein neues Aktionspotenzial beginnen. Mithilfe dieser „Leitung durch Wiederverstärkung" umgeht das Axon die Schwierigkeit des hohen elektrischen Widerstands.

200. Der Energiebedarf in den Endknöpfchen ist hoch. Nach der Spaltung des Acetylcholins durch Cholinesterase werden die Spaltprodukte, Cholin und Essigsäure, in das Endknöpfchen aufgenommen. Die anschließende Resynthese, in der Acetylcholin aus den Spaltprodukten wieder aufgebaut wird, benötigt Stoffwechselenergie. Das erforderlich ATP wird in den Mitochondrien gebildet.

201. Der Transmitter wird durch ein Enzym gespalten, im Fall des Acetylcholins durch die Cholinesterase. Die Spaltung macht den Transmitter unwirksam, er löst sich von der Wirkstelle, die Na^+-Poren schließen sich.

202. Bei hohen Impulsfrequenzen muss das Endknöpfchen sehr viel Transmitter in den synaptischen Spalt ausschütten. Wenn ein Vorrat vorhanden ist, kann das sehr schnell geschehen. Wenn kein Transmitter gespeichert wäre, müsste erst die Synthese ablaufen, bevor die Ausschüttung möglich wäre. Dadurch würde sich die Erregungsübertragung verzögern.

203. Eine erregende Synapse ruft eine Depolarisation der postsynaptischen Zelle hervor. Das Membranpotenzial wird positiver und kann, wenn es stark genug ist, am Axonhügel der postsynaptischen Zelle die Bildung eines Aktionspotenzials auslösen. Eine hemmende Synapse ruft eine Hyperpolarisation hervor. Das Membranpotenzial der postsynaptischen Zelle wird negativer, die Potenzialdifferenz größer. Dadurch wird die Auslösung eines Aktionspotenzials an der postsynaptischen Zelle erschwert.

204. In die Zelle eindiffundierende Ca^{2+}-Ionen lösen die Verschmelzung der synaptischen Bläschen mit der präsynaptischen Membran aus. Dadurch setzen die Bläschen den in ihnen gespeicherten Transmitter in den synaptischen Spalt frei. Bei Mangel an Calcium könnte die Erregung an den Synapsen nicht oder nur vermindert übertragen werden.

205. Die Erregung kann an den Synapsen nur in eine Richtung übertragen werden, weil nur in der postsynaptischen Membran Rezeptoren für den Transmitter liegen und nur die präsynaptische Zelle, das Endknöpfchen, Transmitter ausschütten kann.

206. a Wenn man ein Axon an einer Stelle zwischen dem Axonhügel und dem Endknöpfen künstlich erregt, entstehen Aktionspotenziale, die in beide Richtungen laufen. Auf beiden Seiten der Reizelektrode wird die Axonmembran depolarisiert, dadurch wird je ein Aktionspotenzial ausgelöst, das danach in je eine Richtung weitergeleitet wird.

b Unter natürlichen Bedingungen entsteht das erste Aktionspotenzial am Axonhügel. Es wird durch ein vom Zellkörper kommendes Generatorpotenzial ausgelöst. Die Weiterleitung kann nur in Richtung des Endknöpfchens geschehen, weil der Zellkörper nicht in Lage ist, Aktionspotenziale aufzubauen. Erregung kann nie von der post- auf die präsynaptische Seite einer Synapse übertragen werden, weil die postsynaptische Seite keinen Transmitter ausschütten kann und in der präsynaptischen Membran keine Rezeptoren liegen.

207. a Die Hemmung der Cholinesterase durch Tabun und Sarin verhindert die Spaltung von Acetylcholin. Einmal in den synaptischen Spalt ausgeschütteter Transmitter wirkt ständig. Mit jedem einlaufenden Aktionspotenzial wird die Transmittermenge noch vermehrt. Die Rezeptoren in der postsynaptischen Membran sind daher ständig und in hoher Zahl besetzt. Die Folge ist eine starke Dauererregung der postsynaptischen Zelle und, bei hohen Giftdosen, großer Teile des Nervensystems. Betroffen sind auch die motorischen Endplatten, sodass die Skelettmuskulatur dauerhaft und stark kontrahiert (starre Lähmung). Gefährlich ist das besonders in der Atemmuskulatur. Ihre krampfartige Lähmung führt zum Ersticken.

b Die Blockade der Rezeptoren der postsynaptischen Membran durch Schierlingsgift hat zur Folge, dass den Acetylcholinmolekülen weniger Wirkstellen zur Verfügung stehen. Daher können weniger Na^+-Poren geöffnet werden, sodass das EPSP geringer ausfällt. Die Weiterleitung der Erregung ist erschwert. An den motorischen Endplatten führt das geringere EPSP zu einer schwächeren Kontraktion.

Bei hohen Giftdosen können die Muskeln auch bei sehr hoher Impulsfrequenz auf den Axonen nicht mehr zur Kontraktion gebracht werden (schlaffe Lähmung), weil zu viele Wirkstellen durch das Gift besetzt sind. Die Atemmuskulatur fällt aus, dadurch tritt der Tod ein.

c Fliegenpilzgift löst eine zu starke Erregung der postsynaptischen Zellen aus. Zusätzlich zu den ausgeschütteten Acetylcholinmolekülen ruft auch das Gift die Bildung des EPSP hervor. Dadurch fällt es höher als vorgesehen aus. An den motorischen Endplatten hat das eine zu starke Kontraktion der Muskeln zur Folge (starre Lähmung). Da das Gift durch Cholinesterase nicht abgebaut werden kann, kommt es zu einer Dauererregung, sodass ein gewisser Kontraktionszustand der Muskeln ständig bestehen bleibt. In schweren Vergiftungsfällen kann durch die Lähmung der Atemmuskulatur der Tod eintreten.

208. Die hohe Impulsfrequenz bringt viele synaptische Bläschen dazu, ihren Inhalt in den synaptischen Spalt freizusetzen. Hält die starke Erregung der Axone an, kann der Vorrat an den Endknöpfchen nicht mehr ausreichen, um so viel Transmitter freizusetzen, dass seine Menge der Impulsfrequenz auf dem Axon entspricht. Das EPSP an der postsynaptischen Zelle fällt dadurch geringer aus als vorgesehen. An motorischen Endplatten wird dann die Kontraktion der Muskelzelle immer geringer.

209. Die Diffusionsgeschwindigkeit nimmt mit steigender Entfernung ab. Kurze Entfernungen können schnell durch Diffusion überwunden werden, bei größeren Distanzen ist die Geschwindigkeit sehr gering. Wenn der Transmitter schnell übertragen werden soll, muss der Spalt so schmal wie möglich gehalten werden. Bei einem breiten Spalt würden Aktionen und Reaktionen des Körpers langsamer erfolgen.

210. a Übertragbar ist am Axon nur die Information über die Stärke des Reizes. Sie wird als Frequenz der Aktionspotenziale codiert.

b Axone sind nicht in der Lage, Informationen über die Qualität von Reizen zu übertragen.

c Das ZNS entnimmt die Information, um welche Qualität des Reizes es sich handelt, allein aus der Lage des Axons, über die die Meldung einläuft. Aktionspotenziale der Axone, die im Sehzentrum enden, werden immer als Licht gedeutet, die die ins Hörzentrum einlaufen, empfindet der Mensch immer als Geräusch usw.

211. Bei frequenzmodulierter Codierung ist für die exakte Übertragung der Information nur entscheidend, ob ein Signal ankommt oder nicht. Abgeschwächte Signale, Aktionspotenziale von weniger als +30 mV, haben den gleichen Signalcharakter wie normale Aktionspotenziale. Störungen der Stärke der Aktionspotenziale verändern daher die Information nicht. Bei amplitudenmodulierter Codierung läge die Information in der Höhe des Aktionspotenzials. Veränderungen der Ausschlagshöhe von Aktionspotenzialen kommen aber im Organismus nicht selten vor, sodass die Gefahr der Veränderung der Information nicht gering wäre. Die frequenzmodulierte Codierung am Axon bietet daher eine höhere Sicherheit als die Amplitudenmodulation.

212. c; d

213. Der Inhalt der Information würde sich nicht ändern. Die Information wird auf dem Axon durch die Frequenz der Aktionspotenziale codiert. Daher ist nur von Bedeutung, ob ein Aktionspotenzial, übertragen werden kann oder nicht. Die Form des Aktionspotenzials, z. B. das Ausmaß der Umpolarisierung, verändert die Information nicht. Aktionspotenziale von +10 mV haben den gleichen Signalcharakter wie solche von +30 mV.

214. Durch die allein frequenzmodulierte Codierung hat das Axon keine Möglichkeit, Informationen über die Qualität der Erregung zu übermitteln, also darüber, ob z. B. eine Licht-, Druck- oder Hörsinneszelle gereizt wurde. Verschiedene Reizqualitäten müssen auf getrennten Axonen übermittelt werden. Der Körper benötigt daher eine große Zahl von Nervenzellen. Damit ist ein hoher Aufwand an Material verbunden. Ebenso ist der Bedarf an Energie groß. Der Stoffwechsel im Cytoplasma der vielen Nervenzellen muss unterhalten werden, und die Vorgänge an den zahlreichen Nervenzellen, v. a. die Na-K-Pumpe und die Transmittersynthese an den Synapsen, sind auf große Mengen von Stoffwechselenergie (ATP) angewiesen. Der Körper muss daher einen großen Teil der aufgenommenen Nährstoffe dazu verwenden, Energie für die Funktionen der Nervenzellen zu liefern.

215. Informationen, die im Nervensystem geleitet werden, können von sehr verschiedener Art sein. Es kann sich z. B. um die Information über Licht-, Schall-, oder Druckreize handeln oder um Informationen über die Stärke, mit der Muskeln kontrahieren sollen. Alle diese verschiedenen Informa-

tionsarten müssen auf Leitungen, die aus Zellen bestehen, übertragen werden. Licht Schall oder Druck lassen sich in Zellen nicht übertragen. Die Reize müssen daher in Signale umgesetzt werden, die in Zellen leitbar sind. An Axonen sind Aktionspotenziale solche Signale.

216. a Das Tier erkennt die Heftigkeit des Reizes an der hohen Frequenz, mit der die Aktionspotenziale auf den Axonen in das Gehirn einlaufen.
   b Die Information darüber, um welche Art von Reiz es sich handelt, entnimmt das Gehirn aus der Lage der Gehirnbereiche, in die die Aktionspotenziale einlaufen. Alle mit sehr hoher Frequenz im Hörzentrum eintreffenden Aktionspotenziale deutet das Gehirn des Tieres als lautes Geräusch, wenn das Tastzentrum sehr stark erregt wird, entsteht die Empfindung eines Schlages und starke Erregung des Sehzentrums löst den Eindruck von Blendung aus.

217. Eine mögliche Erklärung von Phantomschmerzen ist die Reizung von Axonen, die früher das amputierte Bein versorgten und deren Reste im nicht amputierten Teil des Körper erhalten sind. Wenn z. B. auf Axonen, die vor der Amputation Erregungen von Schmerzsinneszellen des Beines ins Gehirn geleitet haben, Aktionspotenziale laufen, entsteht im Gehirn der Eindruck, das Bein schmerze, obwohl das Bein gar nicht mehr vorhanden ist. Das Gehirn erzeugt diese Empfindung allein daraus, dass im Hirnbereich, der für die Schmerzempfindung des Beines zuständig ist, Aktionspotenziale ankommen. (Durch neuere Forschungen wird die hier dargestellte Erklärung teilweise in Zweifel gezogen.)

218. Wenn es gelänge die Axone zu transplantieren, wären sie als Ersatz für menschliche Nervenzellen verwendbar. Die Codierung der Information läuft auf allen Axonen aller Tiere in gleicher Weise wie beim Menschen.

219. Aus dem Bild auf dem Oszilloskop kann nur festgestellt werden, ob und in welcher Frequenz Aktionspotenziale laufen. Das Ergebnis erlaubt keine Aussagen über den Inhalt der Information. Man kann also z. B. nicht feststellen, ob die abgeleiteten Aktionspotenziale Informationen über Druck- oder Temperaturreizen enthalten und auch nicht, welche Muskeln durch die Aktionspotenziale auf dem Axon kontrahieren sollen. Die Richtung der Erregungsleitung lässt sich allerdings erkennen, wenn man an zwei Stellen des Axons Elektroden anlegt. Besonders einfach ist das bei extrazellulärer Ableitung möglich (siehe Aufg. 193, S. (1) 161).

Aus der Richtung der Erregungsleitung lässt sich entscheiden, ob es sich um ein afferentes oder ein efferentes Axon handelt, ob also das Axon von einer Sinneszelle her zum ZNS zieht oder vom ZNS an einen Muskel.

220. Nur das Aktionspotenzial läuft als „Alles-oder-Nichts"-Ereignis ab.

221. Am Axon der ersten Zelle wird die Information durch Frequenzmodulation codiert, an der Synapse wechselt die Informationsleitung in einen chemischen Konzentrationscode und an den Dendriten und am Zellkörper wird durch Amplitudenmodulation codiert, bevor am Axonhügel der zweiten Zelle mit dem Aufbau von Aktionspotenzialen wieder auf den frequenzmodulierten Code umgestellt wird.

222. Die Refraktärzeit begrenzt den zeitlichen Abstand zwischen zwei Aktionspotenzialen. Wenn zeitliche Summation möglich sein soll, müssen sich zwei nacheinander aufgebaute EPSPs (oder IPSPs) überlagern. Das erste EPSP darf noch nicht abgeklungen sein, wenn das zweite aufgebaut wird. Das zweite EPSP kann aber erst aufgebaut werden, wenn ein zweites Aktionspotenzial im Endknöpfchen eintrifft, und das ist erst nach Ablauf der Refraktärzeit möglich. Daher muss das erste EPSP so lange bestehen bleiben bis ein zweites Aktionspotenzial eintrifft, und das ist erst nach der Refraktärzeit möglich.

223. Bei Verschaltungen nach dem Divergenzprinzip kann die Erregung eines Axons auf mehrere postsynaptische Zellen übertragen werden. Verschaltungen nach dem Konvergenzprinzip machen es möglich, die Erregung mehrerer Zellen auf eine einzige zu übertragen. Wenn alle zusammengefassten Synapsen erregend sind, kann dadurch das EPSP verstärkt werden. Beide Verschaltungen ergeben eine größere Vielfalt der Verrechnungsmöglichkeiten der Erregung verschiedener Nervenzellen.

224. Die Impulsfrequenz bei D ist höher als die bei C. Wenn ein Aktionspotenzial an die Gabelstelle des Axons der Zelle 2 kommt, erregt es mit seinem elektrischen Feld Stellen auf beiden Zweigen des Axons. Sowohl auf dem oberen, wie auch auf dem unteren Zweig wird ein neues Aktionspotenzial aufgebaut. Dadurch ist die Impulsfrequenz auf beiden Zweigen ebenso hoch wie auf dem unverzweigten Axon. Die Zelle 4 erhält daher doppelt so viele Aktionspotenziale zur gleichen Zeit wie die Zelle 3. Dort läuft die Erregung nur über ein Axon und eine Synapse ein.

Wegen der doppelt so großen Zahl von einlaufenden Aktionspotenzialen ist durch räumlich Summation das EPSP der Zelle 4 höher als das der Zelle 3. Nach Leitung über den Zellkörper ist daher auch das Generatorpotenzial am Axonhügel stärker, sodass das Axon der Zelle 4 eine höhere Impulsfrequenz erzeugen kann.

225. Je kürzer der Leitungsweg von einer Synapse über den Dendriten und Zellkörper hinweg ist, um so geringer ist die Abschwächung des EPSPs. Bei nahe am Axonhügel liegenden Synapsen reicht ein geringes EPSP aus, um das Ruhepotenzial des Axons bis über den Schwellenwert zu depolarisieren. Fern liegende müssen dafür ein stärkeres EPSP aufwenden.

226. Von Bedeutung für die Fähigkeit am postsynaptischen Axon Aktionspotenziale auszulösen sind:
    a Die Impulsfrequenz im präsynaptischen Axon – bei hoher Impulsfrequenz ist die Fähigkeit zur zeitlichen Summation größer.
    b Die Lage der erregten Synapsen – EPSPs, die nahe am Axonhügel entstehen, werden weniger abgeschwächt; IPSPs verlieren bei einem langen Leitungsweg einen Teil ihrer hemmenden Wirkung.
    c Räumliche Summation – EPSPs können durch gleichzeitig an verschiedenen Synapsen einlaufende Aktionspotenziale verstärkt werden. Besonders leicht ist das bei verzweigten Axonen möglich.
    d Hemmende Synapsen – je nach Zahl und Lage der aktiven hemmenden Synapsen kann sich das EPSP durch räumliche Summation unterschiedlich stark vermindern.
    e Höhe des Ruhepotenzials – durch ein Ruhepotenzial, das vom normalen Wert abweicht, fällt das EPSP stärker oder schwächer aus.

227. Um eine negative Rückkoppelung im Nervensystem zu erreichen, ist die Verschaltung mit Zwischennervenzellen, die hemmende Synapsen bilden, erforderlich. Ein einfaches Beispiel ist im Folgenden beschrieben: Die Nervenzelle 1 leitet ihre Erregung über das Axon A ab. Das Axon bildet einen Zweig, der eine Synapse a mit einer Zwischennervenzelle bildet. Das Axon der Zwischennervenzelle endet mit einer hemmenden Synapse b am Zellkörper der Nervenzelle 1. Wenn auf der Nervenzelle 1 ein so hohes EPSP vorliegt, dass auf seinem Axon A Aktionspotenziale laufen, wird über die Verzweigung des Axons auch die Zwischennervenzelle erregt. Dadurch laufen auch auf dem Axon der Zwischennervenzelle Aktionspotenziale, sodass die hemmende Synapse b wirksam wird.

Durch das IPSP der Synapse b wird die Nervenzelle 1 gehemmt, so dass die Fähigkeit, an ihrem Axon Aktionspotetntiale auszulösen, herabgesetzt wird. Die beschriebene Schaltung ähnelt der Renshaw-Hemmung.

228. a Erregung, die über das Axon 2 eintrifft, löst ein EPSP aus, das über eine weite Strecke bis zum Axonhügel laufen muss. Daher ist seine Abschwächung so groß, dass es nur noch eine Impulsfrequenz von 50 APs/s auslösen kann. Das EPSP, das durch die Erregung auf dem Axon 1 entsteht, legt einen viel kürzeren Weg über den Zellkörper zurück. Deshalb verringert es sich nicht so stark und kann eine höhere Impulsfrequenz an der Stelle 3 bewirken. Wenn gleichzeitig an beiden Synapsen Erregung eintrifft, überlagern sich die EPSPs durch räumliche Summation. Das EPSP wird dadurch stärker, infolgedessen kann auch die Frequenz der APs an der Stelle 3 höher werden.

b Auf den Zweigen des Axons 1 werden Aktionspotenziale mit der gleichen Frequenz geleitet. Dadurch laufen gleichzeitig viele Aktionspotenziale in mehrere Synapsen ein. Durch räumliche Summation wird das EPSP sehr stark, sodass nach Leitung über den Zellkörper hinweg am Axonhügel eine sehr hohe Impulsfrequenz ausgelöst werden kann. In diesem Fall ist die Impulsfrequenz sogar höher als die ursprüngliche auf dem präsynaptischen Axon 1.

c Das EPSP, das die Aktionspotenziale des Axon 1 erzeugt, löst nach Leitung über den Zellkörper hinweg eine Impulsfrequenz von 200 APs/s aus. Wenn gleichzeitig auch an der Synapse des Axon 2 Aktionspotenziale einlaufen, wird die Impulsfrequenz an Stelle 3 geringer. Axon 2 bildet am Zellkörper eine hemmende Synapse. Bei gleichzeitig über Axon 1 und 2 einlaufender Erregung werden das EPSP und das IPSP miteinander verrechnet, sodass insgesamt ein geringes EPSP bleibt, das am Axonhügel nur Aktionspotenziale in einer Frequenz von 100 APs/s auslösen kann.

229. „A" gibt den Axonhügel an. Der Oszillograph zeigt, welche Potenziale am Axonhügel ankommen und welche Reaktionen sie am Axon auslösen.
A An der Synapse werden zwei EPSPs nacheinander ausgelöst, die sich wegen des großen zeitlichen Abstands nicht überlagern können. Eine zeitliche Summation findet nicht statt. Beide EPSPs sind nach ihrer Leitung über den Zellkörper so schwach, dass sie die Membran des Axonhügels nicht bis zum Schwellenwert depolarisieren können. Daher kann kein Aktionspotenzial entstehen.

B An der Synapse entstehen kurz nacheinander zwei EPSPs, die durch zeitliche Summation auch nach ihrer Leitung über den Zellkörper noch ausreichen, um den Axohügel bis zum Schwellenwert zu depolarisieren und damit den Aufbau eines Aktionspotenzials auszulösen.

C Auf den beiden Axonen 1 und 2 laufen gleichzeitig Aktionspotenziale an den Synapsen ein. Die entstehenden EPSPs werden durch räumliche Summation zu einem EPSP, das nach seiner Leitung über den Zellkörper noch genügend stark ist, um die Membran des Axonhügels bis zum Schwellenwert zu depolarisieren und dadurch ein Aktionspotenzial auszulösen.

D Über das Axon 3 laufen Aktionspotenziale in die Synapse ein. An der Synapse wird das Ruhepotenzial der postsynaptischen Zelle negativer, die Zelle wird hyperpolarisiert. Die Synapse des Axon 3 muss demnach hemmend wirken. Das IPSP dieser Synapse ergibt durch räumliche Summation zusammen mit dem EPSP, das durch die Aktionspotenziale auf Axon 1 entsteht, ein sehr geringes EPSP, das nach seiner Leitung über den Zellkörper weit unter dem Schwellenwert der Membran des Axonhügels bleibt.

230. Unser Gehirn muss ständig arbeiten, um die Vorgänge im Körper zu steuern. Zu jeder Zeit laufen an den Nervenzellen Vorgänge ab, die Stoffwechselenergie benötigen. Das sind v. a. Prozesse an den außerordentlich zahlreichen Synapsen. Hier ist v. a. die Synthese und Speicherung von Transmitter energieaufwändig. Zahlreiche Axone des Gehirns leiten ständig Aktionspotenziale. Dadurch besteht immer ein hoher Bedarf an Stoffwechselenergie für den Betrieb der Na-K-Pumpe.

231. Während der Klassenarbeit arbeitet das Gehirn der Schüler und Schülerinnen besonders intensiv. Vor allem laufen außerordentlich viele Informationsübertragungen an den zahlreichen Synapsen ab. Dort wird die Information in vielfältiger Weise in außerordentlich zahlreichen und komplexen Schritten verrechnet. In dieser Zeit müssen daher sehr viele Synapsen ihre Transmitter ausschütten. Nach der Spaltung der Transmittermoleküle erfolgt der Wiederaufbau und die Speicherung in den synaptischen Bläschen. Dazu benötigt die präsynaptische Zelle Stoffwechselenergie in Form von ATP. Auch die Axone der Gehirnzellen arbeiten in dieser Zeit stärker. Sie leiten mehr Aktionspotenziale als gewöhnlich, deshalb ist mehr Stoffwechselenergie für den Betrieb der Na-K-Pumpe erforderlich. Wie jede andere Zelle gewinnt die Nervenzelle ATP durch

den Abbau von Zucker in der Zellatmung. Dabei entsteht als Abfallstoff CO_2. Da der Bedarf an ATP während der Klassenarbeit groß ist, läuft die Zellatmung intensiv ab, Produktion und Ausatmung von CO_2 sind hoch.

232. Im inneren Bereich des Querschnitts durch das Rückenmark liegt die graue Substanz. Sie bildet in etwa den Umriss eines Schmetterlings. Im äußeren Bereich liegt die weiße Substanz. Dort gehen auf jeder Seite die Spinalnerven ab. Zunächst sind sie noch in einen hinteren und vorderen Zweig getrennt, vereinigen sich aber bald zum einheitlich geführten, großen Spinalnerv. In der hinteren Wurzel des Spinalnerven liegt das Spinalganglion. Für die helle Farbe der weißen Substanz sind die zahlreichen Myelinscheiden verantwortlich. Die graue Färbung wird v. a. durch die vielen Zellkörper und Dendriten der Nervenzellen hervorgerufen.

233. In der grauen Substanz des Rückenmarks liegen Zellkörper und Dendriten von Nervenzellen. An ihren Synapsen laufen Schaltprozesse ab; zum Beispiel die, durch die Reflexe möglich werden. Die weiße Substanz wird von zahlreichen Nervenfasern gebildet, die vom Gehirn ausgehen oder zum Gehirn führen. Sie übermitteln Informationen aus dem Körper, z. B. von den Sinnesorganen oder leiten Erregungen vom Gehirn aus in den Körper, z. B., um nach Umschaltung in der grauen Substanz Muskeln zur Kontraktion anzuregen. Außerdem enthält die weiße Substanz die Nervenfasern, die aus den Spinalnerven kommen oder in sie eintreten.

234. Durch Reflexbögen werden Schaltwege kurz gehalten. Wenn die Informationen nur im Gehirn verrechnet würden, müssten alle Erregungen durch die weiße Substanz des Rückenmarks zunächst in das Gehirn einlaufen und nach der Verschaltung wieder zurück. Die Leitung über diesen langen Weg würde mehr Zeit kosten als die über die kurze Strecke bis zu den Zellen der Reflexbogens in der grauen Substanz des Rückenmarks. Außerdem befreien die Reflexbögen des Rückenmarks das Gehirn von der Aufgabe, alle reflektorischen Bewegungen zu steuern.

235. Muskelspindeln messen den Dehnungszustand eines Muskels. Ihre Axone ziehen in das ZNS. Sie melden dem Rückenmark und Gehirn, welche Muskeln wie stark kontrahiert sind.

236. a Durch die Dehnung des Beugermuskels werden seine Muskelspindeln erregt. Sie leiten auf ihren Axonen Aktionspotenziale zu den Zellkörpern der motorischen Vorderhornzellen des Beugers in der grauen Substanz des Rückenmarks. Diese Nervenzellen müssten durch die von den Muskelspindeln einlaufenden Aktionspotenziale dazu gebracht werden, ihrerseits Aktionspotenziale an den Beugermuskel zu leiten und ihn dadurch zur Kontraktion anregen. Die vorangegangene Kontraktion des Streckermuskels hat allerdings Zwischennervenzellen erregt, die mit ihren hemmenden Synapsen die motorischen Vorderhornzellen des Beugermuskels unerregbar gemacht haben. Daher unterbleibt die Kontraktion des Beugermuskels, obwohl seine Muskelspindeln gedehnt wurden.
   b Der Beugermuskel lässt sich ebenfalls durch eine kurzen Zug an seiner Sehne reflektorisch zur Kontraktion bringen. Auch er ist Teil eines Reflexbogens mit den gleichen Elementen wie der des Streckermuskels. Allerdings ist seine Sehne nicht so gut erreichbar wie die des Streckermuskels, daher ist der Reflex durch einen Eingriff von außen, z. B. einem Schlag, weniger leicht auslösbar.

237. In den Spinalganglien liegen die Zellkörper der Axone, die die Erregung aus den Muskelspindeln des Streckers zu den motorischen Vorderhornzellen leiten. Wenn diese Nervenzellen ausfallen, kann die Dehnung der Muskelspindeln des Streckers nicht mehr zu einer Erregung der entsprechenden motorischen Vorderhornzellen führen. Dadurch laufen keine Aktionspotenziale mehr in die motorischen Endplatten des Streckermuskels, sodass keine reflektorische Kontraktion ausgelöst werden kann.

238. a Im Rückenmark sind alle längs verlaufenden Axone durchtrennt. Daher können keine Aktionspotenziale vom Gehirn in den Bereich unterhalb der verletzten Stelle laufen. Vom Gehirn gesteuerte Bewegungen wie zum Beispiel das Gehen werden dadurch unmöglich.
   b Auch die Informationsübertragung in der Gegenrichtung ist unterbrochen. Daher kann der Patient keine Meldungen aus Sinneszellen unterhalb des durchtrennten Rückenmarksbereichs ins Gehirn leiten. Empfindungen sind in diesem Bereich nicht mehr möglich.

239. Durch die Zerstörung der motorischen Vorderhornzellen können keine Aktionspotenziale zu den motorischen Endplatten der Muskeln geleitet werden. Im betroffenen Bereich können die Muskeln nicht mehr kontra-

hieren. Damit fallen alle reflektorischen Bewegungen aus. Aber auch willkürliche Bewegungen sind nicht mehr möglich. Die Axone, die Erregung aus dem Gehirn leiten, ziehen zunächst an die motorischen Vorderhornzellen. Von dort aus werden die Muskeln auf den gleichen Axonen wie im Reflexbogen erregt. Schmerzempfindungen und Empfindungen von Druck, Temperatur u. ä. sind weiterhin möglich. Die Polioviren zerstören die sensorischen Nervenzellen nicht, sodass sie weiterhin arbeiten und Aktionspotenziale aus den Schmerz- Druck- oder Temperatursinneszellen zum Gehirn leiten.

240. Strychnin blockiert hemmende Synapsen im Rückenmark. Wie aus dem Schema zu entnehmen ist, verhindert die hemmende Synapse, die die das Axon der Zwischennervenzelle 1 mit der motorischen Zelle 2 bildet, dass Beuger und Strecker des Unterarms gleichzeitig kontrahieren. Wenn Erregung aus dem Gehirn über die Zelle 3 zum Beuger geleitet wird, müsste seine Kontraktion über die Dehnung der Muskelspindel im Strecker und die motorische Zelle 2 auch den Strecker zur Kontraktion bringen. Das wird aber dadurch verhindert, dass die Erregung aus dem Gehirn auch die hemmende Synapse an der Zelle 2 aktiviert. Bei Vergiftung mit Strychnin fällt diese hemmende Synapse aus. Daher kommt es zur gleichzeitigen Kontraktion von Beuger und Strecker. Der Unterarm krampft und kann nicht mehr bewegt werden (starre Lähmung).

241. Die Axone der Schmerz- und Temperatursinneszellen ziehen durch den Spinalnerv in das Rückenmark und erregen dort motorischen Vorderhornzellen. Auf den Axonen dieser Zellen laufen Erregungen zu den Muskeln, die die Hand zurückziehen. Diese Erregungsleitung verläuft wegen des kurzen Weges sehr schnell. Die APs auf den Axonen der Schmerzsinneszellen laufen aber auch über das Rückenmark bis ins Gehirn. Wegen des langen Weges kann die Schmerzempfindung später einsetzen als die reflektorische Bewegung, die die Hand zurückzieht.

242. Die sensorischen Felder verarbeiten die Erregung, die aus den Sinnesorganen ins Gehirn einlaufen. Die motorischen Felder sind maßgeblich an der Steuerung von Bewegungen beteiligt.

243. Die Sehfarbstoff-Moleküle (Rhodopsin) sind Bestandteil der Membran. Sie liegen an exponierter Stelle nebeneinander in einer Fläche und können auf diese Weise von den Photonen des Lichts leicht getroffen wer-

den. Die Membran der Lichtsinneszellen ist in den Bereichen, die Rhodopsin enthalten, vielfach eingestülpt. Diese Einstülpungen bilden die Discs. Dadurch vergrößert sich die Membranfläche, sodass eine große Anzahl von Sehfarbstoff-Molekülen Platz findet.

244. Die in den Lichtsinneszellen auftretende Veränderung des Membranpotenzials ist umso größer, je stärker der Lichtreiz ist. Dieses Potenzial läuft über die Zelle bis zur Synapse, Aktionspotenziale treten nicht auf, die Stärke des Reizes wird durch die Amplitude des Membranpotenzials codiert. Auf den Axonen der Nervenzellen, die an die Lichtsinneszellen grenzen, enstehen dagegen Aktionspotenziale. Dort wird die Stärke der Erregung frequenzmoduliert verschlüsselt.

245. b; c; e; g; i; k

246. Verantwortlich dafür ist die Kreuzung der Sehnervs. Kurz vor dem Eintritt in das Zwischenhirn laufen die beiden Sehnerven zusammen. Von dieser Stelle an werden die Axone aus dem rechten Netzhautbereich des rechten Auges und dem rechten Netzhautbereich des linken Auges gemeinsam in die rechte Hälfte des Großhirns weitergeführt. Ein Teil der Axone des linken Sehnervs wechselt also an dieser Stelle die Seite. Entsprechendes gilt für den Verlauf der Axone des rechten Sehnervs.

247. Außer der angeborenen Fähigkeit, die Unterschiede in der Erregung der beiden Augen zu einem räumlichen Eindruck zu verrechnen, kann das Gehirn auch durch Vergleich mit gespeicherten Erfahrungen zu einem räumlichen Eindruck kommen. Die Speicherung solcher Erfahrungen geschieht im Laufe der frühen Kindheit. Solche Erfahrungen können sein:
    - Abnahme der Größe eines Objekts mit zunehmender Entfernung.
    - Entfernungsabhängige Trübung des Bildes durch die Luft.
    - Die Erfahrung, dass entfernter liegende Objekte von näher liegenden teilweise verdeckt sein können.

248. Solche Informationen sind u. a.:
    - Unterschiede der Bilder beider Augen, die von korrespondierenden Netzhautbereichen gemeldet werden.
    - Unterschiede der Bilder der beiden Augen, die aus disparaten Netzhautbereichen gemeldet werden.

- Der Kontraktionszustand des Ziliarmuskels (Linsenmuskel, der das Auge auf verschiedene Entfernungen einstellt)

249. I Das Objekt 1-2-3 wird fixiert. Die Bildpunkte 1, 2 und 3 fallen auf korrespondierende Netzhautbereiche. Das sind der gelbe Fleck in jedem Auge und Netzhautbereiche, die in gleicher Richtung und Entfernung vom gelben Fleck liegen. Bei einer solchen Abbildung auf der Netzhaut jeden Auges entsteht im Gehirn ein einziges, einheitliches Bild.

   II Das Objekt 1-2-3 wird fixiert. Der Bildpunkt A fällt im linken Auge auf einen Netzhautbereich, der links vom gelben Fleck 2 auf der Netzhaut liegt, im rechten Auge aber auf einen Netzhautbereich, der rechts vom gelben Fleck liegt. Diese beiden Bereiche sind disparat, daher kann das Gehirn kein einheitliches Bild errechnen. Es entstehen Doppelbilder. Auch der Punkt B wird auf disparaten Netzhautbereichen abgebildet und daher ebenfalls als Doppelbild wahrgenommen.

250. Die im Projektionsfeld des Sehens wahrgenommenen Bilder werden mit dem im Assoziationsfeld des Sehens gespeicherten verglichen. Dabei sucht das Gehirn nach Merkmalen für eine Deutung als räumliche Gestalt. In diesem Fall sind solche Hinweise zu finden, aber gleichzeitig sind auch Merkmale vorhanden, die sich der Interpretation als räumlicher Körper widersetzen (unmögliches Objekt). Daher kommt es zu verwirrenden Eindrücken.

251. Das Gehirn nimmt im Projektionsfeld des Sehens ein Bild wahr. Beim Vergleich mit den im Assoziationsfeld des Sehens gespeicherten Bildern kommt es in diesem Fall zu keinem eindeutigen Ergebnis. Der Verrechnungsprozess erbringt zwei Interpretationen, die beide gültig sind. Auch bei noch so langer Betrachtung und damit ständig sich wiederholender Verrechnung ist das Gehirn nicht in der Lage ein endgültiges Ergebnis zu liefern. Offensichtlich gibt es auch keine Möglichkeit, durch eine dem Sehzentrum übergeordnetes Gehirnregion, eine der beiden Bildinterpretationen zu unterdrücken. Die hier gegebene Erklärung ist stark vereinfacht. An der Entstehung des Phänomens der „Umspringbilder" sind auch andere, nicht genannte Gehirnbereiche beteiligt.

252. Rindentaube Menschen sind nicht in der Lage, Geräusche wahrzunehmen. Sie sind vollständig taub, obwohl die Ohren fehlerlos arbeiten. Ursache dafür ist der Ausfall des Projektionsfeldes des Hörens. Informationen laufen zwar aus dem Ohr über den Hörnerv ins Gehirn ein, sie können aber wegen des defekten Projektionsfeldes des Hörens nicht wahrgenommen werden. Menschen die unter Seelentaubheit leiden, hören Geräusche, erkennen sie aber nicht. Ihr Assoziationsfeld des Hörens arbeitet nicht. Es besteht daher keine Möglichkeit, die Wahrnehmungen im Projektionsfeld mit schon einmal Gehörtem und im Assoziationsfeld Gespeichertem zu vergleichen. Die Personen können dadurch auch den Sinn gesprochener Wörter und Sätze nicht erkennen.

253. a Gestört ist das Broca'sche Zentrum. Dieses Großhirnfeld steuert die Produktion von Sprache. Es entwickelt Erregungsmuster, die die motorischen Zentren der Sprachorgane (Zunge, Lippen, Gaumen usw.) zur koordinierten Bewegung bringen. Das Broca'sche Zentrum liegt im Schläfenbereich der linken Großhirnhälfte.
   b Unverletzt blieb das Wernicke-Zentrum. Dort ist der Sinn der Wörter gespeichert. Das Wernicke-Zentrum ist dem Broca'schen Zentrum übergeordnet. Die Person kann ein Muster für eine sinnvolle Wortwahl und eine angemessene Grammatik entwerfen, aber die Umsetzung ist wegen der Schädigung des Broca'schen Zentrums nur unvollständig möglich, wie die stockende, auf wenige Worte beschränkte Sprache zeigt. Auch das Sprachverständnis ist erhalten geblieben, erkennbar daran, dass der Patient die Aufforderung des Arztes verstand. An dieser Fähigkeit ist das Wernicke-Zentrum maßgeblich beteiligt.

254. a Gestört ist das Wernicke-Zentrum. Dort liegt die Information über den Sinn von Wörtern und die Zusammensetzung zu sinnvollen Sätzen. Die Person kann nicht beschreiben, was auf dem Bild dargestellt ist.
   b Das Broca'sche Zentrum arbeitet noch. Die Sprachmuskulatur erhält weiterhin Informationen für die korrekte Artikulation der Wörter. Daher kann die Person verständlich sprechen.
   c Die Person kann einen gehörten Satz nicht wiederholen. Das Wernicke-Zentrum steuert auch das Sprachverständnis. Wenn es ausfällt, geht die Fähigkeit verloren, sich an früher schon einmal gehörte Wörter zu erinnern. Die betroffene Person nimmt den gesprochenen Satz zwar wahr, erkennt aber die Wörter nicht. Daher ist sie auch nicht in der Lage, Sätze nachzusprechen.

255. Dem Neugeborenen stehen zunächst nur Mechanismen der unspezifischen Abwehr zu Verfügung, z. B.:
- mechanische Schranken und chemische Abwehr (Haut, Schleimhäute, Enzyme in Sekreten, Magensäure, Säuremantel der Haut u. ä.)
- Phagozytose durch Fresszellen
- natürliche Killerzellen

256. a Die Unterschiede liegen nur im variablen Teil der leichten und schweren Ketten (Protein-Moleküle). Durch die verschiedenen Abfolgen der Aminosäuren dieser Proteinbereiche entstehen unterschiedliche Antigen-Bindungsstellen.

b Die konstanten Bereiche der Antikörper bestehen aus Proteinen mit verschiedenen Aminosäuresequenzen. (Die Proteinbereiche, die die Antigen-Bindungsstellen bilden, sind dagegen bei beiden Antikörpertypen gleich.)

257. Antigen-Antikörper-Komplexe bilden sich durch schwache Bindungen, v. a. Wasserstoffbrücken, Ionenbindungen und van-der-Waals-Kräfte.

258. Durch die Bindung von Antikörpern an Antigene
- können Viren sich nicht mehr an den Rezeptoren der Zellmembran festsetzen und daher auch nicht mehr in die Zellen eindringen.
- verklumpen mehrere Erreger miteinander (Agglutination), sodass Fresszellen sie mit einem Phagozytose-Vorgang aufnehmen können.
- werden gelöste Fremdstoffe ausgefällt (Präzipitation), sodass sie phagozytiert werden können.

259. Die Versuche a und b zeigen, dass gegen Typhusbakterien wirkende Antikörper im Serum des Menschen nur nach einer Thyphus-Infektion vorhanden sind. Sie bestätigen, dass spezifisch wirkende Antikörper erst gebildet werden, wenn das entsprechende Antigen in den Körper des Menschen eingedrungen ist. Der Versuch c zeigt, dass Antikörper spezifisch wirken. Die Infektion mit Typhusbakterien hat die Bildung von Anti-Typhus-Antikörper ausgelöst. Diese können aber Cholerabakterien nicht agglutinieren und dazu bringen, sich am Reagenzglasboden abzusetzen.

260. Denkbar ist, dass im Immunsystem kein Lymphozyten-Typ vorhanden ist, der auf seiner Membran Rezeptoren besitzt, die zu den Antigenen der außerirdischen Substanzen passen. In einem solchen Fall könnte keine spezifische Immunantwort ausgelöst werden.

261. a Der Empfänger soll neue Stammzellen erhalten.
  b Aus den Stammzellen bilden sich u. a. B- und T-Lymphozyten. Das sind Zellen, die die spezifische Immunreaktion, also die humorale und die zellvermittelte Immunreaktion, auslösen können.
  c Die Zellen des Spenders sollen die gleichen Gewebsantigene (MHC) haben wie der Empfänger, um eine Abstoßungsreaktion gegen das transplantierte Knochenmark zu verhindern.

262. Zwei Vorgänge müssen ablaufen: Die Antigen-Rezeptoren des B-Lymphozyten müssen sich an ein Antigen binden und eine T-Helfer-Zelle, die mit dem gleichen Antigen Kontakt aufgenommen hat, muss spezifische Botenstoffe (Zytokine) abgeben. Erst wenn diese Botenstoffe auf den B-Lymphozyten treffen, beginnt seine Teilung und Differenzierung.

263. c; e; f

264. Plasmazellen stellen große Mengen von Antikörpern her. Antikörper sind Eiweiße. Proteine werden in Zellen an Ribosomen gebildet und im ER transportiert. Für eine hohe Produktion von Antikörpern sind daher viele Ribosomen und ein stark ausgebildetes ER erforderlich.

265. Nach einer Infektion mit Tetanusbakterien laufen während der humoralen Immunreaktion folgende Vorgänge ab:
  1 B- und T-Lymphozyten mit passenden Antigenrezeptoren binden sich an die Antigene der Tetanusbakterien. (Der Kontakt der Lymphozyten mit den Antigenen der Tetanusbakterien kommt mithilfe von Antigen-präsentierenden Makrophagen zustande.)
  2 Die durch den Antigenkontakt aktivierten T-Lymphozyten teilen und differenzieren sich u. a. zu T-Helfer-Zellen.
  3 Durch Kontakt mit dem Tetanus-Antigen aktivierte T-Helfer-Zellen binden sich an Tetanus-Antigen-Rezeptoren von B-Lymphozyten und schütten Botenstoffe (Zytokine) aus.
  4 Die B-Lymphozyten werden durch Kontakt mit dem Tetanus-Antigen und dem von den T-Helfer-Zellen ausgeschütteten Botenstoff angeregt, sich zu teilen und zu Plasma- und Gedächtniszellen umzuwandeln.
  5 Die Plasmazellen bilden große Mengen von Antikörpern, die gegen Tetanus-Antigen wirken.

266. aktive Immunisierung: d; f
passive Immunisierung: a; b; c; e; g; h; i

267. T-Lymphozyten erkennen fremde Antigene mit ihren spezifischen Antigen-Rezeptoren. Wenn sich ein passendes Antigen angelagert hat, beginnt er sich zu teilen und zu differenzieren. Dadurch entstehen:
    - T-Helfer-Zellen: Sie regen durch ihre spezifischen Botenstoffe (Zytokine) B-Lymphozyten, die Kontakt mit dem gleichen Antigen hatten, zur Teilung und Differenzierung an.
    - T-Killer-Zellen: Sie binden sich an Zellen, die von Viren befallen sind, und zerstören diese. Die Substanzen, die sie nach der Bindung ausscheiden, können auch Pilze, Einzeller, parasitische Würmer und andere kleine Vielzeller bekämpfen. Außerdem sind T-Killer-Zellen in der Lage, entartete Zellen, v. a. Krebszellen zu vernichten.
    - T-Unterdrückerzellen: Sie wirken hemmend auf T- und B-Lymphozyten und beenden u. a. sowohl die humorale als auch die zellvermittelte Immunreaktion.

    Der Kontakt der T-Lymphozyten mit dem Antigen kommt mithilfe von Antigen präsentierenden Makrophagen zustande. Durch die Differenzierung der T-Lymphozyten entstehen auch T-Gedächtniszellen.

268. Bei der passiven Immunisierung erhält der Patient Antikörper, die gegen den Krankheitserreger wirken. Antikörper sind Proteine. Die Verdauungsenzyme im Magen-Darm-Trakt zerlegen Proteine in ihre Bestandteile, die Aminosäuren. Antikörper in Tabletten- oder Tropfenform würden also zerstört und könnten Blut und Lymphe nicht erreichen.

269. Bei der passiven Immunisierung werden Antikörper injiziert. Die Antikörper eines Tieres wirken wegen der nicht-menschlichen Eiweiße der konstanten Bereiche als Fremdstoffe und lösen eine Immunreaktion aus, die zur Bildung von Anti-Antikörpern führt. Wenn dagegen menschliche Antikörper für die Behandlung verwendet werden, unterbleibt diese Immunreaktion oder fällt sehr viel schwächer aus.

270. a; b; e; f

271. a Zu Komplikationen bei einer zweiten Schwangerschaft kann es im Fall B kommen. Wenn rote Blutkörperchen des Kindes (Rh$^+$) mit ihren Rh-Antigenen in die Blutbahn der Mutter geraten, antwortet deren Immunsystem mit der Bildung von Antikörpern, die gegen die eingedrungenen Rh$^+$-Blutkörperchen gerichtet sind. Wenn das Kind in einer zweiten Schwangerschaft die Blutgruppe Rh$^+$ hat, können die Antikörper in der Plazenta aus dem Blut der Mutter in die Blutbahn des Kindes gelangen und dort die roten Blutkörperchen (Rh$^+$-Typ) agglutinieren und zerstören.

  b Wenn der Mutter unmittelbar nach der Geburt Antikörper injiziert werden, die gegen das Rh-Antigen wirken, erhält ihr Immunsystem keine Gelegenheit zu einer Immunreaktion gegen die eingedrungenen Rh$^+$-Blutkörperchen. Die injizierten Antikörper besetzen die Rh-Antigene, blockieren sie und agglutinieren die eingedrungenen roten Blutkörperchen des Kindes. Die Immunzellen der Mutter können auf diese Weise keinen Kontakt mit den Rh-Antigenen aufnehmen. So kann verhindert werden, dass sich Anti-Rh-Antikörper und die entsprechenden Gedächtniszellen im Körper der Mutter bilden.

272. Genetische Ursache: Krebszellen entstehen durch Veränderung der DNA (Mutation). Dadurch und durch fehlende Differenzierung besitzt die Zelle andere Gewebsantigene (MHC-Proteine).
Immunologische Ursache: Unter normalen Umständen erkennt das Immunsystem die Krebszellen an ihren andersartigen Gewebsantigenen als körperfremd. Killer-Zellen lagern sich daraufhin an und zerstören sie. Wenn das Immunsystem geschwächt oder gestört ist, oder wenn es durch zu viele Krebszellen überfordert ist, kann es nicht alle Krebszellen vernichten, sodass Tumore entstehen.

273. a HI-Viren zerstören T-Helfer-Zellen. Durch den Ausfall dieser Zellen ist die humorale Immunreaktion stark gestört. Der Körper hat nur noch wenige Möglichkeiten, sich gegen eindringende Krankheitserreger zu wehren. Erreger, die diese Gelegenheit ausnutzen („opportunistische" Erreger) können dann sehr leicht Krankheiten auslösen.

  b Auch im Körper eines gesunden Menschen entstehen durch Mutationen ständig Krebszellen. Da durch die Zerstörung der T-Helfer-Zellen auch die zellvermittelte Immunreaktion stark geschwächt wird, werden die entstandenen Krebszellen nur noch in sehr geringem Maße bekämpft, sodass sie zu Tumoren heranwachsen können.

274. a HI-Viren mutieren ständig und ändern dadurch die Antigene ihrer Hülle. Durch eine Schutzimpfung erzeugte Gedächtniszellen würden zwar Antikörper liefern, jedoch passen sie mit hoher Wahrscheinlichkeit nicht zu den inzwischen geänderten Antigenen der HI-Viren.
   b Ähnlich verhält es sich mit Antikörpern, die bei einer passiven Immunisierung eingesetzt würden. Außerdem ist ein direkter Kontakt mit den Viren unmöglich, solange sie im Inneren der Zellen liegen.

275. Zu Autoimmunkrankheiten kommt es, wenn das Immunsystem bestimmte Zellen des eigenen Körpern nicht mehr von fremden unterscheiden kann und sie daher mit Killer-Zellen und Antikörpern angreift. Beispiele sind Multiple Sklerose, Jugend-Diabetes (Diabetes Typ I), Rheumatoide Polyarthritis und Myasthenia gravis.

276. a Die Fähigkeit zur spezifischen Immunreaktion, die auch die Abstoßung von tranplantiertem Gewebe ermöglicht, entwickelt sich erst nach der Geburt. Das Immunsystem der neugeborenen Maus kann fremde Gewebsantigene (MHC) noch nicht von denen der eigenen Zellen unterscheiden. Daher lösen die Antigene der fremden Zellen keine Immunreaktion aus, der Körper stößt das transplantierte Hautstück nicht ab.
   b **Versuch II:** Auch bei einer zweiten Transplantation eines Hautstücks kommt es zu keiner Abstoßungsreaktion. Das Immunsystem der Maus B hat in der nachgeburtlichen Entwicklungsphase die Gewebsantigene der Maus A als körpereigen akzeptiert. Daher bleiben auch später alle Zellen mit Antigenen der Maus A vor Angriffen durch das Immunsystem verschont.
   Versuch III: Maus A stößt das transplantierte Hautstück von Maus B ab. Das Immunsystem der Maus A erkennt die transplantierten Hautzellen an ihren andersartigen Gewebsantigenen als körperfremd.

277. a Mastzellen
   b Exozytose: Golgi-Vesikel verschmelzen mit der Hüllmembran der Mastzelle und setzen die in ihnen enthaltenen Substanzen frei. Dabei handelt es sich um Histamin und Serotonin.
   c T-Unterdrücker-Zellen

Stichwortverzeichnis

Die in Klammern angegebenen Ziffern verweisen auf die Bände Abitur-Training Biologie 1, Verlags-Nr. 84701, und Abitur-Training Biologie 2, Verlags-Nr. 84702.

Aaskrähe (2) 87 f.
Ablagerungsgestein (2) 10
Ableitung, intrazelluläre
  (1) 140, 142
Abschlussgewebe (1) 125, 127
Absorptionsgewebe (1) 125
Abstammungsgemeinschaft
  (2) 5
Abstoßungsreaktion (1) 230 f.,
  (2) 176
Acetylcholin (1) 152, 155
adaptive Radiation (2) 1, 93 ff.,
  104
Adenosin (1) 38, 65
Affe (2) 30, 103 ff.
- Altweltaffe (2) 104
- Halbaffe (2) 103
- Menschenaffe (2) 103 ff.
- Neuweltaffe (2) 104
- Stammesgeschichte
  (2) 104 f.
Affenlücke (2) 110
Affenplatte (2) 110 f.
Agglutination (1) 216, 227
Agrobacterium tumefaciens
  (2) 149, 190
AIDS (1) 64, 229 f., (2) 162
Akkommodation (1) 191,
  199 f.
Aktionspotenzial (1) 135,
  140 ff., 151 ff.
- Amplitude (1) 165 f.
- Auslösung (1) 141
- Frequenz (1) 151, 154,
  166 f., 176 f., 178 ff.
- Verlauf (1) 142 ff.
- Weiterleitung (1) 147 ff.
- Wiederverstärkung (1) 147
Aktivierungsenergie (1) 52
Aktualitätsprinzip (2) 43
Albinismus (1) 101

Alkaptonurie (1) 101
Alkoholabbau (1) 35
Allel (1) 72, 104, (2) 49 ff.,
  84 ff., 92, 104, 163, 170,
  179, 187
Allelfrequenz (2) 50 ff., 53, 68 ff.
Allelhäufigkeit s. Allelfrequenz
Allergen (1) 231
Allergie (1) 231, (2) 162
Alles-oder-Nichts-Ereignis
  (1) 145, 147, 165
Altersbestimmung
- absolute (2) 10
- relative (2) 10
Aminogruppe (1) 46 ff.
Aminosäure (1) 11, 36, 45 ff.,
  91, 93 ff., 104, 135, (2) 24 ff.
- essenzielle (1) 45, 100
- Sequenz (1) 48 f., 105,
  (2) 25 ff., 54, 112, 141 f.
Aminosäure-Sequenzanalyse
  (2) 25 ff., 141
Ammenkuh (2) 174 f.
Amphibien (2) 5, 10, 14, 19
Ampicillin (2) 144 ff.
Amplitudenmodulation
  (1) 166 ff., 192
Amylase (1) 63 f., 118
Analogie (2) 14 ff.
- Flügel (2) 17
- Grabbeine (2) 15, 17
- Speicherorgane (2) 17
Anaphase (1) 72 (2) 55
anaphylaktischer Schock
  (1) 226
Anatomie (2) 14 ff.
Anion (1) 47, 135 f.
Antagonist (1) 179
Antherenkultur (2) 187 f.
Antibiotikum (2) 63 ff., 144 ff.
- Resistenz (2) 144 ff.

Antigen (1) 215 ff., (2) 27,
  112, 160
- AB0-System (1) 227,
  (2) 112
- AIDS (1) 229
- MHC (1) 215, 223, 229 ff.
- Präsentation (1) 219 ff.
Antigen-Antikörper-Komplex
  (1) 216 ff.
Antigen-Bindungsstelle
  (1) 215, 219 ff.
Antigen-Rezeptor (1) 217,
  219 ff.
Antikörper (1) 215 ff., (2) 27 f.
- Antigen-Spezifität (1) 215,
  217 f.
- Bau (1) 215 f., 226
- Bildung (1) 217 f.
- Blutgruppen (1) 227 f.
- Wirkung (1) 216 f.
Antiparallelität (1) 66
Apomorphie (2) 6
Archaeopteryx (2) 10 f. 13 f.
Art (2) 58, 186, 188
- Bezeichnung (2) 2 ff.
- Entstehung (2) 84 ff., 95
- Spaltung (2) 115 f.
- Umwandlung (2) 90, 115 f.
- Einnischung (2) 91 f., 95
Artbastard (2) 186, 188
Artbegriff
- biologischer (2) 2
- populationsgenetischer
  (2) 84
Artenschutz (2) 65
Assimilationsstärke (1) 15
Assoziationsfeld (1) 203 ff.
Atavismus (2) 21
- Fliegen (2) 21
- Löwenmäulchen (2) 21
- Mensch (2) 21

Stichwortverzeichnis

- Pferd (2) 21
ATP (1) 53 f., 93, (2) 24
  (s. Stoffwechselenergie)
- Bau (1) 38, 65, 118
- Bedarf (1) 38 f., 68, 93, 139, 145, 150, 152, 193
- Gewinnung (1) 15, 17, 112, 124, (2) 27
Auflösungsvermögen (1) 2, 4
aufrechter Gang (2) 105 ff., 113, 120
Auge
- gelber Fleck (1) 191
- Netzhaut (1) 191
- Sehfeld (1) 195, (2) 105
Ausfällung s. Präzipitation
Ausläufer (2) 170
Australopithecus (2) 113 ff., 119 f.
- *afarensis* (2) 113 ff.
- *africanus* (2) 113
- Fußspuren (2) 114
- ursprüngliche (2) 113
Autoimmunkrankheit (1) 230
Autoradiografie (2) 147, 153, 166
Autoregulation (1) 34 f.
Autoreproduktion (1) 35
Axon (1) 9, 132 ff.
Axon-Hügel (1) 132, 141, 169 ff., 176

Backenzahn
- Pferd (2) 11
- Primaten (2) 110
- -reihe (2) 110
Bahnung s. Summation
Bakteriophage (2) 138, 148
Bakterium (1) 2, 12, 19, (2) 4
- Abbau in der Zelle (1) 19
- Bau (2) 22 f.
- Chromosom (2) 23, 141
- DNA (2) 145 ff.
- Genregulation (1) 112 ff.
- Gentechnik (2) 138 ff., 160 f.
- Kolonie (2) 144
- Kultur (2) 144
- Krankheitserreger (1) 214
- Replikation (2) 146
- Resistenz (2) 63 ff.
Bandenmuster (2) 153, 165
Basen

- komplementäre (1) 64, 68, 91, 93, (2) 29, 138
- -paarung (1) 64, 93, 108, (2) 139
- -sequenz (1) 65 ff., 88 ff., (2) 25 f., 28 f., 54, 112, 138, 141, 149, 165
- -triplett (1) 88 ff., 93 ff., 105 ff.
Bastard (2) 87 f., 186, 188
Bastardierungszone (2) 87 f.
Bauchspeicheldrüse (1) 13, 112, 230, (2) 25, 140, 160
Becken (2) 107
- gürtel (2) 20
Befruchtung (2) 55, 57, 69, 170, 186, 189
- künstliche (2) 2, 171 ff.
Begräbnis (2) 113
Behaarung (2) 20 f.
Beringstraße (2) 122
Besamung (2) 171, 174, 180
Besiedlung
- Europa (2) 113, 116, 122
- Nordamerika (2) 122
Bestattung (2) 117, 126
Bestäubung (2) 2
- künstliche (2) 137
Bildungsgewebe (1) 124
Bindegewebe (1) 127, 134
Bindung, energiereiche (1) 38
Biokatalysator (1) 52
Birkenspanner (2) 60 f.
Bläschen s. Vesikel
Blindschleiche (2) 20
Blüte (1) 118 f. 126, (2) 21
Bluterkrankheit (2) 160
Blutgerinnung (2) 160
Blutgruppen
- AB0-System (1) 9, 72, 227, (2) 112
- Gene (1) 72
- Rhesus-System (1) 72, 227
Blutkörperchen (1) 105, 127, 227
Blutserum (1) 226 f., (2) 27 f.
Blutzuckerspiegel (2) 25, 160
B-Lymphozyt (1) 215, 217 ff.
Botenstoff (1) 220 f.
Botulin (2) 155
Braunwurz (2) 20
Broca'sches Zentrum (1) 204 ff.

Brückenform (2) 13
Brustwarzen (2) 21

Calcium (1) 44, 151 ff.
Carboxylgruppe (1) 46 ff.
Carotinoid (1) 16
Carrier-Protein (1) 12
cDNA (2) 140
Cellulase (2) 188
Cellulose (1) 13, 22, 37, (2) 22 f.
Centriol (1) 22, 132
Chlor (1) 136 ff.
Chlorophyll (1) 16 f., (2) 20
Chloroplast (1) 9, 15 ff., 22 ff.
Cholinesterase (1) 151
Chromatid (1) 70 ff., 116
Chromatografie (2) 153
Chromoplasten (1) 15 f.
Chromosomen (1) 14, 22
- Arbeitsform (1) 14, 69 ff., 116
- Bakterium (2) 23, 141
- diploider Satz (1) 72, (2) 70
- Ein-Chromatid- (1) 70
- haploider Satz (1) 72 f.
- homologes (1) 22, 72 f., (2) 49, 53, 186
- menschliche (1) 73, 111 f.
- Menschenaffe (2) 111
- Metaphase (1) 71, 87
- -satz (1) 72 f., 104, (2) 53, 111, 170, 186 f.
- Transportform (1) 14, 70 ff.
- Zwei-Chromatid- (1) 70
Codierung
- DNA (1) 88 f.
- Nervensystem (1) 165 ff.
codogener Strang (1) 91 f.
Codon (1) 88
- Anti- (1) 93 f.
- Start- (1) 88, 94
- Stopp- (1) 88, 106
Colchizin (2) 186 ff.
complementary DNA (2) 140
Computer (2) 125
copy-DNA (2) 140
Cro Magnon (2) 118
Crossing over (2) 55 ff.
Curare (1) 155
Cytochrom c (2) 27

Dauererregung (1) 152, 155

Dauergewebe (1) 124
Daumen (2) 105, 108
ΔG-Wert (1) 37
Denaturierung (1) 52, 56 ff.
Dendrit (1) 132 f., 177
Depolarisation (1) 142, 152, 154, 170 ff., 176
Desoxyribose (1) 64
Devon (2) 10
Diabetes (1) 230, (2) 160
Dictyosom (1) 18 (s. Golgi-Apparat)
Differenzierung (1) 109 f., 115 ff., 124 ff., 219 ff., (2) 171, 176 ff., 187
Diffusion (1) 10 f., 136 ff., 148, 152 f.
Dinosaurier (2) 96
diploid (1) 72, (2) 70, 89, 170, 186, 188
Diploidisierung (2) 187
Disc (1) 192
Disulfidbrücke (1) 50, 52, 57, 59, 215
Divergenzprinzip (1) 174 f.
DNA 14, 49, 64 ff., (2) 22, 24 ff., 138 ff., 161 ff.
- Analyse (2) 103 f., 164 ff. (s. auch DNA-Hybridisierung und -Sequenzierung)
- Bakterien (2) 145 ff.
- Basensequenz (1) 65 ff., 88 ff., (2) 25 f., 28 f., 54, 112
- Bau (1) 64 ff., (2) 29
- cDNA (2) 140
- Doppelstrang (1) 66, 68 ff., 93, (2) 29, 138, 141, 150 ff.
- einsträngig (2) 146 f.
- Einzelstrang (1) 66 f., 91, 93, (2) 29, 138, 140, 150 ff.
- Extraktion (1) 73
- fossile (2) 152
- Fragment (2) 165
- fremde DNA (2) 138 ff.
- Hybridisierung (2) 29 f.
- Isolierung (2) 29, 138, 147, 165
- mitochondriale (1) 14, (2) 112
- Nukleotid (1) 64 f., 68, 194, (2) 29, 140, 150 ff.
- Phagen-DNA (2) 148

- polymorpher Bereich (2) 165 f.
- rekombinante (2) 139, 142
- Reparatur (1) 108
- repetitive Sequenz (2) 165
- Replikation (1) 67 ff., 93, (2) 146, 170
- Schmelztemperatur (2) 29
- Sequenzierung (2) 29
- Spiralisierung (1) 69 f.
- Vergleich (2) 24 ff., 123
- Vermehrung (2) 149, 152
DNA-Ligase (2) 139, 142
DNA-Polymerase (1) 68, (2) 140, 150 ff.
DNase (1) 73
Dolly (2) 175 f.
dominant (2) 49, 54
Doppelbilder (1) 196
- gekreuzt (1) 198
- ungekreuzt (1) 198
Doppelhelix (1) 66, 70
Down-Syndrom (1) 104
Drei-Punkt-Stand (2) 107 f.
Drosophila (1) 115 f.
Drüsenzelle (1) 13, 124, 127, 150
Dunkelreaktion (1) 17

E 605 (1) 155
Eckzahn (2) 110
Eierstock (2) 171 ff., 177
Eileiter (2) 171 ff.
Ein-Gen-ein-Enzym-Hypothese (1) 99
Ein-Gen-ein-Polypeptid-Hypothese (1) 99
Einnischung (2) 91 f., 95
Einzeller (1) 2
Einzelstrang (1) 66 f., 91 (already listed under DNA)
Eisprung (2) 171
Eiszeit (2) 87
Eiweiß s. Protein
Eizelle (1) 67, 71, 107, 127, (2) 55, 89, 164, 170 ff., 174 ff. 177 f., 186
Elektrode (1) 140 f., 153
Elektronenmikroskop (1) 2 f.
Elektrophorese (2) 153, 165
Elfenbein (2) 118, 125
Embryo (1) 115, 125, 170 ff., 228
- Gentechnik (2) 164, 167

- Teilung (2) 172 f., 174 f., 176
- transgener (2) 173
- Vermehrung (2) 172
Embryotransfer (2) 174 ff.
Endknöpfchen (1) 133 f., 150 ff.
endoplasmatisches Retikulum (1) 14, 17 ff., 96, 124, 221, (2) 22 f.
- glattes (1) 17
- raues (1) 17, 21, 94, 96
Endosymbionten-Theorie (2) 23 f.
Endozytose (1) 13, 19
Endprodukt-Hemmung (1) 60, 114
Endprodukt-Repression (1) 114 f.
Energie (s. auch Stoffwechselenergie und ATP)
- energetische Kopplung (1) 38
- Energiebedarf (1) 34, 36 f., 150, 193
- Entropie (1) 36
- freie (1) 37
- offenes System (1) 36
- Speicherung (1) 15, 39
- Transport (1) 15
endergonischer Prozess (1) 37 ff.
Entropie (1) 36
Enzym (1) 9, 14, 17, 19, 68, 73, 91, 93 f., 99 ff., 112 ff. 152, 155, 214, 222, (2) 27, 148, 160, 188
- aktives Zentrum (1) 53 ff., (2) 54
- allosterisches Zentrum (1) 60
- Apo- (1) 53
- Co- (1) 53
- -gift (1) 59
- -Substrat-Komplex (1) 54, 61
- -synthese (1) 93, 99
- pH-Abhängigkeit (1) 57 f.
Stoffwechselsteuerung (1) 52, 60, 62, 88, 112 ff.
- Substratkonzentration (1) 61
- Substratspezifität (1) 55

- Temperaturabhängigkeit (1) 57 f.
- Vergleich (2) 24, 27
- Wirkungsspezifität (1) 55

Epidermis (1) 125
EPSP (1) 154, 169 ff., 173 f., 176, 180
Erbkrankheit (1) 101, 104 f., (2) 152, 166, 173
Erbse (2) 49
Erdbeere (2) 170
Erdzeitalter (2) 10
Erkennungsregion (2) 138, 144, 166
Erkennungssequenz s. Erkennungsregion
Erregung (1) 132, 140,
- Bildung (1) 132, 178, 191 ff.
- Dauer- (1) 152
- überschwellige (1) 175 f.
- Übertragung (1) 150 ff.
- unterschwellige (1) 175

Erregungsleitung (1) 140 ff.
- Energiebedarf (1) 150
- kontinuierliche (1) 149 f.
- ohne Wiederverstärkung 168 f., 192
- Richtung (1) 133, 147, 153
- saltatorische (1) 148 ff.
- Wiederverstärkung 147 ff., 168, 174

Erythrozyt (1) 227
Erz (2) 160
Essigsäure (1) 152
Eugenik (2) 167
Eukaryot (1) 2, 115, (2) 4, 22 ff., 64
- Gentechnik (2) 148

Euzyte (1) 2
Eva-Hypothese s. Out of Africa-Hypothese
Evolution
- Belege (2) 10 ff.
- Geschwindigkeit (2) 71, 120
- kulturelle (2) 124 ff.
- Theorien (2) 41 ff.
- Faktoren (2) 53 ff., 89 f.

Evolutionstheorie
- Lamarck (2) 41 f., 44
- Darwin (2) 42 ff., 49
- Synthetische Theorie (2) 49 ff.

exergonischer Prozess (1) 37 ff.

Exozytose (1) 13, 19

Faltblattstruktur (1) 49
Familie (2) 4
Farbstoff (1) 20, 44, 51, 192
Farn (2) 19
Faustkeil (2) 115
FCKW (1) 108
feed-back-Hemmung s. Endprodukthemmung
Fell (2) 5, 19
Fernwaffe (2) 116
Feuer (2) 113, 116, 125
Fichtenspargel (2) 20
Finger (2) 5, 11, 13 f., 108, 121
Fitis (2) 87, 89
Fitness (2) 43
Fixieren (1) 196 ff.
Flaschenhalseffekt (2) 53, 68 f., 71, 94, 120
Fließgleichgewicht (1) 34 f., 138
Flügel (2) 15 ff.
fluid-mosaic-model s. Flüssig-Mosaik-Modell
Fluoreszenz (2) 146, 153, 165
Flüssig-Mosaik-Modell (1) 7
Fortpflanzung (1) 35
- sexuelle (2) 57, 89, 170, 186
- ungeschlechtliche (2) 57, 89, 170
- vegetative (2) 57, 89, 170
- -barriere (2) 84 f.
- -gemeinschaft (2) 50

Fossilien (2) 10 ff.
- lebende (2) 18 f., 90
- Mensch (2) 103, 112, 114 ff.

Fotosynthese (1) 9, 15 ff., 37 f., (2) 20, 23, 161
Fremdgen (2) 138, 142, 146 ff., 162, 190
Frequenzmodulation (1) 166 ff.
Fressfeind (2) 66
Fresszelle s. Makrophage
Fruchtfliege s. Drosophila
Fructose (1) 56
Frühmensch (2) 115
Fuß (2) 12, 14, 105, 107 f.
Fußspuren (2) 114

Galapagos (2) 93

Ganglion (1) 177
Gattung (2) 2 ff.
Gebärmutter (2) 171 f.
Geburtskanal (2) 107
Gedächtniszelle (1) 217 ff.
Gehflossen (2) 5, 19
Gehirn (1) 132, 167 f., 175, 180, (2) 124 (s. auch Großhirn)
- Bau (1) 190 f., (2) 105
- Größe (2) 105, 108, 122, 124
- optische Täuschung (1) 201 ff.
- räumliches Sehen (1) 195 ff.
- Sehzentrum (1) 194 ff.
- Sprachsteuerung (1) 204 ff.
- Volumen (2) 107, 120, 122, 124

Geißel (1) 22
gelber Fleck (1) 191, 198
Gel-Elektrophorese s. Elektrophorese
Gen (1) 14, 72, 99 ff., 104 ff., (2) 49, 70, 148, 160 ff.
- Fremd- (2) 138, 142, 146 ff., 162
- Größe (1) 67
- Isolierung (2) 138, 141
- Operator (1) 112 ff.
- Regulator- (1) 112 ff.
- Resistenz- (2) 64 f., 144 ff., 162
- Struktur- (1) 112 ff.

Genaktivierung (1) 112 ff., (2) 148
- differenzielle (1) 115 ff., 124 f., (2) 171

Genaktivität (1) 62, (2) 148
Genanalyse (2) 164 ff.
Genbank (2) 146, 148
Genbibliothek s. Genbank
Gendiagnose (2) 164 ff.
Gendrift (2) 53, 69 ff., 94, 115, 120
Generatorpotenzial (1) 141 f., 146
genetische Beratung (2) 166
genetischer Code (1) 88 ff., 94, 105 ff., (2) 54, 141, 148
- Code-Sonne (1) 89
- Degeneration (1) 88 f., 105, (2) 54, 141

- Redundanz (1) 88
- Triplettcode (1) 88 ff., 105 ff.
- Universalität (1) 89, (2) 148

genetischer Fingerabdruck (2) 152, 164 f.
Genfähre s. Vektor
Genfluss (2) 84 ff., 95
Genfrequenz s. Allelfrequenz
Genom (2) 138, 144, 162, 164, 166, 173, 176
Genotyp (2) 28, 49 ff., 57 ff., 70, 173, 187
Genpool (2) 49 ff., 57 ff., 62, 64 f., 68 ff., 84 ff., 92, 124
Genregulation
- Induktion (1) 112 ff.
- Repression (1) 114 ff.

Gensonde (2) 146 ff., 164
Gentherapie (2)
- Keimzellen (2) 164
- somatische (2) 163 f.

Gentransfer (2) 138, 141 ff., 148 f., 179
- horizontaler (2) 161 f.

Genwirkkette 99 ff., (2) 28
- Arginin (1) 99 f.
- Phenylalanin (1) 100 f.

Geschlechtschromosomen (1) 73
Geschwisterarten (2) 86 f.
Gesichtsfeld (1) 196
Gewebe (1) 124 ff., (2) 177 ff., 187 f., 190
Gewebsantigen s. MHC
Gewebsverträglichkeits-Antigen (1) 230
Gicht (1) 59
Gift (1) 59, 154 f., 215
Ginkgo (2) 19
Glaskanüle (2) 149
Glaskapillare (1) 140
Gleichgewicht, chemisches (1) 33 ff.
Gleichgewichtsorgan (2) 105
Gletscher (2) 87
Gliazelle (1) 133, 190
Glucose (1) 8 f., 15 ff., 33, 36 ff., 56, 112, 126, (2) 25
Glucosephosphat (1) 40
Golgi-Apparat (1) 17 ff., 96, (2) 22
Golgi-Vesikel (1) 19, 231
Gorilla (2) 28, 30, 103 ff.

Grabbeine (2) 15, 17
Granum (1) 16
Griffelbein (2) 11, 20 f.
Großhirn (1) 190, 194 ff. (s. auch Gehirn)
- Felder (1) 190, 202 ff.
- Furchung (2) 105
- Hälften (1) 195, 204
- motorische Felder (1) 190, 204, (2) 122
- Rinde (1) 190, 195, 203, (2) 105
- sensorische Felder (1) 167, 190, 194 ff.

Gründerindividuen (2) 85, 93 f.
Gründerpopulation (2) 69, 93

Hämoglobin (1) 51, 105, (2) 112
Hämophilie (2) 160
Hand (2) 105, 107 f., 121 f., 124
haploid (1) 72, (2) 170, 187
Hardy-Weinberg-Formel (2) 51 f., 54
Haustier (2) 125
Haut (1) 214
H-Brücke s. Wasserstoffbrückenbindung
Hefe (1) 2, (2) 27, 148, 160 f.
Helix
- Protein (1) 49 f.
- DNA (1) 66 f.

Hemmung
- allosterische (1) 60
- Endprodukt- (1) 60
- feed-back- (1) 60
- kompetitive (1) 58 f.
- nicht-kompetitive (1) 59

Hepatitis (2) 160
Herbizid (2) 161
Herbstzeitlose (2) 186
heterozygot (1) 105, 105, (2) 49, 52, 54, 56 ff., 65, 70
Hinterhauptsloch (2) 109, 119
Histamin (1) 231 f.
HIV (1) 229 f.
Höhenstrahlung (2) 108
Höhlenmalerei (2) 118, 125
Homo
- erectus (2) 113, 115 ff., 122, 125
- habilis (2) 113, 120, 125
- rudolfensis (2) 113, 115 ff., 119 ff., 125
- sapiens neanderthalensis (2) 113, 116 ff.
- sapiens sapiens (2) 104, 113, 117 ff.
- sapiens steinheimensis (2) 117

Homologie (2) 6, 14 ff.
- Vorderextremitäten (2) 15 ff.

homozygot (1) 105, (2) 55, 59, 187
Hormon (1) 9, 116 f., (2) 140, 160, 162 f., 171, 173 f.
Hornissenschwärmer (2) 67
Human-Genome-Project (2) 164
Hybride (2) 87, 180, 188 f.
Hybridisierung (2) 188
Hybridplasmid (2) 141 ff.
Hybridprotoplast (2) 188
Hydrolyse (1) 48
hydrophil (1) 6 f., 46
hydrophob (1) 6 f.
Hyperpolarisation (1) 142, 154

Ichthyostega (2) 14
ICSI (2) 172, 180
Immunantwort
- primäre (1) 225, 227
- sekundäre (1) 224 f.

Immunglobulin
- IgE (1) 231 f.
- IgG (1) 215

Immunisierung
- aktive (1) 225 f., (2) 160
- passive (1) 225 f., 228

Immunreaktion
- Gedächtnis (1) 224 ff.
- humorale (1) 222 ff.
- Phasen (1) 219 ff.
- spezifische (1) 214 ff.
- unspezifische (1) 214, 218
- zellvermittelte (1) 222 ff., 229

Immunschwäche (1) 229 f., (2) 163
immunsuppressive Stoffe (1) 231
Impfschutz (1) 226

Impfstoff (1) 226, (2) 160, 162 f.
Impuls s. Aktionspotenzial
Impulsgenerator (1) 146
in vitro (2) 140, 149 f., 172 ff., 187
- -Synthese (2) 140
- -Fertilisation (2) 166, 171 f., 174, 178 ff.
Industriemelanismus (2) 60 ff.
Insektenfresser (2) 104
Insulin (1) 13, 112, 230, (2) 25 f., 140, 160
Intelligenz (2) 105, 108, 124
Interferon (2) 160
Interneuron s. Zwischennervenzelle
Intra-Zytoplasmatische-Sperma-Injektion (2) 172, 180
Ionenkanal s. Porenprotein
IPSP (1) 154, 169 f., 172 f., 176, 180
Isolation
- geografische s. Separation
- reproduktive (2) 2, 84 ff., 88 f., 91 f., 95
- -mechanismus (2) 88 f.
Isoleucinsynthese (1) 79

Jacob-Monod-Modell (1) 112
Jagd (2) 116, 121, 126
Jura (2) 10 f.

Kalium (1) 44, 135 ff.
Kalluskultur (2) 187 ff.
Kampfmittel (2) 161
Kartoffel (1) 15, (2) 170, 189
Karyoplasma (1) 14
Karzinom (1) 109, 229, s. auch Tumor
Katalase (1) 63
Katalyse (1) 51 ff., 91, 99, 117, (2) 148
Katastrophe (2) 68 f.
Kation (1) 47, 135 f.
Kaudruck (2) 109
Keimbahn (2) 164, 173
Keimung (2) 118
Keimzelle (1) 72, 107, 127, (2) 51, 53, 55, 57, 69, 89, 164, 170, 173 f., 186 f.
Kernhülle (1) 13, 17, 91
Kern-Plasma-Relation (1) 13

Kernporen (1) 14, 91
Kernspindel (1) 22
Kernübertragung (2) 174 ff.
Killerzellen, natürliche (1) 214
Kindheit (2) 125
Kinn (2) 110 f., 119
Kladogramm (2) 5 f.
Klasse (2) 4, 11
Kleidervögel (2) 1, 96
Klimaänderung (2) 120
Kloake (2) 19
Klon
- Bakterien (2) 146
- Fortpflanzung (2) 170
- Plasmazellen (1) 222
- Reproduktionsbiologie (2) 173 ff.
Klonierung (2) 138, 163, 188, 190
- Plasmide (2) 146
- Reproduktionsbiologie (2) 174 ff., 177, 180
Kniesehnenreflex (1) 178 ff.
Knochenmark (1) 125, 219
Knolle (2) 170
Kohlmeise (2) 88
Kolkrabe (2) 3
Kompartiment (1) 6, 8, 13
komplementär (1) 66 f., 91 ff., (2) 140, 146, 150
Kondensation (1) 47
Konkurrenz (2) 43, 91 f., 95, 122
Konvergenz (2) 14 ff., 92 f., 96
- Flossen (2) 17
- Flügelskelett (2) 17 f.
- Körperform (2) 17, 96
- Stammsukkulenz (2) 18
Konvergenzprinzip (1) 174 f.
Konzentrationsmodulierung (1) 168
Kopplungsgruppe (2) 55
Körperhaltung (2) 106
Körperproportion (2) 106
Körpertemperatur (2) 5 f.
Krebs (1) 108 f., 214 f., 222, 229, 231, (2) 54, 152, 162
Kreide (2) 10, 96
Kretinismus (1) 101
Kreuzung (2) 2, 70, 89
Kriminalistik (2) 165 f.
Kulturgut (2) 124 ff.
Kulturpflanze (2) 162, 186

Kulturschale (2) 144, 187
Kunst (2) 118
Kurztagpflanze (1) 118 f.

Labortier (2) 162
Lactose (1) 56, 112 ff.,
Ladungsausgleich (1) 137
Ladungsdifferenz s. Potenzialdifferenz
Laetoli (2) 114
Lähmung
- schlaffe (1) 155
- starre (1) 155
LAMARCK (2) 41 f., 44
Langtagpflanze (1) 118 f.
Latimeria (2) 19
Laubblatt (1) 126, (2) 20
Lebensalter (2) 125
Lebensmittelherstellung (2) 160
Leihmutter (2) 174, 180
Leitungsgeschwindigkeit (1) 148 ff.
Leitungsgewebe (1) 126
Leuchterscheinung (1) 40
Leukoplasten (1), 15
Leukozyt (1) 105, 213 f.
Lichtabsorption
- Chlorophyll (1) 16
- Phytochrom (1) 117
- Rhodopsin (1) 192 f.
Lichtkeimer (1) 118
Lichtmikroskop (1) 2
Lichtreaktion (1) 17
Lichtsinneszelle (1) 191 ff.
LINNÉ (2) 2
Linse (1) 191, 199
Lipid (1) 6 f., 12, 133 f.
- Glyko- (1) 7
- Doppelschicht (1) 6 ff., 132 f., (2) 149
- Phospho- (1) 6
lipophil (1) 7, 46
lipophob (1) 6
Liposom (1) 27, (2) 149
Luciferase (1) 40
Luciferin (1) 40
Lucy (2) 114
Luftperspektive (1) 200
Lugol'sche Lösung (1) 63
LYELL (2) 43
Lymphknoten (1) 219

Lymphozyt (1) 13, 217 (s. auch B- und T-Lymphozyt)
Lysosom (1) 19, 214
Lysozym (1) 19 ff., 48

Makrophage (1) 214, 216, 219 f.
Malaria (2) 59 f., 65
Malthus (2) 43
Maltose (1) 56
Mangelmutante (1) 99 f.
Markierung
- radioaktive (2) 146 ff., 153, 165
- Fluoreszenz (2) 146, 153, 165

Markscheide (1) 133 ff., 177
Mastzelle (1) 231 f.
Maulesel (2) 2, 89
Maultier (2) 2, 89
Maulwurf (2) 15, 17, 58 f., 62
Maulwurfsgrille (2) 15, 17
Medikament (2) 160, 162
Meiose (1) 22, 67, 70 ff., 93, (2) 22, 53, 55 ff., 89, 170, 174, 186
Membran
- Axon (1) 9, 141 ff.
- Bakterium (2) 23 f.
- Bau (1) 6 f. (2) 22, 24
- Doppel- (1) 8, 13, (2) 24
- Einheits- (1) 6
- Lichtsinneszelle (1) 192
- Markscheide (1) 133
- synaptische (1) 151 f.
- Zellgrenz- (1) 6 ff., 18 ff., 23, 192, (2) 138, 149, 188
- -fluss (1) 8
- -potenzial s. Potenzial
- -protein (1) 6 ff.

Mensch
- Anatomie (2) 104 ff.
- Definition (2) 120
- Fossilgeschichte (2) 112 ff.
- Körperhaltung (2) 106
- Körperproportion (2) 106
- Rassen (2) 123
- Stammbaum (2) 104 f., 113 ff.
- Typen (2) 122 f.
- Unterarten (2) 116 ff., 123

Menschenaffe (2) 103 ff., 114
- Anatomie (2) 105 ff.

- DNA-Analyse (2) 103 ff.
- Körperhaltung (2) 106
- Körperproportion (2) 106

Merkmal
- abgeleitetes s. Apomorphie
- homologes s. Homologie
- ursprüngliches s. Plesiomorphie

Metamorphose (1) 116
Metaphase (1) 71, 87
Metastase (1) 109
MHC (1) 215, 222, 229 ff.
Michaelis-Konstante (1) 61
Mikroinjektion (2) 149
Mikrotubuli (1) 22
Milchdrüse (2) 5 f., 19, 162, 173
Milchzucker (1) 56, 112 ff.
Mimikry (2) 66 f.
Mitochondrium (1) 9, 14 f., 124, 151 f., (2) 22 ff., 112
Mitose (1) 14, 22, 67, 70 f., 93, 107 f., 112, 116, 132, 221, (2) 22, 55, 57, 170, 174, 186 f.
Modifikation (2) 28, 41 f., 55
Mosaikform s. Brückenform
Motoneuron (1) 179
motorische Endplatte (1) 150 ff., 179
Mucoviszidose (2) 163
Multiple Sklerose (1) 230
multiregionaler Ursprung (2) 123
Mundschleimhautzelle (2) 165
Muskel
- Kontraktion (1) 40, 178 ff.
- -faser (1) 127, 150, 152, 154
- -zelle s. Muskelfaser
- -zittern (1) 155
- -spindel (1) 178 ff., 199

Mutagene (1) 107
Mutante (1) 100, (2) 58, 62, 64, 92, 187
Mutation (1) 100 f., 104 ff., 229, (2) 165
- Chromosomen- (1) 104, (2) 53
- Evolutionsfaktor (2) 43, 50, 53 ff., 57, 61, 63 ff., 85, 94, 124

- Gen- (1) 104 ff., (2) 26 f., 53 f., 59
- Genom- (1) 104, (2) 53, 89
- Genwirkkette (1) 101
- Punkt- (1) 105 ff.
- Raster- (1) 105 ff.
- Rück- (2) 54
- somatische (1) 107, 109
- Rate (1) 108, (2) 54, 63

Mutter
- genetische (2) 174, 180
- physiologische 174
- soziale (2) 174, 180

Myasthenia gravis (1) 230
Myelin (1) 133 f., 148
Myelinscheide s. Markscheide

Na^+-Leckstrom (1) 138
Nabelschnur (2) 178
Nackenmuskulatur (2) 109
Nährboden (1) 100, (2) 144 ff.
Na-K-Pumpe (1) 12, 138 f., 143 ff., 150
Narbe (1) 126, (2) 89
Natrium (1) 44, 136 ff.
Neandertaler (2) 116 ff., 123
- Aussterben (2) 118
- Fähigkeiten (2) 117, 126
- Körperbau (2) 117

Nebelkrähe (2) 87 f.
neolithische Revolution (2) 125 f.
Nerv (1) 134 f.
Nervenbahn (1) 167 (s. auch Nervenfaser)
Nervenfaser (1) 133 ff., 177
- afferente (1) 165, 167, 177 ff.
- efferente (1) 165 f., 167, 177 ff., 190
- markhaltig (1) 133 f., 148
- myelinisiert s. markhaltig
- marklos (1) 134 f., 148
- motorische (1) 165 f., 167, 177 ff.
- nichtmyelinisiert s. marklos
- sensorische (1) 165, 177 ff.

Nervenimpuls s. Aktionspotenzial
Nervensystem
- peripheres (1) 131, 133
- vegetatives (1) 134
- zentrales s. ZNS

Nervenzelle
- Bau (1) 127, 132 ff., (2) 122
- Teilung (1) 125
- Vielzahl (1) 168

Netzhaut (1) 191, 195 ff.
- disparate Bereiche (1) 196 ff., 200
- gelber Fleck (1) 191, 198
- korrespondierende Bereiche (1) 196 ff., 200

Neurit s. Axon
Nikotin (1) 155
Noah-Hypothese siehe Out of Africa-Hypothese
Nomenklatur
- binäre (2) 2f.

Nukleinsäure (1) 64 ff. (s. auch DNA und RNA)
- Extraktion (1) 73

Nukleolus (1) 14, 21
Nukleotid (1) 11, 64, 68, 91, 116, 194, (2) 29, 150 ff. (s. auch DNA und RNA)
Nutzpflanze (2) 125, 161 f.
Nutztier (2) 171

Oberkiefer (2) 109 f.
ökologische Nische (2) 91 ff., 95 f., 118, 120, 122
omnipotent (2) 171
Operator (1) 112 ff.
Opponierbarkeit (2) 105, 107 f.
opportunistische Erreger (1) 229
Opsin (1) 192 f.
Orang-Utan (2) 28, 30, 103 ff.
Ordnung (2) 4
Organ (1) 124 f., (2) 15, 18 ff. 41, 177 ff.
- analoges (2) 15, 18
- homologes (2) 15, 18

Organell (1) 13 ff., 23 f., (2) 23
organische Verbindungen (1) 44 f.
Osmose (1) 10 f., 20, 23
Ostafrika (2) 114 ff., 120
Oszilloskop (1) 141 f., 146, 167
Out of Africa-Hypothese (2) 122
Ovulation (2) 171
Oxidation (1) 15

Paläontologie (2) 10 ff.
Panmixie (2) 50
Parenchym (1) 125
Partikelpistole (2) 149
PCR (2) 29, 149 ff., 165
pebble tools (2) 115, 125
Pepsin (1) 57
Peptid (1) 48
Peptidbindung (1) 47 f., 93 ff.
Permeabilität
- Änderung (1) 143, 151, 194
- selektive (1) 8, 136 f.
- Semi- (1) 11

Pferde (2) 2, 11 ff., 87
Pflanzenzucht (2) 125, 161 f.
Phagozytose
- Endosymbionten-Theorie (2) 23 f.
- Immunbiologie (1) 213 f., 216, 219
- Zytologie (1) 13, 19, (2) 149

Phänotyp (2) 54, 58, 187
Phenylalanin-Stoffwechsel (1) 100 f.
Phenylketonurie (1) 101, (2) 52
Phosphat (1) 65 f.
Phosphor (1) 44, 38 f., 64 f.
Phosphorsäure (1) 64
Phosphorylierung (1) 39, 54
Photon (1) 193
pH-Wert (1) 57 f., 63,
Phytochromsystem (1) 117 ff.
PID (2) 172 f, 179 f.
Pigment (1) 16, 44, 117, 192 f.
Pilz (1) 2, 20, 99 f., 214, 222, (2) 3
Pinozytose (1) 13
Plasmalemma (1) 6
Plasmazelle (1) 124, 217 ff., 232
Plasmid (1) 141 f., 144 ff., 190
Plasmolyse (1) 11
Plastiden (1) 15, (2) 22 f.
Plastik (2) 118, 125
Plazenta (1) 228, (2) 178
Plazentaschranke (1) 228
Plesiomorphie (2) 6
pluripotent (2) 176 f., 179
polar (1) 6, 46, 50,
Pollen (1) 67, 71, 107, 126, 215, (2) 19, 89, 162, 170, 186 ff.

Polymerase (1) 68, (2) 140, 150 ff.
Polymerasekettenreaktion s. PCR
polymorpher Bereich (2) 165 f.
Polynukleotid (1) 64 ff.
- komplementäre Stränge (1) 64, 67
- Polarität (1) 65

Polypeptid (1) 48, 95 ff., 99, 105
Polyploidie (1) 104, (2) 53, 89 f., 186
Polyploidisierung (2) 89, 186, 188
Polysaccharid (1) 7, 17, 22
Polysom (1) 21, 96
Population (2) 49 ff., 54, 62, 68 ff., 84 ff.
- Gründer- (2) 69, 93
- menschliche (2) 50, 118, 120
- ideale (2) 50 ff.
- Teil- (2) 84 ff., 94 f., 120

Porenprotein (1) 10, 136 ff., 142 ff., 147, 151 ff.
Potenzial (1) 9
- Änderung (1) 140 ff., 151 ff., 194
- Differenz (1) 135 ff.
- Umkehr (1) 143 f.

Präadaptation (2) 64 f., 104, 121
Präimplantations-Diagnostik (2) 172 f., 179 f.
Präzipitation (1) 216, (2) 27 f.
Präzipitintest (2) 27 f., 112
Präzisionsgriff (2) 108
Primaten (2) 103 ff.
Primer (2) 150 f.
Progressionsreihe (2) 11
Projektionsfeld (1) 203 ff.
Prokaryot (1) 2, 115, (2) 4, 22 ff.
Prophylaxe (1) 226
Proplastid (1) 15 f.
Protease (1) 57, 78
Protein
- allosterisches (1) 113
- Antikörper (1) 215 f., 222
- Axon (1) 135
- Bau (1) 45 ff.
- Chromosomen (1) 69

- Funktion (1) 51, (2) 164
- globuläres (1) 50, 215
- Glyko- (1) 7, 45
- integrales (1) 6 ff.
- Ionenkanal (1) 136
- Lipo- (1) 45
- MHC (1) 215, 223
- Mikrotubuli (1) 22
- Na-K-Pumpe (1) 12, 138 f., 143 ff., 150
- Nervenzelle (1) 133, 135, (2) 122
- peripheres (1) 6 f.
- Primärstruktur (1) 1, 49 f., 96, 105, (2) 25 ff.
- Quartärstruktur (1) 51, 105
- Rezeptor (1) 9, 44, 51, 151 ff.
- Sekundärstruktur (1) 49 f., 96
- Serum- (2) 27 f.
- Tertiärstruktur (1) 50 f., 56 ff., 96, 105, 113 f.
- Transport (1) 18
- Transport- (1) 10
- Vergleich (2) 24 ff.
- -biosynthese (1) 15, 18, 21, 36 f., 62, 91 ff., 112, 124, 221, (2) 24, 148

Protoplast (2) 188 ff.
- Fusion (2) 188 f.
- transgener (2) 190

Provirus (1) 229
Prozyte (1) 2
Puff (1) 116 f.
Puppe (1) 116, 122

Quartär (2) 10, 113, 120
Quartärstruktur (1) 105
Quastenflosser s. *Latimeria*

Rabenkrähe (2) 87 f.
Ranvier'scher Schnürring (1) 132, 134, 148
Rasse (2) 3, 86 ff., 123
Rassengesetze (2) 43
rassistische Ideologie (2) 44, 123
räumliches Sehen (1) 195 ff., (2) 105, 121
Reaktion
- endergonisch (1) 37 ff.
- exergonisch (1) 37 ff., 52

- Norm (2) 42, 55
Rechteckimpuls (1) 146
Reflex (1) 180
- Kniesehnen- (1) 178 ff.
- polysynaptischer (1) 180
- -bogen (1) 180
Refraktärzeit (1) 144 f., 147 f., 173
Regressionsreihe (2) 11
Reich (2) 3 f.
Reifeteilung (1) 71 f., (2) 55, 170
Reiz (1) 132, 140
- Qualität (1) 167
- -leitung (1) 191
- -stärke (1) 165 ff.
- -barkeit (1) 35
Rekombinante (2) 58, 62, 92
Rekombination (1) 72, (2) 43, 53, 55 ff., 61 f., 85, 94, 170
Renshaw-Hemmung (1) 176 ff.
repetitive Sequenz (2) 165
Replika-Plattierung s. Stempeltechnik
Replikation (1) 67 ff., 93, 116, (2) 146, 149 f., 152, 170, 186 f.
- semikonservative (1) 69
Repolarisation (1) 142
Repressor (1) 112 ff.
Reptilien (2) 5 f., 10, 13, 19, 96
Resistenz (2) 63 ff., 144 ff., 161
Resistenzgen (2) 64 f., 144 ff., 162
Restriktionsenyzm (2) 138 f., 141, 143 f. 165 f.
Restriktionsfragment (2) 165
Retinal (1) 192 f.
Retrovirus (1) 64, (2) 140, 149, 163
reverse Transkriptase (2) 140, 149
rezent (2) 10 ff.
Rezeptor (1) 9, 44, 51, 151 ff., 155, 194
rezessiv (2) 49, 52, 54, 59, 65, 187
RGT-Regel (1) 57
Rheumatoide Polyarthritis (1) 230
Rhodopsin (1) 192 ff.

Ribose (1) 38, 64
Ribosom (1) 14 f., 17, 21, 93 ff., 116, 124, 221, (2) 22, 24
Riesenaxon (1) 139, 149 f.
Riesenchromosom (1) 116
Rindenblindheit (1) 204
RNA (1) 21, 64 ff., (2) 24
- Bau (1) 67
- Funktionen (1) 91 ff.
- messenger- s. mRNA
- mRNA (1) 91 ff., 106, (2) 140
- Nukleotid (1) 64, 91 ff., 116
- ribosomale- s. rRNA
- rRNA (1) 21, 94
- transfer- s. tRNA
- tRNA (1) 93 ff.
- Virus (1) 64, (2) 140, 149
Rohstoffgewinnung (2) 160
Röntgenfilm (2) 147
Rückenmark (1) 132, 177 ff.
Rückkopplung
- negative (1) 60, 114, 177
- positive (1) 144
Rudiment (2) 19 f.
- Blindschleiche (2) 20
- Braunwurz (2) 20
- Fichtenspargel (2) 20
- Mensch (2) 20
- Pferd (2) 20
- Wal (2) 20
Ruhepotenzial (1) 135 ff.
- Messung (1) 139
Ruhespannung s. Ruhepotenzial

Saccharose (1) 56
Samen (1) 118, (2) 19
- -bank (2) 171, 180
- -keimung (1) 118
- -pflanze (2) 19
Sammler (2) 116 f.
Säuger (2) 4 ff., 10, 16, 18 f., 96, 103 f.
Savanne (2) 112, 114 f., 118, 120
Schädel (2) 108 ff.
- Backenzahnreihen (2) 110
- Gesichts- (2) 109, 119 f.
- Hinterhauptsloch (2) 109, 119 f.
- Hirn- (2) 109 f., 119

- Innenraum (2) 108
- Stirn (2) 109, 119
- Überaugenwülste (2) 109, 119 f.

Schädlingsbekämpfungsmittel (2) 64, 161 f.
Schaltsequenz s. Operator
Schimmelpilz (1) 99 f.
Schimpanse (2) 28, 30, 103 ff.
Schleimhaut (1) 214
Schlüssel-Schloss-Prinzip
- Antigen (1) 216
- Enzym (1) 54
- Kopulationsorgane (2) 51

Schmelz (2) 11
Schmelztemperatur (2) 29
Schnabeltier (2) 19
Schnauze (2) 109
Schrift (2) 124
Schrotschussmethode (2) 139
Schultergürtel (2) 20
Schutzimpfung (1) 225, 229
Schwangerschaft (1) 228
Schwann'sche Scheide s. Markscheide
Schwann'sche Zelle (1) 132 ff.
Schwefel (1) 44, 50, 52
Schwermetall (1) 52, 59
Schwerpunkt (2) 106, 109
Screening (2) 146 ff.
second messenger (1) 194
Sedimentgestein (2) 10
Seeelefant (2) 71
Seelenblindheit (1) 204, 206
Sehfarbstoff (1) 192 ff.
Sehfeld (1) 195, (2) 105
Sehkaskade (1) 194
Sehnerv (1) 194 f.
Sehzentrum (1) 195 ff. (s. auch Großhirn)
Selektion (1) 104, (2) 43, 50, 53 f., 58 ff., 64 ff., 92, 94, 124, 138
- Gentechnik (2) 138
- Druck (2) 62
- Faktor (2) 65 ff., 85, 92
- Wert (2) 60, 64, 71
- stabilisierende (2) 62 f., 90
- transformierende (2) 62 f., 90, 92

Separation (2) 53, 84 ff., 94 f., 115
Sequenz

- Aminosäure- (1) 48, 93, 105, (2) 25 ff., 54, 112
- Basen- (1) 65 ff., 88 ff., (2) 25 f., 28 f., 54, 112, 138, 141, 149
- Erkennungs- (2) 138
- repetitive (2) 165
- Schalt- (1) 112 ff.

Serodiagnostik s. Präzipitintest
Serotonin (1) 231
Serum (1) 227, (2) 27
Sesshaftigkeit (2) 126
Sexualität (2) 57, 179
Sichelzellenanämie (1) 59 f., 105, (2) 59 f.
Sinneszelle (1) 127, 132, 165, 167, 177, 190 ff.
Sorte (2) 3
Sozialdarwinismus (2) 43
Speicherorgan (2) 17
Sperma (1) 230, (2) 152, 165, 171
Spermazelle (1) 71, 107, 127, (2) 170, 172, 180
Spermium (1) 22, 67, (2) 19, 55, 172
Spinalganglion (1) 177 ff.
Spinalnerv (1) 177 f.
Spindelfaser (1) 22
Sprache (1) 204 ff., (2) 121 f., 124 f.
Stäbchen s. Lichtsinneszelle
Stamm (2) 4
Stammart (2) 6, 93
Stammbaum (2) 6, 26 f.
- Cytochrom c (2) 27
- Insulin (2) 26
- Mensch (2) 113 ff., 120
- pferdeartige Tiere (2) 11 ff.
- Primaten (2) 103 f.
- Wirbeltiere (2) 5 ff.

Stammesgeschichte (2) 5 f., 11 f., 21, 96, 103 ff.
- Affen (2) 104 f.
- Mensch (2) 104 f., 112 ff.
- Pferde (2) 11 f.

Stammsukkulenz (2) 18, 93
Stammzelle (1) 124 f., 219, 224, 176 ff.
- embryonale (2) 176 ff., 186

Stärke (1) 15 ff., 37, 40, 63 f., 118
Starter s. Primer

Staubbeutelkultur (2) 187 f.
steady state (1) 34
Steinheimer (2) 123
Steinwerkzeug (2) 113, 115 ff., 120 ff., 125
Steißbein (2) 20 f.
Stempel (1) 126, (2) 188
Stempeltechnik (2) 144 ff.
steril (2) 2, 89, 186, 188
Stickstoff (1) 44 ff., (2) 162
sticky ends (2) 138 f., 141
Stirn (2) 109, 119
Stofftransport (1) 9 f.
Stoffwechsel (1) 9, 35, 105
- abbauende Prozesse (1) 114
- aufbauende Prozesse (1) 113
- Bau- (1) 45
- Energie- (1) 45, 150
- Steuerung (1) 52, 60, 62, 88, 92, 112 ff.
- -energie (1) 10, 91, 94, 139, 145, 150

Strahlung (1) 107 f.
- energiereiche (1) 107
- -strahlung (1) 108
- radioaktive (1) 108, 147, 190
- UV (1) 108

Stroma (1) 16
struggle for life (2) 42 ff.
Stützgewebe (1) 126
Substanz
- graue (1) 177 ff., 190
- weiße (1) 177 ff., 190

Substrat (1) 54 ff.
- -induktion (1) 113 f.
- -spezifität (1) 55 f.

Summation
- zeitliche (1) 169 f., 173, 176
- räumliche (1) 169, 171 ff., 175 f.

Superovulation (2) 171
survival of the fittest (2) 42 ff.
Synapse (1) 9, 134, 150 ff.
- Bau (1) 151
- erregende (1) 153 f., 169 ff., 174
- hemmende (1) 153 f., 169 ff., 173 f., 176 f., 180
- postsynaptische Seite (1) 151 ff.
- präsynaptische Seite (1) 151 ff.

- Spalt (1) 151 ff.
- Bläschen (1) 151 ff.
- Vielzahl (1) 173
- Ventilwirkung (1) 152
- Gift (1) 154 f.

System
- geschlossenes (1) 33 ff.
- offenes (1) 33 ff.
- natürliches (2) 2 ff., 11, 103

Systematik
- phylogenetische (2) 5 f.
- stammesgeschichtliche (2) 5 f.

Systematische Kategorie (2) 4

Tabak (2) 189
Tabakrauch (1) 107
Tarnung (2) 66
Täuschung (1) 201 f.
- Entfernungstäuschung (1) 201 ff.
- Klappbilder (1) 201 ff.
- optische Täuschung (1) 201 ff.
- unmögliche Objekte (1) 202 f.

Taxon (2) 5
Tertiär (2) 10 ff., 90, 93, 112 f., 120
Tetracyclin (2) 144 ff.
tetraploid (2) 89, 186
Thalamus (1) 194
T-Helfer-Zelle (1) 220 f., 224, 229
therapeutisches Klonen (2) 176 ff.
thermische Eigenbewegung (1) 136
Thylakoid (1) 16
Thymusdrüse (1) 219
Thyroxin (1) 101
Tier-Mensch-Übergangsfeld (2) 120
Tierzucht (2) 125, 162, 171 f., 174
T-Killer-Zelle (1) 220, 222 ff., 229
T-Gedächtnis-Zelle (1) 224
T-Lymphozyt (1) 219 ff.
Tomate (2) 189
Tomoffel (2) 189
Tonoplast (1) 8, 20

totipotent (1) 125, (2) 171 f., 174, 176, 187
Transfusion (1) 227 , 229 f.
transgene Pflanzen (2) 161 f.
transgene Tiere (2) 162 f., 172, 176
transgene Zelle (2) 138, 148, 163
Transkription (1) 71, 91 ff., 112 ff., (2) 24, 140, 148
Translation (1) 93 ff., (2) 24
Transmitter (1) 9, 151 f., 168 f.
Transplantat (1) 177 ff.
Transplantation (1) 215, 230 f., (2) 176 ff.
Transport
- aktiver (1) 11 ff., 139
- passiver (1) 10

triploid (2) 89
Tryptophan (1) 102 f., 114
T-Supressor-Zelle s. T-Unterdrücker-Zelle
Tumor (1) 109, (2) 160 (s. auch Karzinom)
Tunnelprotein s. Porenprotein
T-Unterdrücker-Zelle (1) 220, 222, 231
Turgor (1) 23
T-Zell-Typen (1) 219 ff.

Überaugenwülste (2) 109, 119 f.
Überhitzung (2) 121
Überproduktion (2) 42 f.
Umweltschutz (2) 160
Unkrautvernichtungsmittel (2) 64, 161
Unpaarhufer (2) 11
unpolar (1) 6, 8, 46
Unterart (2) 3, 86, 116 ff., 123
Unterkiefer (2) 110 f.
Urease (1) 62 f.
Urpferd (2) 12
Urvogel (2) 13 f.
Uterus (2) 171 ff.
UV-Strahlung (2) 108

Vakuole
- Nahrungs- (1) 20
- Zellsaft- (1) 20
- zentrale (1) 11, 20, 127, (2) 22 f.

van-der-Waal'sche Kräfte (1) 50, 216
Variabilität (2) 42, 57, 65, 69 ff.
Variante (2) 43, 58, 62, 85, 92
Variationsbreite s. Reaktionsnorm
Vektor (2) 139, 141 f., 149, 190
Verwandtschaftsanalyse (2) 15 ff., 25, 152
Verwandtschaftsgrad (2) 5
Vesikel (1) 8, 12 f., 96, 151, (2) 22 f., 149
- Golgi- (1) 18
- Nahrungs- (1) 19
- synaptische- (1) 151 ff.

Vielfalt, genetische s. Variabilität
Virus (1) 12, 214, 216, 223, (2) 140, 148 f., 152, 160 f., 163
- Retro- (1) 64, (2) 140, 149
- HI- (1) 229

Viviparus (2) 90
Vögel (2) 5 f., 10, 13 ff.
Vormensch (2) 114 f.

Wachstum (1) 35
Wachstumshormon (2) 162
Wal (2) 20
Warnung (2)
- Wasserstoffbrückenbindung (1) 50, 58, 66, 68, 216, (2) 29, 139, 147, 150

Weisheitszahn (2) 110
Wellenlänge (1) 190
Werkzeugherstellung (2) 120, 122
Werkzeugkultur (2) 117
Wernicke-Zentrum (1) 205 ff.
Wiederverstärkung s. Erregungsleitung
Willkürbewegung (1) 180
Wirbelsäule (2) 5, 106 f., 109
Wirbeltier (1) 132, 134, (2) 4 ff., 10, 15 ff., 103
Wirkstelle (1) 151
Wirkungsspezifität (1) 55 f.
Wundkallus (2) 187
Wurzelhaare (1) 125

X-Chromosom (1) 73

Stichwortverzeichnis

Y-Chromosom (1) 73

Zehen (2) 5, 11, 13 f., 20, 105
Zellatmung (1) 9, 15, 37, (2) 23, 27
- Fließgleichgewicht (1) 35
- freie Energie (1) 38
Zelldifferenzierung (1) 109, 115 ff., 124 ff., 219 ff., (2) 171, 176 ff., 187
Zelle
- ausdifferenzierte (1) 124
- Bau (1) 6 ff., (2) 22 f.
- differenzierte (1) 124 ff., (2) 171, 178
- embryonale 176 ff., 186
- eukaryotische (1) 2, 91
- Größe (1) 2, 10
- motorische (1) 178 ff.
- omnipotente (2) 171
- pflanzliche (1) 6, 11, 13, 19 f., 22 ff., 38, 125 ff., (2) 22 f., 149, 186 ff.

- pluripotente 176 f., 179
- prokaryotische (1) 2, (2) 4, 22 ff.
- tierische (1) 22 f., 127, (2) 22
- totipotente (1) 125, (2) 171 f., 174, 176, 187
- transgene Zelle (2) 138, 148, 187
- undifferenzierte (1) 109, 219 f., 229
Zellgrenzmembran (1) 6 ff., 12 f. 17 ff., 23, 192, (2) 138, 149, 188
Zellkern (1) 2, 13 f., 91, (2) 22 ff, 141, 149, 174 ff., 186
- Kernhülle (1) 13, 17, 91
- Kern-Plasma-Relation (1) 13
- Kernporen (1) 13, 91
- Kernübertragung (2) 174 ff.
Zellkultur (2) 163, 177, 186 ff.
Zellsaftraum s. Vakuole
Zellteilung s. Mitose
Zellverschmelzung (2) 180

Zellwand (1) 6, 13, 19 f., 22, 127, (2) 22 f., 188 f.
Zell-Zell-Kontakt (1) 219 ff.
Zentralkörperchen s. Centriol
Zentralnervensystem s. ZNS
Zentromer (1) 70 f.
Zilpzalp (2) 87, 89
Zisterne (1) 16, 96
ZNS (1) 132 f., 165, 167, 175
Züchtung (2) 125, 138, 161 f., 186 ff.
Zuchtwahl, geschlechtliche (2) 67
Zucker (1) 7, 9, 11, 18, 56, 64 ff., 112
Zwillinge (2) 57, 164, 176
Zwischenhirn (1) 194
Zwischennervenzelle (1) 176 f., 179 f.
Zytokine (1) 220 f.
Zytoplasma (1) 8, 11, 13 ff., 23, 45, 92, 94 f., 214, (2) 141 f., 150, 172

Ihre Meinung ist uns wichtig!

Ihre Anregungen sind uns immer willkommen. Bitte informieren Sie uns mit diesem Schein über Ihre Verbesserungsvorschläge!

Titel-Nr.	Seite	Vorschlag

Die echten Hilfen zum Lernen... **STARK**

Bitte hier abtrennen

17-V1T

Bitte ausfüllen und im frankierten Umschlag an uns einsenden. Für Fensterkuverts geeignet.

**STARK Verlag
Postfach 1852
85318 Freising**

Zutreffendes bitte ankreuzen!

Die Absenderin/der Absender ist:
- ☐ Lehrer/in in den Klassenstufen: _____
- ☐ Fachbetreuer/in
  Fächer: _____
- ☐ Seminarlehrer/in
  Fächer: _____
- ☐ Regierungsfachberater/in
  Fächer: _____
- ☐ Oberstufenbetreuer/in
- ☐ Referendar/in, Termin 2. Staatsexamen: _____
- ☐ Schulleiter/in
- ☐ Leiter/in Lehrerbibliothek
- ☐ Leiter/in Schülerbibliothek
- ☐ Sekretariat
- ☐ Eltern
- ☐ Schüler/in, Klasse: _____
- ☐ Sonstiges: _____

Unterrichtsfächer: (Bei Lehrkräften!)

Kennen Sie Ihre Kundennummer?
Bitte hier eintragen.

Absender (Bitte in Druckbuchstaben!)

Name/Vorname

Straße/Nr.

PLZ/Ort

Telefon privat   Geburtsjahr

E-Mail-Adresse

Schule/Schulstempel (Bitte immer angeben!)

✂ Bitte hier abtrennen

Sicher durch das Abitur!

Effektive Abitur-Vorbereitung für Schülerinnen und Schüler: Klare Fakten, systematische Methoden, prägnante Beispiele sowie Übungsaufgaben auf Abiturniveau mit erklärenden Lösungen zur Selbstkontrolle.

Mathematik

Titel	Best.-Nr.
Analysis Pflichtteil – Baden-Württemberg	84001
Analysis Wahlteil – Baden-Württemberg	84002
Analytische Geometrie Pflicht-/Wahlteil BW	84003
Analysis – LK	94002
Analysis – gk	94001
Analytische Geometrie und lineare Algebra 1	94005
Analytische Geometrie und lineare Algebra 2	54008
Stochastik – LK	94003
Stochastik – gk	94007
Kompakt-Wissen Abitur Analysis	900151
Kompakt-Wissen Abitur Analytische Geometrie	900251
Kompakt-Wissen Abitur Wahrscheinlichkeitsrechnung und Statistik	900351
Wiederholung Geometrie	90010
Wiederholung Algebra	90009

Physik

Titel	Best.-Nr.
Elektrisches und magnetisches Feld (LK)	94308
Elektromagnetische Schwingungen und Wellen (LK)	94309
Atom- und Quantenphysik (LK)	943010
Kernphysik (LK)	94305
Physik 1 (gk)	94321
Physik 2 (gk)	94322
Kompakt-Wissen Abitur Physik 1 Mechanik, Wärmelehre, Relativitätstheorie	943012
Kompakt-Wissen Abitur Physik 2 Elektrizität, Magnetismus und Wellenoptik	943013
Kompakt-Wissen Abitur Physik 3 Quanten, Kerne und Atome	943011

Chemie

Titel	Best.-Nr.
Training Methoden Chemie	947308
Chemie 1 – Baden-Württemberg	84731
Chemie 2 – Baden-Württemberg	84732
Chemie 1 – Bayern LK K 12	94731
Chemie 2 – Bayern LK K 13	94732
Chemie 1 – Bayern gk K 12	94741
Chemie 2 – Bayern gk K 13	94742
Rechnen in der Chemie	84735
Abitur-Wissen Protonen und Elektronen	947301
Abitur-Wissen Struktur der Materie und Kernchemie	947303
Abitur-Wissen Stoffklassen organischer Verbindungen	947304
Abitur-Wissen Biomoleküle	947305
Abitur-Wissen Biokatalyse u. Stoffwechselwege	947306
Abitur-Wissen Chemie am Menschen – Chemie im Menschen	947307
Kompakt-Wissen Abitur Chemie Organische Stoffklassen Natur-, Kunst- und Farbstoffe	947309
Kompakt-Wissen Abitur Chemie Anorganische Chemie, Energetik, Kinetik, Kernchemie	947310

Biologie

Titel	Best.-Nr.
Training Methoden Biologie	94710
Biologie 1 – Baden-Württemberg	84701
Biologie 2 – Baden-Württemberg	84702
Biologie 1 – Bayern LK K 12	94701
Biologie 2 – Bayern LK K 13	94702
Biologie 1 – Bayern gk K 12	94715
Biologie 2 – Bayern gk K 13	94716
Chemie für Biologen	54705
Abitur-Wissen Genetik	94703
Abitur-Wissen Neurobiologie	94705
Abitur-Wissen Verhaltensbiologie	94706
Abitur-Wissen Evolution	94707
Abitur-Wissen Ökologie	94708
Abitur-Wissen Zell- und Entwicklungsbiologie	94709
Kompakt-Wissen Biologie Zellbiologie · Genetik · Neuro- und Immunbiologie Evolution – Baden-Württemberg	84712
Kompakt-Wissen Abitur Biologie Zellen und Stoffwechsel Nerven, Sinne und Hormone · Ökologie	94712
Kompakt-Wissen Abitur Biologie Genetik und Entwicklung Immunbiologie · Evolution · Verhalten	94713
Lexikon Biologie	94711

Geschichte

Titel	Best.-Nr.
Training Methoden Geschichte	94789
Geschichte 1 – Baden-Württemberg	84761
Geschichte 2 – Baden-Württemberg	84762
Geschichte 1 – Bayern	94781
Geschichte 2 – Bayern	94782
Geschichte 1 – NRW	54761
Geschichte 2 – NRW	54762
Geschichte 1	84761A
Geschichte 2	84762A
Abitur-Wissen Die Antike	94783
Abitur-Wissen Das Mittelalter	94788
Abitur-Wissen Die Französische Revolution	947810
Abitur-Wissen Die Ära Bismarck: Entstehung und Entwicklung des deutschen Nationalstaats	94784
Abitur-Wissen Imperialismus und Erster Weltkrieg	94785
Abitur-Wissen Die Weimarer Republik	47815
Abitur-Wissen Nationalsozialismus und Zweiter Weltkrieg	94786
Deutschland von 1945 bis zur Gegenwart	947811
Kompakt-Wissen Abitur Geschichte Oberstufe	947601
Lexikon Geschichte	94787

Wirtschaft/Recht

Titel	Best.-Nr.
Betriebswirtschaft	94851
Abitur-Wissen Volkswirtschaft	94881
Abitur-Wissen Rechtslehre	94882
Kompakt-Wissen Abitur Volkswirtschaft	948501

(Bitte blättern Sie um)

Politik

Abitur-Wissen Internationale Beziehungen .... Best.-Nr. 94802
Abitur-Wissen Demokratie .... Best.-Nr. 94803
Abitur-Wissen Sozialpolitik .... Best.-Nr. 94804
Abitur-Wissen Die Europäische Einigung .... Best.-Nr. 94805
Abitur-Wissen Politische Theorie .... Best.-Nr. 94806
Kompakt-Wissen Abitur Politik/Sozialkunde ...... Best.-Nr. 948001
Lexikon Politik/Sozialkunde .... Best.-Nr. 94801

Erdkunde

Training Methoden Erdkunde .... Best.-Nr. 94901
Geographie Atmosphäre · Küstenlandschaften in Europa
Wirtschaftsprozesse und -strukturen –
Baden-Württemberg .... Best.-Nr. 84902
Erdkunde Relief- und Hydrosphäre · Wirtschaftsprozesse
und -strukturen · Verstädterung .... Best.-Nr. 84901A
Abitur-Wissen GUS-Staaten/Russland .... Best.-Nr. 94908
Abitur-Wissen Entwicklungsländer .... Best.-Nr. 94902
Abitur-Wissen USA .... Best.-Nr. 94903
Abitur-Wissen Europa .... Best.-Nr. 94905
Abitur-Wissen Asiatisch-pazifischer Raum .... Best.-Nr. 94906
Kompakt-Wissen Abitur Erdkunde
Allgemeine Geografie · Regionale Geografie ...... Best.-Nr. 949010
Lexikon Erdkunde .... Best.-Nr. 94904

Deutsch

Training Methoden Deutsch .... Best.-Nr. 944062
Dramen analysieren und interpretieren .... Best.-Nr. 944092
Erörtern und Sachtexte analysieren .... Best.-Nr. 944094
Gedichte analysieren und interpretieren .... Best.-Nr. 944091
Epische Texte analysieren und interpretieren ...... Best.-Nr. 944093
Übertritt in die Oberstufe .... Best.-Nr. 90409
Abitur-Wissen
Erörtern und Sachtexte analysieren .... Best.-Nr. 944064
Abitur-Wissen Textinterpretation .... Best.-Nr. 944061
Abitur-Wissen Deutsche Literaturgeschichte .... Best.-Nr. 94405
Abitur-Wissen Prüfungswissen Oberstufe .... Best.-Nr. 94400
Kompakt-Wissen Rechtschreibung .... Best.-Nr. 944065
Lexikon Autoren und Werke .... Best.-Nr. 944081

Ethik

Ethische Positionen
in historischer Entwicklung (gk) .... Best.-Nr. 94951
Abitur-Wissen Philosophische Ethik .... Best.-Nr. 94952
Abitur-Wissen Glück und Sinnerfüllung .... Best.-Nr. 94953
Abitur-Wissen Freiheit und Determination .... Best.-Nr. 94954
Abitur-Wissen Recht und Gerechtigkeit .... Best.-Nr. 94955
Abitur-Wissen Religion und Weltanschauungen ... Best.-Nr. 94956
Abitur-Wissen
Wissenschaft – Technik – Verantwortung .... Best.-Nr. 94957
Abitur-Wissen Politische Ethik .... Best.-Nr. 94958
Lexikon Ethik und Religion .... Best.-Nr. 94959

Pädagogik / Psychologie

Grundwissen Pädagogik .... Best.-Nr. 92480
Grundwissen Psychologie .... Best.-Nr. 92481

Latein

Abitur-Wissen Lateinische Literaturgeschichte ...... Best.-Nr. 94602
Wiederholung Grammatik .... Best.-Nr. 94601
Wortkunde .... Best.-Nr. 94603
Kompakt-Wissen Kurzgrammatik .... Best.-Nr. 906011

Französisch

Landeskunde Frankreich .... Best.-Nr. 94501
Themenwortschatz .... Best.-Nr. 94503
Literatur .... Best.-Nr. 94502
Abitur-Wissen Literaturgeschichte .... Best.-Nr. 94506
Kompakt-Wissen Abitur Themenwortschatz .... Best.-Nr. 945010
Kompakt-Wissen Kurzgrammatik .... Best.-Nr. 945011

Religion

Katholische Religion 1 (gk) .... Best.-Nr. 84991
Katholische Religion 2 (gk) .... Best.-Nr. 84992
Abitur-Wissen gk ev. Religion
Der Mensch zwischen Gott und Welt .... Best.-Nr. 94973
Abitur-Wissen gk ev. Religion
Die Verantwortung des Christen in der Welt .... Best.-Nr. 94974
Abitur-Wissen Glaube und Naturwissenschaft ..... Best.-Nr. 94977
Abitur-Wissen Jesus Christus .... Best.-Nr. 94978
Abitur-Wissen Die Frage nach dem Menschen ..... Best.-Nr. 94990
Abitur-Wissen Die Bibel .... Best.-Nr. 94992
Abitur-Wissen Christliche Ethik .... Best.-Nr. 94993
Lexikon Ethik und Religion .... Best.-Nr. 94959

Sport

Bewegungslehre .... Best.-Nr. 94981
Trainingslehre .... Best.-Nr. 94982

Kunst

Abitur-Wissen Kunst Grundwissen Malerei .... Best.-Nr. 94961
Abitur-Wissen Kunst Analyse und Interpretation .. Best.-Nr. 94962

Englisch

Übersetzungsübung .... Best.-Nr. 82454
Grammatikübung .... Best.-Nr. 82452
Themenwortschatz .... Best.-Nr. 82451
Grundlagen der Textarbeit .... Best.-Nr. 94464
Sprachmittlung .... Best.-Nr. 94469
Textaufgaben Literarische Texte und Sachtexte
Baden-Württemberg .... Best.-Nr. 84468
Textaufgaben Literarische Texte und Sachtexte ... Best.-Nr. 94468
Grundfertigkeiten des Schreibens .... Best.-Nr. 94466
Sprechfertigkeit mit CD .... Best.-Nr. 94467
Englisch – Übertritt in die Oberstufe .... Best.-Nr. 82453
Abitur-Wissen Landeskunde Großbritannien .... Best.-Nr. 94461
Abitur-Wissen Landeskunde USA .... Best.-Nr. 94463
Abitur-Wissen Literaturgeschichte .... Best.-Nr. 94465
Kompakt-Wissen Abitur Themenwortschatz .... Best.-Nr. 90462
Kompakt-Wissen Kurzgrammatik .... Best.-Nr. 90461
Kompakt-Wissen Abitur Landeskunde/Literatur .. Best.-Nr. 90463
Kompakt-Wissen Abitur
Landeskunde/Literatur – NRW .... Best.-Nr. 50463

Bestellungen bitte direkt an: STARK Verlagsgesellschaft mbH & Co. KG
Postfach 1852 · 85318 Freising · Tel: 08161 / 179-0 · FAX: 08161 / 179-51
Internet: www.stark-verlag.de · E-Mail: info@stark-verlag.de

STARK